Die Arbeit mit D.U. – DeutschUnterricht

Hilfreiche Kästen in den Kapiteln

Das musst du wissen — Wissen
Hier findest du Regeln, z. B. für die Rechtschreibung.

Das musst du können — Methode
Diese Kästen erklären dir, wie du eine Arbeitstechnik anwendest.

Tipp — Tipp
Hier hilft dir der Tipp, eine Aufgabe zu lösen.

Verweise

Manchmal findest du Pfeile. Folgt nur eine Seitenzahl (z. B. → S. 12), bedeutet das, dass auf dieser Seite im Schulbuch weitere Hilfen zur Bearbeitung der Aufgabe stehen oder du dort etwas nachlesen kannst. Siehst du neben der Seitenzahl die Abkürzung AH, ist das ein Verweis auf passende Seiten im Arbeitsheft.

Hilfekästen im Anhang

Damit du einzelne Tipps und Arbeitstechniken schnell findest und in allen Kapiteln nutzen kannst, sind diese im Anhang (→ S. 260 ff.) noch einmal übersichtlich zusammengestellt.

Der Anhang von D.U. bietet dir die Möglichkeit, genau auf diejenigen Hilfen zurückzugreifen, die zu deiner Arbeitsweise passen und die dir dabei helfen, deinen persönlichen Lernweg zu gehen.

- Der Anhang ist gegliedert nach den übergeordneten Bereichen **Sprechen und Zuhören**, **Schreiben**, **Lesen – mit Texten und Medien umgehen** und **Sprache und Sprachgebrauch untersuchen und reflektieren**.
- Kurze Einleitungstexte vor den Kästen beschreiben, in welchen Situationen du die Hinweise jeweils nutzen kannst.
- Zu welcher Fähigkeit („Kompetenz") du jeweils einen Tipp erhältst, steht in der Randspalte neben den Kästen. Hier findest du auch Hinweise zu den Seiten im Buch, auf denen die Inhalte der Kästen eingeführt und geübt werden.

Sprachcheck mit Charly

Hier trainierst du gemeinsam mit mir in Übungen zu sprachlichen und grammatischen Phänomenen deine Lese- und Schreibfähigkeiten.

Viel Freude beim Lernen mit D.U. wünscht dir

Charly

D.U.
DeutschUnterricht
5

Bayern

C.C. Buchner

D.U.
DeutschUnterricht
Bayern

Herausgegeben von Andreas Ramin und Thorsten Zimmer

D.U. 5

Bearbeitet von Simone Büchler, Michael Ernest, Ralph Ettrich, Gunter Fuchs, Cora Gierse, Veronika Glaser, Yvonne Goldammer, Stefanie Mauder, Ira Noss, Andreas Ramin, Stefan Rauwolf, Kristina Schneider, Stefanie Strunz, Elisabeth Thiede-Kumher, Jessica Weppler, Beate Wolfsteiner und Thorsten Zimmer

Zu diesem Lehrwerk sind erhältlich:
- Arbeitsheft 5 (BN 11045)
- Lehrerband 5 (BN 11055)
- click & teach 5 (BN 110551)

Weitere Materialien und auch die digitale Ausgabe dieses Werkes finden Sie unter www.ccbuchner.de.

Die Mediencodes enthalten zusätzliche Unterrichtsmaterialien, die der Verlag in eigener Verantwortung zur Verfügung stellt.
Um diese Materialien zu verwenden, wird im Suchfeld auf www.ccbuchner.de/medien der jeweils angegebene Mediencode eingegeben.

1. Auflage, 1. Druck 2017
Alle Drucke dieser Auflage sind, weil untereinander unverändert, nebeneinander benutzbar.

Dieses Werk folgt der reformierten Rechtschreibung und Zeichensetzung. Ausnahmen bilden Texte, bei denen künstlerische, philologische oder lizenzrechtliche Gründe einer Änderung entgegenstehen.

© 2017 C.C.Buchner Verlag, Bamberg

Das Werk und seine Teile sind urheberrechtlich geschützt. Jede Nutzung in anderen als den gesetzlich zugelassenen Fällen bedarf der vorherigen schriftlichen Einwilligung des Verlags. Das gilt insbesondere auch für Vervielfältigungen, Übersetzungen und Mikroverfilmungen. Hinweis zu § 52 a UrhG: Weder das Werk noch seine Teile dürfen ohne eine solche Einwilligung eingescannt und in ein Netzwerk eingestellt werden. Dies gilt auch für Intranets von Schulen und sonstigen Bildungseinrichtungen.

Redaktion: Maria Ekwuazi, Marie-Therese Muswieck
Layout und Satz: tiff.any GmbH, Berlin
Illustrationen: Anna Reichel, Bamberg
Umschlag: HOCHVIER GmbH und Co. KG, Bamberg
Druck und Bindung: creo Druck & Medienservice GmbH, Bamberg

www.ccbuchner.de

ISBN: 978-3-661-11035-6

Inhaltsverzeichnis

1 Neue Schule, neue Klasse – ich bin gespannt!
Sich kennenlernen, miteinander sprechen und lernen

- **14** **Das bin ich!**
  Vor anderen sprechen und aktiv zuhören
- **16** **Wir werden uns schon einig**
  Miteinander sprechen, miteinander diskutieren, miteinander arbeiten
- **20** **Wer nicht fragt, …**
  Die neue Schule kennenlernen
- **22** **Wie schaffe ich das bloß?**
  Das Lernen organisieren
- **24** **Was DU schon kannst!** Kompetenztest

2 Draußen unterwegs
Spannend erzählen

- **28** **Und das hast du wirklich erlebt?**
  Jemandem etwas mündlich erzählen
- **30** **Der erste Schritt**
  Den Aufbau einer Erzählung planen
- **32** **Mir ist ganz schön mulmig zumute**
  Innere und äußere Handlung gestalten
- **34** **Ich kann mir gut vorstellen, was passiert ist**
  Anschaulich und lebendig erzählen
- **36** **Da halte ich die Luft an!**
  Erzählteile spannend ausgestalten
- **38** **Das kannst du noch besser!**
  Erzählungen gemeinsam überarbeiten
- **40** **Erzähl doch einmal anders!**
  Erlebnisse in Episoden erzählen
- **44** **Charlys Sprachcheck**
- **46** **Was DU schon kannst!** Kompetenztest

3 Hexen, Gaukler, Zauberer

Sich und andere informieren: beschreiben und berichten

- **50** **Welche Informationen sind wichtig?**
  Informationen sammeln und ordnen
- **52** **Wen willst du informieren?**
  Informationen sachlich formulieren und die Adressaten berücksichtigen
- **54** **Schreibe auf, was genau passiert ist**
  Schriftlich von Ereignissen berichten
- **58** **Mischen, rühren, backen**
  Vorgänge genau beschreiben
- **62** **Charlys Sprachcheck**
- **64** **Was DU schon kannst!** Kompetenztest

4 Im Familienrat

Meinungen treffend begründen

- **68** **Ein neues Familienmitglied**
  Treffende Gründe finden und im Cluster sammeln
- **70** **Gemeinsam unterwegs**
  Gründe sprachlich ausdrücken
- **72** **„Opa, darf ich in den Ferien zu euch?"**
  Zwischen Erzählen, Informieren und Argumentieren unterscheiden
- **74** **Was DU schon kannst!** Kompetenztest

5 Die Textdetektive bei der Arbeit
Erzähltexte untersuchen

78 **Geschichten auf die Spur kommen**
Wie erzählende Texte entstehen
Jean-Claude Carrière: Das Geheimnis des Bildhauers (→ S. 78)

80 **Spannendes und Komisches**
Erzählende Texte kennenlernen und ihre Wirkung beschreiben
Silke Wolfrum: Der Stinkwettbewerb (→ S. 80)

84 **Wer erzählt was?**
Merkmale erzählender Texte beschreiben
Ursula Wölfel: Hannes fehlt! (→ S. 84)

86 **Texte verstehen leicht gemacht**
Erzählende Texte erschließen
Root Leeb: Klein (→ S. 86), *Angelika Ehret: Wunder über Wunder* (→ S. 88), *Manfred Mai: Hier bin ich!* (→ S. 89)

90 **Was fehlt hier im Text?**
Erzählende Texte produktiv erschließen
Kristina Dunker: Traumtauscher (→ S. 90)

94 **Märchenhaftes lesen**
Märchen erkennen und nacherzählen
Brüder Grimm: Die sieben Raben (→ S. 94),
Brüder Grimm: Sterntaler (→ S. 97)

98 **Wie es weitergehen könnte**
Märchen um- und weiterschreiben
Brüder Grimm: Das Hirtenbüblein (→ S. 98), *Hans-Christian Andersen: Die Prinzessin auf der Erbse* (→ S. 98)

100 **Einfach fabelhaft!**
Fabeln erkennen und erschließen
Äsop: Rabe und Fuchs (→ S. 100), *Äsop: Die Maus und der Frosch* (→ S. 101)

102 **Charlys Sprachcheck**
Das Töpfchen (→ S. 102)

104 **Was DU schon kannst!** Kompetenztest
Brüder Grimm: Die Wassernixe (→ S. 104)

6 „Wer lacht, hat Macht!"
Informationen aus Sachtexten gewinnen

108 **Was will der Text bewirken?**
Sachtexte von literarischen Texten unterscheiden
James Krüss: Timm Thaler oder Das verkaufte Lachen (→ S. 108)

110 **Lexikon oder Internet?**
Informationen aus verschiedenen Medien beschaffen und ihre Zuverlässigkeit bewerten
Lache – und die Welt lacht mit dir (→ S. 110)

114 **Gekonnt lesen – leicht verstehen**
Sachtexten Informationen entnehmen
Burkhard Straßmann: Wer lacht, hat Macht (Auszug 1) (→ S. 114),
Burkhard Straßmann: Wer lacht, hat Macht (Auszug 2) (→ S. 116)

118 **Das Thema meines Kurzvortrags lautet ...**
Andere über ein Thema informieren
Heiko Kammerhoff: Das Smiley – Ein Lächeln für Millionen (→ S. 118),
Sandra Goller: Smiley – Wie das Internet lachen lernte (→ S. 121)

122 **Redakteure für die Schülerzeitung gesucht!**
Materialgestützt einen Lexikonartikel verfassen

124 **Charlys Sprachcheck**

126 **Was DU schon kannst!** Kompetenztest
Lachen ist die beste Medizin (→ S. 126)

7 „Lügen wachsen schneller als Bambus"
Kinder- und Jugendliteratur entdecken und den Mitschülern vorstellen

130 **Was soll ich nur lesen?**
Jugendbücher auswählen

132 **Neugierig auf ein Buch**
Die Lektüre eines Jugendbuchs vorbereiten
Salah Naoura: Matti und Sami – Die Lüge vom Delfin (→ S. 132)

134 **Wo spielt mein Buch?**
Die Schauplätze eines Jugendbuchs kennenlernen
Salah Naoura: Matti und Sami – Matti und sein Freund Turo (→ S. 134)

136 **Ein Lesetagebuch als Lesebegleiter**
Den Handlungsverlauf verfolgen
Salah Naoura: Matti und Sami – Der dritte schwere Fehler des Universums (→ S. 137), *Salah Naoura: Matti und Sami – Das gewonnene Traumhaus* (→ S. 138)

140	**Mama, Papa, Sami, Turo und ich**
	Sich mit den Figuren vertraut machen

142	**„Matti und Sami" ist klasse!**
	Den Mitschülern ein Jugendbuch vorstellen
	Salah Naoura: Matti und Sami – Lügen wachsen schneller als Bambus (→ S. 142)

144	**Den ganzen Nachmittag am Computer**
	Über den eigenen Mediengebrauch nachdenken
	Salah Naoura: Matti und Sami - Papas Computerzimmer (→ S. 144)

146	**Hören, lesen, anschauen?**
	Medien vergleichen und bewerten

148	**Was DU schon kannst!** Kompetenztest

8 Gedichte für mich, Gedichte für dich

Gedichte verstehen, vortragen und selbst gestalten
Lewis Carroll: Der Zipferlake (→ S. 151)

152	**Wenn Bilder sprechen**
	Die Sprache von Gedichten beschreiben
	Christine Busta: Der Sommer (→ S. 152)

154	**Was ist eigentlich das Besondere an Gedichten?**
	Die Form von Gedichten beschreiben
	Karoline Stahl: Die vier Brüder (→ S. 154), *Friedrich Güll: Worträtsel/*
	Friedrich Haug: Worträtsel/Lars Krüger: Worträtsel (→ S. 155)

156	**Was will mir das Gedicht sagen?**
	Den Inhalt von Gedichten erfassen
	Rosemarie Künzler-Behnke: Löwenzahnsonnen (→ S. 156),
	Elisabeth Borchers: November (→ S. 157)

158	**Auch du kannst Gedichte schreiben!**
	Selbst Gedichte verfassen
	Fritz Schmid: Rätselgedicht (→ S. 158)

160	**Im Handumdrehen gelernt**
	Gedichte vortragen und auswendig lernen
	Christian Morgenstern: Wenn es Winter wird (→ S. 160)

162	**Was DU schon kannst!** Kompetenztest
	Heinrich Hoffmann: Der fliegende Robert (→ S. 162)

9 Banden
Theater spielen

166 **Sind Gespräche auch Texte?**
Dialogische Texte kennenlernen
Alexander Buhmann: Rocker/Popper (→ S. 166)

168 **Mal laut und mal leise, mal zornig und mal froh**
Texte szenisch lesen
Lothar Krauth: Der letzte Schlag der Knackerbande (Auszug 1) (→ S. 168)

170 **Mit vollem Körpereinsatz**
Texte szenisch darstellen
Lothar Krauth: Der letzte Schlag der Knackerbande (Auszug 2) (→ S. 170),
Lothar Krauth: Der letzte Schlag der Knackerbande (Auszug 3) (→ S. 173)

174 **Jugendbanden: Wilde Hühner und Pygmäen**
Szenen eines Films analysieren

176 **Was DU schon kannst!** Kompetenztest
Ilse Bintig: Eine richtige Räuberbande (→ S. 176)

10 Robbi – ein Roboter lernt die menschliche Sprache kennen
Wortbedeutung und Wortbildung

180 **Was hast du gemeint?**
Verstehen, wie Sprache funktioniert

184 **Zu einer Familie gehören**
Neue Wörter zusammensetzen und ableiten

188 **Was gehört zusammen?**
Wortfelder zusammenstellen und nutzen

192 **Was DU schon kannst!** Kompetenztest

Inhaltsverzeichnis

11 Ab in die Ferien!
Wortarten unterscheiden und verwenden

- **196** **Nomen, Verben und Co. – alte Bekannte wiedertreffen**
  Benennungen von Wortarten wiederholen
- **198** **Etwas tun oder lieber nichts tun im Urlaub?**
  Verben als zentrale Satzaussage erkennen und verwenden
- **204** **Kann man das alles sehen?**
  Nomen mit Artikeln als Informationsträger verwenden und durch Numeralien ergänzen
- **206** **Ich sag' dir, bei uns war es super! Wie war es bei euch?**
  Pronomen zur Gestaltung von Texten nutzen
- **208** **Gern fahren wir wieder auf diese schöne Insel!**
  Mit Adjektiven und Adverbien veranschaulichen
- **210** **Auf eine Insel, an einen See oder in die Berge reisen?**
  Präpositionen, Konjunktionen und Subjunktionen beschreiben und verwenden
- **212** **Was DU schon kannst!** Kompetenztest

12 Und welchen Sport machst du?
Sätze analysieren und Satzglieder bestimmen

- **216** **Sagen, fragen, auffordern**
  Satzarten unterscheiden und ihre Wirkung beschreiben
- **218** **Wer kann allein stehen?**
  Haupt- und Nebensätze erkennen und formulieren
- **220** **Wer macht was?**
  Subjekt und Prädikat als Satzkern verstehen
- **222** **Wen oder was braucht ein Satz sonst noch?**
  Objekte als Satzergänzungen nutzen
  Was ist Slacklining? (→ S. 222), *Die Geschichte des Slacklinings* (→ S. 223)
- **224** **Das kann man doch auch weglassen!**
  Sätze durch adverbiale Bestimmungen erweitern
  Von der Seifenpackung auf die Straße/Sicherheit steht an erster Stelle (→ S. 225)
- **226** **Was DU schon kannst!** Kompetenztest
  Heinz Erhardt: Fußball (→ S. 226)

13 Paulas Welt

Rechtschreibstrategien und Rechtschreibregeln kennen und anwenden

- **230** **So schreibst du richtig**
  Unterscheide: Mitsprech-, Nachdenk-, Merkwörter
- **232** **Mein Werkzeugkasten für die Rechtschreibung**
  Rechtschreibstrategien anwenden
- **236** **Langer oder kurzer Vokal?**
  Dehnung der Vokale richtig schreiben
- **238** **In der Kürze liegt die Würze: Kurzvokale**
  Schärfung der Vokale erkennen und richtig schreiben
- **240** **Nicht nur *Schule* wird großgeschrieben**
  Groß- und Kleinschreibung sicher beherrschen
- **244** **Einfach, doppelt oder extrascharf? s-Schreibung**
  Regeln für die s-Schreibung kennen und anwenden
- **246** **Ich bin sicher, dass das passt!**
  Die Schreibung von *das* und *dass* kennen
- **248** **Warum fallen dabei so viele hin?**
  Gleich- und Ähnlichklinger richtig schreiben
- **250** **Ohne Trennungsschmerz**
  Wörter richtig trennen
- **252** **Wohin mit dem Komma?**
  Satzzeichen richtig setzen
- **254** **So kannst du Rechtschreiben selbstständig trainieren**
  Rechtschreibfehler selbst erkennen und vermeiden
  Astrid Lindgren: Ronja Räubertochter (→ S. 254)
- **256** **Hilfsmittel sind erlaubt!**
  Ein Rechtschreibwörterbuch und die Korrekturhilfe am Computer nutzen
- **258** **Was DU schon kannst!** Kompetenztest

A Anhang

- 260 Sprechen und anderen zuhören
- 264 Texte planen, formulieren, überarbeiten
- 266 Kreativ und produktiv schreiben
- 268 Informieren: berichten und beschreiben
- 269 Texte mit dem Computer schreiben und überarbeiten
- 270 Texte lesen, erschließen und verstehen
- 271 Sachtexte lesen und verstehen
- 272 Sich mithilfe von Medien informieren
- 274 Erzählende Texte lesen, hören und verstehen
- 277 Dialogische Texte lesen und spielen
- 278 Gedichte verstehen
- 280 Wortbedeutungen erkennen und Wortbildung anwenden
- 281 Wortarten kennen und erkennen
- 285 Satzarten und Satzglieder kennen und unterscheiden
- 288 Rechtschreibstrategien anwenden, Fehler reduzieren
- 289 Regeln der Rechtschreibung und Zeichensetzung kennen
- 292 Arbeitsaufträge und Arbeitstechniken

- 296 Lösungen
- 300 Sachregister
- 302 Autoren- und Quellenverzeichnis
- 304 Bildquellen

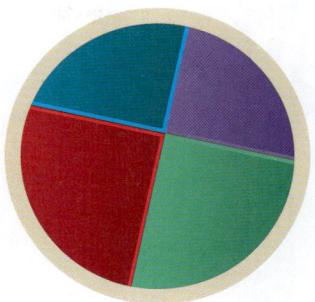

1 Neue Schule, neue Klasse – ich bin gespannt!

Sich kennenlernen, miteinander sprechen und lernen

1. Beschreibe, was auf den Fotos zu sehen ist. Achte z. B. auf Schülerinnen und Schüler, Lehrkräfte, Kleidung, Unterrichtsmaterialien und Möbel. Benenne Gemeinsamkeiten und Unterschiede der Schulsituationen.

2. Tauscht euch in der Klasse darüber aus, was ihr in eurer Grundschulzeit erlebt habt. Erinnert ihr euch an besondere Lehrerinnen oder Lehrer, interessante Schulstunden oder erlebnisreiche Ausflüge? Vergleicht eure Erzählungen und benennt Unterschiede.

Du bist gerade in deiner neuen Schule angekommen und nimmst Kontakt mit deinen neuen Klassenkameraden auf. In diesem Kapitel lernst und trainierst du, …

… dich und andere in der Klasse vorzustellen,
… vor und mit deinen Klassenkameraden zu sprechen,
… anderen gut zuzuhören,
… Gesprächsregeln einzuhalten,
… Meinungen zu begründen,
… deinen Arbeitsalltag zu organisieren.

1

Das bin ich!
Vor anderen sprechen und aktiv zuhören

Wortspeicher

Sonne – Regen – Gewitter – Hund – Katze – Giraffe – Pelikan – reden – schweigen – lachen – rennen – schleichen – spazieren – Badeanzug – Wintermantel – Computerspiel – Ferien – Winter – Mai – Sommer – November – Stadt – Bauernhof – Mathematik – Deutsch – Kunst – Sport – Kino – Freibad

1 Suche dir aus dem Wortspeicher einen Begriff aus, der zu dir passt. Formuliere einen Satz, der begründet, warum du dich genau für dieses Wort entschieden hast.

2 Tragt in Partnerarbeit eure Sätze vor. Antworte auf die Aussage deines Partners/deiner Partnerin, indem du einen der folgenden Sätze beendest:

- Ich finde, das ausgesuchte Wort passt gut zu dir, weil …
- Ich hätte eher das Wort ‚xy' für dich ausgesucht, weil …

3 Gestalte nach dem hier abgebildeten Vorbild einen Klassenausweis zu deiner Person. Du kannst weitere Angaben hinzufügen. Ergänze auch ein Foto von dir.

4 Wähle eine Mitschülerin/ einen Mitschüler, die bzw. den du mithilfe seines Klassenausweises in der Klasse vorstellen möchtest. Beachte die Ratschläge im Kasten.

Klassenausweis

Name: Marie Jansen
Klasse: 5a
Schule: Goethe-Gymnasium
Unterschrift: Marie Jansen

Alter: 10 Jahre
Augenfarbe: blau
Haare: lang, blond
Geschwister: Jan (2. Kl.)
Haustier: Kater Mikesch
Lieblingsessen: Spaghetti Bolognese
Lieblingsfächer: Deutsch, Sport, Kunst
Mein größter Wunsch: den Kilimandscharo besteigen

Das musst du können

So sprichst du vor anderen

Wenn du vor anderen sprichst, solltest du Folgendes beachten:

- **Leite** deinen Redebeitrag **ein** (Ich bin Marie und …).
- Beende deinen Beitrag mit einer **Schlussformulierung** (Habt ihr dazu noch Fragen?, Danke, dass ihr aufmerksam zugehört habt.).
- **Bleibe sachlich**.
- Achte auf deine **Lautstärke** und **Körperhaltung** (aufrecht stehen, nicht zappeln).
- Versuche, **Blickkontakt** mit den Angesprochenen zu halten.

Vor anderen sprechen und aktiv zuhören

Sich kennenlernen, miteinander sprechen und lernen

5 Während der Vorstellungen hat sich die 5a sehr unterschiedlich verhalten. Entwirf Sprech- und Gedankenblasen zu Personen auf den Bildern. Entwirf auch eine Gedankenblase zu den Gedanken und Gefühlen der nicht im Bild zu sehenden vortragenden Person.

So verfolgst du Gesprächsbeiträge anderer und erzeugst Aufmerksamkeit

Das musst du können

Als Zuhörer/in …

- solltest du während eines Vortrags versuchen, aktiv (konzentriert) zuzuhören,
- kannst du dir Notizen machen, um dich besser zu konzentrieren,
- kannst du Fragen notieren, die du am Ende des Vortrags stellen möchtest,
- solltest du dich ruhig verhalten, weil es fair und höflich gegenüber der/dem Vortragenden ist.

Auch als Vortragende/r kannst du für Konzentration während deines Vortrags sorgen, indem du …

- erst beginnst, wenn alle ruhig sind,
- immer wieder Blickkontakt mit der Klasse hältst,
- die Gruppe auf ein Thema deines Vortrags hinweist, das besonders interessant ist,
- die Klasse zum Zuhören motivierst, z. B. durch Bilder, die du zeigst.

6 Probiert einmal Folgendes aus:

Schritt 1: Die Zuhörenden werden in drei Gruppen eingeteilt: Gruppe A malt während der Vorträge ein Bild zu Wörtern aus dem Wortspeicher aus Aufgabe 1, Gruppe B hört einfach zu und Gruppe C fertigt Notizen zum Erzählten an.
Schritt 2: Zwei bis drei Personen tragen nacheinander etwas vor, z. B. erzählen sie von ihrem aufregendsten Ferienerlebnis oder erklären, wie ihr Lieblingsessen zubereitet wird.
Schritt 3: Nach den Vorträgen fasst jeweils ein Mitglied jeder Gruppe das Gesagte zusammen. A beginnt, dann B und C.

Erkennt ihr Unterschiede? Wer hat die meisten Informationen zusammentragen können?

1 Wir werden uns schon einig
Miteinander sprechen, miteinander diskutieren, miteinander arbeiten

Samuel, Liam, Tarek, Paula, Jakob und Enya gehen zusammen in die Klasse 5a. Ihr Klassenlehrer informiert sie, dass zwei Wochen später ein „Kennenlernwandertag" stattfinden soll. Sofort haben die Kinder Ideen, wohin es gehen könnte.

Mediencode: 11035-01

Paula: „Wir sollten in den Tierpark gehen, um die kleinen Panda-Babys anzuschauen. Außerdem…"
Liam (dazwischen): „Ach komm. Tierpark ist langweilig. Im Naturkundemuseum gibt es eine interessante Ausstellung zum Regenwald. Die sollten wir besuchen."
Samuel: „Nee, ich würde gerne ins Kino gehen. Das wäre cool!" 5
Paula: „Ach nö. Du willst bestimmt nur deinen Star Trek-Quatsch sehen. Dann ja noch lieber Wandern."
Tarek: „Ich hab's: Bowling. Das hat mein Bruder neulich gemacht. Und dann ist ihm etwas Lustiges passiert…"
Enya (fällt Tarek ins Wort): „Ich finde, wir sollten ein Planetarium besuchen, da es dort 10 spannend ist und wir nebenbei etwas Neues lernen. Wir sehen uns Sterne und Planeten unseres Sonnensystems an. Was haltet ihr davon?"
Jakob: „Hey Leute, bei dem schönen Wetter geht man ins Freie. Lasst uns ein Fußballturnier organisieren!"

1 Bei ihrem Gespräch über mögliche Ziele für den Wandertag vergessen die Hitzköpfe der 5a die Gesprächsregeln. Finde zu jeder Regel ein Fehlerbeispiel aus dem Gespräch.

Das musst du wissen

Gesprächsregeln
- Ich höre anderen **aufmerksam** zu.
- Ich **lasse** andere **ausreden** und falle ihnen nicht ins Wort.
- Ich bleibe **höflich**, auch wenn ich anderer Meinung bin.
- Ich rede **immer zum Thema** und schweife nicht ab.

2 Ergänze zu jeder Gesprächsregel eine Begründung.
Beispiel: *Ich höre anderen aufmerksam zu,* **weil ich alles Gesagte auch mitbekommen will.**

Miteinander sprechen, miteinander diskutieren, miteinander arbeiten

Sich kennenlernen, miteinander sprechen und lernen

3 Notiere in je einem Satz, welche Absicht Liam, Enya, Paula, Samuel, Tarek und Jakob mit ihren Äußerungen im Dialog auf der linken Seite verfolgen. Nutze die folgenden Vorschläge.

> **Wortspeicher**
> auffordern – Meinung äußern – begründen – informieren – wünschen – danken – erzählen

4 Untersuche noch einmal die Äußerungen des Dialogs auf der linken Seite. Wähle eine der Aufgaben.

- Übertrage die Äußerung von Enya in dein Heft und unterstreiche die Textstelle, in der sie ihre Mitschüler/innen vom Planetarium als Ziel überzeugen möchte.
- Übertrage die Äußerung von Liam in dein Heft und unterstreiche die Textstelle, in der er seinen Vorschlag begründet.
- Vergleiche die Äußerungen von Enya und Liam und notiere, wodurch sich ihre Begründungen sprachlich unterscheiden.

5 Die sechs Freunde bereiten sich auf ein geordnetes Gespräch vor, indem jeder Gründe für sein Wunschziel sammelt. Wähle eines der genannten Ziele aus, versetze dich in die Rolle des Schülers und notiere, warum du für den Vorschlag bist.

6 Wohin soll es am Wandertag gehen? Wählt nun in der Klasse sechs Schüler aus, welche das Gespräch der sechs Freunde spielen. Verwendet dazu eure Notizen aus Aufgabe 5.
Beim Spiel vor der Klasse überwachen vier Personen jeweils eine der Gesprächsregeln und melden jeden Regelverstoß durch ein Erkennungsgeräusch.
Stimmt am Ende ab, wer am überzeugendsten war, und begründet eure Entscheidung.

> **So begründest du deine Meinung**
>
> Wenn du andere von deiner Meinung überzeugen möchtest, musst du deine Positionen klar benennen und begründen. Nutze die folgenden Formulierungen.
>
> - Ich finde es richtig, dass ..., weil ...
> - Dem stimme ich nicht zu, da ...
> - Meine Meinung ist ..., denn ...
> - Das kann man so nicht sagen, weil ...

Das musst du können

7 Die Freunde haben sich nun ausgetauscht und eine engere Auswahl von drei Vorschlägen getroffen. Sie können sich aber nicht so recht auf ein Ziel einigen. Da hat Jakob einen Kompromissvorschlag. Diskutiert darüber, inwiefern dieser Vorschlag einen Kompromiss darstellt.

„Lasst uns doch Minigolf spielen!"

Kompromiss, der (Nomen, maskulin, Plural: Kompromisse) Einigung in einer Meinungsverschiedenheit, bei der jeder etwas von seiner Meinung abweicht und die Meinung der/des anderen akzeptiert und alle mit der Lösung einverstanden sind.

Minigolf
Ein Wandertagsziel für jeden Geschmak

Was kan uns so ein Minigolfspiel bringen?

- Tu was für deine Gesundheit!
- Konzentration steigern
- Man ist sportlich aktiv und Wettbewerb fördern.
- Voll anspruchsvoll und superleicht – für jeden auch ohne Übung
- Wenn du den Ball das erste Mal in das Loch gespielt hast, fühlst du dich wie ein Helt.

Leute das ist die Idee!

In der Ruhe liegt die Kraft!

Ein Plakat von der 5a

---

8 Die Freunde beschließen, diesen Vorschlag der ganzen Klasse vorzustellen und erstellen dazu ein Plakat. Setze Jakobs Kritik fort:
„Ich finde das Plakat nicht gelungen, weil..."

9 Entwerft **in Kleingruppen** ein gelungeneres Plakat. Nutzt dazu die folgenden Informationen und den Kasten rechts oben.

Minigolf – Spiel, Spaß und Sport

Was ist Minigolf?
Minigolf ist Golf im Kleinformat. Man braucht dazu nur einen Schläger und unterschiedliche Bälle. Es wir auf einer An-
5 lage gespielt, auf der sich verschiedene Bahnen mit Hindernissen befinden. Ziel ist es, den Ball mit so wenigen Schlägen wie möglich in das Loch zu befördern, wobei maximal sechs Schläge pro Bahn
10 erlaubt sind. Jeder Schlag zählt dabei einen Punkt. Wer am Ende der Partie, nach dem Spielen aller achtzehn Bahnen, die wenigsten Punkte hat, gewinnt.

Ist das nicht zu langweilig?
15 Beim Minigolf gibt es eine Vielzahl von Bahnen. Sie unterscheiden sich neben ihrer Gestaltung auch in ihrem Schwierigkeitsgrad. Durch verschiedene Hindernisse wie Wellen, Sprungschanzen und Saltos wird erreicht, dass die Partie für 20 jeden fordernd und interessant bleibt.

Worin besteht der Gewinn für Schulklassen?
Minigolf ist sehr kostengünstig und daher für Ausflüge von Schulklassen ge- 25 eignet. Es ist ein Sport, den jedes Kind unabhängig von seinem sportlichen Leistungsniveau ausüben kann. Vorkenntnisse oder spezielle Fähigkeiten sind nicht nötig. Beim Minigolfspielen können sich 30 die Schüler außerdem spielerisch im Wettbewerb messen und nebenbei ihre Konzentration und Zielgenauigkeit verbessern.

Miteinander sprechen, miteinander diskutieren, miteinander arbeiten

So erstellst du ein Lernplakat

Plakate sollen wichtige Informationen möglichst übersichtlich darstellen.

- Schreibe sauber und groß (Schriftgröße 1 cm = 1 m weit sichtbar).
- Arbeite mit wenigen Farben.
- Verwende Zwischenüberschriften.
- Vermeide zu viel Text. Gib Informationen mit wenigen Worten wieder.
- Nutze Bilder, Grafiken und Zeichnungen, um dein Plakat zu gestalten.

10 Formuliere zu jedem Ratschlag aus dem Kasten eine Begründung.
Beispiel: *Schreibe sauber und groß,* **damit die Beschriftung von allen Plätzen aus zu lesen ist.**

11 Erarbeitet nun gemeinsam einen kurzen Vortrag, mit dem Enya und Jakob ihre Klasse von einem Besuch einer Minigolfanlage überzeugen können. Arbeitet nach der „Think-pair-share-Methode":

- **Einzelarbeit:** Notiere dir aus dem Text aus Aufgabe 9 Informationen zum Thema *Minigolf,* die du für den Vortrag wichtig findest. Ergänze Gründe dazu, warum dies das ideale Ziel für den Wandertag ist.
- **Partnerarbeit:** Vergleicht eure Ergebnisse und nehmt Ergänzungen vor.
- **Gruppenarbeit:** Formuliert gemeinsam einen kurzen Vortrag für die Klasse 5a.

So arbeitest du mit der Think-pair-share (Ich-Du-Wir)-Methode

Wenn du eine umfangreiche und schwierige Aufgabe lösen musst, kann es sinnvoll sein, dass du diese Aufgabe mit anderen zusammen in einer Gruppe erledigst. Dabei kann die Think-pair-share-Methode hilfreich sein:

- Jeder Schüler löst zunächst in Einzelarbeit die Aufgabe für sich und notiert sein Ergebnis. Die Zeit dafür ist begrenzt.
- In Partnerarbeit tauscht ihr eure Ergebnisse aus.
  Diskutiert die Lösungen und einigt euch auf ein gemeinsames Ergebnis.
- In einer Gruppenarbeit (idealerweise sind dies zwei Partnergruppen) stellt ihr eure Ergebnisse der Partnerarbeit vor, diskutiert diese und überarbeitet sie.
- Am Ende der Arbeitsphase präsentiert ihr eure Gruppenergebnisse der ganzen Klasse.

1 Wer nicht fragt, …
Die neue Schule kennenlernen

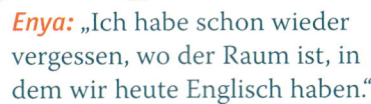

A *Enya:* „Ich habe schon wieder vergessen, wo der Raum ist, in dem wir heute Englisch haben."

B *Liam:* „Für meinen Fahrschein benötige ich noch einen Stempel. Weiß jemand, wo ich das Sekretariat finde?"

C *Samuel:* „Mein Vater wollte wissen, wie alt unsere Schule ist. Wer kann mir da weiterhelfen?"

D *Paula:* „Die neue Schule ist riesig. Wie viele Schüler werden hier denn unterrichtet?"

1 Erinnere dich: Welche Fragen hattest du an deinem ersten Tag an der neuen Schule? Notiere deine Fragen in Form einer kurzen Liste in dein Heft. Vergleiche diese dann mit der deines Banknachbarn.

2 Besprecht in Partnerarbeit, wer Enya, Liam, Samuel und Paula weiterhelfen könnte. Übertragt die begonnene Mind-Map (→ S. 51, 294) in euer Heft und ergänzt eure Ideen.

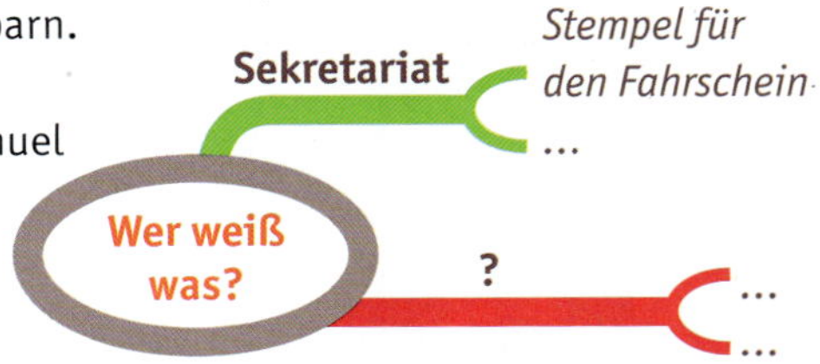

3 Die 5a möchte ihre neue Schule erkunden. Überarbeitet und ergänzt in Gruppen den Fragenkatalog, sodass ihr ihn auf eure Schule anwenden könnt.

Erkundung der neuen Schule:
- Seit wann gibt es das Goethe-Gymnasium?
- Wie viele Schüler werden von wie vielen Lehrern unterrichtet?
- Mit welchen ausländischen Schulen hat unsere Schule Kontakt?
- Fördert unsere Schule bestimmte Themen oder Fächer (Musik, alte Sprachen …)?

4 Bereitet in Partnerarbeit ein Interview mit dem Schulleiter vor. Sammelt die Interviewfragen auf einem Stichwortzettel. Ordnet sie nach diesen Oberbegriffen.

Oberbegriffe
Geschichte der Schule – Zahlen und Daten – Partnerschaften der Schule – Besonderheiten der Schule

Die neue Schule kennenlernen

Sich kennenlernen, miteinander sprechen und lernen

So führst du ein Interview durch

Das musst du können

Interviews (engl. für „Gespräch" oder „Befragung") kennst du bestimmt. Damit du wichtige Informationen gewinnst, solltest du wie folgt vorgehen:

- Überlege dir **vor der Befragung**, wen du interviewen willst. Vielleicht brauchst du einen Termin.
- Notiere **alle Fragen** auf einem Stichwortzettel. Sortiere diese nach bestimmten Oberthemen (Geschichte der Schule, Zahlen und Daten, aktuelle Entwicklungen …).
- Vermeide Fragen, auf die man mit „Ja" oder „Nein" antworten kann.
- Eröffne das Gespräch mit einer **freundlichen Begrüßung** und nenne den Grund für das Interview.
- Rede **laut** und **deutlich**.
- Lass deinen Gesprächspartner/deine Gesprächspartnerin **ausreden**.
- Notiere dir die Antworten deines Gesprächspartners/deiner Gesprächspartnerin oder verwende ein Aufnahmegerät.
- **Frage nach**, wenn du etwas nicht verstanden hast.
- **Bedanke dich am Schluss** bei der/dem Interviewten für die Zeit und die Informationen.

5 Du hast nun vieles über deine Schule zusammengetragen. Ordne deine Ergebnisse und gestalte mit ihnen eine Seite in deinem Heft. Die Oberbegriffe aus den Aufgaben 2 und 4 können dir beim Ordnen helfen.

6 In vielen Schulen lernen auch Schülerinnen und Schüler, die nicht in Deutschland geboren sind. Sie selbst oder ihre Eltern/Großeltern sind in anderen Ländern zur Schule gegangen. Wenn sie Lust haben, etwas über ihr Land zu erzählen, interviewe sie doch zum Schulsystem ihrer Heimatländer.

- Fasse in einem Kurzvortrag die Aussagen der/des Interviewten zusammen.
- Erstelle ein Plakat zum fremden Schulsystem. Sammle dazu weitere Informationen.
- Verfasse einen Artikel für die Schülerzeitung („Schule hier und anderswo"), in dem du das fremde Schulsystem vorstellst und mit dem deutschen System vergleichst.

Tipp

Es gibt viele Möglichkeiten, Informationen zu deiner Schule zu sammeln:

- Info-Tafeln im und am Gebäude
- Chronik der Schule, Jahrbücher, Schulschriften, alte Fotos
- Homepage der Schule, Webseiten über die Schule (z.B. Wikipedia.de)
- Schulleitung oder andere langjährig Beschäftigte

Beachte: Bei allen Informationsquellen solltest du auf die Glaubwürdigkeit achten. Eine Schulchronik liefert meistens ernsthaftere Antworten als die Abiturzeitungen Ehemaliger.

1

Wie schaffe ich das bloß?
Das Lernen organisieren

1 Jakob hat immer wieder Schwierigkeiten, seine Aufgaben für die Schule zu erledigen. Betrachte die Bilder seines Schreibtischs und seiner Schultasche und sammle Gründe, woran das liegen könnte.

2 Sprecht in der Klasse über Strategien, wie und wann man seine Schultasche packen sollte. Gestalte anschließend ein Infoblatt mit Hilfen und Tipps zum Thema *Meine Schultasche*. Klebe dieses Blatt in dein Hausaufgabenheft oder lege es vorn in deinen Ordner.

3 Für die Schularbeiten benötigst du auch einen passenden Arbeitsplatz. Wähle eine der folgenden Aufgaben.

- Zeichne den idealen Arbeitsplatz und beschrifte deine Zeichnung.
- Gestalte einen Werbeflyer zum Thema *Der ideale Arbeitsplatz*. Notiere wichtige Informationen zur Organisation des Arbeitsplatzes. Füge auch kleine Zeichnungen ein.
- Beschreibe den idealen Arbeitsplatz in einem kurzen Text für ein Elternmagazin. Führe auch negative Beispiele an und gib den Eltern Tipps, wie sie ihre Kinder unterstützen können.

4 Ergänze die folgenden Satzanfänge.

- Hausaufgaben sind für mich wichtig, weil …
- Ich erledige die Hausaufgaben immer gleich/erst …

5 Tragt eure Sätze in der Klasse vor. Besprecht gemeinsam Schwierigkeiten, die euch bei der Erledigung der Hausaufgaben begegnen. Beachtet die Gesprächsregeln (→ S. 16).

Das Lernen organisieren

6 Entwickelt Lösungsvorschläge, um Schwierigkeiten bei der Erledigung von Hausaufgaben zu vermeiden. Arbeitet nach der „Think-pair-share-Methode" (→ S. 19).

- **Einzelarbeit:** Lege eine Tabelle mit drei gleich großen Spalten an. Sammle in der ersten Spalte typische Probleme, die bei der Erledigung von Hausaufgaben auftreten. Notiere in der Spalte daneben zu jedem Problem einen möglichen Grund.
- **Partnerarbeit:** Vergleicht eure Ergebnisse und ergänzt die Tabelle.
- **Gruppenarbeit (zwei Partnergruppen):** Tragt eure Ergebnisse zusammen und überlegt zu jedem Problem einen sinnvollen Lösungsvorschlag. Gestaltet abschließend mit euren Ergebnissen ein Lernplakat (→ S. 19).

Probleme bei Hausaufgaben	Mögliche Gründe	Lösungsvorschläge
Ich kann mich während der Hausaufgaben nicht richtig konzentrieren.	Ich erledige Hausaufgaben immer direkt, wenn ich nach Hause komme, ohne eine Pause. Während ich die Hausaufgaben mache, läuft ...	... Schaffe dir eine stille Arbeitsumgebung.
...		

7 Stellt euch in der Klasse die Plakate gegenseitig vor. Beurteilt die Vorschläge nach ihrer Machbarkeit. Gibt es Lösungsansätze, die du auf alle Fälle einmal ausprobieren möchtest?

So kannst du deinen Schulalltag organisieren

Neue Schule, neue Fächer, neue Lehrer – das heißt oft auch mehr Stunden, anspruchsvollere Hausaufgaben und weniger Freizeit. Hier findest du einige kleine Tipps, wie du den „Schulstress" meistern kannst.

- Packe jeden Abend deine Schultasche. Nimm nur Materialien mit, die du am nächsten Tag benötigst.
- Schaffe dir zu Hause einen gut organisierten Arbeitsplatz, an dem du in Ruhe deine Hausaufgaben erledigen kannst.
- Führe ein Hausaufgabenheft in Form eines Kalenders, in dem du alle Aufgaben einträgst, am besten an dem Tag, zu dem die Hausaufgabe erledigt werden muss.
- Führe einen sauberen Hefter, so findest du für Hausaufgaben und zur Vorbereitung auf Klassenarbeiten schnell wichtige Informationen.

8 Tauscht euch in der Klasse aus: Sammelt auf einem Plakat Probleme, die durch die neue Schulsituation auftreten. Widmet euch jeden Tag einem Problem und formuliert gemeinsam Tipps zur Lösung.

Was DU schon kannst!
Kompetenztest

Vor anderen sprechen

1 Der abgebildete Schüler möchte seinen Vortrag beginnen. Notiere aufgrund des Fotos, welche Fehler er dabei macht.

Gesprächsbeiträge anderer verfolgen und Aufmerksamkeit erzeugen

2 Ergänze die Sätze um jeweils zwei Hinweise:
- Um als Vortragende/r die Aufmerksamkeit und Konzentration deiner Zuhörenden zu sichern, kannst du …
- Um als Zuhörender einem Vortrag besser folgen zu können, kannst du …

Gesprächsregeln kennen

3 Notiere drei Gesprächsregeln, gegen die im folgenden Gespräch verstoßen wird.

A *Enya:* „Wir sollten auch die Klassenpaten bitten, uns bei dem Thema zu unterstützen."

B *Samuel:* „Oh nein, da ist eine Klassenkameradin meines Bruders dabei. Die mag ich überhaupt nicht, die nervt nur. Vielleicht kö…"

C *Liam:* „Was du sagst, ist doch Quatsch. Die Klassenpaten haben uns beim letzten Mal auch …"

D *Paula:* „Ich hab' noch eine Idee. Wir könnten die Klassenpaten bitten, uns zu unterstützen."

Die Wirkungsabsicht von Äußerungen erkennen

4 Notiere zu jeder Aussage 1) bis 5) die entsprechende Wirkungsabsicht a) bis g).

1) Viele haben eine gute Note in der Klassenarbeit.
2) Ihr müsst endlich mehr lernen!
3) Hoffentlich haben sich die Übungen gelohnt.
4) Gute Klassenarbeit, weil viele von euch gelernt haben!
5) Schön, dass alle die Hausaufgaben erledigt haben!

a) auffordern
b) Meinung äußern
c) begründen
d) informieren
e) wünschen
f) loben
g) wachrütteln

Kompetenztest

5 Die 5a sammelt Vorschläge für einen Klassenausflug. Schreibe die Vorschläge ab und ergänze die fehlenden Begründungen.
Beispiel: *Jakob: „Wir sollten eine Fahrradtour machen, **weil jeder gern Fahrrad fährt und man an der frischen Luft ist.**"*

Jakob: „Wir sollten eine Fahrradtour machen."
Paula: „Nein, besser in den Zoo."
Enya: „Ich will lieber wandern und den Wald erforschen."
Liam: „Ein Museumsbesuch wäre doch eine gute Idee."
Tarek: „Museen sind immer langweilig! Kanufahren ist cool, und danach grillen wir."

▪ Die eigene Meinung begründen können

6 Übertrage die Tabelle in dein Heft und kreuze die Person an, die dir am ehesten Auskunft geben kann. Beachte, dass auch mehrere Lösungen richtig sein können.

Frage	Schulleiter	Lehrer	Sekretärin	Hausmeister	Schüler
Wo finde ich den Fachraum Biologie?					
Wo bekomme ich ein Kühlpad für meine Beule?					
Wer kann mir eine Luftpumpe leihen?					
Wie viele Lehrer unterrichten an der Schule?					
Wer bewahrt Fundsachen auf?					
Wann findet das Berufspraktikum statt?					

▪ Durch gezieltes Fragen notwendige Informationen beschaffen

7 Schreibe die Zahlen mit den richtigen Lösungen auf.

Auf einen gut organisierten Schreibtisch gehören ...

1) Stifte
2) Handy/Smartphone
3) Spielzeug/Spielkonsole
4) Lampe
5) benötigte Arbeitsmaterialien
6) Papierreste
7) ein Getränk
8) leere Colaflaschen
9) Radio
10) Taschenrechner/Wörterbuch

▪ Das Lernen organisieren

Sich kennenlernen, miteinander sprechen und lernen

2 Draußen unterwegs

Spannend erzählen

1 Beschreibt die Bilder und ergänzt euch gegenseitig.

2 Erzählt in Gruppen eigene Geschichten, die zu den Bildern passen. Achtet darauf, dass ihr nicht nur von den Ereignissen berichtet, sondern dass ihr sie spannend und anschaulich erzählt.

Während die Jugendlichen in diesem Kapitel „draußen unterwegs" sind und du von deinen eigenen Abenteuern erzählst, lernst und trainierst du, …

… Bekannten oder Freunden etwas zu erzählen,
… das Schreiben deiner Erzählungen zu planen und dir Wichtiges zu notieren,
… deine Erzählungen spannend auszugestalten,
… deine Erzählungen sprachlich lebendig und anschaulich zu formulieren,
… nach Reizwörtern zu erzählen und Erzählteile auszugestalten,
… Erzählungen zu überarbeiten,
… in Episoden zu erzählen.

2 Und das hast du wirklich erlebt?
Jemandem etwas mündlich erzählen

„… und dann sind wir immer weitergegangen, es ist sehr steil gewesen. Und dann ist es noch steiler geworden. Könnt ihr euch vorstellen, wie anstrengend das gewesen ist? Doch das wäre noch nicht so schlimm gewesen. Doch am Horizont sind dunkle Wolken aufgezogen! Mir ist ganz anders geworden. Doch meine Mutter hat mich angetrieben: ‚Beeil dich!' Aber ich habe nicht mehr gekonnt. Plötzlich habe ich den Donner gehört. Und meine Beine sind schwer wie Blei gewesen. Und dann ist auch noch ein Blitz gekommen."

1 Lies Emmas Ferienerzählung laut vor oder höre sie dir an und achte auf die Wirkung. Formuliert in Partnerarbeit mithilfe der Satzanfänge eine Rückmeldung.

Mediencode: 11035-02

- Emma, gut gefällt mir …
- Ich kann mir gut vorstellen …
- Nicht so gut gefällt mir …
- Überlege dir doch …

Das musst du können

So erzählst du deinen Zuhörern mündlich eine Geschichte

Erzähle mündlich im Perfekt (→ S. 203) und achte darauf, dass die Zuhörer sich deine Erlebnisse genau vorstellen und mit dem Geschehen mitfiebern können. Schildere dazu Sinneseindrücke, Stimmungen und Gefühle und verwende bei Gedanken die direkte Rede. Erzähle an spannenden Stellen auch im Detail. Vermeide Wiederholungen, suche treffende Ausdrücke und verändere je nach Situation deinen Tonfall (lauter, tiefer, schneller …) und deine Gestik (→ S. 173, 260).

2 Überarbeitet in Kleingruppen Emmas Erzählung mithilfe des Kastens schriftlich.

3 Überprüft eure Ergebnisse in der Klasse und wählt dazu eine der folgenden Möglichkeiten.

- Lies den überarbeiteten Text laut vor.
- Lies den überarbeiteten Text und begründe deine Veränderungen.
- Erzähle auf der Grundlage eurer Überarbeitung aus Aufgabe 2 frei von dem Erlebnis.

Jemandem etwas mündlich erzählen

4 Emma hat sich für ihre Erzählung vor der Klasse einen Stichwortzettel geschrieben, der ihr beim mündlichen Erzählen helfen soll. Verbessert ihn *in Partnerarbeit*. Notiert dann, was ihr bei einem Stichwortzettel für wichtig erachtet.

> Stichwortzettel
> - Wir sind lange gegangen.
> - steil, sehr steil
> - Dann auch noch Gewitter!
> - Mama sagte, ich soll mich beeilen.
> - Ich konnte nicht mehr.

5 Beurteile die abgebildeten Körperhaltungen und wähle dazu eine Aufgabe.

- Beschreibe die Bilder und gib an, wem du beim Erzählen zuhören möchtest.
- Nenne drei Gründe für deine Entscheidung, wem du beim Erzählen zuhören möchtest.
- Erstelle mithilfe der Bilder eine Liste mit Kriterien für eine geeignete Körperhaltung und einen lebendigen Tonfall.

6 Probiert *in Kleingruppen* für die folgenden Sätze unterschiedliche Körper- und Sprechhaltungen beim Erzählen aus. Macht euch Notizen zur Wirkung und gebt euch gegenseitig eine Rückmeldung (→ S. 263).

> - „Im letzten Sommerurlaub habe ich mit meiner Familie eine Wanderung in den Berchtesgadener Alpen unternommen."
> - „Ich bin heftig zusammengezuckt, als es direkt über uns geblitzt hat."
> - „Erleichtert und erschöpft sind wir am frühen Abend in unserer Pension eingetroffen."

7 Wer erzählt am besten? Richtet in eurer Klasse einen Erzählwettbewerb aus. Entscheide dich für eine Geschichte, die du erzählen möchtest, und berücksichtige dabei alle Aspekte mündlichen Erzählens, die du hier gelernt hast.

Der erste Schritt
Den Aufbau einer Erzählung planen

1. Bringe die Bilder in die richtige Reihenfolge. Begründe deine Anordnung. Notiere zu jedem Bild in wenigen Stichwörtern, was zu sehen ist.

2. Vergleicht in der Klasse eure Ergebnisse und diskutiert, welches die spannendste Stelle ist.

3. Die Bilder zeigen dir nur die wichtigsten Erzählschritte der Handlung. Schreibe auf, was zwischen den Bildern passieren könnte.

4. Notiere in Stichpunkten, wie es zu der Wanderung kommt und wie sie endet. Begründe, warum diese Informationen zu einer Erzählung dazugehören.

5. Ordne deine Stichpunkte und die Bilder den Erzählteilen Erzählsituation, Ereignis und Ausgang zu.

Den Aufbau einer Erzählung planen → AH S. 13–15

Spannend erzählen

6 Erstelle eine Tabelle mit den Spalten Erzählsituation, Ereignis und Ausgang und ordne die im Wortspeicher alphabetisch geordneten Begriffe richtig zu.

> **Wortspeicher**
> Auflösung – Aufregendes – ausführlich – Details – Ergebnis – Folgen – größte Spannung – Happy End – Hinführung – neugierig machen – Ort – Personen – Spannungssteigerung – Überraschung – Zeit

---

So baust du eine Erzählung mit einem Schreibplan auf

Ein **Schreibplan** hilft dir, eine Erzählung folgerichtig aufzubauen. Hier notierst du dir in Stichpunkten wichtige Erzählschritte zum Ablauf der Geschichte.
In der Darstellung der **Erzählsituation** beantwortest du die W-Fragen (Wer? Wo? Was? Wann?) und weckst das Interesse des Lesers.
Das **Ereignis** erzählst du anschaulich und in logischen Erzählschritten. Du steigerst die Spannung zum Höhe- oder Wendepunkt. Deine Geschichte kann auch mehrere spannende Stellen haben. Als Letztes erzählst du den **Ausgang** der Geschichte bzw. ihre Folgen. Erzählzeit ist das Präteritum (→ S. 200).

Das musst du können

---

7 Wähle eine der folgenden Aufgaben aus.

■ Nutze die Ergebnisse aus den Aufgaben 4 und 5 und notiere in Stichpunkten einen Schreibplan zur „Höhlengeschichte". Erzähle sie anschließend mündlich mit dessen Hilfe.

■ Erarbeite mithilfe der folgenden Bilder den Schreibplan zu einer Geschichte mit der Überschrift „Die Mutprobe".

■ Erarbeite mithilfe der folgenden Bilder den Schreibplan zu einer Geschichte mit der Überschrift „Die Mutprobe" und erzähle sie mündlich mit dessen Hilfe.

Mir ist ganz schön mulmig zumute
Innere und äußere Handlung gestalten

1. Erzählt in Gruppen lebendig und spannend zu den Bildern. Wechselt euch nach jedem Bild ab.

2. Führt in Partnerarbeit ein Brainstorming (→ S. 293) durch. Sammelt dazu eure Ideen, was am Ende der Geschichte passieren könnte, und schreibt sie unsortiert auf ein Blatt Papier um den Begriff „Ende der Geschichte" herum. Diskutiert und stimmt ab, welche Idee am besten zu den vorgegebenen Bildern passt.

3. Ordne die Begriffe aus dem Wortspeicher einzelnen Bildern zu.

> **Wortspeicher**
> Beunruhigung – Vorfreude – Vergnügen – Furcht – Verzweiflung

4. Beschreibe die Sinneseindrücke und Empfindungen von Jonas in den einzelnen Bildern: Was sieht, hört, riecht oder spürt er?

5. Formuliere die Gedanken, die Jonas im dritten und vierten Bild durch den Kopf gehen könnten.

Innere und äußere Handlung gestalten → AH S. 19

Spannend erzählen

6 Übertrage die Tabelle in dein Heft und vervollständige sie in Stichpunkten.

Bild	äußere Handlung (was man sehen kann)	innere Handlung (Gedanken und Gefühle)
1		
2	liest im Baumhaus	
3		beunruhigt, leicht ängstlich
4		

Das musst du wissen

Äußere und innere Handlung

Die **äußere Handlung** in einer Erzählung beschreibt Ereignisse und Taten, die du beobachten kannst.
Gedanken und Gefühle spielen sich in einer Person ab. Deshalb bezeichnet man dies als **innere Handlung**. Die Darstellung der inneren Handlung trägt zur Spannung einer Geschichte bei. Du musst sie deshalb mit treffenden Verben und Adjektiven anschaulich beschreiben.

7 Liam fährt gern Skateboard und möchte zum ersten Mal einen neuen Sprung ausprobieren. Wähle eine der folgenden Aufgaben.

- Beschreibe mithilfe des Bilds seine Gefühlslage.
- Wie geht es Liam vor seinem Sprung? Schreibe einen kurzen Erzählausschnitt und kennzeichne innere und äußere Handlung.
- Liam hat seinen neuen Sprung geschafft. Schreibe die komplette Geschichte und kennzeichne innere und äußere Handlung.

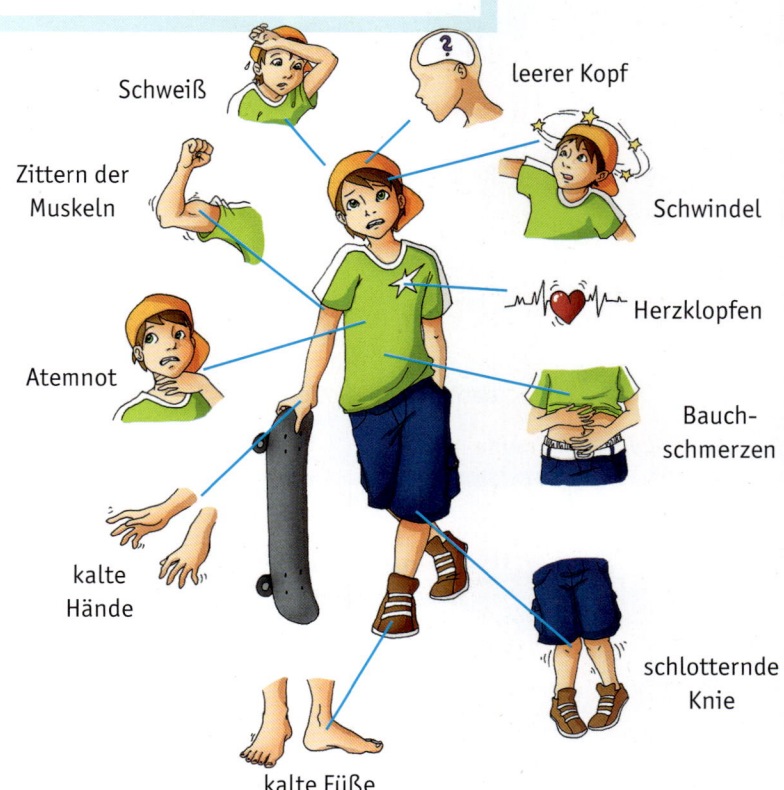

2

Ich kann mir gut vorstellen, was passiert ist
Anschaulich und lebendig erzählen

1 Jonathan besucht mit seinen Eltern während eines Campingurlaubs einen Kletterwald. Sammelt in Partnerarbeit anschauliche Adjektive und Verben zu den Bildern.

2 Notiere zu jedem Bild, was Jonathan denken könnte und was er seinen Eltern zuruft.

3 Beschreibe Jonathans Sinneseindrücke und verwende dazu folgende Satzanfänge:

- Jonathan sah …
- Es roch nach …
- Er hörte …
- Er fühlte unter seinen Füßen …
- Seine Hände spürten …

4 Ergänze die begonnene Mind-Map (→ S. 51), um Jonathans Gefühle im Kletterwald zu beschreiben. Notiere dazu alle Begriffe, die dir zu den Wortfeldern einfallen.

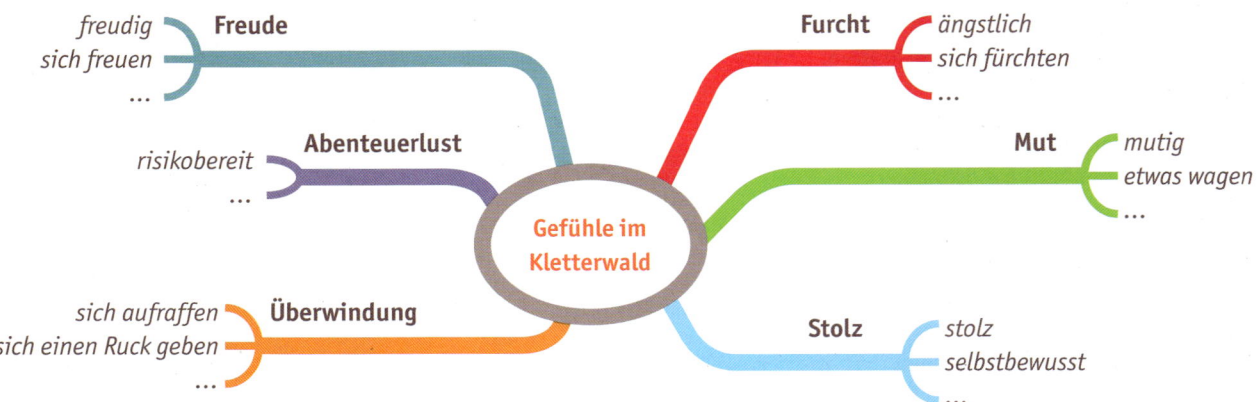

Anschaulich und lebendig erzählen → AH S. 16–19

Spannend erzählen

5 Am nächsten Morgen erzählt Jonathan seinen Eltern, dass er eine unruhige Nacht hatte. Überarbeite den Text und ersetze dabei *sein* und *machen* durch ausdrucksstarke Verben.

> Nach dem anstrengenden Tag im Kletterwald wart ihr schnell eingeschlafen. Es **war** schon weit nach Mitternacht. Plötzlich **war** da ein Geräusch. Ohne auch nur ein Rascheln zu **machen**, stieg ich aus meinem Schlafsack und griff vorsichtshalber nach meiner Taschenlampe. Ein Blick zu Papa verriet mir, dass er tief und fest schlief. Auf allen Vieren **machte** ich mich zum Zelteingang auf. Stück für Stück **machte** ich den Reißverschluss auf, bis ich in der kühlen Nachtluft war. Sekundenlang lauschte ich nach draußen. „Da **war** wohl doch nichts!", **machte** ich mich für einen Moment ruhig und schüttelte den Kopf. Doch wohl fühlte ich mich dabei nicht! „Grrch", **machte** es wieder.

So erzählst du anschaulich und lebendig

Damit du deine Zuhörer oder Leser fesselst, formuliere

- mit **ausdrucksstarken** Adjektiven und Verben,
- **Details** der Umgebung,
- **Sinneseindrücke** und **Gefühle** mit verschiedenen Wortarten,
- die **Auswirkungen** von Gefühlen,
- Gedanken und wörtliche Rede in Anführungszeichen mit passenden Redebegleitsätzen (→ S. 252): *Jonathan jauchzte vor Vergnügen: „Yippie – dieses Kribbeln im Bauch ist echt super!"*

Das musst du können

---

6 Erstellt in Gruppen zu den Begriffen *Dunkelheit* und *Mut* ein Lernplakat mit anschaulichen und lebendigen Formulierungen. Wählt dazu einen der beiden Begriffe aus und verwendet auch die Tipps aus dem Kasten.

7 Formuliere anschaulich und lebendig, wie Jonathans Erlebnis in der Nacht weitergeht.

- Führe den Text fort und verwende die angegebenen Wörter.

  Ich schlich mit der Taschenlampe in der Hand auf das Gebüsch neben unserem Zelt zu. Dort … Licht aus … lautlos … horchen … Mut sammeln … großer Schritt … leuchten … nur ein Wasserhahn.

- Schreibe die Erzählung passend zum Bild weiter.
- Führe Jonathans Erzählung mit einer eigenen Idee weiter.

2

Da halte ich die Luft an!
Erzählteile spannend ausgestalten

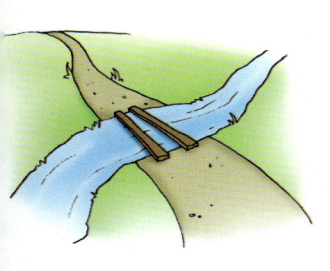

Die Radtour
Am Nachmittag unternahm die Klasse 5b vom Schullandheim aus eine Fahrradtour im Wald nahe Nüdlingen, bei der sie vom Weg abkam, weil dieser – von sehr viel nassem Laub bedeckt – nicht zu erkennen war. Nach einer turbulenten Fahrt durch den Wald abseits jedes Wegs musste die ganze Klasse den Bach auf einer schmalen Holzlatte, die als notdürftige Brücke von einem Jäger verwendet wurde, überqueren. Als Jana als Letzte über die Latte fuhr, brach diese, woraufhin das Mädchen in den Bach fiel. Ein LKW-Fahrer brachte das durchnässte Kind zurück zum Schullandheim.

1 Spannend ist aber anders! Erzähle die Ereignisse der Radtour aus Janas Sicht.

2 Sammelt **in der Klasse** Ideen, wie ein Regisseur den spannenden Höhepunkt verfilmen würde. Spielt die Szene pantomimisch nach (→ S. 277) und beschreibt ihre Wirkung.

3 Formuliere in den Sätzen „in Zeitlupe", also detailgenau, was in kürzester Zeit passiert ist. Als Hilfe kannst du den angegebenen Wortspeicher verwenden.
Beispiel: Ich steuerte mein Rad auf die Holzlatte zu. Als ich direkt über dem Bach war, brach die Latte.

Wortspeicher
Gleichgewicht – hörte ein Knacksen – verlor den Halt – kalt – nass – Vorderrad – trat vorsichtig – konzentrierte mich – schrie auf – anderes Ufer – Brett federte – Holz gab nach

4 Sammelt **in Partnerarbeit** treffende Wendungen, die beschreiben, wie Jana sich fühlt. Nutze diese Sammlung anschließend als Wortspeicher und beschreibe Janas Gefühlslage.

Die Nachtwanderung
„Nach dem Abendessen treffen wir uns vor der Haustür zur Nachtwanderung! Das wird etwas ganz Besonderes!", kündigte Frau Ledermann, die Lehrerin der 5b, an. Ausgerüstet mit festen Schuhen, Jacken und Taschenlampen versammelten sich die Schüler. Ralf überprüfte noch einmal seine Batterien, da hatte sich die Klasse schon in Bewegung gesetzt. Er bildete vorerst das Schlusslicht der Gruppe – ausgerechnet gemeinsam mit Max! Schon nach ein paar Minuten erreichten die Schüler den Wald, in dem es so dunkel war, dass …

5 Gib an, welche Formulierungen Spannung erzeugen und wodurch ihnen das gelingt.

Erzählteile spannend ausgestalten → AH S. 7–11

Spannend erzählen

6 Sammle mehrere Ideen, was bei der Nachtwanderung passieren könnte. Wähle dazu eine der folgenden Aufgaben.

- Beantworte die W-Fragen: Wer könnte auftauchen? Wo taucht er auf? Welches Ziel hat er? Warum? Wie und womit erreicht er sein Ziel?
- Sammle in einer Liste Ideen, was während der Nachtwanderung passieren könnte.
- Übertrage die Mind-Map in dein Heft und ergänze die Hauptäste der Mind-Map.

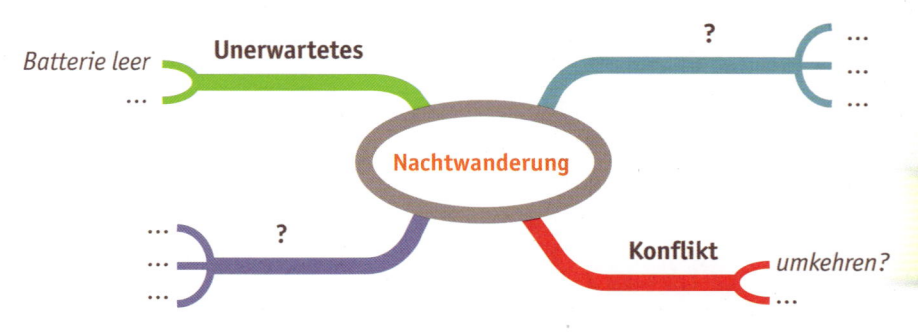

Batterie leer — **Unerwartetes** … | **?** … … …
Nachtwanderung
… **?** … … | **Konflikt** — *umkehren?* …

7 Überprüft in Partnerarbeit, welche der in Aufgabe 6 gefundenen Ideen am besten zum Erzählausschnitt passt und am spannendsten ist. Klammert die ungeeigneten Einfälle ein.

8 Die Überschriften der Erzähltexte in diesem Teilkapitel sind nicht besonders spannend. Finde neue Formulierungen und einigt euch in der Klasse auf die spannendste Alternative.

So kannst du Spannung erzeugen

Damit deine Leser und Zuhörer mitfiebern, wie es wohl weitergeht, kannst du folgende Mittel einsetzen:

- Du schilderst innere Konflikte der Figuren.
- Du deutest an, was passieren wird.
- Du lässt Unerwartetes oder Unheimliches geschehen.
- Du schilderst ein Geschehen „in Zeitlupe".
- Du findest eine spannende und passende Überschrift.

Das musst du können

---

9 Damit Jana die Erlebnisse im Schullandheim nicht vergisst, hat sie sich Stichpunkte zur Erinnerung notiert. Wähle eine Reizwortreihe aus und erzähle mit deren Hilfe eine spannende Geschichte, die an einem Tag im Schullandheim passiert sein könnte.

| 1) Experimente am Bach | 2) klatschnass | 3) Rettung |

| 1) Abschlussabend | 2) Akrobatik | 3) Applaus |

Das kannst du noch besser!
Erzählungen gemeinsam überarbeiten

1 Stelle Merkmale und Tipps für eine lebendige und spannende Erlebniserzählung zusammen. Wähle dazu eine der Aufgaben.

- Formuliere Tipps für eine gelungene Erlebniserzählung.
- Erstelle eine Mind-Map zum Thema „eine gute Erlebniserzählung".
- Erstelle ein strukturiertes Lernplakat.

2 Schreibe zu den Bildern eine vollständige Erlebniserzählung.

Schock auf dem See
Es fing alles damit an, dass Jan zum Starnberger See ging. Er hatte zu seinem Geburtstag einen Schwimmreifen gekriegt. Er wollte ihn gleich ausprobieren. Im See waren schon seine Freunde, die mit einem Ball spielten. Er legte seinen Reifen ins Wasser. Dann setzte er sich in den Reifen rein. (…)

3 Jakob möchte seine Erzählung mithilfe verschiedener Proben überarbeiten. Führt **in Partnerarbeit** die verschiedenen Proben durch, indem ihr die Sätze und je nach Probe eine Variante laut vorlest. Notiert die Variante, die euch besser gefällt.

Tipp
- Bei der **Ersatzprobe** tauschst du einzelne Wörter aus.
- Bei der **Erweiterungsprobe** fügst du weitere Wörter oder einen neuen Satz ein.
- Bei der **Umstellprobe** veränderst du den Satzbau.

4 Paula hat ihre Erzählung den anderen Schülerinnen und Schülern gezeigt. Sie haben für sie die Textlupe (→ S. 39) auf der rechten Seite ausgefüllt. Ergänze einen weiteren Eintrag.

(…) Jan war sofort hellwach. Aus seinem Schwimmreifen entwich die Luft und es war nur eine Frage der Zeit, bis der Reifen keine Luft mehr hatte. Nun passierte es. Kurz bevor der Reifen keine Luft mehr besaß, fiel Jan vom Reifen. In Panik schlug Jan um sich. Doch seine Freunde kamen schnell herbei. (…)

Erzählungen gemeinsam überarbeiten → AH S. 20 f.

Textlupe zur Erzählung „Schock auf dem See" von Paula		
Das hat mir gut gefallen:	Hier stört mich etwas:	Ein Vorschlag:
Die Formulierung „es war nur eine Frage der Zeit" ist sehr gelungen.	Die Wörter „Reifen" und „Luft" wiederholst du sehr oft.	Lass „kurz bevor der Reifen keine Luft mehr besaß" einfach weg.

5 Liam hat seine Erzählung vorgetragen. Die Klasse macht ihm im Gespräch Vorschläge zur Verbesserung. Überarbeite mit deren Hilfe Liams Erzählung.

(…) Plötzlich erschrak Jan fürchterlich. Die Luft ging aus dem Reifen. Im nächsten Moment war der Reifen untergegangen. Jan ruderte mit den Armen und schrie so laut, wie er konnte: „Hilfe, Hilfe, ich gehe unter!" Sofort kamen ihm seine Freunde zu Hilfe. Die zwei Retter konnten ihn zum Ufer ziehen. (…)

Tarek: „Die wörtliche Rede ist sehr passend, Liam."
Enya: „Vielleicht kannst du auch noch einfügen, was Jan denkt."
Tarek: „Mir fällt noch das Adjektiv ‚panisch' ein. Das passt doch zum Höhepunkt, oder?"
Jakob: „Ja! Damit könntest du noch einen Satz schreiben, in dem steht, wie sich Jan fühlt, bevor er seine Freunde kommen sieht."

6 Arbeitet in Kleingruppen mit euren Erlebniserzählungen. Jedes Gruppenmitglied schreibt Fragen oder kurze Kommentare mit Bleistift an den Rand. Orientiert euch dabei an den Kriterien einer gelungenen Erzählung (→ S. 266). Überarbeitet nun eure eigene Erzählung.

So überarbeitest du eine Erzählung

Das musst du können

Es fällt leichter, einen fremden Text zu verbessern als den eigenen. Deshalb tauscht in der Klasse die Texte zum Lesen untereinander aus.

- **Methode: Textlupe**
  Jeder Text bekommt einen Rückmeldezettel (die Textlupe) mit auf den Weg.
  Schreibe deinen Kommentar zum anderen Text höflich auf.
  Gib den Text und die Textlupe an mehrere Mitschüler/innen weiter.
- **Methode: mündliche Schreibkonferenz**
  Lies in der Gruppe deinen Text vor. Deine Mitschüler/innen äußern sich spontan und stellen dir Fragen. Lies den Text noch einmal abschnittweise. Die anderen machen dir Vorschläge zur Verbesserung. Diese notierst du dir kurz.
- **Methode: Fragelawine/Kommentarlawine**
  Schreibe Fragen und Eindrücke an den Rand des Textes. Gib den Text dann zurück.

Erzähl doch einmal anders!
Erlebnisse in Episoden erzählen

Liebe Emma,

wie geht's dir denn? Wie ist es auf dem Bauernhof, wo du dieses Jahr mit deiner Familie die Ferien verbringst? Letztes Wochenende war ja mein Geburtstag. Es ist wirklich schade, dass du nicht dabei sein konntest. Meine Feier war einfach super!

Am Samstagnachmittag sind Enya, Tarek und Jakob gekommen und das Wetter war so gut, dass wir auch wirklich wie geplant draußen gezeltet haben.
Der Zeltplatz liegt in einem kleinen Wald bei uns in der Nähe und ist einer meiner Lieblingsorte. Es fühlt sich dort fast an wie in einem geheimnisvollen Märchenwald. Man wartet nur darauf, dass Rotkäppchen zwischen den Bäumen auftaucht.

Als wir dort schwer bepackt ankamen, waren die anderen genauso begeistert wie ich. „Kommt, wir bauen gleich unser Zelt auf!", rief Tarek übermütig. Zu dem Zeitpunkt ahnte ich noch nicht, dass wir es zweimal aufstellen würden. Du wirst wahrscheinlich lachen müssen, wenn ich dir jetzt erzähle, wie es dazu kam.
Wir suchten uns erst einmal einen ebenen Platz auf der Lichtung aus, räumten Steine und Äste beiseite, packten das Zelt aus und verteilten alle Teile im Gras, um sie zu ordnen. Es war gar nicht so einfach, alles richtig zusammenzubauen. Wir waren jedenfalls furchtbar stolz, als wir endlich die Stangen in das Unterzelt eingezogen, das Zelt mit großer Mühe aufgestellt – es war doch etwas groß für uns – und es mit Heringen im Boden befestigt hatten.

Kaum stand das Zelt, war Tarek schon darin verschwunden, um sich seinen Schlafplatz auszusuchen. Man hörte ein tiefes Brummen und dann ging alles furchtbar schnell: „Ein riesiges fliegendes Monster greift mich an!", kreischte Enya und rannte panisch ums Zelt herum, stolperte dabei über einige der Befestigungsschnüre, riss eine Stange aus der Halterung und ließ das mühsam aufgebaute Zelt einstürzen.
„Na super!", kam Tareks gedämpfte Stimme unter dem Zelt hervor. Enya, Jakob und ich schauten uns verdutzt an und brachen dann in schallendes Gelächter aus. Das „Monster-Insekt" war übrigens schon längst seelenruhig davongeschwirrt und hatte uns nur einen Haufen Arbeit beschert. Wir mussten das Zelt ja nun ein zweites Mal aufbauen.

Am Abend wurde es dann noch richtig gemütlich. Wir hatten Holz für ein Lagerfeuer gesammelt, Papa hatte es angezündet und wir saßen bei Dämmerung auf unseren Isomatten um das Feuer herum, das fröhlich tanzte und eine angenehme Wärme verbreitete. Vielleicht kannst du dir denken, was jetzt noch fehlte und einfach für mich zu einem Lagerfeuer dazugehört? Richtig, gegrillte Marshmallows.
Ich suchte also die große Tüte mit Marshmallows aus dem Proviant heraus. Jeder spießte einen auf einen Stecken und hielt ihn ins Feuer. „Wah!", hörte ich nur von Jakob, dem es nicht schnell genug gehen konnte. Sein Marshmallow hatte in kürzester Zeit die Farbe gewechselt: von schneeweiß zu kohlrabenschwarz. Gut gerochen

Erlebnisse in Episoden erzählen

Spannend erzählen

hat es auch nicht mehr. Wir tüftelten ein bisschen, das Marshmallow sollte von außen ja etwas knackig und gebräunt sein, durfte aber beim Grillen nicht anbrennen, und innen sollte es fast flüssig werden. Nach ein paar Fehlversuchen hatten wir endlich die richtige Technik gefunden, verspeisten genüsslich die ganze Packung und erzählten uns dabei Gruselgeschichten.

Irgendwann wurden wir dann aber doch müde, Papa löschte das Feuer und wir verkrochen uns ins Zelt, mummelten uns in unsere Schlafsäcke ein und schliefen bald wie die Murmeltiere, obwohl wir uns fest vorgenommen hatten, besonders lange wach zu bleiben. Am nächsten Morgen beim Frühstück meinte Jakob zwischen zwei Bissen: „Das war toll! Wir sollten das unbedingt nochmal machen!".

Ich finde, das ist eine gute Idee. Hoffentlich kannst du beim nächsten Mal dabei sein!

Viele Grüße und bis bald
Paula

1 Lies Paulas Brief an Emma. Hast du schon einmal etwas Ähnliches erlebt? Was war schön, anstrengend, überraschend, ärgerlich, beunruhigend …? Notiere dir ein paar Stichwörter. Sprecht anschließend in der Klasse darüber.

2 Emmas Schwester möchte wissen, worum es in Paulas Brief geht. Diskutiert zu zweit Emmas Aussage.

„Es geht um den Zeltaufbau und das Lagerfeuer, äh nein, also eigentlich um Paulas Geburtstagsfeier."

3 Paulas Schreibplan ist nicht ganz vollständig. Lies ihren Brief noch einmal, übertrage den Schreibplan in dein Heft und fülle die Lücken.

Briefanfang	…
Warum ich Emma schreibe	mein Geburtstag letztes Wochenende, …
Was ich erzählen will (Ausgangssituation)	wer: … was: Wetter gut, zelten wann und wo: …
• Ablauf des Nachmittags	Ankunft, alle begeistert, Zeltaufbau
• das Lustigste	…
• …	Lagerfeuer und Marshmallows
Ausgang	…
Briefschluss	Wiederholung, nächstes Mal dabei?

2

Das musst du wissen

Episodenerzählung

Im Alltag erzählen wir oft nicht nur ein Erlebnis, sondern **mehrere kürzere Episoden innerhalb eines Erzählrahmens**. Erzählenswert kann vieles sein: etwas Lustiges, Ärgerliches usw. Der Erzählrahmen kann z. B. eine Feier oder ein Urlaub sein.

4 Emma möchte Paulas Brief beantworten und überlegt, was sie ihr erzählen könnte. Übertragt ihre Ideensammlung in euer Heft und ergänzt eure Ideen **in Partnerarbeit**.

> Auffinden eines Wurfs mit jungen Katzen
> Bienenstich
> Spielen mit den vier jungen Kätzchen
>
> *Urlaub auf dem Bauernhof*
>
> Fahrt mit dem Traktor
> Versteckspiel im Heu
> Heuschnupfen

5 Entwerft **zu zweit**, wie Emmas Schreibplan aussehen könnte. Orientiert euch dafür an eurem Ergebnis von Aufgabe 3 und nutzt folgende Stichpunkte.

> **Ideenspeicher**
>
> nächsten Sommer wieder Bauernhof – Versteckspiel mit Lena im Heu – Finden eines Wurfs mit jungen Kätzchen im Heu – Lenas Idee – gestern Nachmittag – unangenehm: Heuschnupfen – danke für witzigen Brief – tolle Feier – Lena, Tochter des Bauern, und ich – Herumtollen in der Scheune – ausgiebige Dusche – schön hier

Liebe Paula,

es war aufregend, im Heu herumzutollen. Lena hatte sich wieder einmal sehr gut versteckt, deshalb stand ich im Halbdunkel des hohen Raumes mitten im Heu und lauschte angestrengt. Im Raum war es bis auf das Surren einer Fliege still. „Lena?", rief ich,
5 „Wo bist du denn?" Keine Antwort. Aber irgendwo in der hinteren linken Scheunenecke raschelte etwas. „Ha! Hab ich dich bald!", dachte ich mir und pirschte mich vorsichtig näher. Ich plante, sie so richtig zu erschrecken, stand dann aber wie angewurzelt da, als ich sah, wer wirklich geraschelt hatte. „Uh! Wie süß! Schau mal, Lena!", quietschte ich begeistert und schaffte es damit, Lena aus ihrem viel zu guten Versteck zu locken,
10 da sie neugierig war, was ich entdeckt hatte. „Kätzchen", flüsterte Lena begeistert. Kurz darauf begann ich wie eine Niesmaschine zu niesen, brauchte drei Packungen Taschentücher in kürzester Zeit auf, meine Nase wurde rot und tat weh vom ständigen Schnäuzen, meine Augen tränten und juckten. Es war schrecklich.

Viele Grüße und bis bald
15 Emma

Erlebnisse in Episoden erzählen

6 Lies Emmas ersten Briefentwurf, übertrage die Tabelle in dein Heft und kreuze an.

Kriterien/Zufriedenheit	☹	😐	🙂
Die Erzählsituation ist klar.			
Wenige Sätze bereiten in logischen Erzählschritten die Episoden vor.			
Beide Episoden werden anschaulich erzählt.			
Durch Andeutungen wird Spannung aufgebaut.			
Der Leser wird angesprochen und in die Erzählung miteinbezogen.			
Ausgang oder Folgen werden knapp erzählt.			
Es wird verständlich von einer Episode zur nächsten übergeleitet.			

Spannend erzählen

So erzählst du spannend und anschaulich in Episoden

- Wähle innerhalb deines Erzählrahmens zwei Erlebnisse aus, die du für besonders erzählenswert hältst.
- Führe den Leser in die Erzählsituation ein (→ S. 31) und bereite die erste Episode mit wenigen Sätzen und in logischen Erzählschritten vor.
- Du kannst die Spannung steigern, wenn du deinen Leser ansprichst, Andeutungen machst (→ S. 37) und ihn so mit in deine Erzählung einbeziehst.
- Gestalte die erste Episode nun anschaulich aus (→ S. 35) und erzähle knapp vom Ausgang oder den Folgen.
- Leite dann in wenigen Sätzen und logischen Erzählschritten zur zweiten Episode über, gestalte sie aus und erzähle wieder knapp vom Ausgang oder den Folgen.
- Runde deine Episodenerzählung am Ende ab, indem du den Erzählrahmen schließt, also den Ausgang des ganzen Erlebnisses erzählst.

Das musst du können

7 Überarbeite Emmas Briefanfang. Gehe kurz auf Paulas Brief ein, kläre die Erzählsituation …

- … und führe zur ersten Episode hin.

- … und führe zur ersten Episode hin. Steigere die Spannung, indem du eine Andeutung machst.

- … und führe zur ersten Episode hin. Steigere die Spannung, indem du eine Andeutung machst und den Leser miteinbeziehst.

8 Schreibe eine verbesserte Version der zweiten Episode. Denke an eine passende Überleitung und auch an einen Briefschluss. Nutze die Ergebnisse aus Aufgabe 5.

9 Gebt euch mithilfe der Frage-/Kommentarlawine (→ S. 39) Rückmeldungen zu euren Texten und überarbeitet diese in Kleingruppen.

Charlys Sprachcheck

Paula kam von der Schule nach Hause und bemerkte, dass das Terrarium offen und ihr Chamäleon Charly verschwunden war. Sie machte sich große Sorgen, malte sich aus, was alles passiert sein konnte und war vollkommen verzweifelt. Sie begann zu suchen und fand eine Spur, welche vom Terrarium ____aus auf die Terrasse und in den Garten führte. Sie hatte ihre Freunde zur Verstärkung geholt. Nun standen alle im Garten und suchten Charly mit vereinten Kräften. Jakob und Samuel machten sich gemeinsam auf die Suche und gingen in das Gartenhäuschen ____ein. Schon nach kurzer Zeit kamen sie völlig eingestaubt, aber ohne Charly wieder ____aus. Da hatte Arthur eine Idee: „Vielleicht hat sich Charly ja in der Dachrinne des Häuschens versteckt?" Sofort rannte er zum Gartenhäuschen ____über. Aber auch da war er nicht. Liam hoffte, dass Charly nicht in den Gartenteich ____eingefallen war. Es schaute angestrengt in das klare Wasser ____ein und war froh, dass das Chamäleon nicht im Teich lag. Da rief Enya plötzlich: „Schnell kommt alle mal zu mir ____über! Ich glaube, Charly ist auf diesen Baum ____aufgeklettert! Ich kann seine Fußspuren am Stamm erkennen!"

1 Stelle dir die jeweilige Situation vor und entscheide dann, ob das Präfix „hin-" oder „her-" verwendet werden muss. Charly hilft dir mit seinem Tipp.

Tipp von Charly: Mit den Präfixen (→ S. 184 f.) **hin-** und **her-** werden immer Bewegungsrichtungen ausgedrückt. Führt die Richtung vom Standpunkt des Betrachters weg, so verwendet man „hin-" (hinüberwerfen). Führt sie dagegen auf den Standpunkt des Betrachters zu, so verwendet man „her-" (herüberkommen).

2 Paula will zusammen mit Enya nach Charly im Baum suchen. Nicht alle Imperative sind korrekt gebildet. Finde die fehlerhaften und stelle sie richtig.

Paula: „Nehme dir eine Leiter und sehe auf dem Baum nach! Pass beim Klettern aber auf! Wenn du ihn siehst, spreche ihm gut zu und lass ihn nicht aus den Augen! Bitte komm und helfe mir!"

ACHTUNG FEHLER!

Charlys Sprachcheck

Spannend erzählen

> **Tipp von Charly**
>
> Bei Verben, die ihren Stammvokal in der Konjugation ändern *(lesen, las, gelesen)*, kann der Stammvokal *-e* der Infinitivform zu einem *-i* im Imperativ wechseln *(lesen → lies)*.

3 Bilde zu folgenden Verben die korrekte Imperativform im Singular.

geben, lesen, brechen, messen, befehlen, erschrecken, stehlen, treffen, werfen, fressen

Sofort liefen alle schnell zum Baum und schauten in das Geäst. **(1. spannende Stelle)**
  Aber Charly war nicht dort. Paula überlegte, wie sie Charly finden sollte. Sie grübelte hin und her, aber ihr wollte einfach kein erfolgversprechender Plan einfallen. **(2. spannende Stelle)**
  Dann hörte sie ein Fauchen und bemerkte, wie die Katze des Nachbarn das Blumenbeet anzischte. Bei genauerem Hinsehen stellte sie fest, dass die Katze sich gerade auf Charly stürzen wollte. **(3. spannende Stelle)**
  Paula konnte die Katze aber noch rechtzeitig vertreiben und Charly im letzten Moment retten.

4 In dieser Geschichte sind die spannenden Stellen nicht genug ausgearbeitet. Ergänze sie mithilfe der Tipps von Charly jeweils um ein bis zwei Sätze und schreibe eine bessere Fassung in dein Heft.

> **Tipp von Charly**
>
> **1. Andeutungen**
> Durch Andeutungen in Form von wenn-Sätzen kannst du die Spannung steigern: *Wenn Charly nur nicht in den Gartenteich gefallen ist!*
>
> Weitere Ideen:
> verschleppen – Vogel, Hund des Nachbarn, Passanten, Tierfänger …
> sich verirren – großer Garten, ganzes Wohngebiet …
> sich verletzten – Zaun, Gartengeräte, Glasscherben, Kampf mit anderen Tieren …
> stürzen – durch das Kellerfenster, in den Brunnen …
>
> **2. Gedanken formulieren**
> Mit einer Gegenüberstellung unterschiedlicher, ja sogar widersprüchlicher Gefühle kannst du Paulas schwierige Lage besonders gut darstellen. Verwende dazu strukturierende Konjunktionen und Subjunktionen *(einerseits … andererseits, außerdem, trotz alledem, im Gegensatz dazu, so gesehen … aber andererseits)* (→ S. 284).
> Auch folgende Formulierungen können dir helfen: *voller Hoffnung/Verzweiflung; sie verlässt der Mut; sie ist kurz davor aufzugeben; sie weiß nicht mehr aus noch ein*
>
> **3. Sinneseindrücke schildern**
> Eine genaue Beschreibung der Sinneseindrücke (z. B. Wetter, Farben oder das Aussehen des Gartens) hilft dabei, dass der Leser deines Aufsatzes auf Paulas Stimmung schließen kann: *Auf einmal wirkte der Garten gar nicht mehr so schön wie zuvor. Die Sonnenblumen schienen sie anzugaffen und die Hecke erschien wie eine Festung.*

Was DU schon kannst!
Kompetenztest

Abenteuer Schatzsuche

A Wir bahnten uns einen Weg durchs Unterholz. „Sollten wir nicht auf dem Weg bleiben? Was ist, wenn wir nicht mehr zurückfinden?", sorgte ich mich. Immer wieder wichen wir großen Ästen, herausgerissenen Baumwurzeln und sumpfigen Mulden aus. So kamen wir nur langsam voran. Ich hatte das mulmige Gefühl, dass wir uns im Kreis bewegten. „Schau noch mal nach, ob wir richtig sind!", forderte ich Christoph auf, der mittlerweile das GPS-Gerät um den Hals trug.

B Ich stürmte nach draußen, wo mein Freund mich bereits erwartete. Den Blick hatte ich fest auf das Display gerichtet. Ich war gespannt, wohin uns das Navigationsgerät führen würde. Zunächst konnten wir noch auf dem Schotterweg bleiben. Als der Pfeil dann aber in eine andere Richtung zeigte, schlug Christoph vor: „Max, jetzt müssen wir nach rechts zwischen den Bäumen hindurch!"

C Er verlangsamte seinen Schritt, nahm das Gerät in die Hand, blickte konzentriert darauf und drehte sich zu mir um. „Es funktioniert nicht mehr!", schimpfte er wie ein Rohrspatz. „Drück einfach noch einmal auf den Hauptschalter", schlug ich vor. Doch das Display blieb dunkel. Schlagartig wurde mir klar, dass wir nicht wussten, wo wir waren. Angst stieg in mir hoch. Verzweifelt schüttelte ich das GPS. Wir entschieden, unsere Schatzsuche abzubrechen und zum Schotterweg zurückzukehren. Doch das war leichter gesagt als getan. Entschlossen stapften wir in die Richtung, aus der wir gekommen waren. Nach einer Weile fragte ich besorgt: „Müssten wir nicht schon zurück am Weg sein?" Panisch riefen wir immer wieder: „Hallo! Hört uns jemand?" Mir schlug das Herz bis zum Hals. „Hoffentlich finden wir aus dem Wald heraus, bevor es dunkel wird!", dachte ich. Auf einmal kamen Motorengeräusche näher. Im nächsten Augenblick sahen wir auch schon das Auto. Außer Atem rannten wir dorthin, wo der Jeep angehalten hatte.

D Erleichtert standen wir einem Waldarbeiter gegenüber. „Ist das die Straße nach Aubing?", keuchte ich. „Ja, in einer Viertelstunde seid ihr dort. Folgt nur dem Schotterweg!" Mir fiel ein Stein vom Herzen. „So ein Glück!", freute sich Christoph. Erleichtert traten wir den Heimweg an.

Kompetenztest

Spannend erzählen

> **E** Frau Jordan hatte uns im Erdkundeunterricht erklärt, wie man mit GPS-Koordinaten einen Standpunkt genau bestimmen und so beim Geocaching versteckte Schätze finden kann. Christoph und ich wollten das sofort ausprobieren. Mein Bruder Felix vertraute mir am Nachmittag sein GPS-Gerät an.

1 Übertrage die Spannungskurve in dein Heft. Ordne die Teile A bis E des Ausschnitts der Erzählung in die Spannungskurve ein. Achtung: Bringe die Erzählteile dafür zuerst in die richtige Reihenfolge. Benenne die Teile der Erzählung unter der Erzählkurve.

■ Nach einem Schreibplan erzählen

2 Nenne drei Kriterien einer spannenden Erzählung, die im Text berücksichtigt worden sind, und gib dazu jeweils ein Beispiel an.

■ Erzählmittel für spannendes Erzählen kennen

3 Verbessere und erweitere den folgenden Satz aus Teil A der Erlebniserzählung mithilfe der „Zeitlupe", sodass er spannender ist.

Wir bahnten uns einen Weg durchs Unterholz.

■ Das Erzählmittel „Zeitlupe" anwenden

4 Notiere aus den Teilen A und B die Sätze, in denen innere Handlung erzählt wird.

■ Innere und äußere Handlung unterscheiden

5 Ergänze am Ende von Teil E einen Satz mit innerer Handlung.

■ Innere Handlung als Mittel des Erzählens nutzen

6 Max und Christoph haben sich verlaufen. Streiche die Verben aus dem Wortspeicher zum Wortfeld *gehen*, die nicht zu dieser aufregenden Situation passen.

■ Sprachlich anschaulich und lebendig erzählen

Wortspeicher
spazieren – hetzen – stolpern – eilen – stolzieren – sputen – rennen – schlendern

7 Max und Christoph sprechen danach leise über ihr Erlebnis. Felix soll nicht hören, dass sie sich verlaufen haben. Ergänze das Wortfeld *leise sprechen* mit drei weiteren Verben.
Beispiel: *wispern*

47

3 Hexen, Gaukler, Zauberer

Sich und andere informieren: beschreiben und berichten

1 Sprecht in der Klasse über die Bilder. Geht zum Beispiel darauf ein, welche Szenen dargestellt sind und welche Einzelheiten ihr erkennen könnt.

2 Tauscht euch zu zweit zu euren eigenen Erlebnissen auf Mittelalter- und Gauklermärkten aus.

3 Ihr habt eure Erlebnisse „erzählt" und euch gegenseitig „informiert". Besprecht in Gruppen, worin sich diese beiden Redeweisen unterscheiden könnten, und prüft, welche Redeweisen ihr verwendet habt.

Paula und ihre Freunde besuchen den Gauklermarkt, auf dem es einiges zu bestaunen und zu beschreiben gibt. Hier lernst und trainierst du, ...

... Informationen zu sammeln und zu sortieren,

... Informationen präzise und adressatenbezogen weiterzugeben,

... schriftlich von Ereignissen zu berichten,

... Vorgänge schriftlich zu beschreiben.

3

Welche Informationen sind wichtig?
Informationen sammeln und ordnen

1 Schaue dir die Angebote des Gauklermarkts an. Tauscht euch in Partnerarbeit darüber aus, was Paula und ihre Freunde an den einzelnen Ständen wohl erwartet.

2 Ordnet in Partnerarbeit die Angebote nach den Aussagen „Muss man unbedingt hin", „Muss man nicht hin", „Kann man hin, wenn man noch Zeit hat".

3 Notiert auch einen Vorschlag, in welcher Reihenfolge die Kinder die einzelnen Stationen besuchen können. Begründet euren Vorschlag.

Tipp

Ordne Informationen nach Oberbegriffen

Deine Sammlung von Informationen wird übersichtlicher, wenn du sie ordnest. Oberbegriffe fassen einzelne Informationen in Gruppen wie in Schubladen zusammen.

Informationen sammeln und ordnen → AH S. 27–30

Sich und andere informieren

Für Kinder
- Wurfbude
- …

Für Erwachsene
- Wahrsagerin
- …

Für alle
- Toiletten
- …

Attraktionen auf dem Gauklermarkt
- Kinder: Wurfbude
- Erwachsene: Wahrsagerin
- alle: Toiletten

Für Kinder:	Für Erwachsene:	Für alle:
- Wurfbude	- Wahrsagerin	- Toiletten

4 Für einen Wettbewerb möchte Tarek einen Informationstext über den Gauklermarkt schreiben, der auf der Internetseite der Stadtverwaltung veröffentlicht werden könnte. Hilf ihm beim Sammeln und Ordnen der Informationen. Entscheide, ob du die begonnene Liste, die Mind-Map oder die Tabelle fortsetzt.

Das musst du können

So sammelst und ordnest du Informationen

Wenn du viele Informationen zusammenstellen musst, ist eine übersichtliche Ordnung hilfreich. Hierfür gibt es verschiedene Möglichkeiten.

- Stelle die Informationen in einer Liste zusammen, indem du Oberbegriffe als Überschriften wählst und in knappen Stichworten die einzelnen Informationen unter der passenden Überschrift notierst.
- Gestalte eine Mind-Map, die wie ein Netz angelegt ist. Zeichne für die einzelnen Oberbegriffe je einen Ast, der vom Mittelpunkt abzweigt. Notiere die einzelnen Informationen an dem Ast mit dem passenden Oberbegriff (→ S. 189).
- Nutze die Oberbegriffe in einer Tabelle, um jeweils eine Spalte der Tabelle genau zu bezeichnen. Trage die einzelnen Informationen in die passenden Spalten ein.

5 Tarek hat oben keine guten Oberbegriffe für seine Sortierung gewählt. Gestalte seine Informationssammlung neu. Wähle eine der Aufgabenstellungen.

- Notiere Oberbegriffe, die du für geeigneter hältst.
- Sammle die Informationen in einer besser sortierten Liste, Mind-Map oder Tabelle.
- Erkläre, warum Tareks Wahl der Oberbegriffe nicht gelungen ist, und stelle die Informationen mit neuen Oberbegriffen in einer Liste, Tabelle oder Mind-Map zusammen.

3 Wen willst du informieren?
Informationen sachlich formulieren und die Adressaten berücksichtigen

[Handy 1] Hey, bin bei den Feuerschluckern – wow, das ist super. Hier sind auch zwei Hunde, wie lustig. Es ist echt viel los hier. Ich höre auch einen Musiker. Die Musik ist seltsam. Vielleicht hört ihr sie. Tarek

[Handy 2] Hallo Jakob und Tarek. Hier werden alte Handwerksberufe vorgeführt. Ich stehe bei einem Hufschmied. Er hat noch so ein altes Ding am Feuer. Außerdem gibt es einen Bäcker. Er backt gerade mein Lieblingsgebäck. Hier ist eine blaue Fahne gehisst, die eine Brezel zeigt. Paula

[Handy 3] Stehe bei einer alten Frau vor einem Zelt. Hinten sehe ich eine Saftbude. Bin an den Toiletten vorbeigekommen. Das Zelt ist schwarz. Wohl eine Wahrsagerin. Vor der Saftbude stehen gerade vor allem Erwachsene. Das Zelt hat auch noch rote Streifen. Wo seid ihr? Jakob

Mediencode: 11035-03

1 Die Freunde haben sich auf dem Gauklermarkt verloren. Um sich wiederzufinden, haben sie sich diese Textnachrichten zugesandt. Später sprechen sie darüber, ob die Nachrichten wirklich brauchbar waren. Entwerft und spielt den Verlauf des Gesprächs in Gruppen.

2 Damit sie sich beim nächsten Mal schneller finden, sammeln die drei Regeln für ihre zukünftigen Suchmitteilungen. Notiert innerhalb eurer Gruppe mindestens drei mögliche Regeln.

3 Wende die gesammelten Regeln nun an. Du kannst dafür auch die Informationen im Kasten rechts zu Rate ziehen. Wähle eine Textnachricht aus und notiere gegen welche Regeln hier verstoßen wird.

4 Formuliere die Textnachricht nun neu, sodass die neue Version den Regeln entspricht.

Mediencode: 11035-04

5 Immer wieder werden Paula, Jakob und Tarek nach dem Weg gefragt. Formuliert in Partnerarbeit Fragen, die zu ihren Antworten in den Sprechblasen passen.

A „Das ist aber noch ein weiter Weg in dieser Ritterrüstung. Am besten gehen Sie hier außen um die Gauklerbuden herum, da sind nicht so viele Leute unterwegs. Dort hinten, wo Sie die weißen Fahnen erkennen können, finden Sie die anderen Schwertkämpfer. Ich denke, Sie erkennen sie."

B „Was, Sie kennen sich hier gar nicht aus? Also, zuerst gehen Sie diesen Weg weiter, bis Sie die Feuerschlucker erreichen. Passieren Sie dann die Bühne der Minnesänger, die Sie an ihren mittelalterlichen Instrumenten identifizieren können. Dann liegt der Gastronomiebereich direkt vor Ihnen."

Informationen sachlich formulieren und die Adressaten berücksichtigen → AH S. 27–30

Sich und andere informieren

6 Notiere je eine Stelle, an denen die Sprechblasen erkennbar auf die fragende Person reagieren, und ergänze die folgende Liste.

> *Wenn du Informationen weitergibst, beachte, ...*
> – *...wie gut sich die andere Person auskennt*
> – ...

Also, da haben Sie sich ja wirklich ein schönes Ziel ausgesucht. Zum Spanferkel? Erst einmal würde ich immer der Nase nach gehen. Dort riecht es nämlich so wie bei uns zu Hause, wenn wir grillen. Ich mag den Geruch ja nicht wirklich. Aber wenn Sie zuerst hier an den Wurfbuden vorbeigehen und sich vorne an den Bühnen links orientieren, werden Sie es gut finden. Links ist die Richtung, in die auch der Wetterhahn dort zeigt. An einem der Stände arbeitet auch unsere Deutschlehrerin, die können Sie ruhig auch noch einmal fragen.

7 Beurteile die Qualität von Jakobs Wegbeschreibung. Wähle eine der Aufgabenstellungen.

🟦 Notiere, gegen welche Regeln Jakob verstößt.

🟥 Schreibe Jakobs ungenaue Aussagen nacheinander ab und erkläre seine Fehler.

⬛ Formuliere eine bewertende Antwort der Person, die Jakob nach dem Weg gefragt hat.

Mediencode: 11035-05

So stellst du dich auf deinen Zuhörer ein

Das musst du können

Wenn du jemanden über einen Sachverhalt oder ein Ereignis informieren möchtest, musst du dich auf ihn einstellen. Beachte, dass die Person
- das Ereignis nicht selbst miterlebt hat,
- nicht über alle Informationen verfügt, die du hast.

Stelle dich auf sie ein, indem du die Informationen
- vollständig benennst,
- in der richtigen zeitlichen Reihenfolge wiedergibst,
- nicht nur nennst, sondern auch kurz umschreibst und erklärst,
- sprachlich genau beschreibst,
- nicht bewertest.

3

Schreibe auf, was genau passiert ist
Schriftlich von Ereignissen berichten

1 Eigentlich begann der Ausflug recht angenehm. „Der Markt ist viel interessanter, als ich befürchtet habe", dachte Frau Mohn, während sie am Imbissstand wartete. Doch ihre Stimmung sollte sich abrupt ändern: Gerade als sie sich eine Bratwurst bestellen wollte, spürte sie, dass jemand an ihrer Handtasche zerrte …

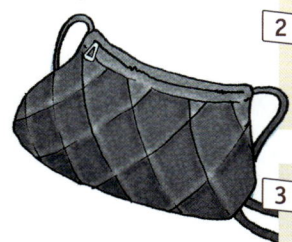

2 Zu einem bedauerlichen Ereignis kam es gestern Morgen gegen 11 Uhr auf dem Gauklermarkt. Zwei unbekannte Männer entrissen einer Besucherin eine schwarze Handtasche und brachten sich dabei in den Besitz von rund 100 Euro.

3 Schon wieder trieben Handtaschendiebe auf dem Gauklermarkt ihr Unwesen. Obwohl die Stadtverwaltung schon letztes Jahr versprochen hatte, sich um das Problem zu kümmern, gelang es zwei verkleideten Männern, gestern einer Besucherin ihre Handtasche zu stehlen. Es kann doch nicht sein, dass die Gäste des Markts Angst um ihr Geld und gar ihre Gesundheit haben müssen. Schlafen die Verantwortlichen in der Stadtverwaltung? Hat die Polizei Sommerferien?

1 Unterscheide die Absichten der drei Texte. Wähle eine der Aufgabenstellungen.

- Benenne mögliche Schreiber/innen und Leser/innen der Texte.
- Nenne die jeweilige Textfunktion (siehe Kasten) und notiere jeweils einen Satz als Beleg.
- Bestimme die Textsorten (siehe Kasten) und begründe deine Entscheidung schriftlich.

Das musst du wissen

Textsorten und Textfunktionen

Unterschiedliche Textsorten sollen in Bezug auf die Lesenden unterschiedliche Funktionen haben. Bekannte Textsorten und Textfunktionen sind:

- **Berichte** (z. B. Zeitungsbericht) – informieren
- **Erzählungen** (z. B. Erlebniserzählung) – Spannung aufbauen, unterhalten
- **Stellungnahmen** (z. B. Zeitungskommentar) – kommentieren, kritisieren, überzeugen

2 Der Sicherheitschef des Markts muss einen Bericht über den Handtaschendiebstahl verfassen und trägt alle Informationen zusammen. Hilf ihm, indem du passende W-Fragen (z. B. Was ist passiert? … → S. 268) notierst und kurz schriftlich beantwortest.

3 Verfasse einen Einleitungssatz für den Bericht des Sicherheitschefs, der möglichst viele der W-Fragen bereits knapp beantwortet.

Schriftlich von Ereignissen berichten → AH S. 27–31

Sich und andere informieren

A „Ich habe die beiden Männer gesehen. Sie waren verkleidet. Der eine trug ein seltsames rotes Kostüm. Der andere ein hellbraunes Lederoberteil mit so einem Ding daran…"

B „Auf dem Besucherparkplatz in der Nähe des Stadtparks habe ich um 12 Uhr zwei Männer gesehen, die in einen weißen Kleintransporter stiegen und ziemlich schnell in Richtung Autobahn davonfuhren…"

C „So weit sind wir nun! Ich sage Ihnen, die meisten Verbrechen entstehen aus der Unzufriedenheit der Menschen…"

4 Einige Besucher des Gauklermarkts geben dem Sicherheitschef diese weiteren Hinweise. Wähle eine der Aufgabenstellungen.

- Beurteile die Qualität der Aussagen mit einer Schulnote, die du begründen kannst.
- Formuliere Notizen, die sich der Sicherheitschef zur Qualität der Aussagen macht.
- Erläutere schriftlich die Brauchbarkeit der Aussagen.

5 Diese Notizen des Sicherheitschefs sind nicht sehr ordentlich. Fertige einen neuen Notizzettel an, der fehlende Informationen ergänzt und die Ereignisse in der richtigen zeitlichen Reihenfolge ordnet.

> Die Männer fliehen in Richtung Stadtpark.
> Sie stehlen eine schwarze Ledertasche.
> Frau Mohn betrachtet die Speisekarte.
> Männer sind als Gaukler verkleidet.

So verfasst du einen Bericht

Das musst du können

Um Personen über ein Ereignis zu informieren, kannst du einen Bericht verfassen.

So **bereitest** du deinen Bericht **vor**
- Sammle die nötigen Informationen mithilfe der W-Fragen (→ S. 268).
- Ordne die Informationen nach der zeitlichen Reihenfolge.

So **verfasst** du deinen Bericht
- Verfasse eine kurze Einleitung, die bereits wichtige W-Fragen beantwortet.
- Gib die Ereignisse in der richtigen zeitlichen Reihenfolge wieder.
- Verwende das Präteritum und bei Vorvergangenheit das Plusquamperfekt.
- Lass keine wichtigen Informationen aus.
- Verzichte auf Ausschmückungen und persönliche Bewertungen.

6 Verfasse einen Bericht, der dem Sicherheitschef und der Polizei als Grundlage für die weiteren Ermittlungen dienen kann.

3

Auf dem Gauklermarkt vor dem Zelt der Wahrsagerin, 11.35 Uhr:

Frieda: Oh nein, das mit Ihrer Kugel tut mir schrecklich leid! War das etwa Cleopatra?
Frau Halbmond: Mädchen, kannst du nicht besser auf deinen Hund aufpassen? Wieso ist er denn frei herumgelaufen?
Frieda: Ich ärgere mich so. Ich war kurz abgelenkt, weil ich mich an der Saftbude da drüben nicht entscheiden konnte, ob ich lieber einen Tomatensaft oder einen äh Kiwi-Melonen-Saft trinken wollte und da ...
Frau Halbmond: Tz, nun ist also die große Saftauswahl schuld an meiner kaputten Kugel. Wie soll ich denn nun die Zukunft vorhersagen?
Frieda: Nein, nein, natürlich nicht. Ich war nur so durstig, nachdem ich alle Buden und Attraktionen angeschaut habe, und da habe ich kurz nicht richtig aufgepasst und Cleopatra hat sich einfach losgerissen. Wie ist das denn passiert?
Jakob: Cleopatra kam angerannt und hat mit dem Zelttuch gespielt und heftig daran gezerrt, sodass das ganze Zelt gewackelt hat ...
Frau Halbmond: Ich dachte schon, es fällt gleich über mir zusammen!
Jakob: ... und dadurch ist dann die große Glaskugel von der Auslage gefallen und zerbrochen. Cleopatra ist übrigens ein süßer Name.
Frieda: Danke. Ach, Frau Wahrsagerin, das tut mir wirklich leid. Ich werde den Schaden ersetzen, den Cleopatra angerichtet hat. Haben Sie nicht noch eine Ersatzkugel oder so?
Frau Halbmond: Liebes Kind, ich bin froh, dass du mir den Schaden ersetzen willst. Deine Versicherung wird vielleicht dafür aufkommen. Ich werde nun wohl erst einmal aus Teeblättern lesen müssen ...

Schriftlich von Ereignissen berichten → AH S. 27–31

Sich und andere informieren

1 Meine Hündin zerbrach eine Kugel, als ich gerade einen Saft trinken wollte.

2 Gestern Mittag zerbrach meine Hündin Cleopatra die große Glaskugel der Wahrsagerin Frau Halbmond auf dem Gauklermarkt.

3 Gestern Mittag ist auf dem Gauklermarkt die Glaskugel der Wahrsagerin Frau Halbmond zerbrochen.

7 Am Tag nach dem Vorfall schreibt Frieda an die Versicherung und berichtet vom Vorgang und dem Schaden, damit die Versicherung der Wahrsagerin ihre Kugel ersetzt. Untersuche ihre Entwürfe für den ersten Satz und notiere, welcher dir am besten gefällt, und …

- … begründe deine Wahl in Stichworten.

- … begründe deine Wahl. Erkläre auch, warum du die anderen Sätze nicht für gelungen hältst.

- … formuliere eine Rückmeldung an Frieda. Antworte aus der Sicht von Friedas Tante, die selbst bei einer Versicherung arbeitet.

> An diesem Tag besuchte ich, Frieda Haase, den Gauklermarkt unserer Stadt. Zunächst schaute ich mir die verschiedenen Stände und Attraktionen an und ging dann irgendwann zur Saftbude, um etwas zu trinken zu kaufen. Ich konzentrierte mich
> 5 sehr auf die Saftauswahl, da ich mich nicht zwischen Tomatensaft und Kiwi-Melonen-Saft entscheiden konnte. Plötzlich riss sie sich los und rannte weg. Hinter mir hörte ich es scheppern und dann das Schimpfen der Wahrsagerin Frau Halbmond. Ein Junge, der am Zelt stand, hatte Cleopatra
> 10 schon eingefangen, bis ich dort ankam. Ich war überglücklich und umarmte ihn. Laut der Aussage der Wahrsagerin war ihre Glaskugel 45 € wert. Ich versprach Frau Halbmond, ihr den Sachschaden so schnell wie möglich zu ersetzen.

ACHTUNG FEHLER!

8 Friedas erster Entwurf für den Hauptteil des Schadensberichts enthält Fehler. Arbeite an einer Kopie von Friedas Entwurf und schreibe Fragen und Eindrücke an den Rand des Textes (Fragelawine/Kommentarlawine → S. 39). Vergleicht und ergänzt eure Anmerkungen dann in Partnerarbeit.

9 Nutze die Anmerkungen und überarbeite Friedas Entwurf.

10 Arbeitet in Kleingruppen mit euren Berichten aus Aufgabe 6. Jedes Gruppenmitglied schreibt Fragen oder kurze Kommentare mit Bleistift an den Rand. Orientiert euch dabei an den Kriterien eines gelungenen Berichts (→ S. 55). Überarbeitet nun euren eigenen Bericht.

3

Mischen, rühren, backen
Vorgänge genau beschreiben

1 Auf dem Markt werden mittelalterliche Speisen angeboten. Sprecht darüber: Worum könnte es sich jeweils handeln? Wie wird es wohl serviert? Welche Speise würdest du gerne einmal probieren?

2 Paula und Tarek möchten das Stockbrot nachbacken und benötigen Hilfe: Notiere mit einem Partner alle Zutaten und Hilfsmittel, die sie brauchen.

Unsere Spezialitäten
- Rübensuppe
- Kräuterhuhn in Honigkruste
- Milchpudding mit Äpfeln
- Bohnenmus
- Kräuterpfannkuchen
- Stockbrot
- Lagerfeuer-Apfel

3 Beschreibt zu zweit die Arbeitsschritte in kurzen Sätzen, notiert sie in einer sinnvollen Reihenfolge. Wählt dafür geeignete Verben aus dem Wortspeicher aus.

Wortspeicher

backen – brennen – durchbacken – gehen lassen – hineingeben – hinzufügen – hineintun – machen – mischen – rollen – rösten – rühren – stehen lassen – tun – vermengen – verrühren – vorbereiten – wickeln – ziehen lassen – zubereiten – zurechtlegen

Vorgänge genau beschreiben → AH S. 33–39

Sich und andere informieren

4 Überarbeitet eure Notizen zu den Hilfsmitteln, den Zutaten und den Arbeitsschritten in kleinen Arbeitsgruppen. Prüft vor allem die Genauigkeit der verwendeten Verben und erarbeitet eine gemeinsame Version. Notiert den Arbeitsschritt, bei dem das Finden einer gemeinsamen Version am schwierigsten war.

> a) … sodass die Hefe gären kann und der Teig später locker wird.
> b) … sodass etwa 2 cm dicke und 20 cm lange Teigschlangen entstehen.
> c) … sodass ein gleichmäßig gebundener Teig entsteht.

5 Tarek schlägt vor, ab und zu ein Zwischenergebnis zu notieren. Ordne seine Vorschläge den einzelnen Arbeitsschritten zu.

- Notiere die jeweiligen Arbeitsschritte samt den passenden Zwischenergebnissen.
- Notiere die jeweiligen Arbeitsschritte samt den passenden Zwischenergebnissen. Ersetze die Einleitung *sodass* abwechslungsreich.
- Notiere alle Arbeitsschritte und ergänze sinnvolle und abwechslungsreich formulierte Zwischenergebnisse. Du kannst Tareks Vorschläge übernehmen oder ändern.

> **Und dann** wird geknetet **und dann** wird gerührt **und dann** wird gebacken **und dann** … **und dann** …

6 Mit den Überleitungen ist Paula gar nicht zufrieden. Notiere weitere Möglichkeiten, den nächsten Schritt einzuleiten.

Das musst du können

So verfasst du eine schriftliche Vorgangsbeschreibung

Damit andere Personen einen Vorgang nachvollziehen können, beschreibst du jeden einzelnen Schritt gründlich in der richtigen zeitlichen („chronologischen") Reihenfolge.

Beachte bei der Beschreibung – zum Beispiel bei einem Rezept oder einer Bastelanleitung – folgende Schritte:

1. Erstelle eine Liste mit allen Zutaten bzw. Materialien, die benötigt werden.
2. Formuliere als Einleitung einen Anlass, z. B. eine Feier (beim Rezept) oder ein Weihnachtsgeschenk für Oma und Opa (bei der Bastelanleitung).
3. Beschreibe im Hauptteil die einzelnen Schritte möglichst genau und in chronologischer Reihenfolge. Verwende dabei abwechslungsreiche Überleitungen.
4. Runde die Vorgangsbeschreibung z. B. mit einem Wunsch oder Hinweis als Schluss ab.

Deine nächste Feier steht unter dem Motto „Ritterzeit und Mittelalter" und du suchst noch ein einfaches Rezept? Vielleicht kommt ein Stockbrot bei den Gästen gut an:

Man benötigt ein Kilo Mehl, Hefe, Wasser, 2 Teelöffel Salz und ein paar lange Stöcke. Tu zunächst die Hefe und das Wasser in eine Schüssel und verrühre es. Tu dann das Mehl und das Salz hinzu. Verrühre dann die Zutaten gründlich, – lange genug! Nun kommt das Langweiligste! Das finde ich immer furchtbar! Man lasse diesen Teig 5 Stunden lang ruhen.

Bevor du weitermachst, solltest du alles noch einmal durchkneten. Dadurch wird das Brot später noch lockerer. Nimm dann jeweils eine Hand voll, forme es zu einer Kugel und rolle es auf der sauberen Tischplatte, sodass etwa 2 cm dicke und 20 cm lange Teigschlangen entstehen. Mache dann die Teigschlangen an einen der Stöcke und halte sie über die Flamme des Lagerfeuers, bis sie knusprig sind.

Mit dem Feuer und Brot wird ihr Fest bestimmt gut. Lassen Sie es sich schmecken.

7 Paula und Tarek haben die Rezeptidee notiert. Begutachte ihren Text mit der Methode der Textlupe (→ S. 39). Berücksichtige die Ergebnisse der Aufgaben 2–6 und den Kasten.

- 🟦 Notiere einen gelungenen und einen weniger gelungenen Satz.
- 🟧 Notiere zwei weniger gelungene Sätze und formuliere Verbesserungsvorschläge.
- 🟫 Verfasse einen kurzen Text, in dem du angibst, was schon gelungen und was weniger gelungen ist. Formuliere auch Tipps zur Verbesserung.

Das musst du können

So beschreibst du einen Vorgang

Beachte bei deiner Beschreibung, zum Beispiel bei einem Rezept, folgende Hinweise:

- Formuliere alle Anleitungsschritte in der Gegenwart, da sie wiederholbar sind.
- Notiere exakte Mengenangaben, nutze präzise Adjektive.
- Beschreibe die Schritte nur. Formuliere nicht deine eigene Meinung dazu.
- Entscheide dich zunächst für eine Anredeform. Schreibe: *Du musst...* oder *Man muss*.

---

8 Sind die Hinweise zur Sprache wirklich so wichtig? Sprich mit einem Partner über den Sinn der Hinweise. Ergänzt zu jedem der vier Hinweise einen begründenden Satz, der mit *damit, sodass, da* oder *denn* beginnen kann.

9 Prüft den Text aus Aufgabe 7 noch einmal. Notiert diejenigen Sätze, die gegen die Hinweise zur Sprache verstoßen.

10 Beginne oder ergänze dein privates Kochbuch: Verfasse einen Anleitungstext für das Stockbrotrezept, formuliere auch eine neue Einleitung und einen anderen Schluss.

Vorgänge genau beschreiben → AH S. 33–39

Sich und andere informieren

11 Der Koch auf dem Gauklermarkt hat Anna eine weitere Rezeptidee verraten. Notiere die Zutaten und die Hilfsmittel, ergänze passende Mengenangaben und Adjektive. Löse bei den Mengenangaben die Abkürzungen auf.

> **Du benötigst:** Dinkelmehl, Milch, Wasser, Eier, Salz, Oregano, Basilikum, Thymian, Rosmarin, Petersilie und Salbei, Butter und Speck
> **Außerdem:** eine Rührschüssel, einen Mixer, ein Messer, eine Pfanne, eine Schöpfkelle und einen Pfannenwender

Mengenangaben
eine Prise • eine Tasse • zwei • eine Msp. • 50 ml • ein paar Blätter • etwas • 50 g • ein Stück • ein EL

Adjektive
scharfes • hölzernen • beschichtete • große • normale

> Mixe zunächst das Mehl mit den Eiern, der Milch und dem Wasser in der Rührschüssel zu einem glatten Teig. Gib dann das Salz hinzu. Schneide danach mit dem scharfen Messer die Kräuter fein und mische sie mit dem Mixer sorgfältig unter den Teig.
> Erhitze im nächsten Schritt die Butter in der Pfanne, bis sie ganz flüssig ist. Gib anschließend mit der Suppenkelle etwas Teig in die Pfanne und schwenke die Pfanne, sodass sich der flüssige Teig gleichmäßig dünn verteilt. Warte nun, bis der Teig am Rand dunkel wird und wende ihn dann vorsichtig mit dem Pfannenwender. Backe den gewendeten Pfannkuchen schließlich weitere drei Minuten.

12 Anna hat das Rezept für ihr neues Kochbuch so notiert, wie sie es in der Schule gelernt hat. Übertrage die Tabelle und fülle sie für jeden Arbeitsschritt aus.

Schritt	Einleitung/ Überleitung	Zutat(en)	Hilfsmittel	Vorgang	Ergebnis

13 Ergänzt eure Tabellen in Partnerarbeit. Diskutiert, welche Kästen nicht unbedingt ausgefüllt werden müssen. Unterstreicht diese nicht-notwendigen Informationen. Bereitet euch auf eine Begründung vor.

Wir könnten Äpfel mit Zucker und Zimt befüllen, in Alu-Folie einpacken und mit Stöcken über ein Lagerfeuer halten …

14 Jakob hat eine weitere einfache Rezeptidee für das Kochbuch. Plane und verfasse eine passende Anleitung für den Lagerfeuer-Apfel. Vergiss die Einleitung und den Schluss nicht.

3

Charlys Sprachcheck

ACHTUNG FEHLER!

Tarek: „Das Ritterturnier letzten Samstag war total krass. Die haben da mit voll langen und ziemlich schweren Lanzen gekämpft. Beide Ritter hatten dieselben Waffen. Erst sind die mit ihren Schlachtrössern voll aufeinander zugebrettert. Mit einem Affenzahn waren die unterwegs und haben dabei ihre Lanzen auf den
5 Gegner gerichtet. Und dann sind die noch schneller wie Rennwagen geworden und – „CRASH!!!" – hat es die Lanzen beim Aufprall komplett zerfetzt. Und dann sind beide vom Pferd gestürzt, in voller Rüstung und die war furchtbar schwer. Die sind dann sofort wieder aufgestanden und haben sich mit ihren Schwertern attackiert! Das ging dann immer hin und her bis einer am Boden lag und sich er-
10 geben musste. Am Ende war der gelbe Ritter der Champion von Burg Hohenstein!"

1 Liam will für die Homepage des Gauklermarkts einen Bericht schreiben. Einige Ausdrücke sind aber nicht sachlich oder umgangssprachlich formuliert. Wähle für jede grün markierte Textstelle eine passende Formulierung aus dem Wortspeicher und schreibe sie in dein Heft.

> **Wortspeicher**
> vollständig – Sieger – rasant – galoppiert – zersplittert – nervenaufreibend – hoher Geschwindigkeit – plötzlich

2 An anderen Stellen müssten die Leser des Berichts Nachfragen stellen, weil Tarek ungenau und umgangssprachlich formuliert hat. Überarbeite deshalb die gelb gekennzeichneten Textstellen und finde mithilfe des Infokastens aussagekräftigere Formulierungen.

> **Fakten zum Ritterturnier:**
> - Länge einer Lanze: ca. vier Meter
> - Gewicht einer Lanze: 10–15 kg
> - Gewicht einer Turnierrüstung bis zu 80 kg
> - Farbe der Rüstung als Erkennungsmerkmal

3 Tarek verwendet sehr oft das Wort „die", wenn er die kämpfenden Ritter meint. Lege in deinem Heft eine Liste mit möglichen Formulierungen an, mit welchen du für mehr Abwechslung sorgen könntest.

4 Mithilfe der Markierungen und deiner Notizen im Heft kannst du nun ganz leicht einen sachlichen und informativen Bericht verfassen. Vergiss nicht, dir eine passende Überschrift zu überlegen.

Charlys Sprachcheck

Sich und andere informieren

Tipp von Charly

1. Verwechsle nie *wie* und *als*!
Wenn du betonen möchtest, dass zwei Dinge gleich sind, dann verwendest du *wie* (*Ich bin so groß wie du.*). Wenn es dir aber um die Ungleichheit geht, dann verwendest du *als* (in Verbindung mit dem Komparativ: *Ihr seid größer als wir.*).

2. Verwechsle nie *derselbe* und *der gleiche*!
Wenn du aussagen möchtest, dass es sich um identische Dinge/Personen handelt, verwende *derselbe*, *dieselbe* oder *dasselbe*. Wenn Dinge/Personen jedoch nur identisch erscheinen, es sich in Wirklichkeit aber um mindestens zwei Dinge/Personen handelt, dann verwendet man *der/die/das gleiche*.

5 Tarek wollte mit Vergleichen für Anschaulichkeit sorgen, leider hat er dabei Charlys Tipp nicht beachtet. Klärt in Partnerarbeit, warum die rot markierten Vergleiche in Tareks Text so nicht richtig sind und schreibt sie korrigiert in eure Hefte.

6 Wähle in den folgenden Sätzen jeweils die richtige Lösung und erkläre sie schriftlich.

a) Der Ritter in Schwarz und Gelb wirkte viel freundlicher als/wie der andere Ritter.
b) Ist dir aufgefallen, dass beide Pferdedecken dieselbe/die gleiche Form haben?
c) Die beiden Ritter sind genau in der Mitte der Strecke aufeinander getroffen, sie haben also beide denselben/den gleichen Weg zurückgelegt.
d) Die Rüstung des einen Ritters glänzte als/wie pures Silber; das wirkte richtig edel.
e) Aber der gelb-schwarz gekleidete Ritter war wohl doch ein bisschen besser im Schwertkampf als/wie sein Gegner, sonst hätte er nicht gesiegt.

7 Ordne die Gegenstände und Stoffe den passenden Adjektiven und Farben zu und formuliere zunächst einen Vergleich, dann ein zusammengesetztes Adjektiv.
Beispiel: *so rot wie Blut: blutrot*

Wortspeicher
Moos – Schnee – Smaragd – Riese – Maus – Löwe – Pech – Azur – Blut – Saphir – Rubin – Himmel – Blitz – Stein – Bär

Wortspeicher
schwarz – rot – schnell – groß – grau – grün – weiß – stark – blau

Was DU schon kannst!
Kompetenztest

"Informieren" als Textfunktion erkennen

a) Der Marktstand mit den Marionetten besteht aus einem Holzgerüst, das mit einem Leinentuch bespannt ist.
b) Die Materialien zum Basteln der Marionetten werden zur Verfügung gestellt.
c) Die Marionettenkleider sind mittelalterlichen Gewändern nachempfunden.
d) Der Marktstand müsste stabiler sein. Sonst fällt er beim kleinsten Windstoß um.
e) Freitags zwischen 15.00 Uhr und 16.30 Uhr können Besucher Marionetten basteln.
f) Das Bastelprogramm sollte häufiger angeboten werden.
g) Die Marionettenkörper bestehen aus Holz.
h) Die Marionetten tragen Kleidungsstücke aus Stoff.
i) Der Marionettenbastler ist von Beruf Schreiner.
j) Marionetten zu basteln ist langweilig.

1 Notiere die Buchstaben der Sätze, die nicht aus einem Bericht oder einer Beschreibung stammen können.

2 Begründe für einen der Sätze schriftlich, warum er nicht aus einem Bericht oder einer Beschreibung stammen kann.

Informationen sammeln und ordnen

3 Übertrage die begonnene Mind-Map in dein Heft und ergänze sie mit den Informationen aus den sachlichen Sätzen.

Informationen über
- ?
- Bastelprogramm
- Körper aus Holz
- Marionetten

Die Adressatenorientierung von Informationen erfassen

A „Ja, natürlich passen wir gut auf. Die Teilnehmer werden von vier Erwachsenen beaufsichtigt."

B „Es dauert ungefähr eine Stunde und kostet 7 Euro. Material musst du nicht mitbringen."

C „Wir platzieren die Teilnehmer direkt vor unseren Stand. Mehr Platz benötigen wir nicht. Natürlich achten wir darauf, dass wir den Durchgang nicht versperren."

Kompetenztest

Sich und andere informieren

4 Wer braucht welche Information aus den Sprechblasen: 1) ein interessierter Junge, 2) besorgte Eltern, 3) der Ordnungsdienst? Ordne die Buchstaben A), B) und C) diesen Adressaten zu.

5 Begründe eine der Zuordnungen aus Aufgabe 4 schriftlich.

6 Bringe die verschiedenen Arbeitsschritte zur Zubereitung einer mittelalterlichen Krautpfanne in eine sinnvolle chronologische Reihenfolge und notiere sie in dein Heft.

▪ Einzelheiten einer Vorgangsbeschreibung in chronologische Reihenfolge bringen

a) Mit Folienkartoffeln oder Bauernbrot servieren
b) Kohlkopf fein raspeln
c) Zutaten bereit stellen
d) Mit Sahne abschmecken
e) Hackfleisch oder Schinkenwürfel mit Zwiebeln in Öl anbraten
f) Krautraspeln in Gemüsebrühe dünsten
g) Zwiebeln klein schneiden
h) Mit Salz und Pfeffer würzen

> …(1) Stelle einen Topf auf die Herdplatte und gib 50 ml Wasser und etwas Brühe-Pulver hinzu. (2) Raspel dann den Kohlkopf in feine Streifen und gib diese dann in den Topf. (3) Dünsten Sie die Kohlkopfraspeln auf mittlerer Hitze mit geschlossenem Deckel. (4) Während die Krautraspeln weich werden, kannst du die Zwiebeln mit einem scharfen Messer klein schneiden…

7 Dieser Abschnitt aus dem Rezept hat Stärken und Schwächen: Notiere einen gelungenen Satz und einen Satz, der dir nicht so gelungen scheint, mit einer kurzen Begründung.

▪ Texte inhaltlich und sprachlich überarbeiten

8 Formuliere den Satz, der dir nicht gelungen erscheint, in verbesserter Form neu.

> Zackig alles vermischen und dann Gewürze drüber und dann ab auf den Tisch damit.

▪ Vorgänge sachlich, klar und verständlich beschreiben

9 Dieser Satz ist vom Stil her nicht gelungen. Formuliere ihn in verbesserter Form neu.

65

4 Im Familienrat

Meinungen treffend begründen

1 Beschreibt die Bilder und erklärt, worin sie sich unterscheiden.

2 Sammelt im Unterrichtsgespräch Ideen: Worüber könnte gesprochen werden? Wie haben sich die Gespräche eventuell entwickelt? Warum haben sie sich so entwickelt?

3 Erzählt euch von eigenen Diskussionen im Kreis der Familie. Worüber habt ihr euch mit euren Eltern bereits auseinandergesetzt und wie liefen die Gespräche ab?

4 Tragt Situationen außerhalb der Familie zusammen, in denen es für Kinder und Jugendliche wichtig ist, ihre Meinung zu sagen und Wünsche zu äußern.

Wenn du etwas erreichen willst, musst du gute Gründe vorbringen. Auch Kinder dürfen ihre Meinungen und Wünsche mitteilen, zum Beispiel zu Hause in der Familie. Deshalb lernst und übst du in diesem Kapitel, …

… zu bestimmten Meinungen und Wünschen treffende Gründe zu finden und in einem Cluster zu sammeln,
… Gründe und Begründungen sprachlich angemessen auszudrücken,
… zwischen Erzählen, Informieren und Argumentieren zu unterscheiden.

4 Ein neues Familienmitglied
Treffende Gründe finden und im Cluster sammeln

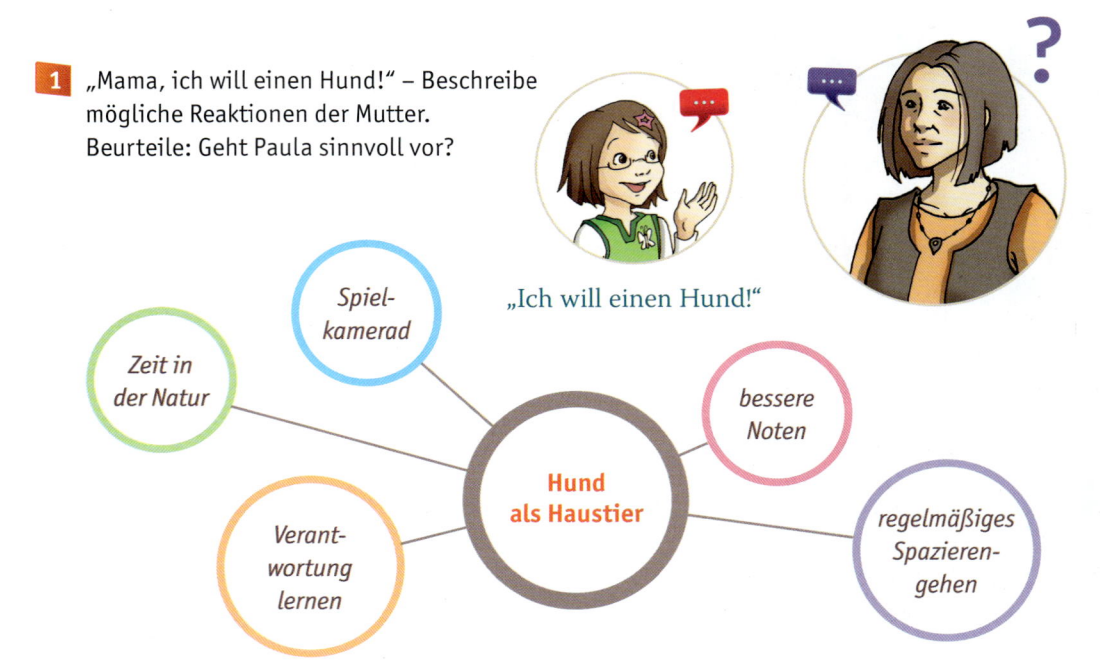

1 „Mama, ich will einen Hund!" – Beschreibe mögliche Reaktionen der Mutter. Beurteile: Geht Paula sinnvoll vor?

„Ich will einen Hund!"

Cluster:
- Hund als Haustier (Kern)
  - Spielkamerad
  - Zeit in der Natur
  - Verantwortung lernen
  - bessere Noten
  - regelmäßiges Spazierengehen

2 Um ihre Bitte besser vorzubereiten, sammelt und sortiert Paula ihre Gedanken und Ideen in einem Cluster. Prüfe die Qualität des Clusters **mit einem Partner**: Ergänzt und verbessert zunächst Paulas Entwurf. Notiert anschließend Hinweise, an denen sich Paula beim nächsten Mal orientieren kann.

Das musst du können

So sammelst du Ideen in einem Cluster

Ein **Cluster** (aus engl. *cluster* „Traube", „Bündel", „Schwarm") hilft dir dabei, möglichst viele **Gedanken und Ideen** zu einem bestimmten Thema zu **finden** und zu **sortieren**. Dies kann zum Beispiel wichtig und hilfreich sein, wenn du dich auf ein Gespräch vorbereitest, indem du eine Bitte oder eine Meinung begründen musst. So kannst du ein Cluster gestalten:

- Schreibe das Thema/den **Kernbegriff** in die Mitte eines Blattes und umkreise ihn.
- Notiere nun um diesen Kernbegriff alle **Wörter und Ideen**, die dir dazu einfallen, und umkreise jede/s einzelne.
- Verbinde die eingekreisten Ideen durch **Striche** oder Pfeile, um Zusammenhänge darzustellen.

Auf diese Weise entsteht ein Bild von deinen Ideen. Das Cluster sammelt Ideen also bereits etwas geordneter als ein Brainstorming (→ S. 293), ist aber weniger geordnet und weniger vollständig als eine Mind-Map (→ S. 294).

Treffende Gründe finden und im Cluster sammeln → AH S. 25

Treffend argumentieren

Mutter: „Paula, ich verstehe deinen Wunsch natürlich. Du musst aber bedenken, dass ein Hund viel Zeit und Pflege braucht. Jeden Tag muss jemand von uns mit ihm Gassi gehen und mit ihm spielen. Ich habe zu große Bedenken..."
Paula: „Klar, das mache ich schon. Und meine Freundin Enya hat auch einen Hund,
5 deswegen möchte ich auch einen. Sie kriegt das auch gut hin."
Phil: „Also, ich weiß nicht so recht. Ich mag Hunde irgendwie nicht. Sind die nicht manchmal gefährlich?"
Vater: „Ich finde Paulas Vorschlag toll. Schon als Kind wollte ich immer einen Hund, hatte aber bisher nie einen."

3 Die Familie berät über Paulas Wunsch. Ordne die Positionen und Begründungen der Familienmitglieder mithilfe der Tabelle.

Person	für/gegen den Hund	Begründungen (in den eigenen Worten)
Mutter	gegen den Hund	hoher Aufwand zur Pflege ...

4 Besprecht in Partnerarbeit, welche der vorgebrachten Gründe euch überzeugen und welche weniger. Bereitet euch auf darauf vor, eure Meinung zu begründen.

5 Diskutiert in Kleingruppen, welche Lösungen die Familie finden könnte. Entwerft hierzu eine kurze Spielszene und tragt sie der Klasse vor.

6 Phil wünscht sich ein Terrarium mit einer kleinen Schlange. Bearbeitet dazu in kleinen Gruppen eine der folgenden Aufgabenstellungen.

- Erstellt ein Cluster, mit welchem sich Phil auf das Gespräch mit seinen Eltern vorbereiten kann.

- Erstellt ein Cluster zum Thema „Eine Schlange als Haustier". Notiert Gründe, die sich für und gegen das Haustier finden lassen.

- Erstellt ein Cluster zum Thema „Eine Schlange als Haustier". Nutzt es zur Gestaltung einer Gesprächsszene in der Familie. Probt und spielt die Szene auch.

4 Gemeinsam unterwegs
Gründe sprachlich ausdrücken

Ich würde mir wünschen, dass wir ins Fußballstadion gehen, ▇▇▇ da immer eine tolle Stimmung herrscht und das Spiel sicher spannend wird. Immerhin kommt der Tabellenführer.   Phil

Ich bin dafür, dass wir als Familie wieder einmal einen gemeinsamen Fahrradausflug unternehmen. Wir alle hatten eine stressige Woche und ▇▇▇ wäre es sehr erholsam, einige Stunden in der Natur zu verbringen.   Mama

Wir sollten ein Ziel finden, das für uns alle schön ist. ▇▇▇ würde ich vorschlagen, in einen Freizeitpark zu fahren. Für die Kinder gibt es dort viele Fahrgeschäfte und wir Eltern setzen uns entspannt ins Café. ▇▇▇ können wir zusammen Tretboot fahren.   Papa

Ich würde gern ins Kino gehen, ▇▇▇ zurzeit laufen dort ▇▇▇ einige interessante und lustige Filme. Und das geht auch, wenn es regnen sollte.   Paula

1 Paulas Familie sammelt in einer Wunschbox Vorschläge für gemeinsame Unternehmungen. Welche der vier Ideen findest du persönlich am besten? Suche dafür eine eigene Begründung und schreibe sie auf. Beginne folgendermaßen: „Ich bin für …"

2 Einige der Wörter auf den Zetteln sind unleserlich. Fülle die Lücken und verwende dafür die Begriffe aus dem Wortspeicher.

> **Wortspeicher**
> denn – deshalb – meiner Meinung nach – außerdem – aus diesem Grund – weil

Das musst du können

So formulierst du deine Meinung

- Wenn du deine Meinung schriftlich begründen willst, helfen dir **bestimmte Wörter** und **Formulierungen** (z. B.: *denn; weil; deshalb; aus diesem Grund; das führt dazu, dass*). Mit ihrer Hilfe kannst du Aussagen, Begründungen und Folgen sprachlich verbinden.
- Damit klar wird, dass du deine **persönliche Ansicht** mitteilst, kannst du die Wendung *meiner Meinung nach* benutzen.
- Wenn du **mehrere Gründe** anführen willst, musst du eine Überleitung gestalten (z. B.: mit *außerdem, darüber hinaus, ein weiterer Punkt ist…*).

Gründe sprachlich ausdrücken → AH S. 24

Treffend argumentieren

3 In deiner Klasse soll über eine kurze Klassenfahrt diskutiert werden. Überlege dir ein Ziel und gestalte deinen Wunschbox-Beitrag: Nenne das Ziel und begründe deinen Vorschlag.

4 Bildet zu dritt oder viert kleine Arbeitsgruppen. Stellt euch eure Beiträge aus Aufgabe 3 vor, besprecht die Vorschläge und die Begründungen. Nutzt Sätze wie *Mich überzeugt der Vorschlag von Jakob am meisten. Seine Begründung, dass man für wenig Geld viel geboten bekommt, finde ich sehr überzeugend.*

5 Bereitet die Entscheidung in der gesamten Klasse vor: Entscheidet euch innerhalb der Arbeitsgruppe für ein gemeinsames Ziel. Überarbeitet und formuliert die Begründung so, dass sie inhaltlich und sprachlich sehr überzeugend wird. Besprecht die neuen Vorschläge dann im Klassengespräch und versucht, euch auf ein gemeinsames Ziel zu einigen.

> Liebe Frau …/ Lieber Herr …,
>
> mein Neffe hat mir von den Planungen der Klassenfahrt in der Klasse 5 erzählt. Erlauben Sie mir, dass ich Ihnen einen Vorschlag für ein mögliches Ziel unterbreite: Buchen Sie mit der Klasse doch ein waldpädagogisches Programm im Naturfreunde-Haus in Bad Waldstein.
>
> [1] Ich selbst bin der Vorsitzende des Fördervereins dieser Jugendbegegnungsstätte. Bad Waldstein liegt nicht weit von ihrem Schulort entfernt. Das Haus bietet einen Rundum-Betreuungsservice mit eigener Küche für das Frühstück, das Mittagessen und das Abendessen.
>
> [2] Auch: Vielfältiges Programm zur Walderkundung und zu Erlebnisspielen, finanzielle Unterstützung durch den Förderverein möglich, Hallenbad und Indoor-Spielplatz in der Nähe.

6 Der Onkel eines Klassenkameraden sendet deiner Lehrerin bzw. deinem Lehrer einen Vorschlag für die Klassenfahrt.

- Überarbeite den ersten Teil seines Briefs, indem du Meinungen, Begründungen und Verknüpfungen durch die passenden Wörter deutlich machst.
- Überarbeite den zweiten Teil des Textes. Formuliere ganze Sätze, nutze dabei Wörter, durch welche persönliche Meinungen, Begründungen und Verknüpfungen deutlich werden.
- Formuliere den Antwortbrief deiner Lehrerin/ deines Lehrers an den Onkel. Entscheide, ob die Klasse den Vorschlag annimmt oder ablehnt. Kennzeichne Meinungen und Begründungen durch die passenden Wörter.

4

„Opa, darf ich in den Ferien zu euch?"
Zwischen Erzählen, Informieren und Argumentieren unterscheiden

Lieber Opa,

die Ferien stehen bevor und meine Eltern planen, für eine Woche auf Urlaub in eine Großstadt zu fahren. Darauf habe ich dieses Mal aber weniger Lust. Meine Eltern haben mir deshalb erlaubt, dass ich stattdessen für eine Woche zu dir und Oma kom-
5 men könnte, wenn das für euch in Ordnung ist.

Vom letzten Jahr weiß ich noch, wie solche Stadttouren mit meinen Eltern ablaufen. Wir gehen durch Straßen und über Plätze und sehen uns schöne Gebäude und alte Kirchen an. Am Nachmittag besuchen wir ein Museum, bevor wir in einem Restaurant zu Abend essen. Die Nacht verbringen wir in einem Hotel.

10 Bei euch ist es dagegen viel interessanter für mich. Kannst du dich noch an unser gemeinsames Angeln erinnern? Wir beide waren den ganzen Tag am Bach gesessen und wollten schon aufgeben, bis sich meine Angelrute auf einmal ruckartig bewegte. Plötzlich war ich hellwach und auch du warst ganz aufgeregt. „Halte sie fest!", riefst du freudig aus, „Da zappelt ein Fisch am Haken." Und am Abend hatten wir dann eine
15 leckere Forelle auf unseren Tellern.

Ich würde gern wieder einmal ein paar Tage mit euch erleben, weil es bei euch auf dem Land so ganz anders ist als hier bei uns in der Stadt. Man kann auf den Wiesen und im Wald spielen oder ein Lagerfeuer machen und Kartoffeln braten.

Ich hoffe, dass ihr meinen Wunsch erfüllt.

20 Liebe Grüße
euer Jakob

1 Sprich in deiner Klasse über Jakobs E-Mail an seinen Großvater. Verstehst du seine Bitte? Welche Art des Urlaubs sagt dir eher zu?

2 Begründet Jakob seine Bitte gut? Bereite dich in Partnerarbeit darauf vor, diese Frage zu beantworten und die Antwort am Text zu belegen. Nutzt die Inhalte der vorausgehenden Teilkapitel.

3 Jakobs Mail enthält sowohl Abschnitte, in denen er seine Wünsche begründet, als auch solche, in denen er Informationen wiedergibt und in denen er anschaulich erzählt. Zeige Textstellen, die zu den verschiedenen Absichten passen. Ergänze die folgenden Satzanfänge.

In den Zeilen XX–YY… … *begründet* Jakob, warum…
… *informiert* Jakob darüber, dass/wie…
… *erzählt* Jakob davon, wie…

Zwischen Erzählen, Informieren und Argumentieren unterscheiden → AH S. 31

Treffend argumentieren

Das musst du können

So unterscheidest und verwendest du verschiedene Schreibformen

Wenn du einen Text schreibst, kannst du je nach Situation und Bedürfnis zwischen unterschiedlichen Schreibformen/Textabsichten wählen. Wichtige Absichten sind:
- ein Geschehen anschaulich und spannend *erzählen*
- den Leser *informieren*
- deine Meinung *begründen*

Je nachdem, welche Absicht du beim Schreiben verfolgst, unterscheidest du auch den Schreibstil: Während du beim Erzählen Gefühle und Stimmungen darstellst und möglichst anschaulich und spannend schreibst, um zu unterhalten, sind informierende und begründende Texte sachlich. Beim Begründen drückst du deine eigene Meinung aus und versuchst andere zu überzeugen, beim Informieren bleibst du dagegen neutral.

4 Überprüfe deine Zuordnungen aus Aufgabe 3 noch einmal durch einen Blick auf die Form und die Sprache der Abschnitte. Formuliere Sätze nach dem folgenden Muster.
Dass im Abschnitt XX–YY begründet/informiert/erzählt wird, sieht man auch an der Sprache. Hier schreibt Jakob nämlich sachlich, spannend, nicht spannend…

5 In der Schülerzeitung möchte Jakob über den letzten Urlaub bei seinen Großeltern schreiben. Begründe, welche der Überschriften eher auf einen begründenden Text, welche eher auf einen informierenden Text und welche eher auf einen erzählenden Text hindeutet.

6 Nutze Jakobs E-Mail aus Aufgabe 1 und verfasse den Text für die Schülerzeitung. Entscheide dich für eine der Schreibformen.

- ■ Wandle Jakobs E-Mail in einen überwiegend erzählenden Text um.
- ■ Wandle Jakobs E-Mail in einen überwiegend informierenden Text um.
- ■ Wandle Jakobs E-Mail in einen überwiegend begründenden Text um.

7 Plane und verfasse einen weiteren Text für die Schülerzeitung, in welchem du auf einen Urlaubsort oder eine Urlaubsaktivität eingehst, die du selbst erlebt hast. Gestalte den Text bewusst so, dass er informierende, erzählende und begründende Abschnitte enthält.

Das waren tolle Ferien!

Urlaub auf dem Land.

Warum ich lieber auf dem Land Urlaub mache.

4

Was DU schon kannst!
Kompetenztest

A viele Freundinnen ebenfalls Taschengeld

B lerne, mit Geld umzugehen

Taschengeld

C werde in Schule fleißiger sein

D kann mir dann viele Klamotten, Süßigkeiten, Computerspiele und Bücher kaufen

Begründungen finden und clustern

1. Enya möchte ihre Eltern um Taschengeld bitten und sammelt Begründungen in einem Cluster. Ergänze Enyas Cluster <u>inhaltlich</u>: Notiere zwei weitere Begründungen.

2. Ergänze Enyas Cluster <u>formal</u>: Notiere, zwischen welchen Begründungen ein Bezugspfeil gezeichnet werden könnte. (Ein Beispiel genügt!)

Die Qualität von Begründungen einschätzen

3. Notiere, welche Begründungen gelungen sind und welche eher nicht, indem du die Buchstaben a) – d) in die Skala einordnest.

nicht gelungen   weniger gelungen   in Ordnung   gelungen →

4. Ergänze den Satz: *Die Begründung ... finde ich am wenigsten gelungen, denn ...*

> Liebe Tante Evi,
>
> du, ich finde es blöd, dass du es Stefan nicht erlaubst, ein eigenes Handy zu haben. Er ist doch schon zehn Jahre alt. Er kann damit umgehen. Wenn er in der Stadt ist, kann er bei euch daheim anrufen. Alle seine Freunde haben ein Handy, ich auch.
>
> Bis bald
> dein Liam

Gründe passend ausformulieren

5. Liams Entwurf ist, wie du sicher gemerkt hast, noch nicht gelungen. Notiere zwei Hinweise zur Verbesserung.

6. Hilf nun Liam, indem du die Begründungen in seiner E-Mail möglichst überzeugend ausformulierst.

Kompetenztest

> „Meiner Meinung nach benutzen junge Leute ihr Handy viel zu oft. Es wäre doch deutlich besser, wenn sie stattdessen öfter draußen spielen oder etwas mit ihren Freunden unternehmen würden."

Treffend argumentieren

7 Diese Sätze finden sich in Tante Evis Antwort auf Liams E-Mail. Erkläre, warum es beim Begründen sinnvoll ist, die unterstrichene Wendung an geeigneten Stellen einzusetzen.

Meine Eltern wollten mir zunächst nicht erlauben, mit dem Fahrrad in die Schule zu fahren. Ich konnte sie aber zum Glück überzeugen, dass ich das schon hinbekomme.
   Durch die Stadt gehen mittlerweile genügend Radwege. Der Bürgermeister
5 hat versprochen, dafür mehr Geld auszugeben, und er hat es gehalten. Ich kann seitdem von mir zu Hause in die Schule fahren, ohne mit Autos in Kontakt zu kommen.
   Und beim Radfahren erlebt man auch immer wieder etwas. Letzte Woche begegnete ich im Stadtpark, durch den ich auf meinem Schulweg komme, doch
10 tatsächlich einem Eichhörnchen. Ich stieg vorsichtig ab und hob eine Buchecker vom Boden auf, um es anzulocken. Wie neugierig das Tier mich ansah! Würde es mir wirklich aus der Hand fressen? Es kam näher und näher. Doch dann witterte es anscheinend plötzlich etwas – und kletterte so schnell wie der Wind auf einen Baum.
15 Ich bin der Meinung, dass wir Kinder öfter mit dem Rad in die Schule fahren sollten, denn wir erleben dann mehr als im Auto oder Bus. Außerdem bewegen wir uns dabei auch noch und das hält uns fit.

8 Paula hat einen Artikel in der Schülerzeitung veröffentlicht. Finde heraus, an welchen Stellen sie jeweils erzählt, informiert oder begründet. Übertrage die Tabelle, kreuze die Schreibform bzw. -absicht an.

Verschiedene Schreibformen unterscheiden

Textstelle	In dieser Textstelle wird …		
	erzählt	informiert	begründet

9 Wähle eine Textstelle aus der Tabelle und begründe jeweils kurz, woran du die Schreibform und -absicht erkennen kannst:

Dass in den Zeilen XX–XX informiert/erzählt/begründet wird, erkenne ich daran, dass …

5 Die Textdetektive bei der Arbeit

Erzähltexte untersuchen

1 Tauscht euch in der Klasse darüber aus, welche Kinder- und Jugendbücher ihr kennt.

2 Erzähle von der Geschichte, die du am liebsten gelesen hast.

3 Schaut euch die Bilder auf der rechten Seite an und lest den Text rechts unten. Sprecht darüber, welche Aufträge ihr den Textdetektiven erteilen würdet. Was würde euch helfen, neue oder bekannte Texte besser zu verstehen?

In diesem Kapitel liest du viele neue Texte, in denen etwas erzählt wird. Zusammen mit den Textdetektiven lernst du dabei …

… erzählende Texte kennen, zum Beispiel Märchen und Fabeln,
… erzählende Texte zu beschreiben,
… erzählende Texte zu erschließen,
… Spannung zu erkennen und zu untersuchen,
… Geschichten nachzuerzählen und sie um- und weiterzuschreiben,
… Fabeln zu deuten,
… eigene Fabeln zu verfassen.

Tarek, Liam, Paula, Jakob, Samuel und Enya haben ein gemeinsames Hobby: Sie lesen gern. Mittlerweile haben sie ein Detektivbüro eröffnet, das sich auf etwas ganz Besonderes spezialisiert hat. Die sechs Freunde sind Textdetektive. Sie werden immer dann zu Rate gezogen, wenn jemand einen Text nicht versteht. Mit ihrer Spezialausrüstung nehmen sie den Text unter die Lupe, bis sie auch die letzte Wortbedeutung geknackt haben.

5 Geschichten auf die Spur kommen
Wie erzählende Texte entstehen

Jean-Claude Carrière
Das Geheimnis des Bildhauers

Ein Bildhauer ließ sich einen großen Steinblock liefern und machte sich an die Arbeit. Einige Monate später hat er ein Pferd aus Stein gemeißelt.

Da fragte ihn ein Kind, das ihm bei der Arbeit zugesehen hat: „Woher wusstest du, dass ein Pferd im Stein steckte?"

1 Tarek hat seinen Freunden mit „Das Geheimnis des Bildhauers" einen neuen Text mitgebracht und ist gespannt auf deren Reaktion. Lies Jean-Claude Carrières Geschichte und formuliere deinen ersten Leseeindruck.

2 Mit folgenden Äußerungen der Textdetektive kann Tarek nicht viel anfangen. Erläutere, warum Tarek unzufrieden ist.

Liam: „Langweilig!"

Paula: „Super!"

Enya: „Was für ein Pferd?"

Jakob: „Ich versteh' die Geschichte nicht."

3 Bei einigen Wörtern im Text sind sich sogar die Textdetektive unsicher. Wähle eine Aufgabe aus und vergleicht eure Ergebnisse anschließend in der Klasse.

- Zeichne den Bildhauer bei der Arbeit und beschrifte in deiner Zeichnung den Steinblock und den Meißel.
- Erkläre den Begriff *meißeln* schriftlich in eigenen Worten.
- Formuliere einen Lexikoneintrag zum Begriff *Bildhauer*.

Wie erzählende Texte entstehen

4 Was meinst du: Ist die Geschichte tatsächlich passiert oder hat Jean-Claude Carrière sie erfunden? Schreibe eine kurze Antwort auf diese Frage und begründe deine Meinung.

5 Tarek liest aus dem Buch vor, in dem er den Text gefunden hat: „Geschichten kann man finden oder erfinden oder erleben, aber man muss sie auch machen. Die kleine Geschichte vom Geheimnis des Bildhauers, die wir Jean-Claude Carrière verdanken, ist dafür ein Beispiel." Diskutiert in kleinen Gruppen, ob man sagen kann, dass die einzelnen Aussagen der Textdetektive richtig oder falsch sind, und notiert eure Ergebnisse in euer Heft.

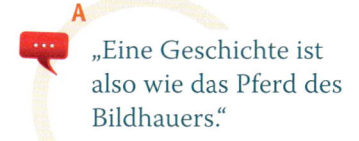

A „Eine Geschichte ist also wie das Pferd des Bildhauers."

B „Wenn man eine Geschichte ‚macht', dann erfindet man immer etwas."

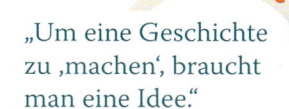

C „Um eine Geschichte zu ‚machen', braucht man eine Idee."

D „Einen Bildhauer kann man mit einem Schriftsteller vergleichen."

E „Wenn man eine Geschichte erlebt hat, dann ist nichts erfunden."

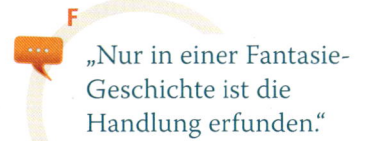

F „Nur in einer Fantasie-Geschichte ist die Handlung erfunden."

G „Wie ein Bildhauer Skulpturen erschafft, erschafft ein Schriftsteller Geschichten."

Erzähltexte untersuchen

Das musst du wissen

Erzählende Texte

Erzählende Texte werden von einer Autorin bzw. einem Autor geschrieben, der bei Märchen und Fabeln aber oft unbekannt ist. Sie haben ein **Thema**, um das sich die Geschichte dreht. Neben **Ort** und **Zeit** spielen auch die handelnden **Figuren** und ihre Beziehung zueinander eine wichtige Rolle für das Geschehen.

6 Gestaltet in Partnerarbeit für ein bebildertes Kinderlexikon eine Seite mit der Überschrift „Wie eine Geschichte entsteht".

5

Spannendes und Komisches
Erzählende Texte kennenlernen und ihre Wirkung beschreiben

Silke Wolfrum
Der Stinkwettbewerb

Mediencode: 11035-06

Kaum ist die Schiebetür des Schuhschränkchens zugezogen, klappern und klackern die Schuhe aufgeregt durcheinander. Die mittlere Reihe wird freigeräumt, denn sie dient nun als Laufsteg. Ein dunkelblauer Plastik-Badeschlappen sorgt für Ruhe:

„Meine Damen, meine Herren! Ich begrüße Sie herzlich zum siebenundzwanzigsten Stinkwettbewerb unseres Schuhschränkchens. Sicher sind Sie alle genauso gespannt wie ich, wer heute siegen wird. Und ich begrüße sogleich den Gewinner der letzten sechsundzwanzig Stinkwettbewerbe: das Paar Turnschuhe!" Zwei Paar Lederschuhe schlagen einen Trommelwirbel, alle anderen applaudieren. Lässig schwingen sich zwei Turnschuhe in die mittlere Reihe und schreiten wippend den Laufsteg entlang. „Die Turnschuhe, meine Damen und Herren", fährt der Badeschlappen fort, „Größe 42, auch heute wieder in Top-Form. Beachten Sie die sportliche Figur, die Elastizität der Schnürsenkel, das durchtrainierte Profil. Doch kommen wir gleich zum Höhepunkt: dem Stinktest. Ich darf die Jury nach vorne bitten." Zwei Damenhalbschuhe, zwei Herrenhalbschuhe und eine vergessene Socke treten nach vorn. „Ich bitte nun die Turnschuhe, uns eine Probe ihres Stinkvermögens zu geben. Ruhe, meine Damen und Herren, Ruhe bitte!"

Die beiden Turnschuhe wippen noch einmal lässig nach vorn, dann ziehen sie sich eng zusammen, schlingen ihre Schnürsenkel um den Körper und lassen dann mit einem Schlag los. Aus ihrem Inneren steigt eine glasige Stinkschwade auf, gefolgt von einem „Ahhh!" und „Ohhh!" aus allen Reihen. Ein Paar Sandalen fängt an zu röcheln und ein Stöckelschuh fällt in Ohnmacht. Applaus von allen Seiten!

Erzählende Texte kennenlernen und ihre Wirkung beschreiben

Unter Husten meldet sich der Badeschlappen wieder zu Wort: „Ich muss sagen, das ist wohl kaum noch zu überbieten. Ein einfach umwerfender Gestank. Bravo! Und ich sehe gerade, die Jury gibt einstimmig eine glatte Eins für diese beeindruckende Vorführung. Und dennoch haben wir einen Herausforderer, einen, der sich traut, es mit dieser Größe an Gestank aufzunehmen. Ich fürchte, er wird kein großes Glück haben. Doch ich begrüße trotzdem herzlich die – die – die Kinderschuhe!"

Verhaltener Applaus ertönt im Schuhkasten. Neugierige Blicke folgen einem Paar kleiner roter Lackschuhe, das etwas schüchtern auf den Laufsteg hüpft und verlegen seinen Klettverschluss öffnet und schließt. Der Badeschlappen räuspert sich: „Nun, die Herausforderer, zwei rote Kinder-Lackschuhe, Größe – ähm – 26. Ich kann nur sagen: mutig! Und nun bitte ich auch diese Teilnehmer, uns eine Kostprobe ihres Gestanks zu geben. Achtung! Bitte Ruhe!"

Aus der untersten Schuhreihe ertönt höhnisches Gelächter. Die Turnschuhe lächeln überlegen. Der wiedererwachte Stöckelschuh ratscht ungeniert mit einem Winterstiefel. Als endlich Ruhe einkehrt, ziehen sich die beiden Kinderschuhe ganz eng zusammen, wickeln sich ihre Klettverschlüsse um den kleinen Körper und lassen dann mit einem Schlag los. Aus dem Inneren der Schuhe erhebt sich eine schwefelige Dunstwolke von ungeahnter Größe.

Ein Geruch von jahrelang gelagertem Stinkkäse breitet sich im Schuhschränkchen aus und verschlägt dem gesamten Publikum den Atem. Es entsteht ein Moment verdutzter, atemloser Stille. Dann kippen die zwei Herrenhalbschuhe, der Winterstiefel und eine Sandale betäubt nach hinten. Den Sandalen haut es glatt die Sohle weg. Sofort erschallt ein wildes Geschrei. Wer noch atmen kann, macht seiner Begeisterung Luft. Die Jury – jedenfalls der noch wache Teil davon – gibt den Kinderschuhen eine Eins mit Stern. Die Kinderschuhe haben gewonnen! Feierlich überreicht der Badeschlappen ihnen den Goldenen Schuhlöffel und einen Gutschein für eine Ganzkörper-Bürstenmassage.

Noch Jahre später erzählen sich die Schuhe von dem unerwarteten Sieg der roten Kinderschuhe und fragen sich, wessen Käsfüße da wohl dringesteckt haben.

1 Lest die Geschichte von Silke Wolfrum leise und erzählt euch in Partnerarbeit abschnittsweise gegenseitig den Inhalt.

2 Jakob will zunächst das Thema der Geschichte benennen. Wähle die treffendste Formulierung aus und begründe deine Auswahl.

- Kinderschuhe gewinnen überraschend den Stinkwettbewerb
- Turnschuhe verlieren gegen Kinderschuhe
- Schuhe treten gegeneinander an
- Ein lustiger Stinkwettbewerb
- Der Badeschlappen eröffnet den 27. Stinkwettbewerb

3 Um die Geschichte genauer unter die Lupe zu nehmen, sammeln die Textdetektive Fragen: *Wo und wann spielt die Geschichte? Wie verhalten sich die Turnschuhe gegenüber den Kinderschuhen?* Notiere vier weitere Fragen. Tausche die Fragen mit einem Partner/einer Partnerin und beantworte sie schriftlich.

4 Liam und Enya müssen über die Geschichte immer noch lachen. Übertrage die begonnene Sammlung in dein Heft und ergänze sie mit weiteren lustigen Formulierungen.

durcheinanderklackern — *Silke Wolfrum:* **Der Stinkwettbewerb** lustige Ideen und lustige Formulierungen — ?

? — ?

? — ?

5 Warum wirken die Textstellen lustig? Notiere zu mindestens zwei Beispielen aus Aufgabe 4 eine entsprechende Erklärung.

6 Erstellt in kleinen Gruppen zu den Figuren der Geschichte ein Lernplakat. Ordnet die handelnden Figuren nach ihrer Funktion in der Geschichte (z. B. Wettbewerbsteilnehmer) und schreibt zu jeder Figur eine wichtige Information aus dem Text.

7 Beschreibe in Stichworten, wie sich die anderen Schuhe im Schuhschränkchen gegenüber den Kinderschuhen verhalten.

8 Tarek hat die Geschichte in acht Abschnitte geteilt. Übertrage die folgenden Tabelle in dein Heft und ergänzt in Partnerarbeit die fehlenden Inhalte.

Abschnitt	Zeile	Zusammenfassung der Handlung
1	1–7	Umräumen des Schuhschränkchens
2		
3		
4		
5		
6		
7		Wirkung des Gestanks, Sieg der Kinderschuhe
8		

Erzählende Texte kennenlernen und ihre Wirkung beschreiben

9 Markiere in der Tabelle die Abschnitte, die zur Erzählsituation (→ S. 31), zum Ereignis und zum Ausgang der Geschichte gehören, mit drei unterschiedlichen Farben.

10 Zeichnet in kleinen Gruppen die begonnene Spannungskurve auf ein Plakat. Tragt für jeden Abschnitt ein Spannungskreuz ein und verbindet diese dann zu einer Kurve. Vergleicht eure Ergebnisse anschließend in der Klasse.

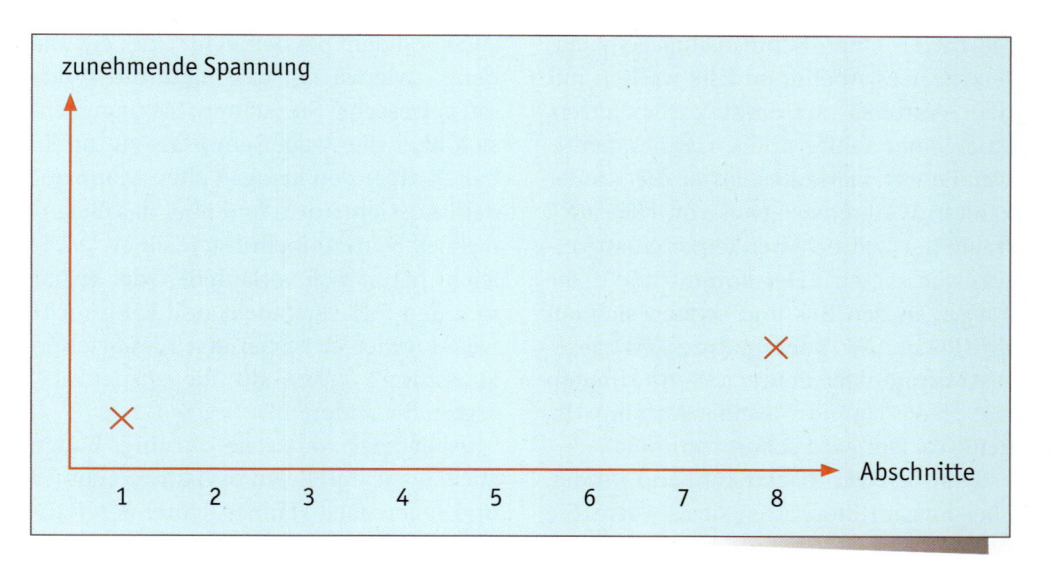

11 Ergänze einen der folgenden Sätze.

- 🟦 Das Spannungskreuz für den ersten Abschnitt ist nicht ganz unten gezeichnet, weil der Leser bereits wegen der Überschrift...

- 🟧 Das Spannungskreuz für den letzten Abschnitt ist nicht ganz unten gezeichnet, weil...

- 🟫 Die Spannungskreuze für den ersten und den letzten Abschnitt sind nicht ganz unten gezeichnet, weil...

12 Im siebten Abschnitt ist die Spannung besonders groß. Nenne einen Satz aus dem Text, der für diese Spannung sorgt, und begründe deine Meinung.

Spannung und Komik in erzählenden Texten

Erzählende Texte sind meist nicht nur wegen ihres Inhalts, ihres Themas oder der handelnden Figuren lesenswert. Oft sprechen sie ihre Leser auch wegen einer besonderen Wirksamkeit an. Spannende Texte fesseln den Leser und lassen Fragen entstehen wie: Wie geht es wohl weiter? Wie wird es enden? Andere Texte unterhalten den Leser durch ihre Komik: Überraschende Wendungen, unrealistische Situationen, Gegenstände, die sich wie Menschen benehmen, oder besondere Wortverwendungen bringen den Leser zum Lachen.

Das musst du wissen

Erzähltexte untersuchen

5

Wer erzählt was?
Merkmale erzählender Texte beschreiben

Ursula Wölfel
Hannes fehlt

Sie hatten einen Schulausflug gemacht. Jetzt war es Abend, und sie wollten mit dem Autobus zur Stadt zurückfahren. Aber einer fehlte noch. Hannes fehlte.
5 Der Lehrer merkte es, als er die Kinder zählte. „Weiß einer etwas von Hannes?", fragte der Lehrer. Aber keiner wusste etwas. Sie sagten: „Der kommt noch." Sie stiegen in den Bus und setzten sich auf
10 ihre Plätze. „Wo habt ihr ihn zuletzt gesehen?", fragte der Lehrer. „Wen?", fragten sie. „Den Hannes? Keine Ahnung. Irgendwo. Der wird schon kommen."

Draußen war es jetzt kühl und windig,
15 aber hier im Bus hatten sie es warm. Sie packten ihre letzten Butterbrote aus. Der Lehrer und der Busfahrer gingen die Straße zurück. Einer im Bus fragte: „War der Hannes überhaupt dabei? Den hab ich
20 gar nicht gesehen." „Ich auch nicht", sagte ein anderer. Aber morgens, als sie hier ausstiegen, hatte der Lehrer sie gezählt, und beim Mittagessen im Gasthaus hatte er sie wieder gezählt, und dann noch
25 einmal nach dem Geländespiel. Da war Hannes also noch bei ihnen.

„Der ist immer so still", sagte einer. „Von dem merkt man gar nichts." „Komisch, dass er keinen Freund hat", sagte
30 ein anderer, „ich weiß noch nicht einmal, wo er wohnt." Auch die anderen wussten das nicht. „Ist doch egal", sagten sie.

Der Lehrer und der Busfahrer gingen jetzt den Waldweg hinauf. Die Kin-
35 der sahen ihnen nach. „Wenn dem Hannes jetzt etwas passiert ist?", sagte einer. „Was soll dem passiert sein?", rief ein anderer. „Meinst du, den hätte die Wildsau gefressen?" Sie lachten. Sie fingen an, sich über die Angler am Fluss zu unter- 40 halten, über den lustigen alten Mann auf dem Aussichtsturm und über das Geländespiel. Mittenhinein fragte einer: „Vielleicht hat er sich verlaufen? Oder er hat sich den Fuß verstaucht und kann nicht 45 weiter. Oder er ist bei den Kletterfelsen abgestürzt?" „Was du dir ausdenkst!", sagten die anderen.

Aber jetzt waren sie unruhig. Einige stiegen aus und liefen bis zum Waldrand 50 und riefen nach Hannes. Unter den Bäumen war es schon ganz dunkel. Sie sahen auch die beiden Männer nicht mehr. Sie froren und gingen zum Bus zurück.

Keiner redete mehr. Sie sahen aus den 55 Fenstern und warteten. In der Dämmerung war der Waldrand kaum noch zu erkennen.

Dann kamen die Männer mit Hannes. Nichts war geschehen. Hannes hatte sich 60 einen Stock geschnitten und dabei war er hinter den anderen zurückgeblieben. Dann hatte er sich etwas verlaufen. Aber nun war er wieder da, nun saß er auf seinem Platz und kramte im Rucksack. 65

Plötzlich sah er auf und fragte: „Warum seht ihr mich alle so an?"

„Wir? Nur so", sagten sie. Und einer rief: „Du hast ganz viele Sommersprossen auf der Nase!" Sie lachten alle, auch 70 Hannes. Er sagte: „Die habe ich doch schon immer."

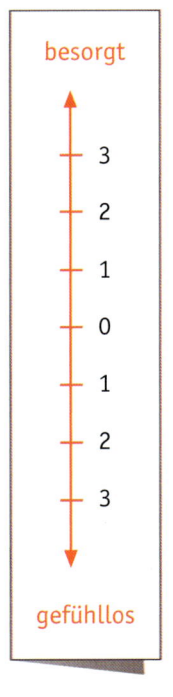

besorgt

3
2
1
0
1
2
3

gefühllos

1 Paula und Liam sind sich nicht einig, ob die anderen Kinder eher besorgt oder eher gefühllos sind. Entscheide dich auf der Skala für eine Ziffer und begründe deine Meinung mithilfe von Textbelegen.

Merkmale erzählender Texte beschreiben → AH S. 86–88

Erzähltexte untersuchen

2 Paula möchte ihren Standpunkt mit den Gedanken und Gefühlen der anderen Kinder bekräftigen. Hilf ihr, indem du passende Sätze aus dem Text angibst.

3 Liam hat inzwischen den Text um zwei Sätze ergänzt:
Die Kinder machten sich langsam wirklich Sorgen. Es wird ihm schon nichts passiert sein, dachte eines der Kinder. Ein anderes dachte, man hätte sich mehr um ihn kümmern müssen.
Wähle eine der folgenden Aufgaben aus und besprecht eure Ergebnisse anschließend in der Klasse.

- Ergänze Liams Sätze um einen weiteren Gedanken eines der anderen Kinder.
- Notiere die Textstelle, in die Liams Sätze passend eingefügt werden können.
- Formuliere zwei entsprechende Sätze mit Gedanken und Gefühlen von Hannes und füge sie an einer passenden Stelle ein.

4 Tarek fahndet nach dem Erzähler in der Geschichte. Notiere, welche seiner Aussagen richtig sind, und belege sie an einem Beispiel aus dem Text.

> **Satzspeicher**
>
> Die Geschichte wird in der Ich-Form erzählt. – Die Geschichte wird in der Er-Form erzählt. – Der Erzähler kennt alle Handlungsteile. – Der Erzähler weiß mehr als die anderen Kinder. – Der Erzähler weiß weniger als die anderen Kinder. – Der Erzähler kennt die Gedanken und Gefühle der Figuren.

5 Lies die ersten beiden Abschnitte des Textes „Der Stinkwettbewerb" (→ S. 80) noch einmal und begründe, warum es sich nicht um einen Ich-Erzähler handelt.

> **Beschreibung erzählender Texte** — *Das musst du wissen*
>
> Wenn du einen Erzähltext beschreiben willst, musst du klären, **wer** die Geschichte erzählt, **was** erzählt wird und **aus welchem Blickwinkel**.
>
> - Die **Erzählform** gibt an, wer die Geschichte erzählt: Der **Er-Erzähler** kann allwissend sein, der **Ich-Erzähler** dagegen kennt Vorgänge und Figuren nur aus seiner eigenen eingeschränkten Sicht.
>   **Achtung:** Der Erzähler ist nicht der Autor der Geschichte!
> - Als **äußere Handlung** bezeichnet man das, was passiert; als **innere Handlung** die Gedanken und Gefühle der Figuren.

6 Erzähle die Geschichte schriftlich aus der Sicht des Lehrers und unterstreiche in deinem Text die innere Handlung. Überarbeitet eure Texte anschließend im Rahmen einer Schreibkonferenz (→ S. 39).

5

Texte verstehen leicht gemacht
Erzählende Texte erschließen

Root Leeb
Klein

Wir waren furchtbar viele Kinder zu Hause. So viele, dass ich sie gar nicht alle zählen konnte. Überall liefen langbeinige, schlaksige und ewig hungrige Brüder von mir herum. Dazwischen gab es auch Unmengen von Schwestern in allen Größen und Formen. Nur – so klein wie ich war keine.

Ich glaube, wir waren mindestens zwanzig. Und eine Mutter. Und ein Vater. Aber die sah ich nicht besonders oft, irgendwie waren immer irgendwelche anderen dazwischen. Und dann waren da immer wieder ein paar ältere, meist rundliche Mädchen, die immer nur kurz blieben und keine Schwestern von uns waren. Das waren die Kindermädchen. Kinderbuben hatten wir keine. Tiere auch nicht. Dafür mindestens fünftausend Bälle und Turngeräte. „Bewegung ist gesund" und „Sport macht stark" tönte es pausenlos um mich herum und alle hüpften und rannten ohne Unterbrechung durch die Gegend.

Der Vorteil bei dieser Familie war, dass keiner auf einen aufpasste, weil niemand den Überblick hatte. Der Nachteil bei dieser Familie war, dass keiner auf einen aufpasste, weil niemand den Überblick hatte. Und darum merkte auch niemand etwas. Zum Beispiel, dass ich als einzige so fürchterlich klein war. Kleiner als mich gab es weit und breit niemanden!

Wenn ich nicht so furchtbar klein gewesen wäre, hätte ich mit den anderen alles mitmachen können. Und die hätten mich nicht dauernd übersehen. Keiner sah, dass mir die Hüpfseile viel zu lang, die Bälle viel zu groß und die Gewichte viel zu schwer waren und dass die Schaukel für mich viel zu hoch hing.

Und wenn ich nicht so furchtbar klein gewesen wäre, hätte ich sicherlich nicht fortwährend so riesengroße Angst gehabt. Nicht vor Nachbars Stallhasen, den vielen steilen Treppen im Haus, dem Wind und anderen Gefahren draußen und auch nicht vor diesen vielen herumrasenden, -springenden und -trampelnden Beinen.

Wenn ich nicht so furchtbar klein gewesen wäre, hätte ich vielleicht auch die Geschichten geglaubt, die die Kindermädchen manchmal vorlasen. Kleine seien mutig und besiegten alle und würden mit allem fertig. Pah! Pfiffkäse, Pustekuchen, Papperlapapp! Mich schüttelte es vor Grauen, wenn ich mir nur vorstellte, was der kleine Däumling und Pinocchio und alle anderen Winzlinge alles durchmachen und aushalten mussten.

Ach, wenn ich doch nur ETWAS größer geworden wäre. Wie würde ich dem Hasen entgegenpupsen, die Treppen wie ein Federball hinauf- und hinunterfliegen, dabei dem einen oder anderen Langhaxigen ein Bein stellen und wie die Windsbraut persönlich ums Haus brausen.

Aber ach – ich war eben nicht größer.

Erzählende Texte erschließen

So blieb mir nichts anderes übrig, als mich möglichst sicher zu verstecken und abzuwarten.
85 Vielleicht wuchs ich doch einmal.
  Ich wartete viele Ewigkeiten.
  Und beobachtete mich
90 – war ich nicht doch schon ein bisschen gewachsen? – und die anderen. Doch irgendwann musste ich in dem ungeheuren Gewurle und Gerenne etwas übersehen haben. Jemand
95 Neuer war angekommen.
  Und dieser Jemand war viel kleiner als ich! Und er hatte von vornherein schon einmal mindestens doppelt so viel Angst wie 100 ich. Das sah man doch schon aus zehn Meter Entfernung. Das heißt – außer mir sah es wieder einmal niemand. 105
  Wahrscheinlich hatte er meine Portion Angst gleich mitbekommen, denn auf einmal war ich mutig und wollte ihm helfen.
  Und er himmelte mich an. 110
  Als Erstes trug ich ihn zum Stallhasen.

1 Enya hat die Wörter *Langhaxigen* (→ Z. 77), *Windsbraut* (→ Z. 78) und *Gewurle* (→ Z. 93) unterstrichen. Die Begriffe findet man in einem Lexikon nicht, man muss sie sich aus dem Zusammenhang erschließen. Erklärt euch die Begriffe gegenseitig.

2 Liam ist auf der Suche nach Schlüsselwörtern. Das sind Wörter, die für das Textverständnis eine wichtige Rolle spielen. Bearbeite mit einer Textkopie eine der folgenden Aufgaben und begründe dein Ergebnis.

- ■ Finde das Schlüsselwort, das am häufigsten vorkommt, und unterstreiche es mit der Farbe Blau in allen Formen.

- ■ Zu den Wörtern *Bewegung* (→ Z. 29) und *Sport* (→ Z. 30) passen viele Wörter, in denen vom Sinn her Bewegung enthalten ist: z. B. *hüpften* (→ Z. 32) und *rannten* (→ Z. 32). Suche diese Wörter im Text und unterstreiche sie rot.

- ■ Aus der folgenden Aufzählung kann nur ein Wort als Schlüsselwort bezeichnet werden. Finde es heraus und unterstreiche es mit allen vorkommenden Formen in deiner Textkopie: *Kinderbuben* (→ Z. 25) – *Familie* (→ Z. 34) – *Angst* (→ Z. 54) – *ETWAS* (→ Z. 73).

3 Ordne die aufgeführten Fragen den drei grün gedruckten Textstellen zu. Vergleicht anschließend eure Ergebnisse.

1) Wodurch unterscheidet sich das Verhalten der Erzählerin von dem ihrer Geschwister?
2) Auf welche Art und Weise soll die Erzählerin ihre Angst verlieren?
3) Welche konkreten Vor- und Nachteile könnte die Erzählerin meinen?
4) Was bewirken die Geschichten von Pinocchio und vom Däumling?
5) Weshalb passt in der Familie niemand auf die Erzählerin auf?
6) Welche Erfahrung macht die Ich-Erzählerin zum ersten Mal?

4 Arbeitet in sechs Kleingruppen und beantwortet alle Fragen schriftlich.

5

Das musst du können

So erschließt du Texte

Um Texte besser verstehen zu können, werden sie **analysiert**. Dabei helfen dir sogenannte **Texterschließungsmethoden**:

- **unbekannte** Wörter unterstreichen und klären
- **Schlüsselwörter**, die für die Handlung eine wichtige Rolle spielen, markieren
- **Fragen** an den Text stellen und sie beantworten

Angelika Ehret
Wunder über Wunder

„Mit denen werden wir noch unser blaues Wunder erleben", sagen die Leute, die im Stockwerk über Kemals Familie wohnen. „Na, das ist doch kein Wunder bei
5 denen", sagen die Leute, die in der Wohnung neben Kemals Familie wohnen. „Also, ich wundere mich bei denen eigentlich über gar nichts mehr", sagte die Nachbarin aus dem Haus gegenüber.
10 „Wir sind eine wunderbare Familie", sagt Kemals Vater.

5 Welches Thema passt am besten zu der Geschichte „Wunder über Wunder"? Wähle einen der Vorschläge und begründe deine Meinung.

a) Nachbarschaftsstreit
b) Fremdenfeindlichkeit
c) Wohnen in einem Hochhaus
d) Vaterstolz

6 In der kurzen Geschichte von Angelika Ehret ist das Schlüsselwort bereits in der Überschrift angegeben. Stelle zusammen, welche unterschiedlichen Bedeutungen es im Lauf der Geschichte hat.

7 Tarek ärgert sich über die Vorurteile der Nachbarn von Kemals Familie. Welche Fragen würdest du ihnen stellen? Notiere zwei davon und tausche sie mit einem Partner/einer Partnerin aus. Beantwortet eure Fragen dann gegenseitig.

Erzählende Texte erschließen

Manfred Mai
Hier bin ich!

Am Strand bauen ein paar Kinder eine Sandburg.

„Sie muss noch höher werden", sagt Ayshe und holt Wasser. Damit panschen sie frischen Sandmörtel, der nur so durch die Finger quillt. Als die Burg fertig ist, betrachten die Kinder ihr Werk – und sind sehr zufrieden.

„Und was tun wir jetzt?", fragt Lasse.

Zuerst lutschen sie mal ein Eis. Dann spielen sie Blindekuh. Lasse bekommt als Erster die Augen verbunden. Er spitzt die Ohren, um die anderen zu hören.

„Hier bin ich! Nein hier! Und schon wieder da!", rufen die Kinder.

Lasse dreht sich, greift hierhin und dorthin, aber immer ins Leere.

„Mama, was spielen die Kinder?", hört er plötzlich eine Mädchenstimme fragen.

„Ein Junge mit verbundenen Augen muss versuchen, die anderen Kinder zu fangen", antwortet die Mutter.

„Da kann ich mitspielen, ohne dass sie mir die Augen verbinden", sagt das Mädchen.

„Hä?" Lasse versteht den Satz nicht, nimmt das Tuch von den Augen und sieht erst jetzt, was die anderen Kinder längst gesehen haben. Das Mädchen ist blind.

„Darf ich mitspielen?", fragt das Mädchen.

Die Kinder sind so durcheinander, dass sie nur nicken. Und Lasse streckt dem Mädchen das Tuch entgegen.

„Darf ich?", wiederholt es.

„Klar", antwortet Ayshe.

Die Kinder sind etwas gehemmt und wissen nicht so recht, wie sie sich verhalten sollen. Deswegen erwischt das Mädchen schnell einige von ihnen.

„Ihr dürft es Amelie nicht so leicht machen", sagt die Mutter des Mädchens.

Nach und nach werden die Kinder munterer. „Hier bin ich! Hallo, Amelie! Fang mich doch! Kuckuck", rufen sie.

Amelie hört ganz genau hin, und es dauert nicht lange, bis sie Ayshe und Lasse erwischt. Da strahlt sie über das ganze Gesicht.

8 Erläutere in eigenen Worten, was man unter dem Begriff *Sandmörtel* (→ Z. 5) versteht.

9 Nenne das Schlüsselwort, das in der Geschichte von Manfred Mai vorkommt.

10 Erkläre, warum die Mutter von Amelie das Spiel der Kinder anders bezeichnet als die Kinder selbst.

11 Formuliert in kleinen Gruppen drei Fragen, die für das Verständnis der Geschichte eine wichtige Rolle spielen. Tauscht die Fragen dann mit einer anderen Gruppe aus und beantwortet sie gegenseitig.

5

Was fehlt hier im Text?
Erzählende Texte produktiv erschließen

Kristina Dunker
Traumtauscher

Sehr still ist es in meiner Stadt. Die Straßen liegen lautlos da wie steinerne Schlangen. Die Menschen schlafen. Ich bin zwar nur ein kleiner Vogel, aber mit meinem
5 Morgenlied mache ich die Menschen froh und lasse ihre schlechten Träume wie Regenwolken weiterziehen.

Für Merle singe ich besonders gerne. Sie kennt meine Stimme und sagt zärtlich
10 Amselprinz zu mir. Aber ausgerechnet ihr kann ich mit meinem Gesang nicht helfen. Jede Nacht erschreckt sie der gleiche böse Traum. [...] So schön ich auch singe, ihr Traum ist zu stark. Nun kann
15 nur noch der Traumtauscher helfen und ich allein weiß, wo er wohnt.

„Tock, tock, tock", rufe ich und winke Merle mit dem Flügel. „Komm!" Sie zieht weder Schuhe an noch eine Jacke über
20 den Schlafanzug, nimmt aber zwei Dosen Knackwürstchen mit. So folgt sie mir durch den frühen Morgen. Jetzt träumen die Menschen am meisten.

Der Traumtauscher wohnt in einem windschiefen blauen Haus auf einer klei- 25
nen Insel in der Mitte der Flussmündung. Um hinzukommen, müssen wir ein Boot nehmen. Die Zeit drängt: Der Traumtauscher arbeitet nur nachts. Es riecht seltsam auf der Insel. 30

„Drachenmist", flüstert Merle erschrocken. Und schon stürmt der Drache aus dem Gebüsch. „Amselfleisch!", brüllt er, reißt mit seinen Krallen die Erde neben uns auf und schnaubt mit seinem 35
feurigen Atem. Merle schreit so laut wie in ihren Albträumen. „Ich werde zuerst deinen kleinen Freund fressen", sagt der Drache genüsslich und beugt sich zu mir herunter. Verzweifelt schlage ich mit den 40
Flügeln. Da wirft Merle dem Drachen eine Würstchendose an die Schnauze. „Lass meinen Freund in Ruhe!", ruft sie und stellt sich vor mich. Sie ist sehr mutig [...] . Der Drache schnaubt so kräftig, 45
dass er ein Bäumchen ansengt. „Ich geb dir Knackwürstchen!" Merle reißt tapfer die zweite Dose auf und streckt ihm eins entgegen. „Hier, friss die!" Erstaunt schielt der Drache Merle mit seinen gro- 50
ßen Augen an. Merle schielt auch ein

bisschen. Vielleicht gefällt ihm das. Oder er mag ihren Mut. Merle lächelt vorsichtig. „Fang!", ruft sie und wirft ein zweites Würstchen in die Luft.

Plötzlich erscheint der Traumtauscher. In dem Moment ist der Drache verschwunden, der erste Sonnenstrahl fällt auf Merles Gesicht. Der Traumtauscher trägt eine orangefarbene Jacke mit 89 verschiedenen Knöpfen. Manche sagen, jeder der Knöpfe erinnere ihn an eine verlorene Liebe. Andere glauben, die vielen Knöpfe seien zusätzliche Augen, mit denen der Traumtauscher seine Kunden beobachte. „Ich möchte einen Albtraum loswerden", sagt Merle.

Der Traumtauscher winkt uns in sein Haus. Viele Treppen geht es hinab in ein Gewölbe. Dort stehen Regale mit Einmachgläsern voller gesammelter Träume. In einigen kann man kleine Monster sehen, in anderen explodieren winzige Vulkane. In einem kriecht ein Kind aus einem brennenden Schneckenhaus. Wieder andere sind voll Wasser gelaufen, vielleicht weil jemand eine Sintflut herbeigeträumt hat. „Meine Schätze", sagt der Traumtauscher stolz. Die Knöpfe auf seiner Strickjacke blinken. Seine Augen sind blassblau wie helle Nächte. „Lass deinen Traum hören. Mal sehen, ob ich ihn bei mir unterbringen kann." Er schraubt ein leeres Einmachglas auf. „Wo ist der Drache?", fragt Merle, aber er antwortet nicht, sondern reicht ihr das Glas. „Mein Traum ist aber sehr böse." „Ich weiß."

Merle erzählt. Leise. Nur der Traumtauscher soll sie hören. Wenn etwas so beängstigend ist, kann man es nicht jedem sagen. Ich setze mich auf ihre Schulter. Der Traumtauscher hört einfach nur zu. Und so spricht sie weiter. „An der Stelle schreie ich immer, so laut ich kann!", sagt sie. „Jetzt will er mich fressen!" Da durchzuckt ein greller Blitz den Raum und Merles Traum ist in das Glas gesperrt. Es ist … der Drache!

„Ein prächtiges Exemplar!" Der Traumtauscher freut sich. „Den nehme ich gern. Oder möchtest du ihn wieder mitnehmen?" Er hält ihr das Einmachglas hin. „Nein, das möchte ich nicht!", sagt Merle. „Aber dein Mut hat ihn gezähmt. Du hast deinen Traum hier zu Ende geträumt und er wird dir nichts mehr tun. Du möchtest ihn trotzdem tauschen?" „Ja." Zum Abschied gibt er ihr die Hand. „Der eingetauschte Traum wartet zu Hause auf dich. Ich hoffe, er gefällt dir." Mir nickt er zu. „Bis bald, Amselprinz."

Wir steigen die Stufen hinauf. Noch bevor wir oben sind, überfällt Merle mächtige Müdigkeit. „Amselprinz, ich hab was Verrücktes geträumt! Du und ich haben einen Ausflug gemacht, da war wieder der Drache, aber er hat mir nichts getan, er hat mir zugeblinzelt!" Merle springt fröhlich aus dem Bett. „Toll! Das muss ich Mama erzählen!"

Ich lasse mir ein Stück Erdbeere schmecken und breite meine Flügel aus. Auf Wiedersehen Merle. Es warten noch viele unruhige Schläfer auf einen geflügelten Prinzen.

1 Enya möchte den Textdetektiven den „Traumtauscher" vorlesen. Um das Interesse ihrer Zuhörer zu wecken, erzählt sie in einer kurzen Vorrede, was sie in der Geschichte erwartet. Schreibe Enyas Vorrede in dein Heft und ergänze sie.

> Der „Traumtauscher" ist eine spannende Geschichte von…
> Es geht darin auch um… Aber ich möchte euch nicht zu viel verraten. Hört selbst.

2 An den Auslassungszeichen auf der Seite 82 in Zeile 13 siehst du, dass im Text etwas fehlt. Wähle eine der folgenden Aufgaben und vergleicht anschließend eure Ergebnisse.

- Welcher der folgenden Sätze passt am besten? Gib die richtige Lösung an.

  - Das bekommt sie aber gar nicht so richtig mit und schläft nach kurzer Zeit schon wieder ruhig weiter.
  - Dann japst sie und schnappt nach Luft, wirft sich im Bett hin und her und tritt mit den Füßen gegen die Decke.
  - Dann runzelt sie die Stirn, dreht sich einmal nach links und einmal nach rechts und streckt ihre Beine richtig aus.

- Welcher der Sätze passt am besten? Gib die richtige Lösung an und begründe deine Meinung.

- Verfasse einen eigenen Satz, der in den Zusammenhang von Merles Albtraum passt.

3 Auch in Zeile 45 gibt es Auslassungszeichen. Im Originaltext geht der Satz mit einer Einschränkung weiter: „… aber ich weiß, …" Schreibe den Satz zu Ende.

4 Was passiert genau, bevor der Traumtauscher erscheint? Verlängere das Ende des dritten Abschnitts (→ Z. 55) um einige Sätze.

5 Am Ende der Geschichte verlässt der Amselprinz Merle. Füge in den zweiten Teil des Satzes „und breite meine Flügel aus" (→ Z. 123) ein Adjektiv ein, das seine Gefühlslage treffend beschreibt.

Das musst du können

So füllst du Leerstellen

In erzählenden Texten gibt es oft sogenannte Leerstellen, wo äußere oder innere Handlung vom Autor nur angedeutet wird. Du selbst denkst dir, was an diesen Stellen passieren könnte. Indem du diese Leerstellen mit passenden Worten oder einigen Sätzen füllst, verstehst du den Text noch besser.

Erzählende Texte produktiv erschließen → AH S. 98

Erzähltexte untersuchen

6 Jakob und Tarek möchten zum „Traumtauscher" ein Hörspiel erstellen und haben zur Information die Kinderhörspieltage in Karlsruhe besucht. Dort haben sie viel über Lesen, Vorlesen und Hören von Büchern erfahren. Betrachtet zu zweit die drei Bilder und notiert Gemeinsamkeiten und Unterschiede der jeweiligen Lesesituation. Vergleicht eure Ergebnisse anschließend in der Klasse.

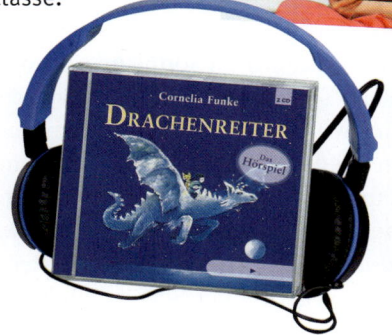

7 Nun soll das Hörspiel zum „Traumtauscher" von Kristina Dunker entstehen. Arbeitet zu zweit an einer Textkopie. Legt die verschiedenen Rollen für das Hörspiel fest und markiert den jeweiligen Text mit einer anderen Farbe.

8 Übt in kleinen Gruppen das flüssige, einfühlsame und spannungerzeugende Lesen des Textes. Verteilt dazu die Rollen. Gebt euch gegenseitig eine Rückmeldung.

9 Sprecht in der Klasse darüber, welche Musik und Geräusche ihr an geeigneten Stellen einfügen wollt. Haltet eure Ergebnisse in einer Art Regieplan fest.

Text	Musik	Geräusch
Z. 1–7	–	Leises Säuseln von Wind
…		

10 Klärt, welche technischen Möglichkeiten ihr in der Schule für eine Aufnahme habt, und notiert, wie die Aufnahme erfolgen soll.

11 Erstellt in Kleingruppen nun das Hörspiel.

12 Spielt euch eure Hörfassungen in der Klasse gegenseitig vor und formuliert eine Rückmeldung an die Verfasser.

Hörfassungen von Büchern

Das musst du wissen

Hörfassungen literarischer Texte können entweder nur gelesen (Hörbuch) oder als Hörspiel gestaltet sein mit mehreren Sprechern, Geräuschen und Musik. Hörbücher gibt es auch zu Sachtexten.

Märchenhaftes lesen
Märchen erkennen und nacherzählen

Brüder Grimm
Die sieben Raben

Ein Mann hatte sieben Söhne und immer noch kein Töchterchen, so sehr er sich auch eins wünschte; endlich gab ihm seine Frau wieder gute Hoffnung zu einem Kinde, und wie's zur Welt kam, war's ein Mädchen. Ob es gleich schön war, so war's doch auch schmächtig und klein und sollte wegen seiner Schwachheit die Nottaufe haben. Da schickte der Vater einen der Knaben eilends zur Quelle, Taufwasser zu holen, und die andern sechs liefen mit. Jeder wollte aber der erste beim Schöpfen sein, und darüber fiel ihnen der Krug in den Brunnen. Da standen sie und wussten nicht, was sie tun sollten, und keiner getraute sich heim. Dem Vater ward unter der Weile angst, das Mädchen müsste ungetauft verscheiden, und wusste gar nicht, warum die Jungen so lange ausblieben. „Gewiss", sprach er, „haben sie es wieder über ein Spiel vergessen"; und als sie immer nicht kamen, fluchte er im Ärger: „Ich wollte, dass die Jungen alle zu Raben würden." Kaum war das Wort ausgeredet, so hörte er ein Geschwirr über seinem Haupt in der Luft, blickte auf und sah sieben kohlschwarze Raben auf und davon fliegen.

Die Eltern konnten die Verwünschung nicht mehr zurücknehmen, und so traurig sie über den Verlust ihrer sieben Söhne waren, trösteten sie sich doch einigermaßen durch ihr liebes Töchterchen, das bald zu Kräften kam und mit jedem Tage schöner ward. Es wusste lange Zeit nicht einmal, dass es Geschwister gehabt hatte, denn die Eltern hüteten sich, ihrer zu erwähnen, bis es eines Tages von ungefähr die Leute von sich sprechen hörte, das Mädchen wäre wohl schön, aber doch eigentlich Schuld an dem Unglück seiner sieben Brüder. Da ward es ganz betrübt, ging zu Vater und Mutter und fragte, ob es denn Brüder gehabt hätte, und wo sie hingeraten wären? Nun durften die Eltern das Geheimnis nicht länger verschweigen, sagten jedoch, es sei so des Himmels Verhängnis gewesen, und seine Geburt nur der unschuldige Anlass. Allein das Mädchen machte sich täglich ein Gewissen daraus und glaubte, es müsste seine Geschwister wieder erlösen. Es hatte nicht Ruhe und Rast, bis es sich heimlich aufmachte und in die weite Welt ging, seine Brüder irgendwo aufzuspüren und zu befreien, es möchte kosten, was es wollte. Es nahm nichts mit sich als ein Ringlein von seinen Eltern zum Andenken, einen Laib Brot für den Hunger, ein Krüglein Wasser für den Durst und ein Stühlchen für die Müdigkeit.

Nun ging es immer zu, weit bis an der Welt Ende. Da kam es zur Sonne, aber die war zu heiß und fürchterlich und fraß die kleinen Kinder. Eilig lief es weg und hin zu dem Mond, aber der war gar zu kalt und auch grausig und bös, und als er das Kind merkte, sprach er: „Ich rieche Menschenfleisch." Da machte es sich geschwind fort und kam zu den Sternen, die waren ihm freundlich und gut, und jeder saß auf seinem besondern Stühlchen. Der Morgenstern aber stand auf, gab ihm ein Hinkelbeinchen und sprach: „Wenn du das Beinchen nicht hast, kannst du den Glasberg nicht aufschließen, und in dem Glasberg, da sind deine Brüder."

Das Mädchen nahm das Beinchen, wickelte es wohl in ein Tüchlein und ging

Märchen erkennen und nacherzählen → AH S. 95 f.

Erzähltexte untersuchen

wieder fort, so lange, bis es an den Glasberg kam, dessen Tor verschlossen war. Nun wollte es das Beinchen hervor holen, aber wie es das Tüchlein aufmachte, so war es leer, und es hatte das Geschenk der guten Sterne verloren. Was sollte es nun anfangen? Seine Brüder wollte es erretten und hatte keinen Schlüssel zum Glasberg. Das gute Schwesterchen nahm sein kleines Fingerchen, steckte es in das Tor und schloss glücklich auf. Als es hinein getreten war, kam ihm ein Zwerglein entgegen, das sprach: „Mein Kind, was suchst du?" „Ich suche meine Brüder, die sieben Raben", antwortete es. Der Zwerg sprach: „Die Herren Raben sind nicht zu Haus, aber willst du hier so lang warten, bis sie kommen, so tritt ein". Darauf brachte das Zwerglein die Speise der Raben getragen auf sieben Tellerchen und in sieben Becherchen, und von jedem Tellerchen aß das Schwesterchen ein Bröckchen, und aus jedem Becherchen trank es ein Schlückchen, in das letzte Becherchen aber ließ es das Ringlein fallen, das es mitgenommen hatte.

Auf einmal hörte es in der Luft ein Geschwirr und ein Geweh, da sprach das Zwerglein: „Jetzt kommen die Herren Raben heim geflogen." Da kamen sie, wollten essen und trinken, und suchten ihre Tellerchen und Becherchen. Da sprach einer nach dem andern: „Wer hat von meinem Tellerchen gegessen? Wer hat aus meinem Becherchen getrunken? Das ist eines Menschen Mund gewesen". Und wie der siebente auf den Grund des Bechers kam, rollte ihm das Ringlein entgegen. Da sah er es an und erkannte, dass es ein Ring von Vater und Mutter war, und sprach: „Gott gebe, unser Schwesterlein wäre da, so wären wir erlöst." Wie das Mädchen, das hinter der Türe stand und lauschte, den Wunsch hörte, so trat es hervor, und da bekamen alle die Raben ihre menschliche Gestalt wieder. Und sie herzten und küssten einander und zogen fröhlich heim.

1 Notiere für die folgenden Wörter jeweils ein Synonym (→ S. 280).

Verwünschung (→ Z. 29) – *Hinkelbeinchen* (→ Z. 75) – *herzten* (→ Z. 127)

2 Liam möchte seinen Freunden das Märchen „Die sieben Raben" erzählen. Er hat als Gedächtnisstütze zum Nacherzählen die oben stehenden Bilder gefunden. Bring sie in die richtige Reihenfolge und ordne sie jeweils einem Textabschnitt zu.

3 Zum Nacherzählen braucht Liam eine kleine Unterstützung. Lege einen Stichwortzettel an und vermerke darauf zu jedem Bild eine Überschrift. Erzähle das Märchen anschließend nach.

> **Das musst du können**
>
> **So erzählst du Geschichten mündlich nach**
>
> Wenn du eine Geschichte nacherzählst, richtest du dich nach dem Verlauf der Handlung. Wenn du die Geschichte vor einer Gruppe vorträgst, ist es hilfreich, dir als Gedächtnisstütze einen Stichwortzettel mit den wichtigsten Handlungsschritten anzulegen.

4 Zeichne die begonnene Mind-Map in dein Heft und arbeitet dann in Fünfergruppen. Verteilt innerhalb der Gruppen jeweils eine der folgenden Aufgaben. Achtung: Alle Aufgaben müssen am Ende bearbeitet sein. Tauscht eure Ergebnisse anschließend in der Gruppe aus und ergänzt die Mind-Map in eurem Heft.

- Trage in die offenen Äste die Figuren des Märchens ein.
  Trage in die offenen Äste die verbleibenden Handlungsorte ein.

- Formuliere den ersten Ast bei „Zeitangabe" um, damit daraus eine Zeitangabe wird, und suche im Text eine weitere Zeitangabe für den zweiten Ast.
  Suche die verschiedenen Wunder des Märchens und füge dafür jeweils einen neuen Ast in der Mind-Map ein.

- Formuliere zwei Möglichkeiten, das Thema der Geschichte anzugeben, und trage sie ein.

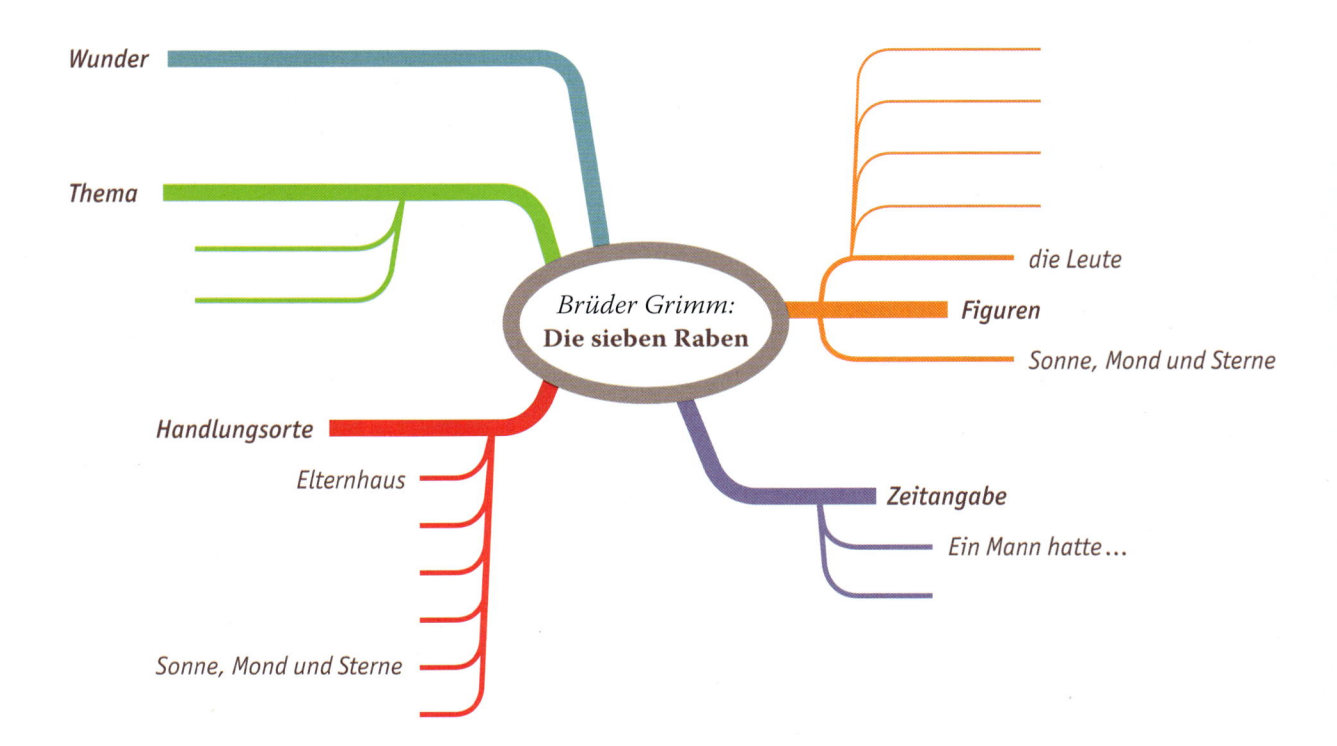

Mind-Map: Brüder Grimm: Die sieben Raben

- Wunder
- Thema
- Figuren
  - die Leute
  - Sonne, Mond und Sterne
- Zeitangabe
  - Ein Mann hatte…
- Handlungsorte
  - Elternhaus
  - Sonne, Mond und Sterne

Märchen erkennen und nacherzählen → AH S. 95 f.

Erzähltexte untersuchen

Das musst du wissen

Märchen

Märchen gibt es auf der ganzen Welt, seit sich Menschen Geschichten erzählen. Sie entstammen einer **mündlichen Tradition**, das heißt, sie wurden durch das Erzählen an Kinder überliefert. Daher gibt es zu einem Märchen oft auch verschiedene Fassungen. Im 19. Jahrhundert wurden die deutschen Märchen zum ersten Mal systematisch gesammelt und aufgeschrieben. Daraus ist die bekannte Märchensammlung der Brüder Grimm entstanden. Märchen weisen einige charakteristische Merkmale auf: Es gibt eine deutliche Unterscheidung zwischen **Gut und Böse**, die sich vor allem in den handelnden Figuren zeigt. Die Heldenfigur hat **Abenteuer** zu bestehen oder wird schweren Prüfungen unterzogen. In der Märchenwelt gibt es **keine genauen Orts-** und **Zeitangaben, Symbolzahlen, Zauber** und **Wunder** sind feste Bestandteile der Handlung. Märchen gehen fast immer gut aus.

5 Belege in einer tabellarischen Übersicht, dass es sich bei „Sterntaler" um ein Märchen handelt. Verwende dazu die Informationen aus dem Wissenskasten.

Merkmal eines Märchens	Beispiel/Beleg aus Grimms „Sterntaler"

Brüder Grimm
Sterntaler

Es war einmal ein kleines Mädchen, dessen Vater und Mutter gestorben waren. Es war so arm, dass es kein Kämmerchen mehr hatte, um darin zu wohnen, und
5 kein Bettchen mehr hatte, um darin zu schlafen. Irgendwann hatte es gar nichts mehr außer den Kleidern auf dem Leib und ein Stück Brot in der Hand, welches ihm ein gutes Herz geschenkt hatte. Es
10 war aber gut und fromm und so ging es im Vertrauen auf den lieben Gott hinaus ins Ungewisse. Da begegnete ihm ein armer, alter Mann, der sprach: „Ach bitte, ich bin so hungrig. Gib mir etwas zu es-
15 sen!" Da reichte es ihm das ganze Stück Brot und sagte: „Gott segne es dir", und ging weiter. Da kam ein Kind, das jammerte und sprach: „Es friert mich so an meinem Kopfe! Bitte schenk mir etwas,
20 womit ich ihn bedecken kann." Da nahm es sein Mützchen ab und gab es ihm. Und als es noch ein Stück gegangen war, kam wieder ein Kind, das fror, und bat um sein Röcklein und das gab es auch noch
25 hin. Endlich gelangte es in einen Wald und es war schon dunkel geworden. Da kam noch ein Kind und bat um ein Hemdchen. Das fromme Mädchen dachte: „Die Nacht ist dunkel, da sieht mich
30 niemand. Du kannst wohl auch dein Hemd weggeben", und zog das Hemd ab und gab es auch noch hin. Und wie es so stand und gar nichts mehr hatte, fielen auf einmal die Sterne vom Himmel und waren lauter harte, blinkende Taler. Und auch wenn es sein Hemdlein weggegeben, so hatte es ein neues an und das war vom allerfeinsten Linnen. Da sammelte es die Taler hinein und war reich für sein Lebtag.

6 Sucht euch **in eurer Kleingruppe** ein Märchen aus, notiert in Stichworten die Handlungsschritte und erzählt das Märchen dann in eurer Klasse.

5

Wie es weitergehen könnte
Märchen um- und weiterschreiben

Brüder Grimm
Das Hirtenbüblein

[Mediencode: 11035-07]

Es war einmal ein Hirtenbübchen, das war wegen seiner weisen Antworten, die es auf alle Fragen gab, weit und breit berühmt. Der König des Landes hörte auch davon, glaubte es nicht und ließ das Bübchen kommen. Da sprach er zu ihm: „Kannst du mir auf drei Fragen, die ich dir vorlegen will, Antwort geben, so will ich dich ansehen wie mein eigen Kind, und du sollst bei mir in meinem königlichen Schloss wohnen." Sprach das Büblein: „Wie lauten die drei Fragen?" Der König sagte: „Die erste lautet: Wie viel Tropfen Wasser sind in dem Weltmeer?" Das Hirtenbüblein antwortete: „Herr König, lasst alle Flüsse auf der Erde verstopfen, damit kein Tröpflein mehr daraus ins Meer lauft, das ich nicht erst gezählt habe, so will ich Euch sagen, wie viel Tropfen im Meere sind." Sprach der König: „Die andere Frage lautet: Wie viel Sterne stehen am Himmel?" Das Hirtenbübchen sagte: „Gebt mir einen großen Bogen weiß Papier" und dann machte es mit der Feder so viel feine Punkte darauf, dass sie kaum zu sehen und fast gar nicht zu zählen waren und einem die Augen vergingen, wenn man darauf blickte. Darauf sprach es: „So viel Sterne stehen am Himmel, als hier Punkte auf dem Papier, zählt sie nur." Aber niemand war dazu imstand. Sprach der König: „Die dritte Frage lautet: …

1 Entscheide, welche der folgenden Fragen sich für eine Fortsetzung des Märchens eignen, und begründe deine Entscheidung.

   1) Wie viel Schnee liegt auf den Bergen meines Landes?
   2) Wie viele Sekunden hat ein Jahr?
   3) Wie lange dauert die Ewigkeit?
   4) Wie viele Bücher stehen in der Bibliothek meines Schlosses?

2 Schreibe das Märchen zu Ende und vergleicht eure Ergebnisse *in der Klasse*.

[Mediencode: 11035-08]

3 Hör nun das Märchenende der Brüder Grimm an und vergleiche es mit euren Fortsetzungen.

Hans Christian Andersen
Die Prinzessin auf der Erbse

Es war einmal ein Prinz, der wollte eine Prinzessin heiraten, aber es sollte eine wirkliche Prinzessin sein. Da reiste er in der ganzen Welt herum, um eine solche zu finden, aber überall war da etwas im Wege. Prinzessinnen gab es genug, aber ob es wirkliche Prinzessinnen waren, konnte er nicht herausbringen, immer war etwas, was nicht in der Ordnung war. Da kam er wieder nach Hause und war ganz traurig, denn er wollte doch gern eine wirkliche Prinzessin haben.

Eines Abends zog ein furchtbares Wetter auf; es blitzte und donnerte, der Regen stürzte herunter, es war ganz entsetzlich. Da klopfte es an das Stadttor, und der alte König ging hin, aufzumachen. Es war eine Prinzessin, die draußen vor dem Tore

Märchen um- und weiterschreiben → AH S. 95 f.

Erzähltexte untersuchen

stand. Aber wie sah sie vom Regen und dem bösen Wetter aus! Das Wasser lief ihr von den Haaren und Kleidern herunter und lief in die Schnäbel der Schuhe hinein und aus den Hacken wieder heraus, und sie sagte, dass sie eine wirkliche Prinzessin sei. „Ja, das werden wir schon erfahren!", dachte die alte Königin, aber sie sagte nichts, ging in die Schlafkammer hinein, nahm alle Betten ab und legte eine Erbse auf den Boden der Bettstelle. Darauf nahm sie zwanzig Matratzen, legte sie auf die Erbse […]. Da sollte nun die Prinzessin die ganze Nacht liegen. Am Morgen wurde sie gefragt, wie sie geschlafen habe. „O, schrecklich schlecht!", sagte die Prinzessin. „Ich habe meine Augen die ganze Nacht nicht geschlossen! Gott weiß, was da im Bette gewesen ist. Ich habe auf etwas Hartem gelegen, sodass ich ganz braun und blau über meinem ganzen Körper bin! Es ist ganz entsetzlich!" Nun sahen sie wohl, dass es eine wirkliche Prinzessin war, da sie durch die zwanzig Matratzen […] die Erbse verspürt hatte. So empfindlich konnte niemand sein, außer einer wirklichen Prinzessin.

Da nahm der Prinz sie zur Frau, denn nun wusste er, dass er eine wirkliche Prinzessin besitzt, und die Erbse kam in die Kunstkammer, wo sie noch zu sehen ist, wenn sie niemand genommen hat.

4 Paula möchte eine moderne Fassung von Andersens Märchen schreiben. Sie hat sich drei Anfänge ausgedacht. Wähle einen aus, übertrage die Tabelle in dein Heft und ergänze sie.

- Es war einmal ein junger Mann, der wollte ein Mädchen heiraten, aber er wollte wissen, ob es ihn wirklich liebte ...
- Es war einmal ein Schulleiter, der sollte einen neuen Schüler aufnehmen, aber er wollte wissen, ob ...
- Es war einmal eine Mutter, die ...

	Die Prinzessin auf der Erbse (1837)	Die Prinzessin auf der Erbse (heute)
Figuren		
Eigenschaften der Figuren		
Prüfung		
Ende		

5 Schreibe die moderne Fassung des Märchens auf der Grundlage deiner Tabelle.

So schreibst du Geschichten um und weiter

Wenn du eine Geschichte weiter- oder umschreiben möchtest, musst du genau darauf achten, dass sie zum vorgegebenen Teil passt (z. B. Handlungsverlauf, Verhalten der Figuren). Beim Modernisieren hilft es dir, zuerst zu überlegen, wie du die wichtigsten Personen und Handlungsteile ins „Heute" übertragen kannst.

Das musst du können

Einfach fabelhaft!
Fabeln erkennen und erschließen

1 Arbeitet **in Vierergruppen**: Teilt ein DIN-A3-Blatt in vier gleich große Rechtecke. Schreibt jeweils ein Tier aus dem Wortspeicher in ein Rechteck. Jedes Gruppenmitglied notiert Eigenschaften, die ihm zu dem echten Tier einfallen, und in anderer Farbe solche, die dem Tier in Geschichten zugewiesen werden. Dreht euer Plakat im Uhrzeigersinn und ergänzt weitere Wörter.

Wortspeicher
Rabe – Fuchs – Lamm – Wolf

2 Tauscht euch **in der Klasse** über eure Ergebnisse aus und besprecht, wie es dazu kommt, dass man Tieren bestimmte Eigenschaften zuordnet. Vergleicht auch die Eigenschaften der echten Tiere mit denen, die ihnen in Erzählungen zugeschrieben werden.

Äsop
Rabe und Fuchs

Ein Rabe hatte einen Käse gestohlen, flog damit auf einen Baum und wollte dort seine Beute in Ruhe verzehren. Da es aber der Raben Art ist, beim Essen nicht schweigen zu können, hörte ein vorbeikommender Fuchs den Raben über dem Käse krächzen. Er lief eilig hinzu und begann den Raben zu loben: »O Rabe, was bist du für ein wunderbarer Vogel! Wenn dein Gesang ebenso schön ist wie dein Gefieder, dann sollte man dich zum König aller Vögel krönen!« **1** Dem Raben taten diese Schmeicheleien so wohl, dass er seinen Schnabel weit aufsperrte, um dem Fuchs etwas vorzusingen. Dabei entfiel ihm der Käse. **2** Den nahm der Fuchs behend, fraß ihn und lachte über den törichten Raben.

3 Notiert **in den Vierergruppen** Eigenschaften, mit denen im Text Rabe und Fuchs charakterisiert werden. Vergleicht eure Ergebnisse mit dem Plakat, das ihr in Aufgabe 1 erstellt habt, und tauscht euch anschließend darüber in der Klasse aus.

4 Im Text findest du je eine Gedankenblase für den Fuchs (Gedankenblase **1**) und den Raben (Gedankenblase **2**). Suche dir eine der beiden aus und formuliere, was sich das jeweilige Tier an den angegebenen Stellen wohl gedacht haben könnte.

5 „Aus dieser Fabel kannst du lernen, dass …" – Ergänze den Satz zur Fabel „Rabe und Fuchs" und …

- … wähle dafür aus den folgenden Vorschlägen die Formulierung aus, die am besten zur Fabel passt. Begründe deine Wahl **einem Arbeitspartner** mündlich.

Ideenspeicher

… Stehlen sich nicht rentiert. – … Lügen kurze Beine haben. – … Künstler sehr oft Hunger leiden. – … jemand, der zu eingebildet ist, leicht auf übertriebenes Lob hereinfällt. – … Übermut selten gut tut. – … wer zuletzt lacht, am besten lacht.

Fabeln erkennen und erschließen → AH S. 97 f.

Erzähltexte untersuchen

■ ... gestalte mit einem Arbeitspartner einen Dialog, in dem sich Rabe und Fuchs am Ende darüber unterhalten, was sie gelernt haben. Probt den Dialog für den Vortrag in der Klasse.

■ ... gestalte mit einem Arbeitspartner eine kurze Spielszene, in welcher die Lehre der Fabel den dargestellten Personen eine Hilfe sein könnte. Probt die Szene.

Fabeln

Das musst du wissen

Eine Fabel ist ein kurzer Erzähltext, in dem die Handlung knapp und zielgerichtet dargestellt wird. In der Fabel handeln Tiere, denen bestimmte Eigenschaften und Handlungsweisen zugeordnet sind *(der schlaue Fuchs, der starke Löwe, das schwache Lamm ...)*. Diese verkörpern typisch menschliche Eigenschaften, sodass die Fabeln von der Tier- auf die Menschenwelt übertragen werden können. In der Regel handeln in der Fabel starke und schwache Tiere als Spieler und Gegenspieler.

Viele Fabeln folgen dem typischen Aufbau:
- Beschreibung der Situation
- Entstehung eines Konflikts und Verhandlung des Konflikts in Dialogform
- Auflösung des Konflikts

Am Ende einer Fabel steht häufig eine Lehre (auch Moral genannt), die ihren Sinn und ihre Zielsetzung zusammenfasst. Fabeln wollen nicht nur unterhalten, sondern die Menschen auch zum Nachdenken anregen und sie belehren.

Äsop
Die Maus und der Frosch

Eine Maus schloss zu ihrem Verderben mit einem Frosche Freundschaft und lud ihn zum Mahle ein. Der Frosch band den Fuß der Maus an seinen eigenen an, und so gingen sie zuerst zu einem Orte, wo viele Speisen vorhanden waren. Der Frosch stillte hier seinen Hunger und beschloss, die Maus, da er ihr gutes Leben beneidete, zu verderben. Als sie bald darauf an den Rand eines Sees kamen, zog er sie in das tiefe Wasser. Die unglückliche Maus kam im Wasser um und schwamm in demselben, an den Fuß des Frosches angebunden, umher; doch ein Taubenfalke erblickte die Maus und fasste sie mit seinen Krallen. Da sich der Frosch nicht losmachen konnte, entführte er ihn gleichfalls in die Luft, wo er zuerst die Maus und dann jenen selbst verspeiste. [...]

6 Zeige, dass es sich beim Text „Die Maus und der Frosch" um eine Fabel handelt. Notiere mithilfe des Wissenskastens drei Merkmale der Textsorte Fabel in dein Heft und schreibe zu jedem Merkmal ein passendes Beispiel aus dem Text.

7 Verfasse eine eigene Fabel mit dem Titel „Das Lamm und der Hirtenhund" mit der Lehre „Wer einmal lügt, dem glaubt man nicht, und wenn er auch die Wahrheit spricht.". Achte darauf, dass dein Text die typischen Fabelmerkmale erfüllt.

5

Charlys Sprachcheck

Das Töpfchen
(Ein Märchen aus der Türkei)

Mediencode:
11035-09

Es war einmal, und es war auch nicht. In früheren Zeiten war einmal eine arme Frau mit einer Tochter. Die Mutter spann vom Abend bis zum Morgen Garn, das
5 Mädchen aber verkaufte es auf dem Basar, und so verdienten sie ihren Lebensunterhalt.

Eines Tages hatte die Mutter wieder Garn gesponnen, es dem Mädchen ge-
10 geben, und das Mädchen hatte das Garn auf dem Basar verkauft. Für dieses Geld kaufte sie statt des Brotes einen kleinen Topf, der zum Kauf angeboten wurde. An dem Topf hatte sie großen Gefallen, gab
15 das Geld hin und erhielt ihn.

Als sie nach Hause kam, war kein Brot zum Essen da; denn in der Hand hatte sie nur den Topf. Die Mutter schlug das Mädchen tüchtig und warf den Topf auf
20 die Straße. An jenem Tag legten sie sich hungrig schlafen.

Eine Hebamme[1] kehrte von einer Wöchnerin[2] zurück und sah auf der Straße einen schönen Topf liegen, nahm ihn,
25 ging nach Hause, wusch und reinigte ihn, machte eine Weinblattroulade, setzte den Topf auf den Herd und kochte Essen.

Gerade als sie den Deckel hob und sich ans Essen setzen wollte, wurde an die Tür
30 geklopft, und jemand rief die Hebamme schnell zu einer Geburt.

Die Hebamme sagte: „Ich esse, wenn ich zurückkomme", sie ließ das Essen stehen und ging. Der Topf stand auf und
35 ging schnurstracks zum Haus des Mädchens. Er klopfte an die Tür, das Mädchen lief zur Tür und fragte: „Wer ist da?" „Das Töpfchen." „Was ist darin?" „Eine kleine Weinblattroulade." Das Mädchen
40 holte die Weinblattroulade heraus und warf den Topf auf die Straße. Die Mutter und die Tochter setzen sich hin und ließen sich die Weinblattroulade gut schmecken.

Die Frau des Padischahs[3], die Sultanin, 45
ging ins Bad, da sah sie auf der Straße einen schönen Topf. „Nimm diesen Topf!", sagte sie zu ihrer Zofe[4]. Die Zofe nahm den Topf, und sie ging ins Bad. Im Bad legte die Sultanin, als sie sich auszog, ihre 50
Diamanten und Perlen hinein. Sie gab ihrer Zofe den Topf und stieg ins Bad.

Als die Zofe den Topf im Arm hielt, wurde sie vom Schlaf übermannt, und der Topf stand auf, ging schnurstracks 55
zum Haus des Mädchens und klopfte an die Tür. Das Mädchen fragte: „Wer ist da?" „Das Töpfchen." „Was ist darin?" „Etwas Schönes."

Das Mädchen nahm die Diamanten 60
und das Gold, zog sich an, schmückte sich und warf den Topf wieder auf die Straße.

Am nächsten Tag ging der Prinz ins Bad. Er sah den Topf auf der Straße und 65
sagte: „Lala[5], nimm diesen Topf, was ist das für ein schöner Topf!"

Der Lala nahm den Topf. Sie gingen in das Bad, der Prinz badete sich dort, reinigte sich und ließ sich rasieren. Der Topf 70
nahm den Prinzen in sich auf und brachte ihn schnurstracks zum Haus des Mädchens. Als er an die Tür klopfte, fragte das Mädchen: „Wer ist da?" „Das Töpfchen." „Was ist darin?" „Ein kleiner Bräu- 75
tigam."

---

[1] **Hebamme**, die: Frau, die bei der Geburt hilft
[2] **Wöchnerin**, die: Frau, die gerade ein Kind bekommen hat
[3] **Padischah**, der (persisch)/**Sultan**, der (arabisch): Herrscher
[4] **Zofe**, die: Dienerin
[5] **Lala**, der: ehrenvoller Titel für sehr angesehenen und gebildeten Diener, Lehrmeister der Prinzen

Charlys Sprachcheck

Erzähltexte untersuchen

Als das Mädchen den Deckel des Topfes aufhob, stieg ein Prinz heraus, schön wie der Vollmond. Der Prinz aber musterte das Mädchen von oben bis unten: Sie war ein Mädchen, auch so schön wie der Vollmond. Sie trug Diamanten und Juwelen. Der Prinz fragte: „Mädchen, heiratest du mich?" Das Mädchen war einverstanden. Sie feierten vierzig Tage und vierzig Nächte lang Hochzeit, und das Mädchen warf den Topf nicht mehr auf die Straße. Sie hatten das Ziel ihrer Wünsche erreicht. Wir wollen auch unsere Ziele erreichen.

1 Entscheide, ob die folgenden Aussagen richtig oder falsch sind. Wähle zwischen einem der folgenden Satzanfänge und begründe deine Meinung schriftlich.

„Ich bin der Meinung, dass … / Ich bin nicht der Meinung, dass …"

a) Im ersten Abschnitt (→ Z. 1–7) werden die ärmlichen Lebensumstände des Mädchens und seiner Mutter vorgestellt.
b) Im zweiten Abschnitt (→ Z. 8–15) bekommt das Mädchen einen kleinen Topf geschenkt.
c) Im dritten Abschnitt (→ Z. 16–21) wird das Mädchen von seinem Vater bestraft.
d) Im vierten Abschnitt (→ Z. 22–44) sorgt der Topf dafür, dass das Mädchen und seine Mutter keinen Hunger leiden müssen.
e) Im fünften Abschnitt (→ Z. 45–63) schenkt die Sultanin dem Mädchen ihren Schmuck.
f) Im sechsten Abschnitt (→ Z. 64–76) steigt der Prinz in den Topf und wird daraufhin zum Mädchen gebracht.
g) Im siebten Abschnitt (→ Z. 77–90) treffen das Mädchen und der Prinz aufeinander und beschließen, gute Freunde zu werden.

Tipp von Charly

Mit diesen Fragen kannst du testen, ob eine Abschnittsgrenze vorliegt:
- Setzt eine (neue) Handlung ein? Tauchen neue Figuren auf/verschwinden bekannte?
- Findet ein Zeitsprung statt? Wechselt der Ort der Handlung?
- Gibt es gleiche Aussagen oder Handlungen, die immer wieder auftauchen?

2 Begründe mithilfe des Tipps die Abschnitte aus Aufgabe 1 in deinem Heft.

3 Prüfe, welche der im Merkkasten auf Seite 97 angeführten Märchenmerkmale der Text aufweist, und notiere sie in deinem Heft.

4 Kläre aus dem Textzusammenhang die Bedeutung der im Text markierten Wörter.

„tüchtig" (→ Zeile 19)
a) fleißig
b) ausgiebig
c) brutal

„vom Schlaf übermannt" (→ Zeile 55)
a) sie schlief plötzlich ein
b) sie setzte sich
c) sie schnarchte wie ein Kutscher

„musterte" (→ Zeile 79/80)
a) er malte sie an
b) er schätzte ihre Größe
c) er sah sie sich ganz genau an

5

Was DU schon kannst!
Kompetenztest

Den Handlungsverlauf einer Geschichte erkennen

1 Bringe die folgenden Sätze in die richtige Reihenfolge, sodass eine sinnvolle und zusammenhängende Geschichte entsteht.

A Da wurden zuletzt die Kinder so ungeduldig, dass sie warteten, bis eines Sonntags die Nixe in der Kirche war, da entflohen sie. Und als die Kirche vorbei war, sah die Nixe, dass die Vögel ausgeflogen waren, und setzte ihnen mit großen Sprüngen nach.

B Ein Brüderchen und ein Schwesterchen spielten an einem Brunnen, und wie sie so spielten, plumpsten sie beide hinein. Da war unten eine Wassernixe, die sprach: „Jetzt habe ich euch, jetzt sollt ihr mir brav arbeiten" und führte sie mit sich fort.

C Die Kinder erblickten sie aber von weitem und das Mädchen warf eine Bürste hinter sich, das gab einen großen Bürstenberg mit tausend und tausend Stacheln, über den die Nixe mit großer Mühe klettern musste; endlich aber kam sie doch hinüber.

D Da warf das Mädchen einen Spiegel hinterwärts, welches einen Spiegelberg gab, der war so glatt, so glatt, dass sie unmöglich darüber konnte. Da dachte sie, ich will geschwind nach Haus gehen und meine Axt holen und den Spiegelberg entzweihauen. Bis sie aber wiederkam und das Glas aufgehauen hatte, waren die Kinder längst weit entflohen, und die Wassernixe musste sich wieder in ihren Brunnen trollen.

E Dem Mädchen gab sie verwirrten garstigen Flachs zu spinnen, und es musste Wasser in ein hohles Fass schleppen, der Junge aber sollte einen Baum mit einer stumpfen Axt hauen und nichts zu essen bekamen sie als steinharte Klöße.

F Wie das die Kinder sahen, warf der Knabe einen Kamm hinter sich, das gab einen großen Kammberg mit tausendmal tausend Zinken, aber die Nixe wusste sich daran festzuhalten und kam zuletzt doch drüber.

Textarten erkennen

2 Bestimme die Textart der Geschichte und begründe deine Meinung.

Märchen erschließen

3 Entscheide, welche Überschriften nicht zur Geschichte passen. Begründe.

- Die Wassernixe
- Der Spiegel
- Der Bürstenberg
- Die Geschwister auf der Flucht

Kompetenztest

4 Lies den folgenden Text und gib an, ob es sich bei den markierten Ausschnitten um innere oder äußere Handlung handelt. Begründe deine Wahl.

Innere und äußere Handlung erkennen

Heute ist der erste Samstag im März. Jonas und Jule sind Geschwister und leben gemeinsam in einem schönen Haus in Karlsruhe, an dessen Bau sich nur noch
5 Jonas erinnern kann, weil er der Ältere der beiden ist. Immer wenn sich Jule versucht daran zu erinnern, wie das Haus im Rohbau aussah, (1) verschwimmen die Bilder vor ihrem Gesicht und sie sieht sich selbst
10 in einem bunten Kinderwagen.

Jonas und Jule sollen ihrem Vater Jörg heute beim Bau der neuen Terrasse helfen. Jule freut sich darauf, weil sie später einmal Architektin werden möchte,
15 (2) Jonas dagegen hat wieder einmal nur Fußball im Kopf. Er schiebt den Schubkarren mit den Pflastersteinen deshalb auch nur sehr unwillig zur Terrasse hin. (3) Ganz anders Jule, sie klopft die einzelnen Steine mit großer Sorgfalt fest. 20 Dabei träumt sie schon von der neuen Terrasse und wie sie zusammen mit ihrer Mutter Annette in der Schaukel sitzt, die sie sich so sehr gewünscht hat. (4) Jonas schaut schon wieder auf die Uhr. Er hat 25 das Gefühl, dass der Berg mit den Pflastersteinen nie abnimmt und spätestens in einer Stunde muss er zum Training. Während er immer schneller die Steine in die Schubkarre lädt, wird Jule immer 30 langsamer. (5) Bei ihr ist es längst Sommer geworden, sie sitzt auf der Terrasse und schaut bei einem kühlen Glas Limonade auf die untergehende Sonne.

5 Welche der folgenden Aussagen ist falsch? Begründe mithilfe des Textes.

Die Handlung erzählender Texte erschließen

- Jonas spielt gern Fußball.
- Jule ist älter als Jonas.
- Die neue Terrasse ist im Sommer fertig.
- Jonas kann sich noch an den Bau erinnern.
- Jule arbeitet sorgfältig.
- Jule arbeitet sorgfältiger als Jonas.

6 Lies die folgenden Textausschnitte, in der die Geschichte aus der Sicht von Jonas erzählt ist. Welcher Textausschnitt passt nicht zur Geschichte aus der Sicht von Jule? Begründe.

Leerstellen passend füllen

A Wenn die wieder so langsam ist, dann verpasse ich zum zweiten Mal das Fußballtraining in dieser Woche. Ich weiß gar nicht, warum die so lange braucht, um so einen blöden Stein festzuklopfen.

B Ich weiß genau, was sie wieder denkt. Letzte Woche hat sie sich von Mama schon wieder eine neue Schaukel gewünscht. Und jetzt träumt sie wieder.

C Ich verstehe meine Schwester nicht. Wie kann die jetzt mitten in der Arbeit auf der Terrasse sitzen und eine Limonade trinken?

7 Welche Lehre passt zur Fabel „Die Maus und der Frosch" von Seite 101? Notiere den Buchstaben.

Fabeln erschließen

a) Sei vorsichtig, mit wem du Freundschaft schließt: Viele Menschen sind hinterlistig und neidisch.
b) Binde dich nicht zu eng an deine Freunde. Das zerstört die Freundschaft.
c) Der falsche Freund bekommt seine gerechte Strafe.

6 „Wer lacht, hat Macht!"

Informationen aus Sachtexten gewinnen

1. Tauscht euch darüber aus, warum oder worüber die Menschen auf den Bildern möglicherweise lachen.

2. Erzählt euch ähnliche Situationen, die ihr erlebt oder in denen ihr in letzter Zeit herzhaft gelacht habt.

3. Erarbeitet in kleinen Gruppen jeweils eine Mind-Map: Was bringt uns zum Lachen? Tauscht eure Ergebnisse anschließend aus.

4. Sammelt Wörter, in denen *lachen* bzw. *Lachen* enthalten ist, wie z. B. *lächeln, Lächeln, Lachanfall* etc.

Damit du dich zukünftig immer mit einem lachenden Auge mit Sach- und Gebrauchstexten beschäftigen kannst, lernst und übst du in diesem Kapitel, …

… Sachtexte zu erkennen und sie von literarischen Texten zu unterscheiden,
… dir zu einem Thema in verschiedenen Medien Informationen zu beschaffen,
… einem Sachtext Informationen zu entnehmen,
… die Zuverlässigkeit von Medien zu bewerten,
… andere über ein Thema zu informieren,
… mit Material einen Lexikonartikel zu verfassen.

Was will der Text bewirken?
Sachtexte von literarischen Texten unterscheiden

Text 1

James Krüss
Timm Thaler oder Das verkaufte Lachen *(Auszug)*

Der Steuermann zerrte Timm hinter sich her – über die Straße, eine steile enge Stiege hinunter. „Tu sofort, was Kreschimir sagt", flüsterte Jonny. Aus dem Dunkel tauchten zwei Gestalten auf: Kreschimir und Herr Rickert. „Gib mir die Hand, Timm, und wette mit mir, dass du dein Lachen wiederbekommst. Mach schnell!" Es war die vertraute Stimme Kreschimirs. Trotz seiner Verwirrung gab Timm ihm die Hand. „Ich wette mit dir..." Kreschimir sagte ruhig und fest: „Ich wette, dass du dein Lachen nicht zurückbekommst, Timm. Um einen Pfennig!" „Dann wette ich mit dir, dass ich mein Lachen zurückbekomme, Kreschimir. [...]"

Jonny schlug die Hände durch, wie es üblich war. Dann wurde es unheimlich still. Der Junge im Dunkeln sah zu Boden. Er ergriff nicht Besitz von seinem Lachen: Das Lachen ergriff von ihm Besitz. Timm lachte und weinte in einem.

Text 2

Stichwort „Lachen"

Lachen ist eine angeborene Ausdrucksbewegung des Menschen. Es kommt in verschiedenen Formen vor, und zwar
• als natürliche Reaktion auf komische oder erheiternde Situationen,
• als Entlastungsreaktion nach überwundenen Gefahren,
• als Abwehrreaktion gegen plötzlich auftretende Angstzustände,
• als Zeichen der Geringschätzung gegenüber anderen.
Der Wissenschaftszweig, der sich mit dem Lachen beschäftigt, ist die **Gelotologie**.

1 Die folgenden Sätze charakterisieren jeweils einen der beiden oben stehenden Texte. Teile eine Heftseite in zwei Spalten und ordne jede Feststellung einem der Texte zu. Gib an, welches der Sachtext und welches der literarische Text ist.

- Die Sprache des Textes enthält Fachbegriffe, ist sachlich und erklärend.
- Durch den Text soll sich der Leser in das Geschehen hineinversetzen können.
- Das äußere Erscheinungsbild des Textes macht deutlich, dass er für den Leser Informationen knapp und übersichtlich zusammenfassen will.
- Der Text enthält Worte und Formulierungen, die Spannung aufbauen.
- Der Text ist für den Leser lebendig erzählt, um ihn zu unterhalten.
- Man merkt, dass es sich nur um einen kurzen Textauszug handelt.

2 Ergänze die Tabelle durch weitere Angaben, die die Unterschiede der Texte verdeutlichen. Berücksichtige zum Beispiel die Wirkungsabsicht der Texte und mögliche Situationen, in denen die Texte verfasst oder gelesen werden könnten.

Sachtexte von literarischen Texten unterscheiden → AH S. 90–93

Informationen aus Sachtexten gewinnen

Text 3

Ärger, den man nicht gehabt hat, hat man nicht gehabt

1. **Vorbereitung treffen**
   Die Rote Nase griffbereit verstauen
   (z. B. in der Schultasche).

2. **Bedarfsfall erkennen**
   Plötzlich wirst du wütend
   (z. B. weil dich jemand ärgern möchte).

3. **Notfallmaßnahme ergreifen**
   – Du sagst laut: „Ich könnte mich aufregen.
   Ich bin aber nicht dazu verpflichtet!"

   – Rote Nase aufsetzen!

   – Anfänger schauen mit der Nase nach rechts und links.
   Profis wissen: Du hast noch mehr Spaß, wenn du
   mit der Roten Nase im Gesicht stur geradeaus starrst
   und dir die Gesichter der anderen nur vorstellst!

Gesundheitlicher Nutzen der **Roten Nase**

Stress und Ärger (Blutdruck) ↑

Häufigkeit des Gebrauchs der **Roten Nase** →

3 Setze den Satz fort: Manches an diesem dritten Text bringt dich zum Schmunzeln, dennoch handelt es sich um einen Sachtext, denn …

4 Untersuche die beiden Abbildungen, die neben dem dritten Text stehen.

- Notiere die zusätzlichen Informationen, die man den Abbildungen jeweils entnehmen kann.

- Formuliere zwei Stellungnahmen, in denen die beiden Abbildungen ihre Aufgaben erklären. Beginne jeweils folgendermaßen: „Ich bin wichtig für den Leser des Textes. Ohne mich …"

- Der Geschäftsführer der Spielwarenfirma, die die Rote Nase herstellt, möchte entweder nur den Text oder nur die Abbildungen in den Beipackzettel drucken. Formuliere eine überzeugende Stellungnahme gegen diesen Vorschlag.

Das musst du wissen

Unterscheidung literarischer Texte von Sachtexten

Literarische Texte sind oft frei erfunden; sie wollen vor allem unterhalten und beziehen dich als Leser gefühlsmäßig ein.
Sachtexte, auch **pragmatische Texte** genannt, erkennst du an ihrer Wirkungsabsicht und ihrer äußeren Gestaltung. Sie informieren dich über einen tatsächlichen Sachverhalt. Dazu verwenden sie eine eher sachlich-nüchterne, möglichst genaue Sprache (auch mit Fachbegriffen). Sie stellen die Informationen übersichtlich dar (z. B. durch Hervorhebungen, Zwischenüberschriften, Aufzählungen), zur Veranschaulichung oft ergänzt durch Abbildungen, Grafiken, Tabellen u. Ä.

6

Lexikon oder Internet?
Informationen aus verschiedenen Medien beschaffen und ihre Zuverlässigkeit bewerten

Lache – und die Welt lacht mit dir!

Interview mit Dr. Eckart von Hirschhausen (Auszug)

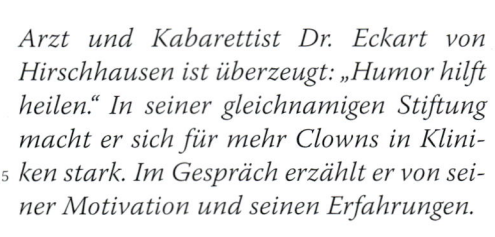

Arzt und Kabarettist Dr. Eckart von Hirschhausen ist überzeugt: „Humor hilft heilen." In seiner gleichnamigen Stiftung macht er sich für mehr Clowns in Klini-
5 *ken stark. Im Gespräch erzählt er von seiner Motivation und seinen Erfahrungen.*

Sind der Mediziner und der Comedian in Ihnen sich einig: Trägt Humor tatsächlich zur Heilung bei?
10 Lachen ist die beste Medizin – sagt nicht nur der Volksmund, sondern auch die Wissenschaft. Lachen wirkt als Entspannungsmittel, regt Atmung und Immunsystem an und wirkt sogar als Anti-
15 depressivum.

Fröhlich sein fällt in guter Gesellschaft leichter …
Haben Sie sich schon mal mit dem Hammer auf den Daumen gehauen? Das tut
20 weh. Aber es macht einen großen Unterschied, ob man dabei alleine ist oder in Gesellschaft. Bist du allein, tut es lange weh. Mit jemandem in der Nähe musst du lachen und der Schmerz lässt nach.
25 Wer Schmerzen hat, sollte also nicht alleine sein und etwas zu lachen haben.

Bleibt einem beim Besuch von kranken Kindern nicht manchmal das Lachen im Halse stecken angesichts der Schicksale, denen man begegnet?
30
Ein einschneidendes Erlebnis hatte ich, als ich einmal vor seelisch gestörten Kindern auftrat. Ein Junge […] wollte einfach nicht mehr reden, über Wochen. Beim Mitzaubern „vergaß" er seine Störung
35 und schrie aus vollem Hals mit allen anderen Kindern mit. Als mir das der Arzt später erzählte, ahnte ich das erste Mal, dass Humor auch helfen kann zu heilen. Das ist viele Jahre her, aber ich habe es
40 nie vergessen, und es motiviert mich noch heute, Lachen ernst zu nehmen – so komisch es klingt.

1 Beschreibe, welche Besonderheit dieser Text im Aufbau aufweist.

2 Der Text enthält einige Fachbegriffe und Fremdwörter. Notiere sie in der Reihenfolge ihres Auftretens in dein Heft.

3 Versteht ihr den Text auch, ohne die Fachbegriffe und Fremdwörter nachzuschlagen? Fasst in Partnerarbeit den Inhalt der einzelnen Abschnitte mündlich zusammen und erklärt euch gegenseitig die notierten Fachbegriffe und Fremdwörter.

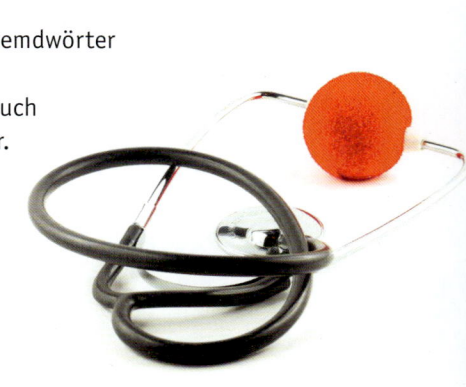

Informationen aus verschiedenen Medien beschaffen und ihre Zuverlässigkeit bewerten

Informationen aus Sachtexten gewinnen

4 Die folgenden Worterklärungen stammen aus dem Duden-Fremdwörterbuch. Ordne ihnen jeweils die passenden Begriffe aus dem Text zu.

1) Arzneimittel gegen Depressionen
2) (engl.) humoristischer Unterhaltungskünstler
3) Fähigkeit eines Menschen, über bestimmte Dinge zu lachen
4) Summe der Beweggründe, die jemandes Entscheidung beeinflussen
5) Abwehrsystem des Körpers

5 Zum Stichwort *Immunität* hat Samuel in einem Schülerlexikon, in einer Suchmaschine für Kinder und in einem Fremdwörterbuch nachgeschaut. Welcher Eintrag gehört zu welchem Nachschlagewerk? Beschreibe Gemeinsamkeiten und Unterschiede, achte auf die Gestaltung und die Sprache der Texte.

Immunität [lat.], die

- *Medizin:* Unempfänglichkeit für die Erreger von ↑ Infektionskrankheiten. Es gibt eine angeborene oder natürliche Immunität und eine erworbene Immunität, die darauf beruht, dass vom Körper als Reaktion auf eine Infektion oder durch Impfung Abwehrstoffe gebildet worden sind.

- *Recht:* Der Schutz für Diplomaten vor Strafverfolgung durch die Gerichte des Gastlands; auch der garantierte Schutz der Abgeordneten eines Parlaments vor Strafverfolgung.

Imm – Ir

Im|mu|ni|tät die; -, -en (Plural selten) *(lat.)*: 1.(Med.: Biol.) angeborene od. durch Impfung erworbene Unempfänglichkeit für Krankheitserreger. 2. verfassungsrechtlich garantierter Schutz vor Strafverfolgung (für Bundes- und Landtagsabgeordnete). 3. ↑ Exterritorialität
Im|mun|kör|per *(Med. Antikörper)*; **Im|mu|no|lo|ge**, der; -n; **Im|mu-**

Immunität   1
Alter = um die 11 Jahre, Land = Deutschland, Sprache = Deutsch
Im Lexikon von Hanisauland
Das Wort kommt aus dem Lateinischen. Es bedeutet, dass Abgeordnete eines Parlaments - in Deutschland also zum Beispiel des Deutschen Bundestages - nicht von der Polizei und den ...

Immunität   2
Alter = um die 11 Jahre, Land = Deutschland, Sprache = Deutsch
Im Lexikon von Sowieso
Immunität ist ein Begriff, den man in der Medizin und in der Politik kennt. Im medizinischen Sinne ist jemand immun, der für eine bestimmte Krankheit nicht anfällig ist - weil er zum Beispiel dagegen geimpft ist.

Das musst du können

So beschaffst du dir Informationen

Wenn du bestimmte Begriffe nachschlagen oder dich zu einem Thema näher informieren willst, kannst du verschiedene Medien nutzen, z. B.

- in einem (Jugend-)Lexikon bzw. in einem Wörterbuch unter dem entsprechenden Suchbegriff nachschlagen,
- Sach- und Fachbücher sowie Zeitschriften für Kinder und Jugendliche auswerten,
- im Internet mit einer Suchmaschine suchen, in die du einen oder mehrere Suchbegriffe in ein Textfeld eingibst.

6 Deine Mitschüler/innen haben noch vier Fragen zum Thema. Entscheide, in welchem Medium du für die folgenden Fragen jeweils erfolgreich nach Informationen suchen könntest. Begründe deine Wahl und erkläre, wie du dabei vorgehen würdest.

1) Welche Bücher hat Dr. Eckart von Hirschhausen geschrieben?
2) Was macht ein Kabarettist?
3) Was ist eine Stiftung?
4) Was macht Hirschhausens Stiftung „Humor hilft heilen"?

7 Die Abbildung zeigt einen Ausschnitt aus dem Ergebnis der Suchmaschine „Blinde Kuh" zum Stichwort *Lachen*. Arbeitet in kleinen Gruppen. Sucht euch eine der folgenden Aufgaben aus und stellt eure Ergebnisse in der Klasse vor.

- Was kann man alles auf dieser Seite entdecken? Sammelt möglichst viele Informationen, die diese Seite zum Thema „Lachen" liefert, und notiert sie in eurem Heft.

- Was kann man alles auf dieser Seite entdecken? Sammelt möglichst viele Informationen, die diese Seite zum Thema „Lachen" liefert, und strukturiert sie mithilfe einer Mind-Map.

- Sammelt alle Informationsmöglichkeiten, die diese Seite dem Nutzer bietet, und strukturiert sie mithilfe einer Mind-Map.

Informationen aus verschiedenen Medien beschaffen und ihre Zuverlässigkeit bewerten

8 Woran erkennt man zuverlässige und für Kinder und Jugendliche geeignete Interneteinträge? Liste mindestens vier Kriterien auf einem Merkblatt auf. Tauscht euch in Dreiergruppen aus und ergänzt eure Listen.

9 Bei einer Internetsuche zum Thema „Lachen" stößt du auf die folgenden Ergebnisse. Überprüfe die Zuverlässigkeit der Seiten mithilfe der Liste aus Aufgabe 8.

> Kleine Kinder lachen etwa 400-mal am Tag, Erwachsene im Durchschnitt nur 15-mal. Das ist schon traurig für die Erwachsenen, denn eines weiß die Wissenschaft heute ganz sicher: Lachen ist gesund.

willi_witzig: Is' doch klar, woher es kommt, dass wir lachen können. Ist uns angeboren. Tiere können es glaub' ich nicht. Lachen is auch gesund. *www.schreib_was_du_willst.de*

Lachst du gern? Suchst du nach abwechslungsreicher und lustiger Unterhaltung?
Dann bist du hier genau richtig! Klicke auf eines unserer Angebote! Lass dich überraschen!

Bücher übers Lachen — Comedy-Tickets

www.online_verkauf.de

10 Diskutiert in den Dreiergruppen die folgenden Aussagen. Notiert ein w für „wahr" und ein f für „falsch". Begründet eure Entscheidungen.

a) Im Internet sind alle Inhalte richtig. Schließlich kann man sie auf der ganzen Welt lesen.
b) Um die Zuverlässigkeit eines Inhalts zu prüfen, suche ich bei mehreren Quellen.
c) Wenn die Quellen wortwörtlich übereinstimmen, ist das der Beweis, dass alles richtig ist.

So recherchierst du im Internet

Ob Suchergebnisse aus dem Internet **wahr**, **zuverlässig** und **für Kinder und Jugendliche geeignet** sind, ist oft schwer einzuschätzen. Für dich gut verständliche und sichere Informationen findest du mit **Suchmaschinen für Kinder**, etwa „Blinde Kuh", „Loopilino", „Helles Köpfchen" oder „fragFINN".

Einen „Internetführerschein" kannst du dir z. B. auf der Seite „Internet-ABC" zulegen. Wenn du Sorgen hast und Hilfe benötigst, kannst du die Seite „i-kiz" besuchen.

internet-abc

6 Gekonnt lesen – leicht verstehen
Sachtexten Informationen entnehmen

TEXTAUSZUG 1

Wer lacht, hat Macht

Wir tun es, wenn wir etwas lustig finden – aber nicht nur! Lachen ist eine Sprache, die viel mehr sagt als Worte.

Text: Burkhard Straßmann, Fotos: Susanne Katzenberg und David Maupilé

Es waren einmal drei Mädchen. Eines Tages fingen sie während des Unterrichts an zu lachen; worüber, ist nicht bekannt, aber sie lachten und lachten und hörten gar nicht mehr auf. Nichts half, weder gutes Zureden noch Schimpfen oder Aus-der-Klasse-Werfen. Immer mehr Kinder lachten mit. Schließlich musste der Unterricht abgebrochen werden. Die Lehrer schickten die Kinder nach Hause, dort lachten sie weiter, und ihre Eltern und Geschwister fingen auch an. In der ganzen Stadt griff das Gelächter um sich, am Ende kicherten, lachten und glucksten mehr als tausend Menschen. Die Geschichte klingt unglaublich, sie ist aber wirklich passiert, und zwar 1962 in Tansania in Afrika. Wochenlang mussten die Schulen dort geschlossen bleiben, die rätselhafte „Lachepidemie" brach immer wieder neu aus und dauerte länger als ein Jahr.

»Treffen sich zwei Rosinen. Fragt die eine: ›Warum hast du einen Helm auf?‹ Antwortet die andere: ›Ich geh in den Stollen.‹«

»Fragt der Lehrer: ›Wohin würde ich kommen, wenn ich auf dem Schulhof ein ganz tiefes Loch graben würde?‹ Da tönt es aus der Klasse: ›Ins Irrenhaus!‹«

Sachtexten Informationen entnehmen → AH S. 90–93

Informationen aus Sachtexten gewinnen

Lachen ist ansteckend, wie Gähnen. Das hast Du vielleicht schon selbst erlebt. Wenn wir jemanden lachen hören, müssen wir oft mitlachen. Unser Gehirn zwingt uns dazu, man nennt das einen Reflex. Das Interessante ist: Es muss gar kein echtes Lachen sein. Es reicht, dass einer mit einem künstlichen Lachen anfängt: „Hahaha, hihihi, höhöhö" – die Zuhörer finden das komisch und beginnen zu kichern. Bis sie schließlich wirklich lachen müssen. Manche Fernsehserien machen sich das zunutze und spielen Lachen vom Tonband ab. Das soll die Zuschauer anstecken.

Lachen ist gesund, es baut Stress ab, stärkt die Abwehrkräfte und macht uns glücklich. Demnach müssten Kinder die gesündesten und glücklichsten Menschen von allen sein. Ein britischer Wissenschaftler hat mal gezählt, wie oft Kinder und Erwachsene lachen. Das Ergebnis: Kinder lachen etwa 150-mal am Tag und lächeln 400-mal. Erwachsene dagegen lächeln bloß 15-mal täglich, und ein richtiges Lachen lassen sie nur sechsmal am Tag hören.

Das Schönste am Lachen ist, dass wir es nicht unterdrücken können. Wenn wir einmal loslachen, kann man uns so schnell nicht mehr stoppen – egal, wie sehr man es uns verbieten will. Wer lacht, hat Macht.

1 Überfliege den Text nur einmal kurz und tauscht euch dann in Partnerarbeit darüber aus, was jedem von euch dabei aufgefallen ist. Formuliert nun W-Fragen an den Text, auf die ihr vom Text eine Antwort erwartet.
Beispiel: *Warum verleiht Lachen Macht?*

2 Verschaffe dir einen genaueren Überblick, indem du den gesamten Text nun gründlich liest. Notiere die Ergebnisse in zwei Spalten in dein Heft:

Aufbau: Hauptüberschrift	**zentrale (Haupt-)Inhalte:** Wichtigkeit des Lachens
Unterüberschrift 1	nähere Erläuterung dazu
Unterüberschrift 2	…
…	

3 Arbeite aus dem Text die einzelnen Entwicklungsschritte der „Lachepidemie" heraus und stelle die Stationen als Abfolge untereinander dar.

4 Schreibe alle Fremdwörter bzw. Fachbegriffe mit Zeilenangabe heraus. Notiert in Partnerarbeit stichwortartig mithilfe des Textzusammenhangs, was der jeweilige Begriff bedeutet.

5 Gib jedem Absatz eine treffende Überschrift.

6 Erstelle eine Sammlung aller wichtigen Aussagen des Textes (einzelne Wörter oder Satzteile mit Zeilenangabe), die die Überschrift „Wer lacht, hat Macht" stützen.

So orientierst du dich in einem Text (Lesetechniken I)

Das musst du können

Die folgenden drei Lesetechniken helfen dir, einen Text schnell zu erfassen. Übe sie daher regelmäßig.

Beim **diagonalen (überfliegenden) Lesen** verschaffst du dir einen ersten kurzen Eindruck von einem Text und von dessen Inhalt. Du nimmst Überschrift(en), Hervorhebungen, Abbildungen, wiederkehrende Begriffe etc. wahr und erkennst erste Fragen, auf die der Text Antworten geben könnte.

Durch **navigierendes (orientierendes) Lesen** erkennst du den Textaufbau (z. B. Absätze, Kapitel, Inhaltsverzeichnis, Abbildungen, Links), unterscheidest Wichtiges von Unwichtigem und erfasst zentrale Inhalte.

Beim **selektiven (auswählenden) Lesen** werden Textbereiche unter einem durch einen Arbeitsauftrag vorgegebenen Gesichtspunkt nach Schlüsselbegriffen abgesucht.

7 Gehe nun mit deinem Partner/deiner Partnerin aus Aufgabe 1 eure Fragen an den Text aus Aufgabe 1 noch einmal durch: Habt ihr auf alle Fragen eine klare Antwort gefunden? Lest im Zweifel den Textauszug 1 noch einmal genau.

Burkhard Straßmann
Wer lacht, hat Macht

TEXTAUSZUG 2

Doch warum und worüber lachen wir überhaupt? Damit beschäftigen sich Gelotologen, so nennt man Lachforscher. Der Begriff stammt von dem griechischen Wort für Lachen: »gélōs«. Rainer Stollmann ist so ein Gelotologe. Er hat untersucht, wo das Lachen eigentlich herkommt. Wer hat es erfunden? Rainer Stollmann sagt, am Anfang sei das Kitzeln gewesen, vor Millionen von Jahren. Wenn eine Steinzeit-Mutter ihren Säugling mal weglegen wollte, kitzelte sie ihn. Sie sagte dem Baby damit: „Ich habe dich lieb, aber lass mich jetzt mal in Ruhe." Das Kitzeln erzeugte beim Baby gemischte Gefühle, es wollte zwar eigentlich bei der Mutter bleiben, aber gleichzeitig auch von ihr weg, damit das komische Gefühl auf der Haut aufhörte. Das Kind zappelte und wusste nicht, was es tun sollte, bis plötzlich ein Lachen aus ihm herausplatzte. Und das fühlte sich befreiend an. Wer gekitzelt wird, lacht. Doch man kann auch andere Stellen kitzeln als nur unsere Körperhaut, glaubt Lachforscher Rainer Stollmann. Wer dummes Zeug redet oder albern ist, kitzelt die Zuhörer an der „Verstandeshaut" – sie müssen lachen, weil sie wissen, dass der Spaßmacher eigentlich klüger ist, als er tut. Wer grobe oder gemeine Witze erzählt, kitzelt an der „Höflichkeitshaut". Hier ist das Lachen oft verhalten, weil man als Zuhörer weiß, dass man so böse Sachen eigentlich nicht sagt. Kinder sind besonders empfindlich an der „Sprachhaut", sie können sich kaputtlachen, wenn sich jemand verspricht, ein Name komisch klingt oder zwei Leute aneinander vorbeireden.

Sachtexten Informationen entnehmen → AH S. 90–93

8 Gliedere den Textauszug 2 in Abschnitte, die inhaltlich zusammengehören. Notiere die Zeilenangaben und formuliere für jeden Absatz eine Überschrift.

9 Fasse die wichtigen Inhalte von beiden Textauszügen (→ S. 114 f. und S. 116) zusammen, indem du eine Mind-Map erstellst, in deren Mitte das Wort „lachen" steht.

So wertest du einen Text inhaltlich aus (Lesetechniken II)

Durch (mehrfaches) sinnerfassendes Lesen erschließt du dir den Inhalt eines Textes umfassend und genau. Gehe dabei schrittweise und gründlich vor:

Schritt 1: Markiere unbekannte Wörter oder schreibe sie heraus (mit Zeilenangabe).

Schritt 2: Schlage diese Wörter in einem Lexikon nach, kläre sie mithilfe einer Suchmaschine im Internet oder durch den Kontext, also den Zusammenhang.

Schritt 3: Markiere wenige wichtige Schlüsselbegriffe und zentrale Aussagen oder schreibe diese heraus (mit Zeilenangabe).

Schritt 4: Gliedere den Text in Sinnabschnitte und formuliere zu jedem inhaltlichen Abschnitt eine treffende Überschrift.

Schritt 5: Bereite die zentralen Informationen knapp und übersichtlich auf (z. B. Mind-Map).

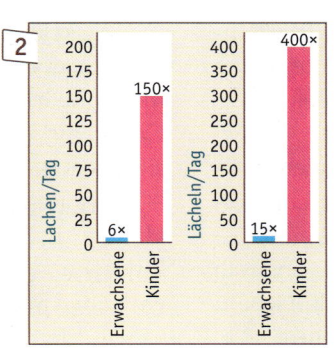

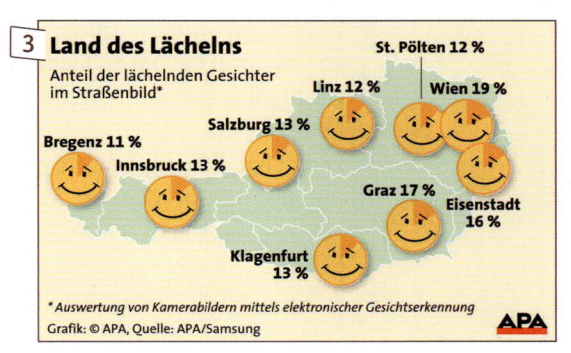

Das musst du können

---

1 Lächeln macht stark

2 Lachen/Tag: Erwachsene 6×, Kinder 150×
Lächeln/Tag: Erwachsene 15×, Kinder 400×

3 Land des Lächelns – Anteil der lächelnden Gesichter im Straßenbild*
- St. Pölten 12 %
- Linz 12 %
- Wien 19 %
- Bregenz 11 %
- Salzburg 13 %
- Innsbruck 13 %
- Graz 17 %
- Eisenstadt 16 %
- Klagenfurt 13 %

*Auswertung von Kamerabildern mittels elektronischer Gesichtserkennung
Grafik: © APA, Quelle: APA/Samsung

10 Auch Bilder, Grafiken und Diagramme kann man als eine besondere Form von Sachtexten verstehen. „Übersetzt" in Arbeitsgruppen die Aussagen der Abbildungen in einen Text (der Kasten auf Seite 273 kann euch dabei helfen), und …

- … bereitet eine mündliche Erklärung zur Wirkung der Abbildungen vor.
- … bereitet eine Rede vor, in der ihr eure Mitschüler/innen dazu auffordert, bei Referaten Abbildungen zu verwenden. Geht darin auf die gezeigten Beispiele ein.
- … bereitet einen informierenden Vortrag vor, der die Wirkung der Abbildungen mit den beiden Textausschnitten vergleicht.

11 Vergleiche abschließend die beiden Textauszüge und das Bild 1: Welche inhaltlichen Gemeinsamkeiten lassen sich finden?

Das Thema meines Kurzvortrags lautet…

Andere über ein Thema informieren

Heiko Kammerhoff
Das Smiley – Ein Lächeln für Millionen

Schwarze Augen, Grinsen und ein knallig gelbes Gesicht: Vor 50 Jahren erfand ein US-Amerikaner das Smiley. Reich wurden damit jedoch andere.

Lachen ist ansteckend. Das ist euch bestimmt schon aufgefallen.
Daran muss auch der Chef einer kleinen US-amerikanischen Werbeagentur gedacht haben, als er im Jahr 1963 von einer großen Versicherung folgenden Auftrag bekam: Erfinde irgendwas, das bei unseren Angestellten für gute Stimmung sorgt!
Harvey Ball setzte sich also an seinen Schreibtisch, zeichnete einen großen Kreis, setzte zwei dicke Punkte hinein und einen freundlichen Mund darunter. Dann malte er den Kreis mit einem leuchtenden Gelb aus – fertig.
Die ganze Aktion dauerte rund zehn Minuten, doch sie war der Anfang einer erstaunlichen Karriere für das gelbe Mondgesicht, Smiley genannt (von englisch *smile* = lächeln). Seine fröhliche Botschaft: Sei glücklich! Denk an was Schönes!
Zunächst stellte die Versicherung nur 100 Smiley-Anstecknadeln her. Doch die Mitarbeiter rissen sich darum! Das brachte auch andere auf den Gedanken, das Smiley auf Gute-Laune-Mission zu schicken. Es dauerte nicht lange, da prangte das Grinsegesicht auf T-Shirts, Aufklebern, Postern, Bechern, Beuteln, sogar Briefmarken. Immerzu hieß es: lächeln, lächeln, lächeln! […]
Und das brachte den Franzosen Franklin Loufrani im Jahr 1971 auf eine Idee. Er verpasste dem Ur-Smiley von Harvey Ball ein dezentes Make-up, machte die Augen ein bisschen größer, das Lächeln ein wenig flacher. Dann ließ er sich das Smiley als Marke eintragen. Fortan gehörten ihm alle Rechte am gelben „Glückskeks". Jeder, der ihn verwenden möchte, etwa um einen Kaffeebecher damit zu bedrucken, muss an seine „Smiley Company" Geld bezahlen. Und alle, die sich dagegen sträuben, werden verklagt – in der Regel erfolgreich.
Harvey Ball, der eigentliche Erfinder, hingegen fand es lächerlich, mit einem so einfachen Symbol für Fröhlichkeit Reichtümer zu scheffeln. Kurzerhand rief er den „World Smile Day" ins Leben, einen „Welt-Lächeltag", am ersten Freitag im Oktober.

1 Würdest du einen Smiley-Anstecker tragen? In welcher Situation könnte das sinnvoll sein? Welche Wirkung könnte es haben? Tauscht euch in Gruppen darüber aus.

2 Bereitet in Partnerarbeit mithilfe des Kastens (→ S. 119) Kurzvorträge zur Geschichte des Smileys vor. Sammelt die dazu nötigen Informationen aus dem Text und gestaltet für den Vortrag einen Stichwortzettel (→ S. 29).

Andere über ein Thema informieren

Informationen aus Sachtexten gewinnen

3 Wählt drei Schülerinnen oder Schüler aus, die die Kurzvorträge halten. Nutzt den Merkkasten zur Beurteilung ihrer Vortragsqualität. Erstellt dazu eine zweispaltige Beobachtungstabelle „Das solltest du beibehalten" – „Das solltest du ändern" und füllt sie aus.

So informierst du andere über ein Thema

Das musst du können

Körperhaltung und äußere Erscheinung:
- Stelle dich frei und aufrecht hin.
- Löse dich von deinem Stichwortzettel und sprich möglichst frei, suche dabei immer wieder den Blickkontakt zu deinen Zuhörern.
- Stecke die Hände nicht in die Hosentasche, kaue nicht Kaugummi und kleide dich dem Anlass entsprechend.

Ausführung des Referats:
- Nutze einen übersichtlichen Stichwortzettel/eine Karteikarte.
- Sage am Anfang klar, worüber du informierst, schreibe dein Thema auch an die Tafel.
- Gib am Anfang einen Überblick, in welche Teilbereiche sich dein Vortrag untergliedert.
- Schreibe wichtige oder schwierige Begriffe ebenfalls an die Tafel.
- Nutze Beispiele, Fotos, Abbildungen etc. zur Veranschaulichung.
- Halte den zeitlichen Rahmen ein.

TIPP: Trage dein Referat zur Übung vorab jemandem vor, den du gut kennst (z. B. Geschwister, Eltern, Freund/in ...).

---

4 Nach einem Vortrag werden folgende Kommentare in der Klasse geäußert. Sprecht darüber, welche für die vortragende Person hilfreich sind und mit welchen sie nichts anfangen kann. Begründet eure Meinung.

A „Hey, das Thema interessiert mich auch!"

B „Vielleicht sollte er mehr in die Runde schauen!"

C „Schade, er hat alles nur von seinem Blatt abgelesen!"

D „Voll blöd, typisch Junge!"

E „Alles doof!"

F „Viel zu schnell gesprochen!"

G „Die Bilder fand ich toll!"

6

Das musst du können

So gibst du konstruktives Feedback

Feedback ist der Fachausdruck für eine persönliche Rückmeldung, z. B. nachdem jemand eine Präsentation, einen Vortrag oder ein Referat gehalten hat. Damit das Feedback nützlich ist, sollte es **konstruktiv** formuliert sein.

Also *nicht* so ☹:	Sondern so ☺:
beleidigend	wohlwollend und respektvoll
verallgemeinernd	zutreffende Kritik an Einzelheiten
unsachlich	sachbezogen
abwertend	aufbauend durch Verbesserungsvorschläge
demotivierend	bestärkend durch Anknüpfen an Gelungenes

Das Feedback sollte möglichst gegliedert erfolgen: Beurteilt den Vortrag nach den drei Kriterien **Inhalt und Aufbau, Anschaulichkeit** und **Vortragsstil**.

5 Erweitert **in Partnerarbeit** die Liste mit gelungenen Feedback-Formulierungen. Tragt eure Ergebnisse anschließend in der Klasse zusammen und gestaltet ein gegliedertes Plakat für das Klassenzimmer mit den folgenden Satzanfängen:

- Mir hat gut gefallen, dass …
- Du hast zwar …, aber …
- Ich habe beobachtet, dass du …

6 Erarbeite ein Kurzreferat mithilfe des Textes von Sandra Goller (→ S. 121) und der Smiley-Tabelle zum Thema „Emoticon". Tragt euch anschließend **in kleinen Gruppen** die Referate gegenseitig vor und formuliert dazu jeweils ein Feedback. Verwendet dazu auch die Formulierungen auf eurem Plakat.

Smiley-Tabelle

Smiley	Bedeutung	Smiley	Bedeutung
!-(	Ich habe ein blaues Auge.	%=$	Ich habe meine Telefonrechnung bekommen.
#-|	Ich habe keine Ahnung.		
#:-)	Du hast doch keine Ahnung bzw. ich habe zerzauste Haare.	(-,-)Zzz…	schlafend
		(-:	Ich bin Linkshänder.
$-)	Ich bin Lottogewinner bzw. Millionär.	(:-(	Ich bin so unglücklich.
$:-)	Ich habe lockiges Haar.	(:-)	Ich trage einen Helm bzw. habe ein großes Gesicht.
%-(	Ich bin orientierungslos.		
%-)	Ich starre seit Stunden auf einen grünen Bildschirm.	(:I	Ich habe einen Eierkopf.
		):-(	Ich habe keine Lust.

Andere über ein Thema informieren

Informationen aus Sachtexten gewinnen

Sandra Goller
Smiley – Wie das Internet lachen lernte …

Am Anfang gab es ihn nur lachend oder traurig: Der Internet-Smiley feierte im September 2012 sein 30-jähriges Jubiläum. Herzlichen Glückwunsch! :-)
5 Chaos, Tränen, Streit – und alles wegen einer E-Mail oder SMS? Dabei war der Text doch gar nicht so gemeint – alles nur ein großes Missverständnis!
Das kann passieren, wenn Worte elektro-
10 nisch hin und her geschickt werden: Blicke, Mimik und Stimme fehlen und schon wird ein Satz falsch verstanden.
Wären da nicht Emoticons, auch Smileys genannt, die nicht nur für Klarheit, son-
15 dern auch für Gefühl im Internet und auf dem Handy-Display sorgen. Emoticon kommt nämlich vom englischen „Emotion" – und heißt übersetzt „Gefühl".
Tausendfach werden Emoticons heute
20 um die ganze Welt geschickt. Eine „Gefühlswelle", die wir dem amerikanischen Informatiker Scott E. Fahlmann zu verdanken haben.
Er suchte nach einem Zeichen, das ganz
25 deutlich signalisiert: „Achtung, das war nur Spaß!" – und erfand den Smiley: :-). Das war am 19. September 1982 – vor 30 Jahren!

Heute kann niemand mehr zählen, wie viele Stimmungen Emoticons ausdrü- 30 cken können. Lachen, weinen, schreien – mithilfe von Emoticons ist alles möglich. Zeichen, die auf der ganzen Welt verstanden werden.
Nur japanische Emoticons unterschei- 35 den sich vom Rest der Welt. Während in den USA und Europa das Gesicht des Smileys mit schiefgelegtem Kopf gelesen werden muss, grinst das japanische den Lesern direkt ins Gesicht: (^-^). 40
Auch in Deutschland werden diese Versionen immer beliebter. […]

(=_=)   (@_@)
   (^o^)
(;_;)   (*^*)

---

7 Bildet Arbeitsgruppen und denkt euch gemeinsam eine neue bahnbrechende Erfindung aus, die für gute Stimmung sorgt, z. B. etwas Technisches wie eine Mundwinkel-Hebe-Maschine oder ein Kleidungsstück mit besonderer Wirkung. Der Fantasie sind keine Grenzen gesetzt. Entscheide dich für die Mitarbeit in einer der folgenden Arbeitsgruppen.

- Erarbeitet ein Kurzreferat, in dem ein Gruppenmitglied eure Erfindung vorstellt: Name, Funktion, Wirkung, Vorteile…

- Erarbeitet eine Präsentation mit einer oder mehreren Zeichnungen auf Folie oder unter Verwendung eines geeigneten Gegenstands, der eure Erfindung symbolisch darstellt.

- Erarbeitet eine werbewirksame Verkaufsshow für eure Erfindung mit zwei oder drei Mitwirkenden.

8 Stimmt im Anschluss an die Vorträge in der Klasse darüber ab, welche Erfindung wohl am meisten gekauft würde, und klärt, warum das so ist.

6 Redakteure für die Schülerzeitung gesucht!
Materialgestützt einen Lexikonartikel verfassen

1 Beschreibe und erkläre den Cartoon von Feicke mündlich.

2 Hat der Hund Humor? – Bereitet zu zweit eine Antwort auf diese Frage vor. Bezieht die Informationen aus dem Kasten ein. Macht euch Notizen.

Humor

Das Wort *Humor* geht auf lat. *humor* zurück. Dass das Wort auf der letzten Silbe betont wird, liegt am Einfluss der französischen Sprache.

Humor ist die Fähigkeit eines Menschen, in schwierigen Situationen oder bei Missgeschicken gelassen bleiben zu können. Man kann also zum Beispiel Probleme mit Humor nehmen und lachen, anstatt sich aufzuregen.
Humor bezeichnet auch die Einstellung eines Menschen. Hat jemand *Humor*, heißt das, dass er Witze und Spaß machen und verstehen kann.
Nicht alle Menschen haben aber denselben *Humor*.

---

3 Wie lustig findet deine Klasse den Cartoon? – Jeder gibt dem Cartoon eine Schulnote und notiert sie auf einem Zettel. Sammelt die Zettel und übertragt das Diagramm und die Noten in eure Hefte. Diskutiert, ob euch das Ergebnis überrascht. Tauscht Begründungen für einzelne Noten aus.

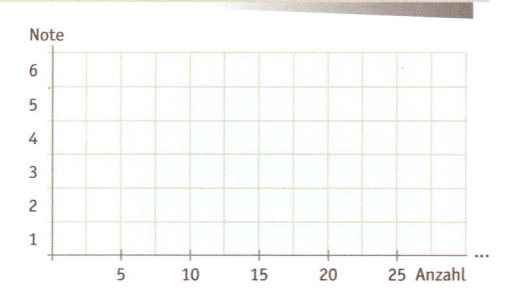

4 Tarek und Paula wollen für die Schülerzeitung einen kurzen Lexikonartikel zum Stichwort „Cartoon" schreiben. Hilf ihnen gemeinsam mit einem Partner bei der Stoffsammlung und der Vorbereitung. Nutzt den folgenden Notizzettel und den Dialog …

- 🟦 … und gestaltet den Dialog so um, dass Paula Fragen zum Cartoon stellt, die Tarek beantwortet.
- 🟥 … und übertragt und ergänzt die begonnene Mind-Map.
- 🟫 … und übertragt und ergänzt die begonnene Mind-Map. Ergänzt auch eigene Ideen und Informationen aus dem Lexikonartikel zum Humor.

Materialgestützt einen Lexikonartikel verfassen

Informationen aus Sachtexten gewinnen

- kommt ursprünglich aus dem Französischen, carton bedeutet Pappe
- früher: auf Karton gezeichnete Entwürfe für Fresken (eine Form der Wandmalerei)
- hat oft eine Pointe, einen überraschenden Aspekt
- heute: Zeichnung oder gezeichnete Geschichte in Bildern, die witzig ist

Paula: „Ich komme mit Cartoons nicht gut klar, weil ich diese blöden Bilderwitze selten verstehe. Ich kapiere oft den Witz nicht, Tarek, du nennst es die Pointe, die hinter dem Dargestellten steckt. Ich komme mir dann doof vor."

Tarek: „Oft ist bei einem Cartoon etwas Text dabei, damit man den Witz besser versteht. Oder es wird mit Sprache gespielt."

Definition des Begriffs

Herkunft des Begriffs

Cartoon

So verfasst du einen Lexikonartikel

Lexikontexte sind informierende Texte. Es ist daher wichtig, dass die Informationen richtig sind. Bevor du den Text schreibst, solltest du also **recherchieren** (→ S. 111, 113) bzw. die vorliegenden **Materialien auswerten** (→ S. 117).

Lexikonartikel sind häufig so aufgebaut:
1. **Herkunft** des Begriffs (Nennung der Sprache, aus der das Wort stammt)
2. **Definition** des Begriffs (Erklärung des Begriffs, auch Beispiele zur Veranschaulichung)

Schreibe in **kurzen**, **vollständigen Sätzen** und achte auf eine **sachliche Sprache**.

Das musst du können

5 Verfasse nun mithilfe der Mind-Map aus Aufgabe 3 und des Kastens einen Lexikontext zum Stichwort „Cartoon".

6 Führt **in Vierergruppen** eine mündliche Schreibkonferenz (→ S. 39) mit euren Lexikonartikeln durch.

7 Erstelle nun mithilfe eines Textverarbeitungsprogramms eine verbesserte Version deines Lexikonartikels. Hängt die Texte dann **in der Klasse** auf und lest die Texte der anderen.

6

Charlys Sprachcheck

Clowns ohne Grenzen
Wir sind professionelle Clowns, Artisten und Musiker, die ehrenamtlich in Krisengebiete reisen, um dort kostenlos aufzutreten. [...]

Unsere Aufgabe ist es, den Menschen vor Ort mit unseren kostenlosen Shows wieder Lebensmut zu geben. Die wenigen Augenblicke purer Freude und unbeschwerte Heiterkeit während der Besuche wirken noch lange nach – besonders bei Kindern, dem ersten Zielpublikum bei den Reisen. Es sind diese gemeinsam erlebten Momente der Freundschaft, die so viel wert sind. In einem Meer aus traumatisierenden und trostlosen Lebensumständen bieten sie eine kleine Rettungsinsel. [...]

Wenn die Clowns einmal in einer Ecke der Erde waren, dann setzen sie alles daran, auch wiederzukommen. So entstehen langjährige Freundschaften. Vor Ort geben wir auch Workshops und bilden Mitarbeiter von Partner-Organisationen in der Clownsarbeit aus. Manche von ihnen können dann in Gebieten arbeiten, zu denen wir gar keinen Zugang haben – in Syrien etwa.

1 Erschließe dir aus dem Zusammenhang, was folgende Formulierung bedeutet, und notiere deine Einschätzung in deinem Heft. Besprecht eure Notizen **in Partnerarbeit**.

„In einem Meer aus trostlosen Lebensumständen bieten sie [die Clowns] eine kleine Rettungsinsel." (→ Z. 7 f.)

2 Oft werden die Clowns ohne Grenzen gefragt, welche Voraussetzungen es braucht, um bei einer Clownsreise dabei zu sein. Wähle aus den fett gedruckten Vorschlägen die korrekten Präpositionen (→ S. 210, 284) aus.

Wer sich **für/auf/um** eine Stelle **bei/über/für** uns bewirbt, muss eine Ausbildung **zum/als** Clown abgeschlossen haben. Fast alle unsere Clowns sind schon seit vielen Jahren **auf/in** diesem Berufsfeld tätig. Weil die Reisen körperlich oft viel **von/an** unsere/n Teammitglieder/n fordern, darf man nicht **unter/an** mangelnder körperlicher Fitness leiden. Man sollte auch in der Lage sein, professionell **gegen/mit** Leid umzugehen.

Charlys Sprachcheck

Informationen aus Sachtexten gewinnen

Tipp von Charly

Einige Verben können mit verschiedenen Präpositionen verwendet werden. Die Bedeutungsunterschiede sind dann oft nur ganz gering. Darum ist es ratsam, immer die Kombination aus Verb und Präposition zu lernen. (*Der Clown hält sich an die Regeln. – Das Kind hält sich für den besten Spieler.*)
Jede Präposition fordert in der Regel einen ganz bestimmten Kasus. Es gibt aber einige Präpositionen, bei denen man die Verwendung von Dativ oder Genitiv leicht verwechselt. Besonders für diese Fälle musst du dir den korrekten Kasus einprägen (*wegen des lustigen Auftritts…, gemäß dem Beschluss…*).

3 Setze die Wörter in Klammern in den richtigen Kasus. Wenn du dir nicht sicher bist, nimm die Tabelle zur Hilfe.

a) Trotz (hohes Risiko) reisen die Clowns ohne Grenzen in die Krisengebiete der Erde.
b) In den Zielländern nehmen sie einige Strapazen auf sich, inklusive (das Risiko) verletzt oder krank zu werden.
c) Inmitten (das Elend) handeln sie gemäß (ihre Überzeugung) und entsprechend (ihr Vertrauen) auf die Macht des Lachens.
d) Binnen (sieben Jahre) waren sie in zwölf verschiedenen Ländern eingesetzt.
e) Wegen (ihr fröhliches Auftreten) und aufgrund (der Zauber), den sie versprühen, gewinnen sie die Herzen der Kinder im Nu.
f) Außer (das Lachen) dieser Kinder bekommen sie für ihren Einsatz keinen Lohn.

Verwendung mit Dativ	Verwendung mit Genitiv
entsprechend, nahe, binnen, außer, gemäß, samt, gegenüber	wegen, kraft, inmitten, mithilfe, aufgrund, zugunsten, inklusive, trotz, während, außerhalb, infolge

„Bevor Ihr kamt, haben die Kinder Krieg gespielt. Jetzt spielen sie Clown."

4 Dieses Zitat eines Mitarbeiters einer Partner-Organisation der Clowns ohne Grenzen zeigt einen Erfolg der Arbeit der Clowns ohne Grenzen. Was könnten weitere Erfolge sein? Formuliere mithilfe des folgenden Satzanfangs mindestens fünf Sätze und nutze dabei die Präpositionen aus dem Kasten.

Es gelingt den Clowns, …
Beispiel: *Es gelingt den Clowns, die Kinder trotz des Kriegs auf andere Gedanken zu bringen.*

Was DU schon kannst!
Kompetenztest

Lachen ist die beste Medizin!

Sie sind keine Ärzte, denn sie improvisieren statt zu operieren und verschreiben keine Medikamente. Ihre Medizin ist der Humor! Clowns im Krankenhaus
5 sind speziell darauf geschulte Künstler, kranke oder leidende Menschen zum Lachen zu bringen – dort, wo es eigentlich nichts zu lachen gibt: auf Stationen der Kinderchirurgie, der Kardiologie,
10 auf Onkologie- und Intensivstationen sowie in Senioreneinrichtungen und Rehabilitationskliniken. Sie arbeiten immer zu zweit in „ihrer Klinik". Möglichst ein Mann und eine Frau. So gibt
15 es die Möglichkeit der Identifikation für Mädchen und Jungen, und es ermöglicht ein vielfältiges und intensives Spiel der Clowns. Vor jedem Einsatz gibt es eine Übergabe. Eine Schwester oder ein Pfle-
20 ger informiert die Clowns über die Kinder: Name, Alter, Krankheit, Gemütszustand und was hygienisch eventuell zu berücksichtigen ist. Anschließend gehen die Clowns in die Zimmer. Ohne einem
25 vorgefassten Plan zu folgen, lassen sich die Clowns inspirieren durch die Reaktion oder Impulse der Kinder, Eltern, Angehörigen oder des Klinikpersonals. Die Clowns improvisieren, fabulieren und übertreiben. Sie spielen fantasievolle Ge-
30 schichten, zaubern, malen, modellieren mit Luftballons, singen und tanzen, erzählen und machen Quatsch. Doch es ist nicht zwingend, dass es lustig wird. Einfach eine Geschichte zu erzählen oder
35 zu musizieren reicht manchmal aus, den Augenblick unvergesslich zu machen.

Literarische Texte von Sachtexten unterscheiden

1 Bestimme die Textart (literarischer oder pragmatischer Text) anhand zweier Merkmale und gib dazu jeweils ein passendes Beispiel aus dem Text.

Wortbedeutungen aus dem Kontext erschließen

2 Ersetze die schwierigen Fachbegriffe im markierten Textabschnitt ohne nachzuschlagen durch eine zusammenfassende Formulierung.

Informationen zu einem Thema beschaffen

3 Schlägst du Fachbegriffe in einem Lexikon nach oder recherchierst du dafür im Internet? Begründe deine Antwort.

Im Internet recherchieren

4 Halte in einer mit Folgepfeilen verbunden Kette von Arbeitsschritten fest, wie du vorgehst, wenn du dir zu dem Begriff *hygienisch* (Z. 22) im Internet Informationen besorgen möchtest.

Kompetenztest

Informationen aus Sachtexten gewinnen

5 Gib die Fragen an, die durch den Text beantwortet werden.

  a) Braucht ein Klinikclown eine besondere Ausbildung?
  b) Für wen spielen die Clowns?
  c) Werden die Clowns von den Eltern kritisch gesehen?
  d) Warum treten die Clowns immer zu zweit auf?
  e) Was passiert mit den Kindern, wenn die Clowns wieder gehen?
  f) Welche Bezahlung erhalten die Clowns für ihre Tätigkeit?

Fragen an den Text stellen

6 Gliedere den Text in drei Abschnitte und finde jeweils eine passende Überschrift.

Texte in Sinnabschnitte gliedern

7 Dieser Schüler hat bei seinem Vortrag ein paar Fehler gemacht. Notiere in einer zweispaltigen Aufstellung links die Fehler, rechts daneben deine Verbesserungsvorschläge.

Andere über ein Thema informieren

8 Ordne die folgenden Notizen für ein Feedback auf ein Schülerreferat den drei Kategorien **1)** Inhalt/Aufbau, **2)** Anschaulichkeit und **3)** Vortragsstil zu. Erkläre deine Zuordnung.

Ein Feedback geben

> motivierender Einstieg, Karteikarten verwendet, wichtige Begriffe an die Tafel geschrieben, manches etwas knapp, wenig Blickkontakt zum Publikum, zeitlich eher kurz, eigene Meinung zum Abschluss, Overheadfolie mit Foto aufgelegt

9 Beim Schreiben eines Lexikonartikels ist ein bestimmtes Vorgehen wichtig. Notiere die einzelnen Schritte in der richtigen Reihenfolge.

Materialgestützt schreiben

Wortspeicher
Schreiben – Auswertung des Materials – Feedback z. B. in einer Schreibkonferenz – Recherche – Schreibplan – Überarbeiten des Textes

7 „Lügen wachsen schneller als Bambus"

Kinder- und Jugendliteratur entdecken und den Mitschülern vorstellen

1. Betrachtet die verschiedenen Titelseiten (Cover) dieser sehr verbreiteten Jugendbücher. Erzählt euch gegenseitig von Büchern, die ihr schon gelesen habt bzw. kennt.

2. Entscheide, welches Buch du allein aufgrund des Covers lesen würdest, und tauscht euch darüber aus.

3. Erweitert die Liste um andere Bücher, die mehrere von euch kennen und die ihr gemeinsam für lesenswert haltet.

4. Legt eine Lesekiste mit vielen der Bücher eurer Liste für euer Klassenzimmer an, damit sich jeder zum Lesen daraus bedienen kann.

„Lesen macht doch keinen Spaß!" Denkst du das auch? Vielleicht musst du dich nur einmal richtig mit Büchern beschäftigen. In diesem Kapitel lernst du ...

... Jugendbücher auszuwählen,
... ihre Lektüre vorzubereiten,
... die Schauplätze eines Jugendbuchs kennen,
... den Handlungsverlauf zu verfolgen,
... dich mit den Figuren eines Jugendbuchs vertraut zu machen,
... ein Jugendbuch in der Klasse vorzustellen,
... Hörtexte zu verstehen und auszuwerten,
... verschiedene Medien miteinander zu vergleichen,
... zwischen Realität und virtueller Welt zu unterscheiden,
... über den eigenen Mediengebrauch nachzudenken.

7 Was soll ich nur lesen?
Jugendbücher auswählen

Matti träumt von einem Familienurlaub in der Heimat seines finnischen Vaters und erreicht sein Ziel mit einer faustdicken Lüge. Dort aber finden sich Matti, sein kleiner Bruder Sami und die Eltern auf einmal ohne Bleibe, Geld und Auto mitten in der finnischen Einöde wieder. Nur ein Wunder kann sie noch retten …

Die Sache mit der Liebe ist gar nicht so einfach. Das müssen auch Sprotte, Melanie, Frieda, Wilma und Trude einsehen, denn irgendwie haben alle WILDEN HÜHNER gerade mit diesem verflixten Gefühl zu tun. Sprottes Freundschaft mit dem PYGMÄEN Fred ist zwar ziemlich harmonisch, aber das Hin und Her mit ihrer Mutter, die sich nicht entscheiden kann, ob sie wieder heiraten soll – oder lieber doch nicht? –, reicht Sprotte eigentlich. […] Aber die WILDEN HÜHNER halten zusammen!

Cornelia Funke ist eine der beliebtesten Kinder- und Jugendbuchautorinnen, nicht nur in Deutschland. Sie wurde 1958 in Westfalen geboren, studierte Pädagogik und Grafik und fing nach mehreren Jahren als Illustratorin an, selbst zu schreiben. Sie lebt mit ihrer Familie in Los Angeles, Kalifornien.

1 Erstelle nach dem Muster eine Tabelle mit den Informationen, die du dem Buch-Cover (→ S. 129, 132) und dem Klappentext (oben), also dem Text auf der Buchrückseite, entnehmen kannst.

	Matti und Sami und die drei größten Fehler des Universums	Die Wilden Hühner und die Liebe
Autor/Autorin		
Verlag		
thematische Stichworte (Worum geht es wahrscheinlich in dem Buch?)		
dein erster Eindruck in einem Satz		

Jugendbücher auswählen

2 Beschreibe das wahrscheinliche Lesepublikum des jeweiligen Buchs – „Matti und Sami" und „Die Wilden Hühner" – mit vier Stichwörtern.

3 Formuliere eine Anrede an beide Bücher und beginne mit dem Satz: Ich würde dich lesen, weil .../Ich würde dich nicht lesen, weil ...

4 Lass dich durch die wenigen Informationen, die du über die auf dieser Seite abgebildeten Bücher hast, anregen und wähle ein Buch aus, das du interessant findest. Bearbeite dazu eine der Aufgaben.

- Schreibe eine kurze Begründung, warum du dich für dieses Buch entschieden hast.
- Schreibe zu dem gewählten Buch einen Steckbrief, also eine Liste mit wichtigen Informationen, der auch teilweise mit Erfundenem gefüllt werden muss.
- Schreibe selbst einen Fantasieklappentext, der deinen Erwartungen an das Buch entspringt.

Bücher im Regal:
- Erich Kästner: *Emil und die Detektive* (Jugendbuchklassiker)
- Kirsten Boie: *DER JUNGE, DER GEDANKEN LESEN KONNTE* (Spannendes Jugendbuch)
- Astrid Lindgren: *Ronja Räubertochter* (Mädchenbuch)
- Die drei ??? KIDS – *Delfine in Not* (Jungenbuch)
- WAS IST WAS: *Die sieben Weltwunder* (Jugendsachbuch)
- *Asterix & Obelix* (Comic)

Kinder- und Jugendliteratur entdecken und vorstellen

So kannst du ein Jugendbuch auswählen

Wenn du ein Jugendbuch lesen möchtest, kannst du an verschiedenen **Orten** suchen. In einer **Bibliothek** kannst du Bücher oft kostenlos ausleihen. Schulen, Gemeinden und Städte haben meist eigene Bibliotheken mit verschiedenen Abteilungen, z. B. für Jugendliche, Kinder und Erwachsene. Die sogenannte **Buchsignatur** regelt die Ordnung in den Regalen. Darüber findet der Bibliothekar das Buch. Natürlich kannst du auch in eine **Buchhandlung** gehen.

Bei der persönlichen Auswahl des Buchs helfen dir **Titel, Cover, Klappentext** und **Thema des Buchs**, aber auch **Erfahrungen von Personen**, die das Buch schon gelesen haben. Neben einer **persönlichen Empfehlung** für ein Buch gibt es auch **schriftliche Buchbesprechungen** (Rezensionen) z. B. in Jugendzeitschriften, die für deine Auswahl hilfreich sein können.

Das musst du können

7 Neugierig auf ein Buch
Die Lektüre eines Jugendbuchs vorbereiten

Salah Naoura wurde 1964 in West-Berlin als Sohn einer deutschen Mutter und eines syrischen Vaters geboren und wuchs in Berlin und Eschborn auf. Er studierte Germanistik (Deutsch) und Skandinavistik, die Sprachen und Kulturen der skandinavischen Länder. Seit 1995 ist er freier Übersetzer und Autor von Kinderbüchern. Bis heute übersetzte er mehr als dreißig Kinder- und Jugendbücher aus dem Englischen und Französischen ins Deutsche. Für seine Übersetzungen und Romane wurde er vielfach ausgezeichnet. 2012 war er mit „Matti und Sami und die drei größten Fehler des Universums" für den Deutschen Jugendliteraturpreis nominiert. Salah Naoura hat keine Kinder und lebt in Berlin.

1 Sammle mögliche Themen, die der Autor Salah Naoura aufgrund seiner eigenen Biografie, also seines Lebenswegs, in seinen Kinderbüchern verwenden könnte.

Matti und Sami – Die Lüge vom Delfin

Matti ist 11 Jahre alt und sein Bruder Sami geht in den Kindergarten. Am 1. April fällt die Familie auf einen Aprilscherz in der Zeitung herein, die in einer großen Schlagzeile verkündet, dass ein Delfin aus einem überfüllten Zoo im Ententeich der kleinen Stadt ein neues Zuhause bekommt. Für Matti ist dieser Aprilscherz der erste größte Fehler im Universum. Er spricht mit seinem Onkel über den Vorfall.

„Wie kann man so dumm sein, das zu glauben?", lachte Onkel Kurt, als ich erzählte, wie viele Leute im Park auf den Delfin gewartet hatten. „Delfine leben doch im Salzwasser, also im Meer. In einem Teich würden sie sicher sterben."

„Okay, das habe ich nicht bedacht", sagte ich. „Aber wie kann man solche Lügen in der Zeitung schreiben? Das ist doch Betrug! Sami hat sich so auf den Delfin gefreut und dann stimmt das alles gar nicht."

„Erwachsene lügen nun mal ab und zu", erklärte mir Onkel Kurt. „Besonders bei so kleinen, unwichtigen Dingen … So ein Aprilscherz ist doch nichts Schlimmes, Matti."

Ein Aprilscherz mit Delfinen schon, fand Sami.

Die Lektüre eines Jugendbuchs vorbereiten

Kinder- und Jugendliteratur entdecken und vorstellen

2 Vollende die beiden Satzanfänge.
- Für Matti ist der Aprilscherz so schlimm, weil ...
- Für Sami ist der Aprilscherz so schlimm, weil ...

3 Warst du auch schon einmal das Opfer eines Aprilscherzes oder hast dir selbst einen ausgedacht? Berichtet euch gegenseitig von euren Erlebnissen und Erfahrungen.

4 Salah Naouras erfolgreiches Buch wurde mehrfach ausgezeichnet. Würdest du aufgrund der Jurybegründung das Buch lesen? Begründe deine Entscheidung.

„Das ist, neben den vielen Überraschungen, dem liebevollen und dem staubtrockenen Humor, das Schönste an diesem Buch: Es hat viele Themen. Es ist eine wunderschöne Vater-Sohn-Geschichte, eine Familiengeschichte, eine Geschichte über das Lügen mit all seinen Vor- und Nachteilen und vor allem eine Geschichte über den Mut, etwas Neues zu wagen. Und damit ist es eine Geschichte wie das Leben – das hat ja auch mehr als ein Thema."

5 Die Jury lobt, dass das Buch so „viele Themen" hat. Wähle drei der genannten „Themen" aus und erkläre schriftlich, was damit gemeint sein könnte. Dazu darfst du etwas erfinden. Orientiere dich am folgenden Beispiel.
Beispiel: „eine wunderschöne Vater-Sohn-Geschichte": Die Jury meint wohl, dass im Buch gut erzählt wird, wie Mattis Verhältnis zu seinem Vater ist. Vielleicht gibt es ja auch zunächst viele Probleme, die aber gut gelöst werden.

6 Du hast bisher in diesem Kapitel verschiedene Informationen zu Salah Naouras erfolgreichem Kinderroman „Matti und Sami und die drei größten Fehler des Universums" erhalten. Bearbeite nun eine der folgenden Aufgaben.

- Formuliere verschiedene Fragen an das Buch, deren Beantwortung du beim Lesen erwartest.
  Beispiel: *Wo lebt Matti mit seiner Familie?*

- Formuliere Fragen für ein Interview mit dem Autor Salah Naoura. Was möchtest du zu seiner Biografie, also zu seinem Leben, und zu seinem Buch „Matti und Sami" genauer wissen?

- Stelle dir vor, du bist Mitglied der Jugendbuchjury an deiner Schule, die das Buch des Monats auswählt, um es lesehungrigen Schülern zu empfehlen. Formuliere eine kurze Begründung für die Auswahl deines Lieblingsbuchs.

7

Wo spielt mein Buch?
Die Schauplätze eines Jugendbuchs kennenlernen

1 Wie dir vielleicht schon aufgefallen ist, spielt Finnland in dem hier vorgestellten Jugendbuch eine wichtige Rolle. Sucht in Partnerarbeit „Kennzeichen" von Finnland. Die Übersetzungen der finnischen Ausdrücke kannst du in einem Wörterbuch nachschlagen oder du findest sie während der Lektüre des Buchs heraus.

saunaa · *terve! / Hei!* · *kiitos!* · *mökki* · *lykkyä tykö!*

Matti und Sami – Matti und sein Freund Turo (aus Kap. 4, S. 26–30)

Matti trifft sich mit seinem besten Freund Turo auf dem Schulweg an der S-Bahn.

„Terve!", begrüßte er mich.
„Terve!", grüßte ich zurück.
Turo ist mein bester Freund und lustigerweise auch Halbfinne. Wir waren schon in der Grundschule befreundet gewesen und freuten uns, dass wir im Gymnasium nun endlich in dieselbe Klasse gingen. Er kann sogar Finnisch, weil seine Mutter mit ihm und seinem großen Bruder nur Finnisch und kein Wort Deutsch redet.

Papa hat nie Finnisch mit uns geredet. Deutsch eigentlich auch nicht. Als ich klein war, habe ich eine Zeit lang sogar

Die Schauplätze eines Jugendbuchs kennenlernen

Kinder- und Jugendliteratur entdecken und vorstellen

gedacht, dass er gar nicht sprechen kann. Bis ich zum ersten Mal mitbekam, wie er mit finnischen Freunden Wodka trank – danach redete er immerhin ein paar Sätze hintereinander.

Turo trug seine rot-blaue Lieblingsmütze aus Lappland, wie immer, wenn es draußen kühl war, was ich ziemlich mutig fand, weil die anderen Jungen deswegen blöde Sprüche machten.

„Da kommen die zwei Schlappländer aus Schlappland!", brüllte Murat, als wir wenig später den Schulhof betraten.

„Meine Mutter stammt aus Kotka, das liegt ganz unten im Süden von Finnland", informierte ihn Turo. „Und Lappland liegt ganz oben im Norden."

Murat verdrehte die Augen und sagte: „Mann, ist doch scheißegal, Alter."

In der ersten Stunde hatten wir Erdkunde und sprachen fünf Minuten über die Länder Europas und danach über Herrn Behrends Lieblingsthema, die Fußball-WM. […]

In der Pause zeigte mir Turo einen Prospekt, den er mir aus Mikkeli mitgebracht hatte, von seiner letzten Finnlandreise. Er war dort extra in ein Touristenbüro gegangen, um den Prospekt für mich zu holen.

Mikkeli ja ympäristö

stand in weißen Buchstaben vorne auf dem Umschlag, dahinter sah man das blaue Wasser eines großen Sees mit Fichten und Birken am Ufer, kleine rotbraune Holzhäuser und einen wunderschönen Himmel mit zwei winzigen weißen Wolken.

„Was heißt denn *ympäristö*?", fragte ich.
„Das bedeutet die Gegend rund um Mikkeli."
„Die Umgebung?"
„Genau. ‚Mikkeli und Umgebung!' Unser *mökki*, wo wir im Sommer immer hinfahren, ist in Haukivuori, am Kyyvesi-See."

2 Informiere dich mithilfe der Landkarte (→ S. 134) bzw. eines Atlas genauer, wo die im Text genannten Orte in Finnland liegen. Zeichne die Landkarte und trage die verschiedenen Orte ein.

Die Schauplätze eines Jugendbuchs

Die Handlung in Jugendbüchern spielt an einem oder mehreren Orten. Diese können vom Autor frei erfunden sein (z. B. Taka-Tuka-Land in Astrid Lindgrens „Pippi Langstrumpf"). Sie können einen Bezug zu echten Orten aufweisen, aber vom Autor veränderte Namen bekommen (z. B. die Geschichte spielt in einem südlichen Land Europas, die Orte existieren aber in Wirklichkeit so nicht) oder sie können eindeutig einem Land zugeordnet werden und die Handlung kann somit auf einer echten Landkarte mitverfolgt werden (z. B. die finnischen Orte in Salah Naouras „Matti und Sami").

Das musst du wissen

3 An welchem Ort oder an welchen Orten würdest du dein Buch spielen lassen, wenn du eines schreiben würdest? Schildere deinen „Traumschauplatz" in wenigen Sätzen.

Ein Lesetagebuch als Lesebegleiter
Den Handlungsverlauf verfolgen

1 Paula hat das Buch „Matti und Sami und die drei größten Fehler des Universums" gelesen und sich hierzu Notizen in ihrem Lesetagebuch gemacht. Lies dir das hier begonnene Lesetagebuch durch und ergänze anschließend folgende Sätze:

- In der Spalte „Handlungsüberblick" werden .... notiert. Hier ist wichtig, dass …
- In der Spalte „Meine Leseeindrücke" kann ich .... festhalten.
- Die Spalte .... ist am wenigsten wichtig, weil ....

Datum	Kapitel/ Seitenzahl	Handlungsüberblick	Meine Leseeindrücke
16. Juni 17 Uhr	Kap. 1, S. 5–8	Familie Vater, Mutter und zwei Kinder: Matti + Sami; Ich-Erzähler Matti Sommertag an einem fantastischen finnischen See; Problem: kein Geld, kein Auto, kein Haus, keine Arbeit	Ist das das Ende der Geschichte? Warum sind die Eltern so sauer auf Matti an diesem schönen Ort? → Unbedingt weiterlesen!!!
16. Juni abends im Bett	Kap. 2–3, S. 9–24	„Angefangen hat alles mit…" Der erste Fehler des Universums: ein Delfin im Ententeich als Aprilscherz	Ah, hier beginnt die Geschichte! Es ist total gemein, Kindern als Aprilscherz vorzutäuschen, dass sie einen echten Delfin für den Ententeich bekommen!
18. Juni 15 Uhr	Kap. 4–5, S. 25–48	Der zweite schwere Fehler im Universum: Die Eltern haben gelogen und kein Geld für notleidende Tiere gespendet! Matti und Sami sind entsetzt und total enttäuscht von ihren Eltern!	Warum lügen Eltern ihre Kinder so an? Meine würden das nie tun! Ich finde es richtig, dass …

Den Handlungsverlauf verfolgen

Kinder- und Jugendliteratur entdecken und vorstellen

2 Verfasse zum folgenden Textausschnitt einen Eintrag für das Lesetagebuch.

Matti und Sami – Der dritte schwere Fehler des Universums (aus Kap. 7, S. 64–67)

Matti freut sich auf den bevorstehenden Umzug in die Schweiz. Doch dann muss er erfahren, dass auch das eine Lüge war.

Onkel Kurt staunte, als ich ihm von unserem Umzug in die Schweiz erzählte. „Was? Dann wohnt meine kleine Schwester (er meinte Mama) ja gar nicht mehr in meiner Nähe. Und mein großer Neffe (er meinte mich) auch nicht. Wie schade. Freust du dich denn?"

„Ja!", rief ich begeistert. „Ich finde es total toll. Besonders, dass wir in einem großen Haus am See wohnen." […]

Zu Hause saß Mama in der Küche vor einer Kaffeetasse und starrte Löcher in die Luft. Offenbar war sie gerade erst aus der Praxis gekommen, denn sie hatte immer noch ihre Jacke an.

„Hallo, Mama. Wo ist denn Sami?"

„Bei einem Froschfreund", krächzte sie. Ihre Stimme klang komisch, und jetzt erst fiel mir auf, dass sie ganz rote Augen hatte.

„Hast du wieder Ärger in der Praxis?"

„Nein, mit deinem Vater. Wegen seinem verdammten Märchen mit dem Haus am See!" Ihre Augen füllten sich mit Tränen, und sie kramte ein Taschentuch aus ihrer Jacke hervor, um sich die Nase zu putzen.

Mir wurde mulmig. „Heißt das, dass Papa das Haus doch nicht von der Firma kriegt? Weil es zu teuer ist?"

Sie schlug wütend mit der flachen Hand auf den Tisch. „Von wegen zu teuer!", rief sie. „Er hat das alles nur erzählt, um sich vor Jussi aufzuspielen! Und ich hab ihm geglaubt!"

Ich starrte sie an. „Du meinst… Wir ziehen gar nicht um?"

Mama schüttelte schniefend den Kopf und knüllte ihr Taschentuch zusammen.

Ich glaubte es einfach nicht. […] „Das kann nicht stimmen, Mama", sagte ich. „Warum soll Papa denn so was erzählen?"

Mama stand auf, zog umständlich ihre Jacke aus und warf sie über den Stuhl. Dann trank sie den letzten Schluck Kaffee und stellte Tasse und Untertasse scheppernd in die Spüle.

„Es stimmt aber", sagte sie. „Dein Vater und dein Onkel Jussi haben da irgendso einen blöden Wettstreit am Laufen, schon seit Ewigkeiten. Jeder will besser sein als der andere. […]"

7

Das musst du können

So führst du ein Lesetagebuch zu einem Jugendbuch

Ein Lesetagebuch kann dir gute Dienste leisten, um einen Überblick über das Buch zu behalten, das du gerade liest. Du notierst darin, z. B. in Tabellenform, inhaltliche Stichpunkte zu den einzelnen Kapiteln und deine persönlichen Leseeindrücke. In deinem Lesetagebuch darfst du alle deine Gedanken sammeln, die dir beim Lesen in den Sinn kommen, z. B. auch Fragen, die sich dir stellen, oder etwas, das du (noch) nicht verstanden hast. Die Datumsangaben helfen dir, dich an deine Lesestationen zu erinnern.

3 Matti steht vor einer Reihe von Problemen, nachdem er erfahren hat, dass der Umzug in die Schweiz von seinem Vater nur erfunden wurde. Bearbeite eine der folgenden Aufgaben.

- Mattis Bruder Sami kommt am nächsten Tag von seinem Kindergartenfreund nach Hause. Erkläre dem kleinen Bruder aus der Sicht Mattis möglichst einfühlsam, dass der Umzug in die Schweiz geplatzt ist. Formuliere dazu einen kurzen Dialog.
- Matti hat in der Vorfreude auf den Umzug in die Schweiz seinen besten Freund Turo vernachlässigt. Formuliere eine Entschuldigungsmail an Turo aus Mattis Sicht.
- Matti hatte allen in der Schule erzählt, dass er in die Schweiz ziehen wird. Er grübelt, wie er aus der Situation möglichst heil wieder herauskommt. Versetze dich in Matti, der seine wirren Gedanken ins Tagebuch schreibt, damit er danach ruhiger schlafen kann.

Matti und Sami – Das gewonnene Traumhaus (aus Kap. 11, S. 99–101)

Matti kommt auf die Idee, den „dritten Fehler des Universums" zu korrigieren: Er täuscht seine Eltern mit einem erfundenen Gewinn.

Und da passierte es: Eine Eingebung, aus heiterem Himmel. Ein Wink des Universums.

Ich blickte in die Schublade und sah Turos Prospekt, der auf der Seite mit der Hausmeister-Anzeige aufgeschlagen war. Und auf dem oberen Teil des Prospekts lagen die rosafarbenen Gewinnzettel aus den Briefkästen. Es kam mir wie ein Wunder vor: HERZLICHEN GLÜCKWUNSCH, SIE HABEN GEWONNEN! DAS GLÜCKSLOS IST AUF SIE GEFALLEN! las ich, genau an der Stelle, wo vorher auf Finnisch *Hausmeister gesucht* gestanden hatte. Und darunter war das Foto von dem Haus in Puumala zu sehen. Mit dem großen roten Schlauchboot, das am Ufer des Sees lag und dort auf mich zu warten schien! Alles, was ich zu tun brauchte, war, ein winzig kleines bisschen nachzuhelfen. Ich musste bloß aus zwei Zetteln einen machen und ihn in den Umschlag stecken – und schon hat-

Den Handlungsverlauf verfolgen

ten wir ein Haus! Dass es nicht wirklich uns gehörte, konnte ich Mama und Papa ja immer noch erklären, wenn wir da waren. Vielleicht würden sie ja nicht sofort nach Hause fahren und Papa würde dann eben bei Markku ab und zu den Rasen mähen. Was war daran so schlimm?

Je länger ich darüber nachdachte, desto logischer kam mir alles vor. Vorsichtig trennte ich die Anzeigenseite mit dem Foto aus dem Prospekt heraus, nahm meinen Schlüssel und ging zum Kopierladen an der nächsten Ecke. Dort legte ich beide Zettel zusammen auf den Kopierer und heraus kam eine ganz wunderbare, täuschend echt aussehende Hausverlosungsgewinnbenachrichtigung! Die brauchte ich zu Hause dann nur noch in den Umschlag zu stecken – fertig!

Als Mama von der Arbeit kam, ließ sie sich erst einmal erschöpft auf die Küchenbank plumpsen. „Puh, dieser Chef schafft mich", stöhnte sie. […] „Ich habe eine Überraschung für dich", sagte ich und gab ihr den geöffneten Briefumschlag. Mama runzelte die Stirn. „Doch hoffentlich kein Brief von deinem Rektor?" Dann holte sie den Zettel heraus, las ihn durch und stieß einen Schrei aus. „Das ist ja... O Gott!" Sie sprang auf und begann durch die Küche zu tanzen. Ihre Chefsorgen waren wie weggeblasen! Mama freute sich dermaßen, dass ich fast selber glaubte, dass wir ein Haus gewonnen hatten.

4 Setze das Lesetagebuch zu diesem Textausschnitt fort und notiere dir, was du von der „Lüge" Mattis hältst.

5 Oft versuchen Autoren, ihre Geschichten möglichst spannend zu schreiben. Erstellt in Partnerarbeit eine Liste mit verschiedenen „Tricks", die man dazu anwenden kann.

6 Auch der Autor Salah Naoura gestaltet seine Geschichte spannend. Sammle Beispiele aus den bisherigen Textausschnitten und begründe, warum und wie dort Spannung erzeugt wird.

So verfolgst du den Handlungsverlauf eines Jugendbuchs

Um die Handlung eines Jugendbuchs nachvollziehen zu können, suchst du, z. B. mithilfe deines Lesetagebuchs, Antworten auf die sogenannten W-Fragen: Wer handelt? Was passiert? Wie kommt es zu der Situation? Warum handeln die Figuren so? Wo spielt das Buch?

Die meisten Geschichten enthalten einen Spannungsbogen, damit der Leser gern weiterliest und so seine W-Fragen beantwortet werden. Es gibt verschiedene Möglichkeiten, Spannung zu erzeugen, z. B. indem Andeutungen über den weiteren Handlungsverlauf vorkommen oder Informationen vom Autor absichtlich zurückgehalten werden.

7 Formuliert im Klassengespräch die W-Fragen, auf die ihr jetzt schon antworten könnt. Bildet Spezialteams für die ausgewählten W-Fragen und sammelt arbeitsteilig die möglichen Antworten auf Karteikarten. Stellt eure Ergebnisse am Ende in der Klasse vor.

7 Mama, Papa, Sami, Turo und ich
Sich mit den Figuren vertraut machen

Das erfährst du über Papa: „Papa findet Handyspiele nämlich total toll und wäre von Beruf am liebsten Handyspiele-Entwickler, obwohl er eigentlich Busfahrer ist. [...] Das meiste hat er sich alleine beigebracht, oft nachts, im Computerzimmer. Er denkt sich dauernd neue Handyspiele aus, die so geheim sind, dass er keinem was davon erzählt – nicht mal uns."

Das erfährst du über Mama: „In der Praxis, in der Mama als Arzthelferin arbeitete, musste alles immer schneller gehen, und ihr Chef, Dr. Kasper, hatte dauernd schlechte Laune und brüllte seine Mitarbeiterinnen an. Früher hatte Mama ihre Arbeit wirklich gemocht, besonders das Blutabnehmen. ‚Ich bin von Beruf Vampir!', erzählte sie den Patienten immer."

1 Matti muss für den Unterricht ein Interview (→ S. 21) mit seinem Vater oder seiner Mutter zu deren Beruf führen. Notiere dir Fragen und mögliche Antworten für beide Elternteile.

2 Mattis Eltern sind mit ihrer beruflichen Situation in Deutschland unzufrieden. Dies wirkt sich natürlich auch auf das Familienleben aus. Beschreibe, wie ein Samstagvormittag in der Familie aussehen könnte. Die Fragen helfen dir dabei, dich in die Situation hineinzudenken.

- Wie sieht das Frühstück aus?
- Wer richtet es her?
- Wer bestimmt, was unternommen wird?
- Wie ist die Stimmung?
- Wie verhalten sich die Kinder?
- Wie fühlen sich die Kinder? ...

Das musst du wissen

Figuren in einem Jugendbuch

Die verschiedenen Personen in einem Jugendbuch nennt man **Figuren**. Meist gibt es ein oder zwei **Hauptfiguren** und mehrere **Nebenfiguren**. Ist die Geschichte aus der Sicht der Hauptfigur erzählt, spricht man von einem **Ich-Erzähler** (→ S. 85). Hier erfährst du die **Gedanken und Gefühle** des Erzählers aus erster Hand.

Die Beziehungen zwischen den Figuren kann man in einer **Figurenkonstellation** durch Beziehungspfeile (→ oder ↔) oder andere anschauliche Zeichen (z. B. ⚡ für Streit, ∞ für verheiratet, ♥ für Liebe/Zuneigung oder ☀ für gute Beziehung usw.) sichtbar machen. Diese Beziehungen sind oft wichtig für den Handlungsverlauf.

Sich mit den Figuren vertraut machen

3 Da sich das gewonnene Traumhaus in Finnland leider als „Luftschloss" herausgestellt hat, kommt die Familie vorübergehend bei finnischen Verwandten des Vaters unter. Versetze dich in Mattis Situation und führe einen der folgenden Arbeitsaufträge aus.

- Matti schreibt eine Postkarte an seine alte Klasse in Deutschland.
- Matti setzt sich an den Computer und schreibt seinem besten Freund Turo eine E-Mail, in der er ihm erzählt, was passiert ist.
- Matti zieht sich zurück und übt eine kleine Rede ein, um sich bei seinen Eltern für die folgenreiche Lüge mit dem Hausgewinn zu entschuldigen.

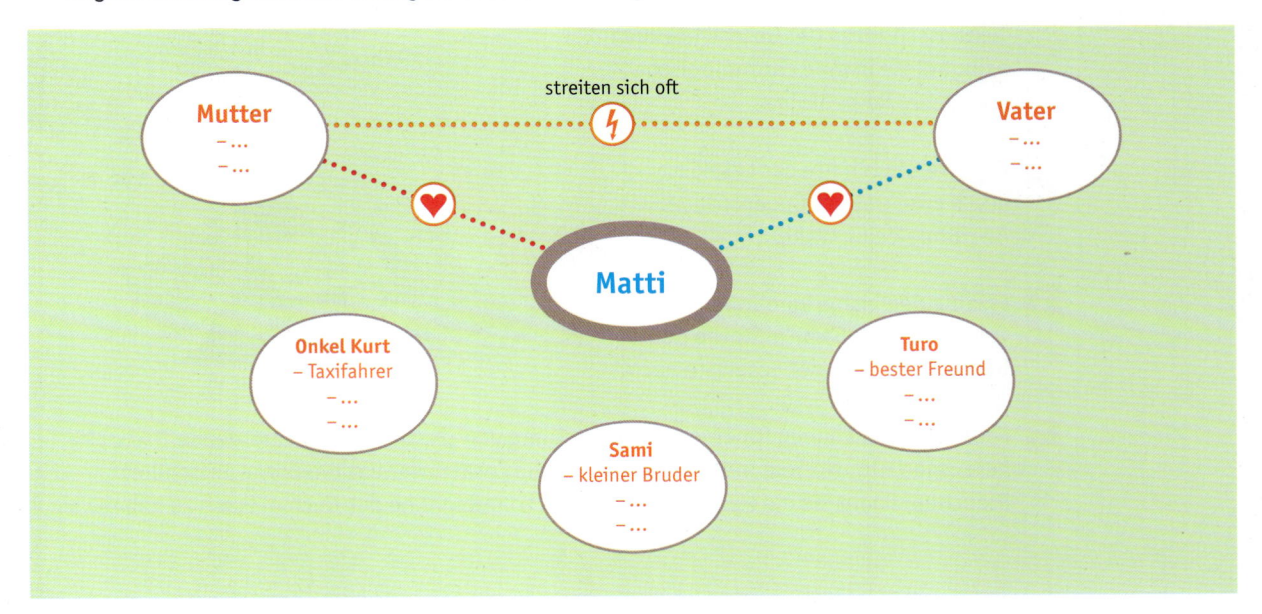

```
           streiten sich oft
  Mutter ·········⚡·········  Vater
   – ...                       – ...
   – ...                       – ...
      ❤                    ❤
           Matti

  Onkel Kurt                  Turo
  – Taxifahrer              – bester Freund
   – ...                       – ...
   – ...                       – ...
              Sami
           – kleiner Bruder
              – ...
              – ...
```

4 Übertrage die Grafik zu den Figuren in dein Heft und ergänze sie mit deinem Wissen, das du aus dem bisherigen Kapitel hast. Verdeutliche die Beziehung zwischen den Personen mit Pfeilen und Symbolen und beschrifte diese.

5 Erstelle eine eigene „Beziehungsgrafik" für deine Familie oder deinen Freundeskreis und setze hierbei ebenfalls beschriftete Pfeile und Symbole ein. Beschränke dich auf die fünf wichtigsten Personen. Vergleiche anschließend dein Ergebnis mit der Grafik aus Aufgabe 4.

6 In „Matti und Sami" geht es um Lügen. Du bist sicher auch schon in deinem Leben angelogen worden oder hast selbst einmal eine (Not-)Lüge eingesetzt. Beschreibe eine Situation aus deiner persönlichen Erfahrung und notiere dir auch, wie oder warum die Lügen (nicht) aufgedeckt wurden.

7 Setze einen der folgenden Sätze deiner Wahl fort und bitte einen deiner Klassenkameraden, darauf zu reagieren:

- Kleine Notlügen finde ich zulässig, weil …
- Ich bemühe mich, nie zu lügen, weil …
- Flunkern ist erlaubt, aber eine richtige Lüge finde ich …

Kinder- und Jugendliteratur entdecken und vorstellen

„Matti und Sami" ist klasse!
Den Mitschülern ein Jugendbuch vorstellen

1 Wähle einen Gegenstand aus deinem Schulranzen und erzähle deiner Klasse, warum dieser Gegenstand für dich wichtig ist.

2 Ordnet in Partnerarbeit die Gegenstände aus der Lesekiste den entsprechenden Textausschnitten der Geschichte zu und bringt diese in eine chronologische (zeitliche) Reihenfolge.

3 Ergänze die Inhalte der Lesekiste durch zwei weitere Gegenstände. Begründe deine Wahl.

4 Erzähle den bisherigen Inhalt von „Matti und Sami" mithilfe der Gegenstände aus der Lesekiste nach.

5 Paula und Liam haben für eine Buchvorstellung von „Matti und Sami" folgende Textstelle herausgesucht. Notiere in Stichworten, welche Zusatzinformationen ihre Mitschüler brauchen, damit sie die Handlung verstehen können, ohne das Buch gelesen zu haben.

Matti und Sami – Lügen wachsen schneller als Bambus (aus Kap. 14, S. 124 ff.)

Mattis Familie sitzt am See und weiß nicht mehr weiter.

Ehrlich gesagt weiß ich immer noch nicht, ob es mir leid tut. Bin ich wirklich schuld an allem? Okay, ich habe so getan, als hätten wir ein Haus in Finnland ge-
5 wonnen, aber woher sollte ich wissen, dass meine Eltern deswegen am nächsten Tag gleich die Wohnung kündigen und fast alle Möbel zerdeppern? Ich wollte doch bloß, dass Papa in den Ferien end-
10 lich mal mit uns nach Finnland fährt. Oder mich wenigstens mit Turo hinfahren lässt. Aber Onkel Kurt hat leider recht: Lügen wachsen schneller als Bambus. So haushoch, dass man das Ende
15 nicht mehr sieht, und nun sitzen wir hier mit unseren Koffern und drei Taschen am See und haben keinen Schimmer, wo wir übernachten sollen. […] Mama schnieft noch immer leise vor sich hin, Sami lässt Steine ditschen und Papa 20 schweigt und grübelt. Inzwischen ist er wieder der normale, stille Papa, den ich kenne. […]

„Ich hab ein Boot entdeckt, ein Bo-hoot!", verkündet Sami gerade begeistert. 25 Ich springe neugierig auf. Vielleicht das Schlauchboot, das auf dem Foto zu sehen war? Aber als ich bei Sami bin, zeigt er auf ein Ruderboot, das ein Stück entfernt am Ufer liegt. 30

Plötzlich steht Papa neben mir und wirft ebenfalls einen Blick auf das Boot. Dann kneift er die Augen zusammen und blinzelt auf die funkelnden Wellen hin-

Den Mitschülern ein Jugendbuch vorstellen

35 aus. „Du kommst mit!", sagt er zu mir. „Ich auch!", ruft mein kleiner Bruder. „Ich hab das Boot ja entdeckt." Aber als Papa ihm einen strengen Blick zuwirft und den Kopf schüttelt, gibt Sami auf und rennt maulend zu Mama. 40

6 Welche Textausschnitte eignen sich als Leseprobe für eine Buchvorstellung? Erstelle eine Liste mit deiner Meinung nach wichtigen Kennzeichen.

7 Du hast im Kapitel schon einige Informationen zum Autor Salah Naoura erhalten. Erstelle einen Steckbrief mit den folgenden Informationen. Die Grafik rechts kann dir helfen.

Steckbrief des Autors/der Autorin
• Vorname und Nachname, Geburtsjahr (evtl. Sterbejahr), Geburtsort (evtl. Sterbeort)
• Ausbildung, Berufsabschluss, Studium
• aktueller Beruf bzw. aktuelle Tätigkeiten
• interessante Besonderheiten, z. B. Auszeichnungen, Herkunft, Auslandsaufenthalte
• verschiedene Werke des Autors /der Autorin

Grafik (von unten nach oben): Geburt – Schule – Studium – erster Roman – USA-Aufenthalt – Auszeichnung – Tod

So kannst du die Vorstellung eines Jugendbuchs gliedern

1) **motivierender Einstieg**, z. B. Mitbringen der Lesekiste bzw. Zeigen eines typischen Gegenstands der Geschichte aus der Lesekiste

2) **Kurzbiografie des Autors**, z. B. in der Form eines Steckbriefs mit Foto oder einer Grafik

3) **allgemeine Informationen zum vorgestellten Buch**, z. B. Nennen des Verlags, Nominierung für Literaturpreis, Kaufpreis …

4) **knappe, allgemeinverständliche Inhaltszusammenfassung**, z. B. mithilfe der W-Fragen oder einer grafischen Figurenkonstellation, Schluss eventuell nicht verraten, um Lesemotivation zu erhalten

5) **Leseprobe/Vorlesen der Lieblingsstelle** (zwei bis drei Seiten, zwei bis drei Minuten)

6) **abrundender Schluss**, z. B. Aufgreifen des Einstiegs, Hinweis auf Lesekiste, persönliche Leseempfehlung/eigene Meinung zum vorgestellten Buch

8 Gestalte zu deinem Lieblingsbuch ein DIN-A4-Blatt mit allen wichtigen Informationen für eine Buchvorstellung. Hängt die verschiedenen Plakate anschließend an einer „Leseleine" im Klassenzimmer auf.

Den ganzen Nachmittag am Computer
Über den eigenen Mediengebrauch nachdenken

Matti und Sami – Papas Computerzimmer

Mattis Vater sitzt meistens vor seinem Computer, wenn er zu Hause ist.

Papa brauchte ein Computerzimmer, mit einer Tür zum Zumachen, sagte er. Sein Computerzimmer durften Sami, ich und Mama nicht betreten, was eh nicht gegangen wäre, weil es keinen erkennbaren Platz gab, wo man hintreten konnte. Überall auf dem Boden lagen Bücher und CDs und Handys und Berge von Zetteln. Papier quoll aus den Regalen und stapelte sich auf dem Schreib- 5 tisch, und Papa war der Einzige, der wusste, wie man problemlos von der Tür zum Drehstuhl kam. Deshalb blieben wir einfach im Türrahmen stehen, wenn wir mit ihm sprechen wollten. […]

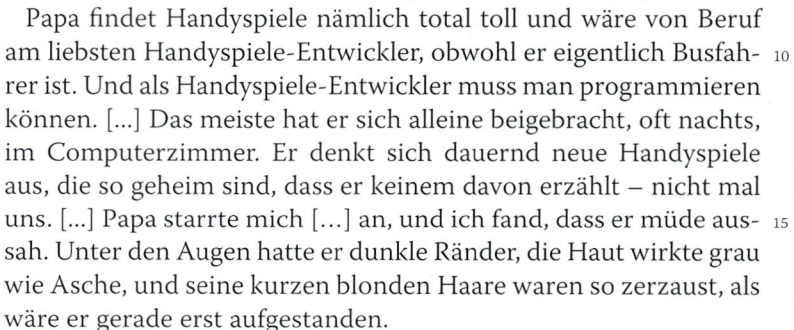

Papa findet Handyspiele nämlich total toll und wäre von Beruf am liebsten Handyspiele-Entwickler, obwohl er eigentlich Busfah- 10 rer ist. Und als Handyspiele-Entwickler muss man programmieren können. […] Das meiste hat er sich alleine beigebracht, oft nachts, im Computerzimmer. Er denkt sich dauernd neue Handyspiele aus, die so geheim sind, dass er keinem davon erzählt – nicht mal uns. […] Papa starrte mich […] an, und ich fand, dass er müde aus- 15 sah. Unter den Augen hatte er dunkle Ränder, die Haut wirkte grau wie Asche, und seine kurzen blonden Haare waren so zerzaust, als wäre er gerade erst aufgestanden.

1 Mattis Vater wäre von Beruf am liebsten Handyspiele-Entwickler und verschwindet deshalb stundenlang in seinem Computerzimmer. Diskutiert in der Klasse, welche der oben genannten Verhaltensweisen euch seltsam vorkommen, und begründet eure Bedenken.

2 Erstellt für eure Klasse auf einem großen Plakat eine Liste mit Medien (→ S. 272), die ihr in der Freizeit verwendet.

3 Führt in eurer Klasse eine Umfrage zu eurem persönlichen Mediengebrauch durch. Jeder von euch klebt dazu Klebepunkte hinter die Medien auf eurem Plakat.

- *Rot* = „Nutze ich täglich!"
- *Gelb* = „Verwende ich mehrmals in der Woche!"
- *Grün* = „Benutze ich mindestens einmal im Monat!"
- *Blau* = „Nutze ich eigentlich gar nicht!"

4 Sprecht über das Ergebnis eurer Umfrage. Ihr könnt dazu folgende Formulierungsvorschläge verwenden:

- Klar ist, dass .... am meisten verwendet wird, weil ....
- Überrascht hat mich, dass ....
- Auffallend ist, dass fast alle in unserer Klasse ....

Über den eigenen Mediengebrauch nachdenken

Kinder- und Jugendliteratur entdecken und vorstellen

5 Diskutiert anhand der folgenden Merkmale von Abhängigkeit, welche der von euch genannten Medien besonders gefährlich sind und ob Mattis Vater eurer Meinung nach gefährdet ist.

Merkmale von Abhängigkeit

1. Man braucht immer mehr davon.
2. Es wird immer häufiger benutzt.
3. Freunde, Hobbys und Familie werden zunehmend vernachlässigt.
4. Es kommt wegen der Mediennutzung zu Konflikten in der Schule und in der Familie.
5. Die Stimmung verbessert sich deutlich, wenn das Medium genutzt wird.
6. Es zeigen sich körperliche Veränderungen, wenn das Medium nicht genutzt werden kann, z. B. Nervosität, Ungeduld, Unwohlsein.

6 Aus dem Alltag sind verschiedene Medien, z. B. das Smartphone, nicht mehr wegzudenken. Wie bei „Matti und Sami" wird das auch in aktuellen Jugendbüchern zum Thema gemacht. Sammelt in Gruppenarbeit Ideen für ein eigenes Jugendbuch, das Probleme mit der Mediennutzung von Jugendlichen behandelt. Geht für die Handlungsskizze von folgenden Fragen aus:

- Welche Medien sind für Jugendliche heute besonders wichtig?
- Welche Probleme können bei der Nutzung dieser Medien auftreten?
- Wie unterscheiden sich die Sichtweisen von Erwachsenen und Jugendlichen in Bezug auf diese Medien?
- Wie sollte in Zukunft aus eurer Sicht mit diesen Medien umgegangen werden?
- Was soll die Kernbotschaft des Jugendbuchs sein?
- Welche Hauptpersonen sollen in dem Buch vorkommen?

7 Wähle eines der folgenden Themen und erstelle dazu ein Lernplakat.

- Unterschiede zwischen Realität und virtueller (vorstellbarer, am Computer erzeugter) Welt
- Regeln für die sinnvolle Nutzung von Medien
- Gefahren des Internets und Wege, diese zu vermeiden (Vermeidungsstrategien)

Hören, lesen, anschauen?
Medien vergleichen und bewerten

1 Tauscht **im Klassengespräch** eure Erfahrungen mit Hörbüchern aus. Sprecht auch über Erwartungen an ein Hörbuch zu „Matti und Sami".

[...] Martin Baltscheit leiht den Figuren dieser wunderbar erfrischenden Kindergeschichte mit hörbarer Begeisterung seine Stimme: allen voran dem naiv-pfiffigen Erzähler Matti, dem wortkargen Vater und der quirligen Familienmutter. Mit besonders viel Inbrunst lässt Baltscheit den finnischen Onkel Jussi zu Wort kommen: Wie er in der Rolle des bärenstarken Hünen aus dem Norden Jugendsünden zum Besten gibt, ist ein ungeheurer Spaß für alle, die selbst manchmal Unsinn im Sinn haben.

2 Als du dir von deinen Eltern das Hörbuch wünschst, bekommst du nebenstehende Antwort. Du möchtest sie nun davon überzeugen, es dir trotzdem zu kaufen. Nutze die Besprechung (Rezension) und liste alle Qualitätsmerkmale auf einem Notizzettel auf. Gehe dabei auch auf die Besonderheiten eines Hörbuchs ein.

„Aber du hast doch schon das Buch! Bei der Version auf dem Hörbuch verläuft die Geschichte ganz genauso..."

Das musst du wissen

Auswerten und Verstehen eines Hörtextes

Einen Text zu verstehen, den man nur hört, ist nicht einfach. Es ist wichtig, dass du **gut zuhörst**. Bestimme daher vor dem Hören genau, welche Informationen du dem Text entnehmen willst. Du kannst ...

- ... den Text **im Ganzen** verstehen (**globales Hören**): Versuche beim Hören die W-Fragen zu beantworten: Wer spricht (mit wem)? Wo? Worum geht es?
- ... dem Text **einzelne Informationen** entnehmen (**selektives/detailliertes Hören**): Hierbei wird der Text Schritt für Schritt angehört. Nutze oder gestalte einen Fragekatalog zu dem Text. Lies ihn vor dem Hören genau, dann kannst du dich während des Hörens auf die entscheidenden Aussagen konzentrieren und die Fragen beantworten.

Mediencode: 11035-10

3 Hört den Beginn des Hörbuchs zu „Matti und Sami". Gebt dazu den Mediencode 11035-10 in das Suchfeld auf der Homepage www.ccbuchner.de ein. Verteilt die W-Fragen auf verschiedene **Schülergruppen** und macht euch Notizen.

4 Wähle eine Satzversion und ergänze sie schriftlich: Ich finde die Gestaltung der Hörbuchszene gelungen/nicht gelungen, denn ...

Medien vergleichen und bewerten

5 Auf einigen Bühnen wird auch eine Theaterversion zum Roman „Matti und Sami" aufgeführt. Tauscht im Klassengespräch eure ersten Eindrücke zu der Szene auf dem Bild aus.

> **Darstellung eines Romans auf der Bühne**
>
> Viele Jugend- und Erwachsenenromane werden inzwischen für die Theaterbühne umgeschrieben. Neben der Textgestaltung müssen die Theaterautoren auf folgende Fragen achten:
> - Wie soll die Bühne gestaltet werden?
> - Welche Schauspieler können passend zu den Romanfiguren eingesetzt („gecastet") werden?
> - Wie werden die Schauspieler ausgestattet, welche Kleider tragen sie?
> - Wie lassen sich die Beziehungen zwischen den Figuren auf einer Bühne darstellen?
> - Wie lassen sich – etwa durch Licht und Ton – weitere Wirkungen erzielen?

Das musst du wissen

6 Tauscht euch in kleinen Arbeitsgruppen mithilfe der Fragen in dem Kasten nun gründlich über die Szene auf dem Foto aus.

▪ Notiert Ergebnisse eures Gesprächs stichwortartig.

▪ Beurteilt auch, ob die Umsetzung eurer Meinung nach gelungen ist. Notiert eure Ergebnisse stichwortartig.

▪ Plant eine kurze Theaterkritik, in der ihr die Szene beschreibt und bewertet.

7 Originalbuch, Hörbuch, Theaterkarte? Wähle eine Möglichkeit als Geschenk für einen guten Freund oder eine gute Freundin. Besprecht eure Wahl und deren Gründe im Klassengespräch.

Kinder- und Jugendliteratur entdecken und vorstellen

7 Was DU schon kannst!
Kompetenztest

„Und wie ich sie also angestarrt habe, ist es mir ganz wirr im Kopf geworden und es war, als ob ich irgendwo eintauche und meine Gedanken plötzlich alle durcheinander purzeln. Dass ich in die Köpfe anderer Menschen gucken kann, hab ich da noch nicht gewusst."

Als Valentin in der Gluthitze dieses Sommers unter den hohen alten Bäumen des Friedhofs steht, ahnt er nicht, dass gerade das größte Abenteuer seines Lebens beginnt – und dass seine seltsame Gabe, Gedanken lesen zu können, ihn am Ende sogar in allerhöchste Gefahr bringen wird…

Zwischen verschiedenen Lesehaltungen unterscheiden

1 Wähle die passende Jugendbuch-Kategorie für Kirsten Boies Friedhofskrimi.

   a) sachorientiertes Jugendbuch
   b) klassisches Jugendbuch
   c) spannendes Jugendbuch
   d) problemorientiertes Jugendbuch

Leseerwartungen formulieren und reflektieren

2 Nenne zwei Gründe, warum du das Buch lesen bzw. nicht lesen würdest.

Vorwissen bei der Auswahl eines Buchs aktivieren

3 Nenne drei Informationen, die du einem Buchcover entnehmen kannst.

Ein Lesetagebuch führen

4 Lege in Form einer Tabelle ein Muster für ein Lesetagebuch an.

Kompetenztest

Kinder- und Jugendliteratur entdecken und vorstellen

5 Welche der folgenden Aussagen können auf Jugendbücher zutreffen? Notiere die Buchstaben der richtigen Aussagen.

   a) Die Schauplätze sind immer erfunden.
   b) Die Handlung kann in Afrika spielen.
   c) Es darf nicht zwischen mehreren Orten gewechselt werden.
   d) Die Figuren können verschiedene Orte aufsuchen.
   e) Die Orte müssen auf einer Landkarte zu finden sein.
   f) Die vorkommenden Orte haben manchmal mit der Biografie des Autors zu tun.

Die Schauplätze eines Jugendbuchs bestimmen und analysieren

6 Formuliere zu jeder Information aus „Der Junge, der Gedanken lesen konnte" die passende W-Frage.

   a) ein 10-jähriger Junge, der Gedanken lesen kann
   b) ist es mir ganz wirr im Kopf geworden
   c) in der Gluthitze des Sommers
   d) Gedanken lesen zu können
   e) unter den hohen Bäumen des alten Friedhofs
   f) in allerhöchste Gefahr bringen wird

Den Handlungsverlauf durch W-Fragen verfolgen

7 Nenne vier wichtige Stichpunkte, die man für die Kurzbiografie des Autors sammeln sollte.

Inhalte zielgerichtet wiedergeben

8 Bringe mithilfe der Zahlen die einzelnen Bausteine der Vorstellung eines Jugendbuchs in eine sinnvolle Reihenfolge:

(1) knappe Inhaltszusammenfassung   (2) Kurzbiografie des Autors   (3) Leseprobe
(4) eigene Meinung zum Buch   (5) Einsatz der Lesekiste   (6) allgemeine Informationen zum Buch

Redebeiträge klar strukturieren

9 Notiere die Buchstaben der wahren Aussagen.

   a) Wer jeden Tag Fernsehen schaut, ist abhängig.
   b) Der Computer ist das gefährlichste Medium.
   c) Man kann von jedem Medium abhängig werden.
   d) Wer nur noch im Internet surft und sich selbst und andere vernachlässigt, ist süchtig.
   e) Handys können nicht abhängig machen.
   f) Wer jeden Abend vor dem Schlafen in einem Buch liest, ist abhängig.

Den eigenen Mediengebrauch reflektieren

10 Bei der Arbeit mit einem Hörtext sind einige Punkte zu beachten.
Schreibe die Aussagen a) – e) in dein Heft und verbessere dabei die Sätze, die falsch sind.

   a) Versuche alle Details auf einmal zu erfassen.
   b) Höre ganz genau zu.
   c) Die W-Fragen helfen dir beim globalen Verständnis.
   d) Beim selektiven Hören musst du nicht so genau aufpassen.
   e) Lies die Fragen zur Auswertung des Hörtextes schon vor dem Hören, damit du weißt, worauf du besonders achten musst.

Einen Hörtext verstehen und auswerten

8 Gedichte für mich, Gedichte für dich

Gedichte verstehen, vortragen und selbst gestalten

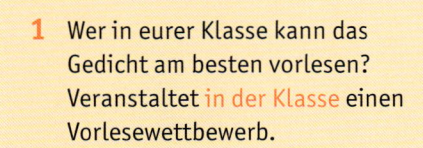

1 Wer in eurer Klasse kann das Gedicht am besten vorlesen? Veranstaltet in der Klasse einen Vorlesewettbewerb.

2 Besprecht zu zweit, warum das Mädchen das Gedicht nicht ganz versteht.

3 Das Ereignis mit dem Zipferlake ist eine Sensation im Wunderland. Auch die Wunderland-Zeitung berichtet darüber. Verfasse in deinem Heft diesen Zeitungsbericht über das Ende des Zipferlakes und zeichne dazu ein passendes Bild.

Lewis Carroll
Der Zipferlake (aus „Alice im Wunderland")

Verdaustig wars, und glasse Wieben
Rotterten gorkicht im Gemank;
Gar elump war der Pluckerwank,
Und die gabben Schweisel frieben.

5 „Hab acht vorm Zipferlak, mein Kind!
Sein Maul ist beiß, sein Griff ist bohr!
Vorm Fliegelflagel sieh dich vor,
Dem mampfen Schnatterrind!"

Er zückt' sein scharfgebifftes Schwert,
10 Den Feind zu futzen ohne Saum,
Und lehnt' sich an den Dudelbaum
Und stand da lang in sich gekehrt,

In sich gekeimt, so stand er hier:
Da kam verschnoff der Zipferlak
15 Mit Flammenlefze angewackt
Und gurgt' in seiner Gier.

Mit eins! und zwei! und bis aufs Bein!
Die biffe Klinge ritscheropf!
Trennt er vom Hals den toten Kopf,
20 Und wichernd sprengt er heim.

„Vom Zipferlak hast uns befreit?
Komm an mein Herz, aromer Sohn!
O blumer Tag! O schlusse Fron!"
So kröpfte er vor Freud.

25 Verdaustig wars, und glasse Wieben
Rotterten gorkicht im Gemank;
Gar elump war der Pluckerwank,
Und die gabben Schweisel frieben.

„Es klingt recht hübsch", sagte sie, als sie
30 damit zu Ende war, „nur ist es leider *etwas*
schwer verständlich!"

Gedichte sind gar nicht langweilig. Finde selbst heraus, wie viel Spaß man mit ihnen haben kann. In diesem Kapitel lernst und trainierst du dafür, ...

... die Sprache von Gedichten zu beschreiben,
... die Form von Gedichten zu beschreiben,
... den Inhalt von Gedichten zu erfassen,
... selbst Gedichte zu verfassen,
... Gedichte gut gestaltet vorzutragen.

8

Wenn Bilder sprechen
Die Sprache von Gedichten beschreiben

1 Stelle dir vor, es ist Sommer und du liegst auf einer Wiese. Schließe deine Augen und erzählt euch *zu zweit*, was ihr seht, hört, riecht und fühlt.

2 Übertrage die folgende Mind-Map in dein Heft und ergänzt sie *in Partnerarbeit* durch eure eigenen Ideen.

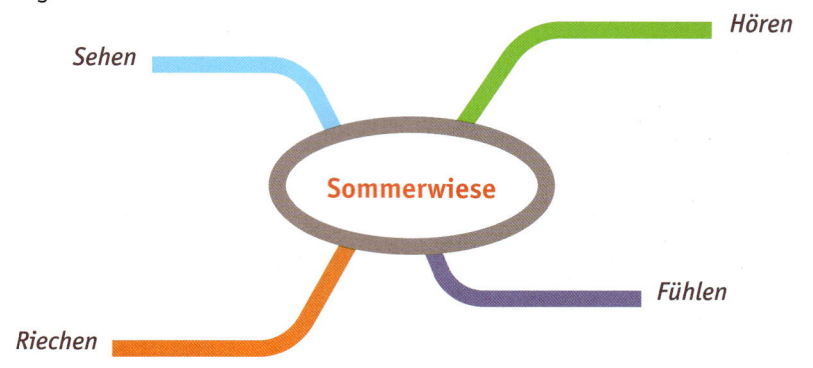

Sehen — *Hören* — **Sommerwiese** — *Fühlen* — *Riechen*

Mediencode: 11035-11

Christine Busta
Der Sommer

Er trägt einen Bienenkorb als Hut
blau weht sein Mantel aus Himmelsseide,
die roten Füchse im gelben Getreide
kennen ihn gut.
Sein Bart ist voll Grillen. Die seltsamsten Mären
summt er der Sonne vor, weil sie's mag,
und sie kocht ihm dafür jeden Tag
Honig und Beeren.

Mären (Sg. die Mär): Geschichten

3 Ergänze deine Mind-Map aus Aufgabe 2 mit weiteren „Sommerwörtern" aus dem Gedicht und verwende dazu eine andere Farbe.

4 Aus den „Sommerwörtern" des Gedichts könnte man auch einen ganz anderen Text gestalten. Lies den folgenden Text durch, notiere in einer zweispaltigen Tabelle Unterschiede zwischen beiden Texten und beschreibe dann den grundsätzlichen Unterschied in einem Satz.

> Im Sommer sieht man Bienenkörbe. Der Himmel ist blau und es weht ein leichter Wind. Füchse laufen durch Getreidefelder. Im Sommer gibt es Grillen und man hört Geräusche. Beeren wachsen und die Bienen stellen Honig her.

→ AH S. 99 f.

Gedichte verstehen, vortragen und selbst gestalten

5 Betrachte die beiden Abbildungen. Ordne der einen das Gedicht und der anderen den kurzen Text über den Sommer zu. Begründe deine Zuordnung in einem Satz.

6 Übertrage den folgenden Satz in dein Heft und fülle die Lücken aus. Das Ergebniswort ergibt sich auch aus den farbig markierten Buchstaben im Gedicht.

> In dem Gedicht „Der Sommer" von Christine Busta trägt der Sommer einen ☀ auf dem Kopf und hat einen ☀ an, er hat einen ☀ und er ☀ der Sonne seltsame ☀ vor.
>
> Ergebnis: Der Sommer wird wie ein _ _ _ _ _ dargestellt.

7 Lies die Informationen im Kasten, finde eine weitere Personifikation aus dem Gedicht und ergänze den Hefteintrag aus Aufgabe 6 mit einem entsprechenden Aussagesatz.

> **Sprachliche Bilder**
>
> Die Sprache in einem Gedicht ist oft **bildhaft**, d. h. sie soll **nicht wörtlich**, sondern **im übertragenen Sinn** verstanden werden.
>
> In vielen Gedichten wird ein Gegenstand, eine Jahreszeit oder ein Tier wie ein Mensch dargestellt **(Personifikation)**, d. h. er/sie/es handelt oder hat Eigenschaften wie ein Mensch: summt **er** (der Sommer) der Sonne vor, weil sie's mag,
> und **sie** (die Sonne) kocht ihm dafür jeden Tag

Das musst du wissen

8 Wähle nun eine der folgenden Aufgaben aus.

- Notiert in Partnerarbeit vier bildhafte Ausdrücke zum Winter, die eine Personifikation enthalten *(ein strenger Frost)*.
- Verlängere das Gedicht „Der Sommer" (→ S. 152) um zwei weitere Verse mit einer Personifikation.
- Verfasse nach dem Vorbild von „Der Sommer" ein Gedicht mit vier Versen über die aktuelle Jahreszeit und verwende dabei zwei Personifikationen.

8 Was ist eigentlich das Besondere an Gedichten?
Die Form von Gedichten beschreiben

Mediencode: 11035-12

Karoline Stahl
Die vier Brüder

Der Erste kommt mit leichtem Sinn,
in reines Blau gehüllet,
✂ 1 ....
die er mit Düften füllet.

5 Der Zweite tritt schon ernster auf
✂ 2 ....
streut Blumen aus in seinem Lauf,
der Ernte reichen Segen.

Der Dritte naht mit Überfluss
10 und füllet Küch' und Scheune,
bringt uns zum süßesten Genuss
✂ 3 ....

✂ 4 ....
in Nacht und Graus gehüllet,
15 zieht Feld und Wald und Wiesen leer,
die er mit Schnee erfüllet.

Wer sagt mir, wer die Brüder sind,
die so einander jagen?
....
20 ....

1 Welcher der folgenden Verse gehört in welche der ausgeschnittenen Zeilen? Ordne die Buchstaben den Scheren 1 bis 4 zu.

a) Verdrießlich braust der Vierte her,
b) mit Sonnenschein und Regen,
c) streut Knospen, Blätter, Blüten hin,
d) viel Äpfel, Nüss und Weine.

2 Die letzte Strophe des Gedichts ist ebenfalls unvollständig. Ergänze die beiden auch hier fehlenden Verse mithilfe des Wortspeichers. Vergleicht anschließend eure Fassungen.

Wortspeicher
brauch – drum – ein – ich's – jedes – Kind – leicht – nicht – rät – sagen – sie – wohl – zu

3 Erkennst du die vier Brüder? Schreibe die Antwort in dein Heft und male ein passendes Bild dazu.

Wer sagt mir, wer die Brüder sind, die so einander jagen?
....

Die Form von Gedichten beschreiben → AH S. 99 f.

Gedichte verstehen, vortragen und selbst gestalten

Die Form von Gedichten

Eine Zeile in einem Gedicht heißt **Vers**. Mehrere Verse bilden eine **Strophe**. Häufig haben die Strophen eines Gedichts die gleiche Anzahl von Versen.
In einem Gedicht können sich die Wörter an den Versenden reimen. Dabei gibt es verschiedene **Reimarten** (Reimschemata).

Man kann die Reime eines Gedichts beschreiben, indem man hinter die Reimwörter Kleinbuchstaben schreibt. Für jeden neuen Reim benutzt man einen neuen Buchstaben.
Paarreim: *a a b b*
umarmender Reim: *a b b a*
Kreuzreim: *a b a b*

Das musst du wissen

4 Übertrage das Gedicht in dein Heft, finde die Reimwörter und markiere sie mit Kleinbuchstaben, wie im Wissenskasten beschrieben. Welches Reimschema hat das Gedicht? Was ist die Lösung des Rätsels?

> Es hat zwei Flügel und kann nicht …,
> es hat einen Rücken und kann nicht …,
> es hat ein Bein und kann nicht …,
> es kann wohl laufen, aber nicht …

5 Schreibe eines der Gedichte in dein Heft, höre es dir an und ergänze die Reimwörter aus dem Wortspeicher. Notiere zusätzlich die Art des Reims und die Lösung des Rätsels.

Mediencode: 11035-13

Friedrich Güll
Worträtsel

Fünf Finger und doch keine Hand,
ein Schuh, doch ohne Sohle;
bald weiß wie eine Wand,
bald schwarz wie eine …………

Wortspeicher
blühn – dir (2×) – grün – Tier – Kohle – sage

Friedrich Haug
Worträtsel

Ich sag' dir nicht, was ich dir sage.
Was ich dir sage, sag' ich …………
nur darum, dass du sagest mir,
was ich nicht selbst dir …………

Lars Krüger
Worträtsel

Das Erste ist ein wildes …………
Das Zweite putzt du am Morgen …………
Zusammen ist es gelb und …………,
du siehst es auf der Wiese …………

6 Schreibe nun selbst ein Gedicht mit vier Versen. Wähle eine der Möglichkeiten aus:

- ein Tiergedicht
- ein Rätselgedicht
- ein Gedicht deiner Wahl mit umarmendem Reim

8

Was will mir das Gedicht sagen?
Den Inhalt von Gedichten erfassen

1 Betrachte die Bilder und ergänze die beiden Satzanfänge.

- Der Löwenzahn heißt „Löwenzahn", weil …
- Der Löwenzahn wird auch „Pusteblume" genannt, weil …

Rosemarie Künzler-Behncke
Löwenzahnsonnen

Löwenzahnsonnen –
eine ganze Wiese voll.
Das glüht und blüht
wie toll.

Ich spitze die Lippen
und blase die Pracht
in den Wind,

der ganz sacht
die Silberhaar hebt,
rundum verweht
und neue Löwenzähne sät.

Es dauert nicht lange,
da wachsen aus den Sonnen
Köpfe im Silberhaar.

---

2 Die Strophen sind durcheinander geraten. Schreibe sie in der richtigen Reihenfolge auf.

3 Zeichne zu jedem Abschnitt ein passendes Bild und gestalte dabei auch die Ausdrücke *Löwenzahnsonnen* und *Köpfe mit Silberhaar*.

4 Fasse jede Strophe des Gedichts in einem Aussagesatz zusammen. Der Wortspeicher hilft dir dabei.

5 Wie geht es mit dem Löwenzahn weiter? Verfasse einen weiteren kurzen Textabschnitt, der zu dem Gedicht passt.

Wortspeicher

Wiese – pustet – Blüte – Löwenzahn – fliegen weg – Pusteblumen – blüht – Flugschirme – strahlendes Gelb – Löwenzahnsamen – verwandeln sich – jemand

Den Inhalt von Gedichten erfassen → AH S. 99 f.

Gedichte verstehen, vortragen und selbst gestalten

6 Du möchtest einen Fotokalender gestalten. Welches der folgenden Fotos wählst du für den Monat November aus? Bearbeite eine der folgenden Aufgaben.

- Führe ein Brainstorming (→ S. 293) durch. Notiere in der Mitte den Buchstaben des Bilds und schreibe außen Begriffe dazu, die zum Bild passen.

- Führe ein Brainstorming (→ S. 293) zum Bild durch und schreibe die Gründe, aus denen du dich für dieses Bild entschieden hast, dazu.

- Fertige ein Cluster (→ S. 293) zum Bild an. Schreibe in der ersten Gliederungsebene Begriffe aus dem Bild und in der zweiten Adjektive, die dazu passen.

A

B

Mediencode: 11035-14

Elisabeth Borchers
November

Es kommt eine Zeit,
da lassen die Bäume
ihre Blätter fallen.
Die Häuser rücken enger zusammen.
5 Aus dem Schornstein kommt Rauch.

Es kommt eine Zeit,
da werden die Tage klein
und die Nächte groß,
und jeder Abend hat
einen schönen Namen.

10 Einer heißt Hänsel und Gretel.
Einer heißt Schneewittchen.
Einer heißt Rumpelstilzchen.
Einer heißt Katherlieschen.
Einer heißt Hans im Glück.
15 Einer heißt Sterntaler.

Auf der Fensterbank
im Dunkeln,
dass ihn keiner sieht,
sitzt ein kleiner Stern
20 und hört zu.

7 Höre dir den Gedichtvortrag an und wähle aus, welches Foto aus Aufgabe 6 am besten zu diesem Gedicht passt, und begründe deine Entscheidung in zwei Sätzen. Beschreibe dabei die Stimmung, die das Bild und das Gedicht vermitteln.

8 In den folgenden Sätzen sind die vier Abschnitte des Gedichts zusammengefasst. Schreibe die Sätze in der richtigen Reihenfolge in dein Heft und fülle die Lücken aus.

- Die Menschen lesen 🍁.
- Im November fällt das 🍁 von den Bäumen und es wird so kalt, dass die Menschen beginnen, ihre Häuser zu 🍁.

- Draußen stehen die 🍁 am Himmel.
- Weil die 🍁 immer kürzer werden, haben die Menschen an den 🍁 Zeit für etwas Schönes.

157

Auch du kannst Gedichte schreiben!
Selbst Gedichte verfassen

Fritz Schmid
Rätselgedicht

1 Dorn im C verurs8 W,
die Vlheit ist 1 Laster.

Im WintR trinkt man gRne T,
im HRbsT blüht die AstR.

5 Die Q gibt Milch. Die Lstern gehen
gar gRn auf Dieberei.

Wer leise geht, geht auf den 10,
1 Glas kr8 leicht ent2.

Bläst man auf dR TromPT Bass,
10 so wackeln alle Wände.

Zum Rnst wird oft 1 kleinR Spaß
und alles hat 1 ND.

1 Lies das Gedicht laut und schreibe es dann in normaler Schreibweise in dein Heft. Unterstreiche die Wörter, die sich reimen, in derselben Farbe.

2 Schreibe ein Gedicht mit vier Versen, die sich reimen. Verwende dabei ähnliche Schreibweisen wie in dem „Rätselgedicht" von Fritz Schmid.

3 Verfasst in kleinen Gruppen Elfchen. Das sind Gedichte, die so aufgebaut sind wie die Texte „fröhlich" und „gelb". Vergleicht anschließend eure Ergebnisse und formuliert eine möglichst genaue Schreibanleitung. Gestaltet dafür einen anschaulichen Hefteintrag.

fröhlich
ausgelassene Stimmung
herrscht heute zuhause
ich habe tausend Pläne
Ferienbeginn

gelb
die Sonne
sie kitzelt mich
ich sinke ins Gras
glücklich

Selbst Gedichte verfassen → AH S. 100

Gedichte verstehen, vortragen und selbst gestalten

4 Bei den folgenden Elfchen fehlt jeweils etwas anderes. Übertrage sie in dein Heft und ergänze das jeweils Fehlende.

> ruhig
> abgefallene Tannenzapfen
> liegen am Weg
> Ich laufe über Moos

> rosa
> kalter Genuss
> in einer Waffel
> Erdbeereis

5 Betrachte die Bilder genau und überlege, welche Gefühle die Personen haben könnten. Wähle dann eines der Bilder aus und verfasse dazu ein Elfchen ohne Schlusswort. Tausche es im Anschluss mit deinem Nachbarn, benenne das Thema und ergänze den letzten Vers.

6 Am Anfang des Kapitels hast du den Zipferlake kennengelernt und gezeichnet (→ S. 151). Nachdem Alice das Gedicht gelesen und verstanden hat, fragt sie sich aber, warum die Bewohner des Wunderlands sich so vor dem Zipferlake gefürchtet haben.

- 🟦 Verfasse ein Elfchen über den Zipferlake und verwende dabei erfundene Wörter wie in dem Zipferlake-Gedicht.
- 🟧 Ergänze das Original-Gedicht um eine weitere Strophe und füge sie an einer passenden Stelle ein.
- 🟫 Verfasse eine Strophe, die an die erste Strophe anschließt und aus der hervorgeht, warum sich die Bewohner des Wunderlands vor dem Zipferlake fürchten.

8

Im Handumdrehen gelernt
Gedichte vortragen und auswendig lernen

Christian Morgenstern
Wenn es Winter wird

Der See hat eine Haut bekommen,
sodass man fast drauf gehen kann,
und kommt ein großer Fisch geschwommen,
so stößt er mit der Nase an.

5 Und nimmst du einen Kieselstein
und wirfst ihn drauf, so macht es klirr
und titscher – titscher – titscher – dirr ...
Heißa, du lustiger Kieselstein!

Er zwitschert wie ein Vögelein
10 und tut als wie ein Schwälblein fliegen –
doch endlich bleibt mein Kieselstein
ganz weit, ganz weit auf dem See draußen liegen.

Da kommen die Fische haufenweis
und schaun durch das klare Fenster von Eis
15 und denken, der Stein wär etwas zum Essen;
doch sosehr sie die Nase ans Eis auch pressen,
das Eis ist zu dick, das Eis ist zu alt,
sie machen sich nur die Nasen kalt.

Aber bald, aber bald
20 werden wir selbst auf eignen Sohlen
hinausgehn können und den Stein wieder holen.

1 Stelle dir vor, du hast das erlebt, was in dem Gedicht beschrieben wird. Erzähle einem Partner/einer Partnerin davon. Achte darauf, möglichst spannend zu erzählen, und gestalte deinen Vortrag anschaulich mit Gesten und verschiedenen Gesichtsausdrücken.

2 Um einen Text wirkungsvoll vorzulesen, ist es hilfreich, im Text Markierungen anzubringen. Betrachte den markierten Textausschnitt, übertrage dann die Tabelle rechts oben in dein Heft und fülle sie mithilfe des Wortspeichers aus.

Er zwitschert wie ein Vögelein ↷
und tut als wie ein Schwälblein fliegen –|
doch endlich|bleibt mein Kieselstein ↷
ganz weit,|ganz weit auf dem See draußen liegen.

Gedichte vortragen und auswendig lernen

Gedichte verstehen, vortragen und selbst gestalten

Markierung	Bedeutung
Unterstreichung ———	
Verbindungspfeil zur nächsten Zeile ⤶	
senkrechter Strich │	
gestrichelte Unterstreichung -----	

Wortspeicher

betonen – langsam lesen – Pause machen – am Zeilenende weiterlesen

3 Trage auf einer Textkopie die Markierungen für die übrigen Strophen ein.

4 Übe den Vortrag des Textes und ermittelt in einem kleinen Wettbewerb, wer in eurer Klasse am wirkungsvollsten vorlesen kann.

> **So trägst du ein Gedicht wirkungsvoll vor**
>
> Um den Zuhörer für das Gedicht zu interessieren, musst du laut und deutlich sprechen. Wichtige Wörter, Pausen und Stellen, an denen du besonders eindrucksvoll lesen solltest, markierst du im Text mit unterschiedlichen Farben und Symbolen. Steht kein Satzzeichen am Versende und wird der Satz im nächsten Vers weitergeführt, liest du ohne Pause weiter (Zeilensprung). Versuche die Stimmung des Gedichts mit deiner Stimme deutlich zu machen, indem du sie passend zum Inhalt z. B. fröhlich oder nachdenklich klingen lässt.

Das musst du können

5 Zeichne zu jeder Strophe in Christian Morgensterns Gedicht links ein Bild.

6 Sprich die erste Strophe des Gedichts so lange leise vor dich hin, bis du sie auswendig kannst, und trage sie dann einem Partner/einer Partnerin vor.

7 Lerne das Gedicht „November" (→ S. 157) so auswendig, wie es im folgenden Kasten beschrieben wird, und trage es dann vor der Klasse wirkungsvoll vor.

> **So lernst du ein Gedicht auswendig**
>
> Überlege dir zu jeder Strophe ein Bild, das den Inhalt wiedergibt.
> Lies immer nur einen Vers, decke ihn zu und wiederhole ihn auswendig. Gehe dann genauso vor mit einer ganzen Strophe.
> Notiere dir auf einem „Spickzettel" z. B. das erste Wort jeder Strophe oder Textstellen, die du dir schlecht merken kannst.

Das musst du können

8 Vergleicht die Lerngeschwindigkeit bei Aufgabe 6 und 7.

8

Was DU schon kannst!
Kompetenztest

Heinrich Hoffmann
Der fliegende Robert

Wenn der Regen niederbraust,
wenn der Sturm das Feld durchsaust,
bleiben Mädchen oder Buben
hübsch daheim in ihren Stuben.

5 Robert aber dachte: Nein!
Das muss draußen herrlich sein! –
Und im Felde patschet er
mit dem Regenschirm umher.

Hui, wie pfeift der Sturm und keucht,
10 dass der Baum sich niederbeugt!
Seht! Den Schirm erfasst der Wind,
und der Robert fliegt geschwind

durch die Luft so hoch, so weit;
niemand hört ihn, wenn er schreit.
15 An die Wolken stößt er schon,
und der Hut fliegt auch davon.

Schirm und Robert fliegen dort
durch die Wolken immerfort.
Und der Hut fliegt weit voran,
20 stößt zuletzt am Himmel an.

Wo der Wind sie hingetragen,
ja, das weiß kein Mensch zu sagen.

Den Inhalt von Gedichten erfassen

1 Bringe die folgenden Sätze, die den Inhalt des Gedichts zusammenfassen, in die richtige Reihenfolge und schreibe die Buchstaben in dieser Reihenfolge in dein Heft.

a) Der Wind erfasst Roberts Regenschirm und trägt Robert davon.
b) Niemand hört Roberts Hilferufe, und er fliegt immer höher.
c) Bei schlechtem Wetter bleiben die meisten Kinder zu Hause.
d) Robert fliegt durch die Wolken und steigt immer weiter.
e) Es ist unbekannt, wohin Robert geflogen ist.
f) Robert aber geht bei Regenwetter hinaus.

Kompetenztest

2 Notiere die Wörter, die an der Stelle der Sternchen stehen müssen.

> „Der fliegende Robert" ist ein * von Heinrich Hoffmann. Es hat fünf * mit vier * und eine * mit zwei *.

3 Beschreibe die Reime der ersten Strophe von „Der fliegende Robert" mithilfe von Kleinbuchstaben und bestimme das Reimschema.

4 Stelle die vier Verse der ersten Strophe so um, dass sich das Reimschema ändert. Achte darauf, dass der Sinn der Strophe erhalten bleibt, und bestimme anschließend das neue Reimschema.

5 Schreibe die dritte und vierte Strophe in dein Heft und trage dazu Markierungen zum Vortrag ein. Berücksichtige Sprechgeschwindigkeit, Lautstärke, Pausen und Zeilensprünge.

6 Notiere die Nummer und den Buchstaben der richtigen Lösungen.

„Der Sturm keucht" ist eine

1) Person,
2) Personifikation,
3) Persönlichkeit,

a) weil der Sturm ein Tier mit langen Krallen ist.
b) weil der Sturm für Robert gefährlich werden könnte.
c) weil der Sturm wie ein Mensch dargestellt wird.

7 Lies das folgende Gedicht auf der linken Seite, schreibe dann den Buchstaben des Textes auf der rechten Seite auf, der zu dem Gedicht auf der linken Seite passt, und begründe deine Lösung in einem Satz.

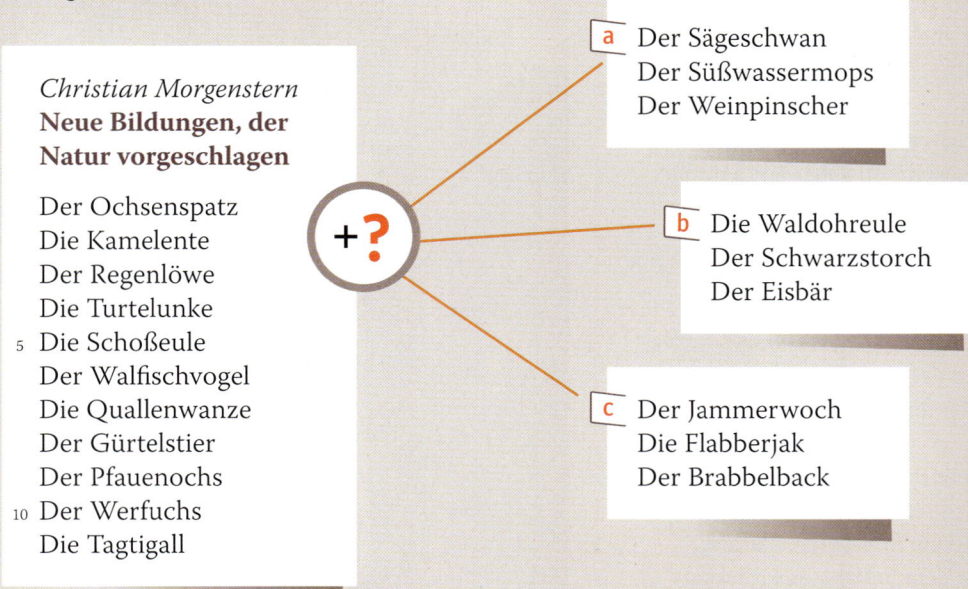

Christian Morgenstern
Neue Bildungen, der Natur vorgeschlagen

Der Ochsenspatz
Die Kamelente
Der Regenlöwe
Die Turtelunke
5 Die Schoßeule
Der Walfischvogel
Die Quallenwanze
Der Gürtelstier
Der Pfauenochs
10 Der Werfuchs
Die Tagtigall

a Der Sägeschwan
Der Süßwassermops
Der Weinpinscher

b Die Waldohreule
Der Schwarzstorch
Der Eisbär

c Der Jammerwoch
Die Flabberjak
Der Brabbelback

Gedichte verstehen, vortragen und selbst gestalten

- Gestaltungsmerkmale von Gedichten erkennen
- Die Form von Gedichten beschreiben
- Nach Mustern schreiben
- Texte sinngebend und gestaltend vorlesen
- Gestaltungsmerkmale von Gedichten erkennen und den Inhalt erfassen
- Deutungen des Textes formulieren und begründen

163

9 Banden

Theater spielen

1. Sprecht in der Klasse über das obere Bild auf der rechten Seite: Was ist hier dargestellt? Welchen Eindruck machen die Jungen und das Mädchen auf euch und warum?

2. Sammelt in Partnerarbeit Adjektive, die diese Personen beschreiben.

3. Tauscht euch nun in der Klasse über das zweite Bild aus: Was seht ihr hier? Welchen Eindruck machen die Mädchen auf euch und warum?

4. Notiert auch hier zusammen in Partnerarbeit passende Adjektive, die diese Mädchengruppe beschreiben.

5. Vergleicht die Adjektive und begründet eure Wahl mit der Kleidung, der Körperhaltung oder dem Gesichtsausdruck der Personen.

Hast du selbst schon einmal in einem Theaterstück mitgespielt – vielleicht in der Schultheatergruppe? Wenn nicht, hast du ja möglicherweise nach Bearbeitung des Kapitels Lust dazu! In diesem Kapitel lernst du nämlich …

… dialogische Texte kennen,
… Texte szenisch zu lesen,
… Texte szenisch darzustellen,
… eine eigenständige Spielvorlage zu verfassen,
… eine Szene aufzuführen.

Sind Gespräche auch Texte?
Dialogische Texte kennenlernen

Alexander Buhman
Rocker/Popper *(Auszug)*

Momo hat Geburtstag und alles liebevoll mit ihrer Schwester für eine Party bei sich zuhause vorbereitet. Doch leider kommen nicht nur geladene Gäste…

MOMO: *(erfreut)* Endlich kommt Sascha! *(Momo öffnet die Tür. In diesem Moment geht die Musik aus, und die Bühne wird mit einem hellen Licht beleuchtet. Alle Partygäste wenden sich aufmerksam den folgenden Ereignissen zu. Die Rockergruppe erscheint an der Tür. Petra steht vorne. Zunächst erstarren alle, keiner sagt ein Wort)*

PETRA: *(freundlich)* Hallo! Wir wollten mal bei euch reingucken.

MOMO: *(abweisend)* Das passt jetzt aber nicht so gut.

PETRA: Wieso? Hier ist doch 'ne Party. Nun hab' dich doch nicht so!

MOMO: Das ist keine Party. Ich hab' nur ein paar Freunde zu meinem Geburtstag eingeladen.

PETRA: Oh, du hast Geburtstag! Herzlichen Glückwunsch!

MOMO: *(genervt)* Danke! Jetzt könnt ihr aber auch wieder gehen.

JULIANA: *(zu Röschen)* Habt ihr die etwa eingeladen?

RÖSCHEN: Quatsch! *(zu Petra energisch)* Ihr habt es doch gehört, ihr könnt wieder gehen!

PETRA: Ach, hier ist ja doch 'ne Party! *(blickt zu Ella)* Ella, du hast mir doch erzählt, dass hier 'ne Party ist.

ELLA: Ich? Nun lass mich dabei aus dem Spiel!

LARS: *(drängelt sich nach vorne, schiebt Petra und auch Momo zur Seite, drückt mit seiner Körperhaltung aus, dass er keinen Widerstand duldet)* Nun lasst uns doch mal einfach rein! *(Die anderen Rocker folgen ihm. Die Partygäste beobachten konsterniert die Ereignisse und weichen gegebenenfalls etwas zurück. Die Rocker bleiben als Gruppe zusammen)*

KAI: *(hält eine Getränkedose hoch)* Unsere Getränke haben wir uns sogar selbst mitgebracht. *(Er nimmt einen kräftigen Schluck)*

JULIANA: *(zu Katja)* Die kenne ich, das gibt Ärger!

PETRA: *(entdeckt die Schnittchen)* Oh, geil, hier gibt es ja sogar 'was zu futtern! *(Sie nimmt sich ein Schnittchen und beißt kräftig hinein, spricht mit vollem Mund)* Schmeckt echt super! *(Auch die anderen Rocker bedienen sich)*

KATJA: *(zu Juliana)* Was ist die ordinär!

JULIANA: Kein Wunder! Bei den Klamotten, die die trägt. So etwas würde ich ja nicht mal mit der Kneifzange anfassen.

PETRA: *(etwas drohend)* Sprichst du mit mir? Sei bloß vorsichtig! […]

KAI: Lasst euch durch uns nicht stören. Feiert einfach weiter.

Mediencode:
11035-15

1 Bildet eine Redekette (→ S. 294) und erzählt in eigenen Worten nach, was hier passiert.

2 Lest nun in verteilten Rollen die Szene und versucht dabei, die Sätze so zu betonen, dass klar wird, wie sich die jeweiligen Personen fühlen.

Dialogische Texte kennenlernen → AH S. 101

Theater spielen

3 Nenne Merkmale des Textauszugs, an denen deutlich wird, dass dies ein Text zum Vorspielen ist.

4 Du sollst die Rollen für eine Theateraufführung in deiner Schule besetzen. Schau dir die Bilder genau an und ordne sie dann jeweils begründet einer Figur aus dem Text und dem Begriff *Rocker* oder *Popper* zu.

5 Nach Kais letzten Worten tritt Momo auf die Eindringlinge zu und will ihnen klar machen, warum sie die Feier jetzt verlassen müssen. Schreibe diese Rede Momos.

6 Stellt in Partnerarbeit die Regieanweisungen des Textes zusammen. Schreibt dazu in eure Hefte eine Tabelle nach folgendem Beispiel.

Bühne	Stimmung der Figuren	Bewegung/Blick
Das Licht ist abgedunkelt	Momo (erfreut)	Petra (blickt zu Ella)

Dialogische Texte

Das musst du wissen

Dialogische Texte bestehen aus Dialogen und sind Spielvorlagen. Wenn zwei oder mehr Personen miteinander sprechen und sich so die Handlung entwickelt, nennt man das einen Dialog, wenn nur eine Person spricht, einen Monolog.
Oft erläutert der Autor in Regieanweisungen, was in der aktuellen Szene (→ S. 172) passiert *(Die Bühne wird mit einem hellen Licht erleuchtet)*, wie die Personen aussehen, was sie tun *(drängelt sich nach vorne)* oder wie sie sich fühlen *(genervt)*.

7 Beschreibe den Unterschied zwischen dialogischen Texten und Erzähltexten.

- Vervollständige die Sätze:
  • Erzähltexte lassen sich nur schwer auf einer Bühne vorspielen, da …
  • Dialogische Texte wirken erst richtig, wenn man sie spielt, weil …

- Notiere drei Gründe, warum sich erzählende Texte nur schwer auf einer Bühne vorspielen lassen, und drei Gründe, warum das Vorspielen dialogischer Texte besonders wirkungsvoll sein kann.

- Stelle die Unterschiede von dialogischen Texten und Erzähltexten in einer Tabelle zusammen.

Mal laut und mal leise, mal zornig und mal froh
Texte szenisch lesen

Lothar Krauth
Der letzte Schlag der Knackerbande *(Auszug 1)*

Die Mitglieder der Knackerbande und ihr Chef haben Professor Archimedes Rieselmann gekidnappt. Sie denken, er habe den Tresorschlüssel der Universität. In diesem Tresor sollen sich mehrere tausend Euro befinden.

DER CHEF: Jetzt wollen wir uns endlich den Professor vornehmen. Es wird langsam Zeit. *(Alle stellen sich um den gefesselten Professor herum. Der Chef nimmt ihm den Knebel ab)*
DER PROFESSOR: *(sprudelt los, schnell)* Meine Lippen sind versiegelt. Ich werde kein Sterbenswörtchen sagen. Ich werde stumm sein wie ein Fisch. Ich werde schweigen, wie noch nie ein Mensch geschwiegen hat. Ich werde eine so unendliche Stille ausstrahlen, eine solche tödliche Schweigsamkeit, dass die abgrundtiefste Grabesruhe wie ein lauter Lärm dagegen wirkt. Ich werde meinen Mund nicht auftun, meine Zunge nicht bewegen, mich in absolutes Schweigen hüllen –
DER CHEF: *(winkt kurz entschlossen der Kröten-Jule zu)* Jule, ans Werk! *(Kröten-Jule streckt zunächst stumm die Hände über den Professor aus. Dieser sinkt sofort in Hypnose, schließt die Augen und neigt müde den Kopf zur Seite; dann […])*
DER PROFESSOR: *(monoton)* Ich bin Archimedes Rieselmann, Professor für Mathematik und Logik.
DER CHEF: *(ungeduldig)* Sagen Sie uns die Zahlen für das Nummernschloss! […]
DER PROFESSOR: Vierte Wurzel aus einundachtzig mal drei.
DER CHEF: *(schreit)* Zahlen, bitte!
DER PROFESSOR: Neun – sage ich doch dauernd!
FASSADEN-EDE: *(dreht am Schloss, freudig erregt)* Es hat geknackt, Chef!
DER PROFESSOR: Sechzehn.
FASSADEN-EDE: *(dreht wieder)* Es hat schon wieder geknackt, Chef! […]
DER CHEF: *(wütend)* Knacken allein genügt nicht, Fassaden-Ede! Die Tür muss aufgehen.
FASSADEN-EDE: Im Knacken bin ich sonst absolute Spitze, das weißt du, Chef.
DER PROFESSOR: Der Schlüssel fehlt. Man braucht noch den Schlüssel.
DER CHEF: Und wo ist der Schlüssel?

1 Markiere auf einer Textkopie die Regieanweisungen zu den verschiedenen Sprechhaltungen, also wie bestimmte Stellen gesprochen werden sollen.

2 Lest den Text anschließend in verteilten Rollen und achtet besonders auf diese Sprechhaltungen.

Texte szenisch lesen

Theater spielen

3 Sprecht in Kleingruppen nacheinander den folgenden Satz. Verändert dabei die Tonlage und die Lautstärke. Notiert während des Zuhörens zu jeder Sprechhaltung ein Verb oder Adjektiv, das diese eurer Meinung nach am besten charakterisiert. Verständigt euch am Ende auf die passendste Sprechhaltung und begründet diese.

„Jetzt wollen wir uns endlich den Professor vornehmen!"

wütend

laut   leise

fröhlich   traurig

4 Übertrage die Sprechhaltungen im Kreisdiagramm in dein Heft und ordne die passenden Verben zu. Achtung: Es gibt Schnittmengen im Kreisdiagramm, da manche Sprechhaltungen mehreren Verben zugeordnet werden können.

Wortspeicher
befehlen – brüllen – drohen – flüstern – jauchzen – kichern – schluchzen – schreien

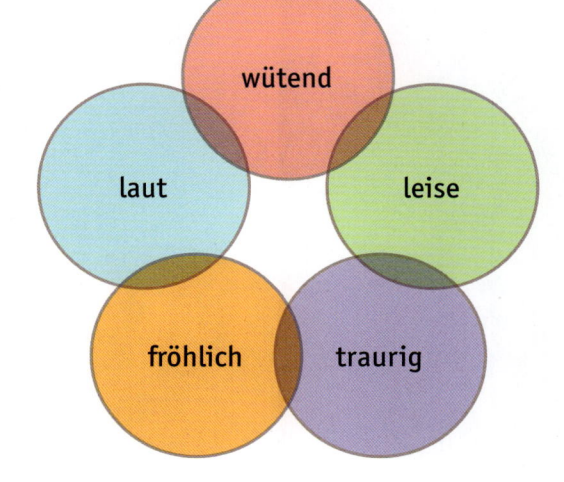

5 Den Satz von oben haben sich drei Mitschüler für das Vorlesen unterschiedlich markiert. Lies jede der drei Varianten laut vor und überprüfe die Wirkung der unterschiedlichen Betonungen. Erkläre, welche Variante du wählen würdest.

<u>Jetzt</u> wollen wir uns <u>endlich</u> den Professor vornehmen.
Jetzt wollen <u>wir</u> uns endlich <u>den Professor</u> vornehmen.
Jetzt <u>wollen</u> wir uns endlich den Professor <u>vornehmen</u>.

6 Unterstreiche auf einer Textkopie, welche Wörter für die Rolle „Der Chef" besonders betont werden sollten.

Das musst du können

So liest du einen Text szenisch

Zum szenischen Lesen bereitest du einen Text folgendermaßen vor:
Markiere Wörter, die für den Sinn des Textes und deine Rolle wichtig sind. **Bögen oder Striche** geben an, ob und wo deine **Stimme sich hebt** (/) bzw. **senkt** (\ ), **Pfeile**, ob und wo deine **Stimme lauter** (↑) oder **leiser** (↓) wird.
Adjektive in Klammern können deine **Sprechhaltung** genauer beschreiben *(ängstlich)*.

7 Geht nun zu dritt zusammen und teilt die Rollen (Fassaden-Ede, Chef, Professor) untereinander auf. Markiere auf deiner Textkopie, wie du deinen Text sprechen willst, und übe dann in deiner Gruppe das szenische Lesen.

9

Mit vollem Körpereinsatz
Texte szenisch darstellen

1 Schreibe zu jedem Bild ein Kärtchen, auf dem du Stichworte zum Gesichtsausdruck, der Körperhaltung und den Gefühlen der dargestellten Figuren angibst.

Lothar Krauth
Der letzte Schlag der Knackerbande *(Auszug 2)*

Nachdem der Professor der Knackerbande schließlich verraten hat, dass sich der für den Tresor benötigte Schlüssel in einer Aktentasche in der Gepäckaufnahme befindet, schickt der Chef seinen besten Mitarbeiter, Fassaden-Ede, los, den Schlüssel aus dem Gepäckfach 86 zu holen. Doch Ede hat leider keinen Erfolg – er kehrt mit einer falschen Aktentasche und somit ohne den Schlüssel zurück. Dynamit-Paule, der die Taschen umtauschen soll, hat vorher schon einen anderen Plan geschmiedet, bei dem ihm eine Marktfrau und ein Gemüsekorb unwissentlich geholfen haben…

DER CHEF: Hast du die richtige Tasche, Dynamit-Paule?
DYNAMIT-PAULE: *(verärgert)* Essig auf der ganzen Linie! Die Nummer 86 ist vorhin schon abgeholt worden. Völlig korrekt, behauptet der Gepäck-Schrumpf. Die falsche Tasche hat er behalten.
DER CHEF: Dann weiß ich auch nicht mehr weiter.
DYNAMIT-PAULE: *(triumphierend)* Aber ich, Chef! Pass mal auf! (*Er zieht den Gemüsekorb vor*) Was meint ihr, was in diesem Korb drin ist?
DER CHEF: *(unwillig)* Krautköpfe, was denn sonst!
FASSADEN-EDE: Lauch, Petersilie, Begonien und Stiefmütterchen –
KRÖTEN-JULE: *(trocken)* – und Knoblauch.
DYNAMIT-PAULE: *(kramt das Sprengstoffpaket hervor)* Hier, das sind Knallbonbons, mit Zunder und Pep! Echte

Texte szenisch darstellen → AH S. 101

Theater spielen

Molotow-Cocktails! Dynamit! Habe ich gestern schon über einen Freund bestellt.
DER CHEF: Daher also die Gemüsefrau! Willst du ballern, Paule?
DYNAMIT-PAULE: *(entschlossen)* Klar! Ohne Gewalt geht hier nichts mehr! *(Sie wollen gerade zum Panzerschrank gehen, da beginnt eine Uhr zu schlagen. Alle vier halten erschrocken inne. Es schlägt zehn)*
DER CHEF: *(erschrocken)* Der Professor sagte etwas von zehn Uhr.
FASSADEN-EDE: Um zehn Uhr sollte der Polizeipräsident hier aufkreuzen, hat er gesagt.
KRÖTEN-JULE: Still! Ich höre etwas!
(Man hört von draußen Schritte. Alle vier verstecken sich rasch. Der Chef wirft dem Professor wieder das Tuch über.)

2 Lies den Textausschnitt genau durch und notiere Aussagen, die zu den jeweiligen Bildern passen. Begründe deine Zuordnung sinnvoll.

3 Formuliere ein Feedback (→ S. 120) für die Darsteller der Knackerbande auf den Standbildern links: Was ist gelungen, wo könnten die Darsteller noch Verbesserungen an ihren Standbildern vornehmen?

4 Arbeitet in Vierergruppen. Zuerst stellen zwei von euch den Begriff *Wut* dar, danach die anderen beiden *Trauer*. Beschreibt jeweils anschließend genau Körperhaltung, Mimik und Gestik und gebt euch gegenseitig Tipps, wie man das Gefühl noch deutlicher ausdrücken könnte.

So baut ihr ein Standbild

Das musst du können

Bei einem Standbild gibt man eine Figur in einer bestimmten Situation wieder. Dabei sollen Einstellungen und Gefühle äußerlich sichtbar gemacht werden.
So geht ihr vor:

- Klärt die Situation und die Gefühlslage der Figur.
- Bestimmt, wer von euch das Modell und wer der Baumeister ist.
- Das Modell verhält sich ganz passiv und lässt sich vom Baumeister modellieren.
- Der Baumeister formt das Modell Schritt für Schritt. Achtet dabei besonders auf die passende Mimik und Gestik (→ S. 173).
- Das fertige Standbild bleibt ca. 30 Sekunden eingefroren.
- Die Mitschüler beschreiben zunächst, was sie sehen, und deuten dann das Standbild (Was wollte der Baumeister ausdrücken?).
- Der Baumeister sagt, was er zum Ausdruck bringen wollte.

---

5 Lies noch einmal den ersten Textauszug über die Knackerbande auf Seite 168. Einige dich mit deinem Partner/deiner Partnerin, welche Figur ihr in einem Standbild darstellen wollt. Verratet euren Klassenkameraden nicht, welche Textstelle ihr baut. Präsentiert euer Standbild. Eure Klassenkameraden raten nun, welche Szene ihr darstellt.

9

Alle Bemühungen der Knackerbande haben nichts bewirkt. Sie haben es nicht geschafft, den Tresor zu öffnen, und nun kommt auch noch die Polizei, um sie festzunehmen. Die Bande ist wohl in eine Falle gelockt worden.

6 Der Chef der Bande wird gerade von einem Polizisten abgeführt. Wie fühlt sich der Chef in diesem Moment? Und wie fühlt sich wohl der Polizist? Erstelle eine Karte deiner Wahl mit den möglichen Gefühlsregungen …

- 🟦 … des Polizisten.
- 🟧 … des Chefs der Knackerbande.
- 🟫 … des Polizisten auf der Vorderseite und des Chefs der Knackerbande auf der Rückseite der Karte.

7 Übt und präsentiert in Partnerarbeit ein Pantomimenspiel (→ S. 173) mit dem Polizisten und dem Chef der Knackerbande. Beginnt das Spiel mit Standbildern zu den beiden Figuren, die sich zu bewegen beginnen.

8 Präsentiert euer Pantomimenspiel. Die Zuschauer beschreiben zunächst, was sie gesehen haben, und geben dann eine Rückmeldung, ob Gestik, Mimik und Bewegung deutlich ausgeführt worden sind und zu Figur und Situation gepasst haben.

Das musst du wissen

Eine Theateraufführung

Den Ort, an dem ein Theaterstück aufgeführt wird, nennt man **Bühne**.
Jedes Theaterstück besteht aus verschiedenen Abschnitten, in denen die Figuren aufeinander treffen und miteinander sprechen und handeln. Diese Abschnitte heißen in der Theatersprache **Szenen**.
In vielen Szenen werden auch Gegenstände gebraucht, die eine wichtige Funktion im Handlungsverlauf einnehmen *(Gemüsekorb)*. Diese wichtigen Gegenstände nennt man **Requisiten**.

Texte szenisch darstellen → AH S. 101

Lothar Krauth
Der letzte Schlag der Knackerbande *(Auszug 3)*

FASSADEN-EDE: Chef, soll ich dem Professor den Knebel abnehmen?
DER CHEF: Lass das sein, Fassaden-Ede! Der Herr Professor würde die Zahlenkombination seines Panzerschranks wohl kaum ausspucken, das heißt, ohne entsprechende Nachhilfe.
DYNAMIT-PAULE: Ein kräftiger Schlag auf die Rübe, das hilft immer!
DER CHEF: Keine Gewalt, Dynamit-Paule! Du weißt, das ist unser Motto – nur keine Gewalt.
DYNAMIT-PAULE: Bin ja schon friedlich.
DER CHEF: Wir warten auf die Kröten-Jule, verstanden!? Die hat zwar den bösen Blick, und durch vier müssen wir dann auch noch teilen. Aber sie kann handlesen und wahrsagen – und hypnotisieren. Sie blickt dir in die Pupille – und schon plauderst du los wie ein Wasserfall. Sachen sagst du, die du gar nicht sagen willst.

9 So beginnt das Stück auf der Bühne. Beim Abdruck des Textauszugs sind aber alle Regieanweisungen verloren gegangen. Formuliert in Dreiergruppen mithilfe des Kastens zu der Eingangsszene die fehlenden Regieanweisungen für die Darsteller.

Gestik, Mimik und Intonation

Ein Theaterstück wirkt erst, wenn es aufgeführt wird.

- **Sprich** immer **deutlich**.
- Achte auf die **Intonation**, also den bewussten Einsatz deiner Stimme *(Stimme heben/senken, laut/leise reden, lachen …)*.
- Setze deinen Körper durch **Gestik** *(mit den Schultern zucken, mit dem Fuß stampfen …)* und dein Gesicht durch **Mimik** *(Nase rümpfen, Augenbrauen hochziehen …)* zur Situation und zum Gesagten passend ein.
- **Spiele** immer **zum Publikum**, wende deinen Zuschauern nie den Rücken zu.
- Vor einer Aufführung oder vor den Proben helfen dir **Aufwärmübungen für Stimme**, **Mimik** und **Gestik**.
- Bei der **Pantomime** wird **allein durch Gestik und Mimik**, also ohne Sprache, eine Situation bzw. Geschichte dargestellt.

Das musst du wissen

---

10 Führt diese Anfangsszene der Knackerbande nun selbst mithilfe eurer Regieanweisungen vor der Klasse auf. Wählt dazu in Dreiergruppen eine der folgenden Aufgaben:

- Erarbeitet ein Standbild, das die Szene darstellt.
- Spielt die Szene in einem Pantomimenspiel vor.
- Führt die Szene als Theaterstück auf. Beachtet dabei Gestik, Mimik und die richtige Intonation.

9 Jugendbanden: Wilde Hühner und Pygmäen
Szenen eines Films analysieren

1 Das Bild oben links aus dem Film „Die Wilden Hühner" zeigt eine Mädchen- und eine Jungenbande, die sich gegenseitig immer wieder Streiche spielen. Beschreibe die Situation und die möglichen Gefühle der Figuren. Achte auch auf die Mimik und Gestik.

2 Betrachtet das zweite Bild und überlegt euch in Partnerarbeit, welche Art von Musik zu dieser Szene passen würde. Notiert Stichpunkte in euer Heft und begründet eure Ideen.

Mediencode: 11035-16

3 Die Szene zum Bild aus Aufgabe 2 wird auch im Trailer gezeigt. Schaut euch nun den Trailer zum ersten Film „Die Wilden Hühner" in der Klasse an und überprüft eure Vermutung zur Musik. Notiert kurz das Ergebnis eures Vergleichs.

4 Übertrage die Kreise rechts in dein Heft und lies die Wörter im Wortspeicher.
Schaut euch den Trailer ein weiteres Mal in der Klasse an und achtet besonders auf Geräusche und unterlegte Musik.
Ordne den Kreisen dann passende Begriffe aus dem Wortspeicher zu.

Freundschaft
Spaß
Streiche

Probleme
Gefahr

Wortspeicher

Geschrei – leise – laut – Gackern – wild – heiter – witzig – dramatisch – ruhig – schnell – langsam – hektisch – Stille – Platschen – Kreischen

Szenen eines Films analysieren

Theater spielen

> **Das musst du können**
>
> ### So analysierst du Szenen eines Films
>
> Um zu entscheiden, ob du einen bestimmten Film anschauen möchtest, kannst du den Filmtrailer genauer untersuchen.
>
> Ein Filmtrailer ist ein etwa zweiminütiger Videoclip, der aus Szenen des Fernseh- oder Kinofilms zusammengeschnitten ist und den Zuschauer neugierig machen will.
>
> - Überlege dir, welche Themen die gezeigten Szenen ansprechen.
> - Achte auf die Musik und die Geräusche. Sie geben Hinweise auf die Stimmung des Films, also ob es sich eher um einen lustigen, traurigen, spannenden, … Film handelt.

5 Bei zwei Streichen wird das Geschehen kurz aus einer bestimmten Perspektive gezeigt. Übertrage die Tabelle in dein Heft. Bestimme dann die Kameraperspektive mithilfe des Kastens und notiere, wie die Szene dadurch auf den Zuschauer wirkt und welche Gefühle auf diese Weise erzeugt werden.

Streich	Netz	Farbeimer
Kameraperspektive		
Wirkung, Gefühle		

> **Das musst du wissen**
>
> ### Kameraperspektive
>
> Die Kameraperspektive kann beim Betrachter Gefühle wecken, z. B. Mitgefühl und Zuneigung oder auch Angst und Abscheu.
> - **Normalsicht:** Aufnahme von vorne auf gleicher Höhe
> - **Froschperspektive:** Aufnahme von unten (vgl. *Sicht Frosch → Mensch*)
> - **Vogelperspektive:** Aufnahme von oben (vgl. *Vogel → Erde*)

6 Entscheide dich für einen Beobachtungsauftrag. Spielt dann den Trailer erneut ab und bearbeite anschließend die gewählte Aufgabe:

- ■ Sammle zum Gefühl *Angst/Sorge* Szenen, in denen dieses Gefühl vermittelt wird. Weise dies am Ton (Musik, Geräusch) und/oder an der Kameraperspektive nach.

- ■ Notiere, welches Geräusch sehr häufig vorkommt, und erkläre, warum das so ist. Mache dir auch Stichpunkte, wann es vorkommt, wann nicht und wie es auf dich wirkt.

- ■ Schreibe aus deiner Sicht als Jugendlicher eine kurze Rückmeldung an die Marketing-Firma, ob du den Trailer in Bezug auf Themen, Ton und Kameraperspektive gelungen findest, und begründe deine Meinung.

Was DU schon kannst!
Kompetenztest

Dialogische Texte kennenlernen

1 Vervollständige den Lückentext.

> Wenn zwei oder mehrere Personen miteinander sprechen, nennt man das einen ▭ . Spricht hingegen nur eine Person (z. B. mit sich selbst) ist dies ein ▭ . Was in einer Szene auf der Bühne passiert, was die Personen auf der Bühne tun und wie sie etwas sagen, darüber geben die ▭ Auskunft.

Ilse Bintig
Eine richtige Räuberbande *(Auszug ohne Regieanweisungen)*

Eine Klasse wird von ihrem Lehrer bei jeder Gelegenheit als „Räuberbande" beschimpft. Die Schüler beschließen, sich gemeinsam dagegen zu wehren. Da sie den Lehrer sonst aber ganz gern mögen, wollen sie den Konflikt mit Humor lösen.

Dirk: Der weiß gar nicht, was eine Räuberbande ist.
Viola: Mensch, ich hab's! Wir müssen ihm das mal zeigen.
Hans: Wie meinst du das denn?
Viola: Ganz einfach! Wir verkleiden uns morgen alle als Räuber, und dann kann
5 er mal eine richtige Räuberbande erleben.
Alle: Jaaa! Das ist gut –
Hans: Du meinst also, wir gehen morgen alle als Räuber in seinen Unterricht?
Viola: Mensch! Das wird ein Mordsspaß. Was glaubt ihr, was da los ist!
(Es schellt)
10 **Hans:** Los! Kommt alle auf den Schulhof! Da denken wir uns für morgen ein paar tolle Streiche aus.
Martin: Das ist gut. Ab morgen sind wir Räuber. Richtige Räuber!
Alle: Räuber! Räuber! Räuber!

Inhalt eines dialogischen Textes erfassen

2 Gib an, welche der folgenden Aussagen richtig ist.

a) Die Schüler wollen sich als Räuber verkleiden, weil Fasching ist.
b) Die Schüler wollen ihrem Lehrer am nächsten Tag Streiche spielen.
c) Alle verstehen Violas Vorschlag, sich als Räuber zu verkleiden, sofort.
d) Die Schüler wollen als Räuber verkleidet einen Spaß machen.
e) Die Schüler wollen ihrem Lehrer als Räuber Angst machen und ihn verjagen.

Kompetenztest

3 Nenne die Standbilder, die zum abgedruckten Textabschnitt passen.

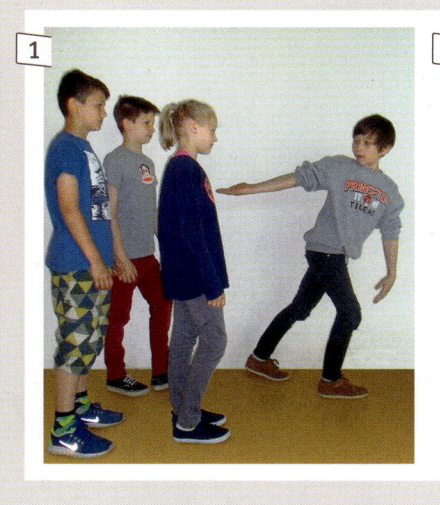

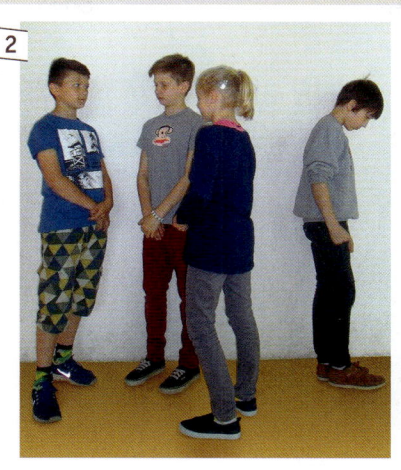

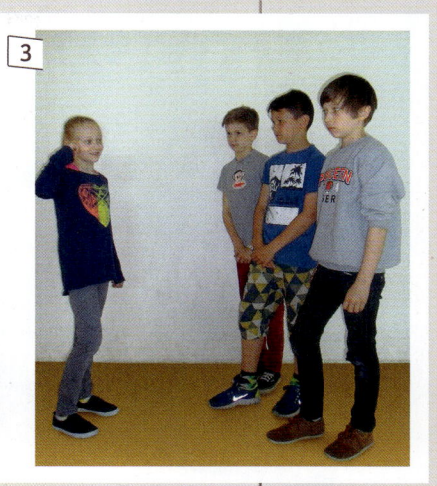

Szenisch darstellen

4 Fügt auf einer Kopie des Textauszugs je drei passende Regieanweisungen zu Intonation, Mimik und Gestik ein.

Eine Spielvorlage verfassen

5 Hier siehst du drei Szenen aus verschiedenen Schultheateraufführungen. Was könnten die Personen in dem jeweiligen Moment wohl sagen? Ordne die Bilder den Aussagen zu und begründe deine Wahl. Achtung: Es gibt zwei Aussagen mehr als Bilder.

Auf Gestik und Mimik achten

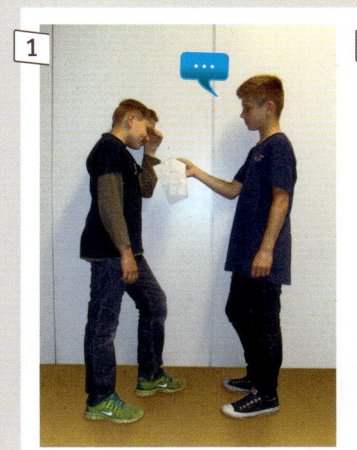

a) „Das macht Spaß!"
b) „Loser! Loser!"
c) „Du bist so uncool und immer nur am Meckern!"
d) „Was hatten wir noch einmal in Englisch auf?"
e) „Kopf hoch. Das wird schon wieder."

6 Notiere in Stichpunkten, welche Art Musik sich für eine traurige Filmszene eignet.

Filmszenen analysieren

10 Robbi – ein Roboter lernt die menschliche Sprache kennen

Wortbedeutung und Wortbildung

1. Beschreibt die Bilder und benennt, was die „Sprecher" gemeinsam haben und wo sie sich unterscheiden.

2. Ihr lernt ja gerade eine Fremdsprache – vermutlich eure erste. Sammelt Unterschiede, die eurer Meinung nach zwischen dem Sprechenlernen als Kind und dem Erlernen einer Fremdsprache bestehen.

3. „Mein Teekesselchen ist essbar. Außerdem kann es Licht geben." Klärt gemeinsam, wie das Spiel „Teekesselchen" geht und was es mit den Themen „Sprache" und „Sprache lernen" zu tun haben könnte. Sammelt weitere Wortpaare für das Spiel und spielt es in der Klasse.

Sei jetzt still!

Wör-ter ler-nen

Mama

Ständig hörst du sie, ständig gebrauchst du sie, aber hast du dir schon Gedanken darüber gemacht, warum wir uns „verstehen", wenn wir unsere Sprache verwenden? Gemeinsam mit Roboter Robbi und Paula lernst du deshalb, …

… zu verstehen, wie Sprache funktioniert,
… durch Zusammensetzungen und Ableitungen neue Wörter zu bilden,
… die Zusammengehörigkeit von Wörtern in Wortfamilien zu erkennen,
… Wörter in Wortfeldern zusammenzustellen und diese zu nutzen.

10 Was hast du gemeint?
Verstehen, wie Sprache funktioniert

Paulas Traum

Paulas Mutter möchte, dass Paula ihr Zimmer aufräumt. Paula hat jedoch keine Lust und legt sich stattdessen auf ihr Bett. Sie fängt an zu träumen. Im Traum erscheint ihr Robbi, der ihr beim Aufräumen helfen will. Paula versucht Robbi zu erklären, was er machen soll. Doch er versteht die menschliche Sprache nicht. Deshalb spielt sie ihm vor, was er zu tun hat. Paula freut sich, dass Robbi ihr hilft. Es stört sie dabei auch nicht weiter, dass ihr Zimmer nach dem Aufräumen etwas seltsam aussieht. Sie sagt: „Man braucht gar keine Sprache. Alles, was man anderen mitteilen will, kann man auch ohne Worte sagen."

1 Notiert in Partnerarbeit einzelne Aufgaben, die zum Aufräumen eines Zimmers gehören. Wählt zwei davon aus und spielt sie pantomimisch (→ S. 173) euren Mitschülern vor.

2 „Alles, was man anderen mitteilen will, kann man auch ohne Worte sagen." Hat Paula mit ihrer Aussage Recht? Nimm Stellung zu dieser Aussage, indem du ...

- ... Paulas Aussage zustimmst oder sie ablehnst und dies kurz begründest.
- ... erläuterst, welche Schwierigkeiten auftreten können, wenn man keine Sprache verwendet.
- ... einen kurzen Vortrag für deine Klasse zum Thema „Warum Sprache im Alltag wichtig ist" verfasst.

Verstehen, wie Sprache funktioniert

Wortbedeutung und Wortbildung

3 Notiere in Stichworten die dargestellten Tätigkeiten. Vergleicht anschließend eure Ergebnisse und sprecht darüber, warum ihr meist die gleichen Stichworte habt, es aber auch Unterschiede gibt.

Robbi lernt die Sprache

In Paulas Traum lernt Robbi so schnell, dass er bald schon viele Wörter versteht. Paula gefällt das und sie möchte, dass Robbi ihr auch bei den Hausaufgaben
5 hilft. Sie zeigt ihm ihre Schulsachen und erklärt ihm, wie all diese Dinge heißen. Doch nach einer Weile wird ihr dabei langweilig. Sie nimmt ihr Mäppchen und sagt zu Robbi: „Das ist eine Schultasche."
10 Robbi wiederholt eifrig: „Eine Schultasche."

Paula grinst und zeigt auf ihre Schultasche: „Das ist ein Mäppchen." „Mäppchen", wiederholt Robbi. Paula bringt
15 Robbi bei, dass der Radiergummi Spitzer heißt, das Heft Brotdose, das Buch Lineal, das Lineal Schere und der Füller Pinsel. Sie hat immer mehr Ideen und es macht ihr eine Menge Spaß, die Bezeichnungen für ihre Schulsachen abzuän- 20 dern. „Hausaufgabenheft" sagt sie, als sie den Taschenrechner aus der Tasche holt. „Pausenbrot" nennt sie den Bleistiftspitzer. Nachdem sie ihre gesamte Schultasche ausgeräumt hat, gibt sie Robbi eine 25 Aufgabe: „Nimm das Buch und schreib die neuen Regeln aus dem Deutschunterricht gut leserlich mit dem Füller ins Heft. Unterstreiche die wichtigen Begriffe mit dem Lineal." 30

4 Was passiert nun wohl? Schreibe die Geschichte weiter.

5 Am Abend erzählt Paula ihrer Mutter von ihrer „Sprachlehrerinnen-Tätigkeit" und den damit verbundenen Problemen. Entwerft in Partnerarbeit den Dialog zwischen den beiden. Spielt euch die Dialoge in der Klasse vor.

Wörter als Sprachzeichen

Das musst du wissen

Sprache funktioniert nur, wenn du als Sprecher dieselben Inhalte mit den Begriffen verbindest wie dein Zuhörer.

Bei sprachlichen Zeichen (z. B. einzelne Wörter) unterscheidet man eine Inhalts- und eine Ausdrucksseite. Die Inhaltsseite bezeichnet das, was mit einem Sprachzeichen gemeint ist, also seine Bedeutung. Die Ausdrucksseite bezeichnet das, was du hören oder lesen kannst.

Ausdruck

„Roboter"

Inhalt (Bedeutung)

181

6 Wenn Paula Robbi als Hausaufgabenhelfer einsetzen möchte, muss sie ihn richtig programmieren. Übertrage die Tabelle in dein Heft und fülle sie aus.

Programmiertabelle	
Ausdruck	**Inhalt/Bedeutung**
Lineal	Ein Lineal ist ein längliches Hilfsmittel aus Plastik oder Holz zum Zeichnen von geraden Linien.
Buch	
Heft	
Füller	
Schultasche	

7 Beim Programmieren stößt Paula bei manchen Wörtern auf Schwierigkeiten. Erstellt in kleinen Gruppen eine „Programmiertabelle" für die Wörter *Bank, Birne, Schale, Blatt* und *Leiter*. Vergleicht eure Ergebnisse und besprecht die Besonderheit dieser Wörter.

8 Paula möchte Robbi mit möglichst vielen Informationen füttern und erweitert die Inhaltsseite ihrer Programmiertabelle um das Gegenteil der Wörter. Hilf ihr und fülle die Tabelle in deinem Heft aus.

Programmiertabelle	
Ausdruck	**Inhalt/Bedeutung**
leise	Wenn Geräusche oder Stimmen leise sind, kann man sie kaum hören. *Leise* ist das Gegenteil von *laut*.
langsam	
schön	
Hitze	
Liebe	

Verstehen, wie Sprache funktioniert

Wortbedeutung und Wortbildung

9 Mittlerweile hat Paula Robbi mit so vielen Wörtern gefüttert, dass er ihr schon wirklich bei den Hausaufgaben helfen kann. Heute muss Paula Wörter finden, die eine ähnliche oder dieselbe Bedeutung haben. Wähle einen von Robbis drei Vorschlägen aus und ergänze ihn in deinem Heft.

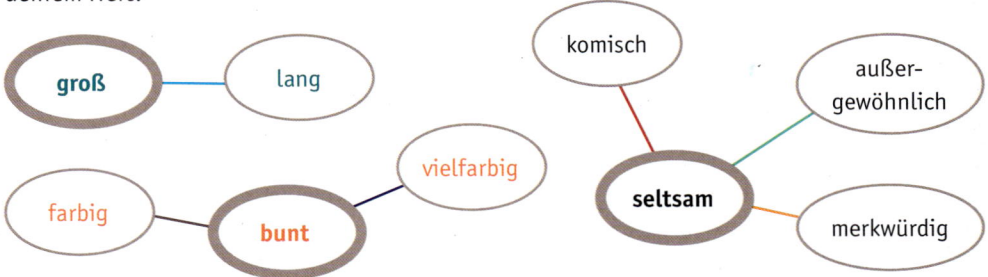

- groß – lang
- farbig – bunt – vielfarbig
- komisch – seltsam – außergewöhnlich – merkwürdig

10 Paula möchte ihre gesammelten Wörter gleich sinnvoll einsetzen. Wie könnte ihr Text aussehen? Verfasse einen abwechslungsreichen Text zu einer seltsamen Begegnung, einem bunten Tier oder einem großen Gegenstand, indem du alle Synonyme (→ Kasten unten) aus Aufgabe 9 verwendest.

11 Paula hat bei Robbi einen Programmierfehler entdeckt. Wenn sie die Inhaltsseite von bestimmten Wörtern sucht, gibt Robbi nur Geräusche von sich. Suche Verben, die Robbi mit seinen Geräuschen ausdrücken will.
Beispiel: trrrrrrrr → trillern

„Klirr!" „Tsch!" „Puff!"

Synonyme, Antonyme, Homonyme und lautmalerische Ausdrücke

Das musst du wissen

Wegen ihrer besonderen Inhalts- oder ihrer besonderen Ausdrucksseite kannst du manche **Wörter in Gruppen** einteilen.

- **Synonyme** unterscheiden sich äußerlich, also auf der Ausdrucksseite, haben aber dieselben oder ähnliche Inhalte: *Geschenk – Mitbringsel, Bereich – Gebiet.*
- **Antonyme** sind Wörter, die das Gegenteil bedeuten: *groß – klein.*
- **Homonyme** sind Wörter, die gleich geschrieben und ausgesprochen werden, aber unterschiedliche Bedeutungen haben (*Ball:* Spielgerät – Tanzveranstaltung).
- **Lautmalerische Ausdrücke** (Onomatopoetika) ahmen ein Geräusch oder einen Klang nach, die zur Inhaltsseite gehören: *plätschern, knarren, knistern.*

10 Zu einer Familie gehören
Neue Wörter zusammensetzen und ableiten

Paula in der Schule

In der Schule schaut Paula immer wieder auf die Uhr. Der Unterricht dauert heute so lange. Sie sollte eigentlich zur Tafel hinschauen und sich dabei die neuen
5 Regeln anschauen, doch sie durchschaut diese Regeln nicht. Sie schaut auch ins Buch, vielleicht kann sie da ja nachschauen. Aber irgendwie versteht sie die Regeln auch da nicht. „Oh je", denkt sie, „da muss
10 ich in der nächsten Klassenarbeit wieder abschauen!"

Paula ist müde und gerät ins Träumen. Dabei hört sie, wie Robbi sich in der Schule mit ihren Mitschülern unterhält: „Ich heiße Robbi und bin Paulas Freund. 15 Sie hat mir schon viel beigebracht. Sie benutzt dabei Tabellen, in die etwas einprogrammiert ist. Das ist wirklich hilfreich. Sie zeigt mir, wie ich mir etwas einprägen kann, aber manchmal hat sie mir auch 20 schon ungenaue Sachen beigebracht."

1 Notiere aus dem Text Verbindungen mit dem Verb *schauen* und ergänze sie um weitere Beispiele.

2 Erstelle eine Wortliste mit Verben, Adjektiven und Nomen aus dem Text, die eine Vorsilbe haben. Nutze – wenn nötig – die Informationen aus dem Kasten unten.

3 Bildet in Partnerarbeit aus dem Wortspeicher möglichst viele Wörter aus Präfix und Verb. Welches Team schafft in 3 Minuten am meisten?

Wortspeicher

Präfix: nach – an – ab – vor – über – unter – mit
Verb: gehen – waschen – springen – leben – geben

Das musst du wissen

Ableitungen

Man kann im Deutschen neue Wörter durch **Ableiten** bilden, indem man an einen **Wortstamm** ein **Präfix** (eine Vorsilbe) oder ein **Suffix** (eine Nachsilbe) anhängt. Diese Möglichkeit gibt es bei Nomen, Verben (→ S. 199) und Adjektiven.

	Präfix	Stamm	Suffix
Verb:	ab	nehm(en)	
Nomen:	An	heb	ung
Adjektiv:	un	glück	lich

Das *-en* bei Verben ist kein Suffix, sondern eine Flexionsendung und zeigt hier an, dass es sich um den Infinitiv handelt (→ S. 185).
Manchmal ändert sich beim Bilden von neuen Wörtern der Vokal des Wortstamms: Hund → Hündchen, Haus → häuslich, …

Neue Wörter zusammensetzen und ableiten → AH S. 41–44

Wortbedeutung und Wortbildung

4 Hilf Robbi beim Sortieren der Wortbestandteile. Übertrage die Tabelle in dein Heft. Zerlege die Wörter aus dem Wortspeicher in ihre Bestandteile und ordne diese richtig ein.

Präfix	Stamm	Suffix

Wortspeicher

angeberisch – verfolgen – Tapferkeit – Urwald – aufladbar – Unsicherheit – ertasten – Geäst – ärgerlich – Rechnung – bedenken – giftig – Männchen – zerbrechlich – Sänger – ruhelos

5 Untersuche die Wörter mit Suffixen aus Aufgabe 4 genauer und …

- … erkläre, was -heit, -ung und -chen gemeinsam haben und notiere die übrigen Suffixe, die zu dieser Gruppe passen.

- … erkläre, was -bar, -lich und -ig gemeinsam haben und notiere die übrigen Suffixe, die zu dieser Gruppe passen.

- … ordne die Suffixe in zwei Gruppen und erkläre, was die beiden Gruppen voneinander unterscheidet.

Das musst du wissen

Präfixe und Suffixe

Präfixe verändern die Wortart (→ S. 281) der neuen Wörter nicht.

ur- + Opa (Nomen) → Uropa (Nomen)
ver- + ändern (Verb) → verändern (Verb)
un- + sicher (Adjektiv) → unsicher (Adjektiv)

Suffixe hingegeben bestimmen die Wortart der neuen Wörter.

Freund (Nomen) + -lich → freundlich (Adjektiv)
zerbrech(en) (Verb) + -lich → zerbrechlich (Adjektiv)
sicher (Adjektiv) + -heit → Sicherheit (Nomen)
lad(en) (Verb) + -ung → Ladung (Nomen)

6 Bilde aus dem Wortstamm -schul- Ableitungen. Nutze Präfixe, Suffixe oder beides.

Computer und Auto

In vielen Autos rechnen Teile, aus denen ein Computer gebaut wurde. Sie steuern zum Beispiel den Motor, können in das System, das bremst, eingreifen, beeinflus-
5 sen die Federung, ermitteln für den Fahrer den Verbrauch an Benzin oder zeigen im System, das navigiert, sogar den richtigen Weg an. Sie teilen dem Besitzer auch mit, wann der nächste Besuch in der
10 Werkstatt fällig ist. Für die Zukunft arbeiten die Konzerne, die Autos entwickeln, an Computern für Autos, die den Wagen automatisch steuern: Kleine Kameras überwachen die Straße und den Bereich rund um den Wagen und steuern 15 das Rad zum Lenken, das Pedal zum Gasgeben und die Bremse; sie halten auch zur rechten Zeit, wenn die Ampel Rot zeigt. Weil sie mit den Zentralen, 20 die den Verkehr lenken, in Verbindung stehen, kennen sie auch den jeweils kürzesten Weg, vermeiden Staus und finden in der 25 Stadt Plätze zum Parken.

7 Robbi hat einen Text über Autos geschrieben. Überarbeitet ihn in Partnerarbeit, indem ihr umständliche Formulierungen durch Zusammensetzungen austauscht.
Beispiel: *Teile, aus denen ein Computer gebaut wurde* durch *Computerteile*.

8 Robbi gefällt es, auf diese Weise neue Wörter zusammenzubauen. Er versteht die Bedeutung seiner Wörter aber nicht. Paula muss sie ihm erklären. Wie könnten ihre Erklärungen lauten? Übernimm die Sätze in dein Heft und ergänze sie.

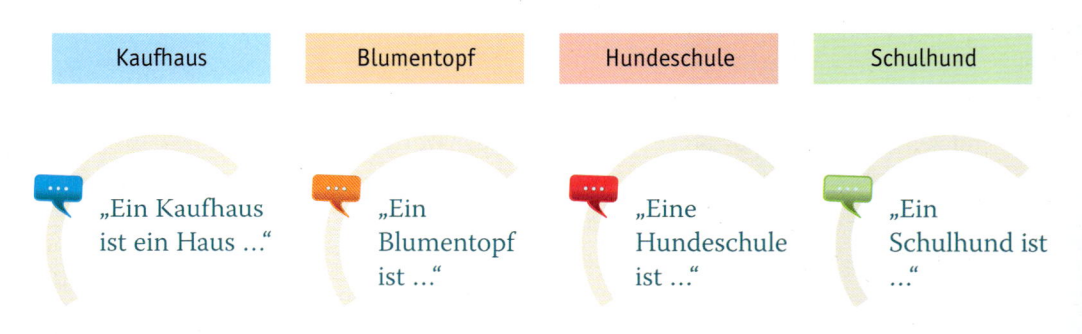

| Kaufhaus | Blumentopf | Hundeschule | Schulhund |

„Ein Kaufhaus ist ein Haus …"   „Ein Blumentopf ist …"   „Eine Hundeschule ist …"   „Ein Schulhund ist …"

> **Das musst du wissen**
>
> ### Zusammensetzungen (Komposita)
>
> Aus der Zusammensetzung einzelner Wörter oder Wortstämme unterschiedlicher Wortarten kann ein neues Wort entstehen. Der letzte Teil der Zusammensetzung stellt dabei das Grundwort dar, der erste Teil ist das Bestimmungswort. Das Grundwort legt also die Bedeutung fest, das Bestimmungswort bestimmt die Bedeutung genauer. Das Grundwort legt auch das Genus (Geschlecht) fest:
> *das Computerteil (der Computer: Bestimmungswort, das Teil: Grundwort).*
>
> Manchmal werden bei Zusammensetzungen noch Verbindungselemente wie *e, en, es, n* oder *s* eingeschoben *(Hilfsroboter)*.

Neue Wörter zusammensetzen und ableiten → AH S. 41–44

Wortbedeutung und Wortbildung

9 Welches Wort passt nicht? Die Wörter in den Reihen sind unterschiedlich aufgebaut. Untersuche die folgenden Wortreihen in Partnerarbeit. Notiert das Wort und begründet, warum es nicht passt.
Tipp: Achtet auf die Anzahl und die Wortart der Wörter, aus denen das neue Wort zusammengesetzt ist.

Reihe 1

| Blumenwiese | Frühlingstag | Heißluftballon | Obstsalat | Filmplakat |

Reihe 2

| Wildschwein | Rollstuhl | Schreibtisch | Fahrrad | Stricknadel |

Reihe 3

| haushoch | steinhart | grasgrün | bitterkalt | butterweich |

10 Wähle eine der folgenden Aufgaben.

- Erweitere die Wortliste mit möglichst vielen Begriffen: *schmutzig, Schmutz* …
- Erstelle eine Wortliste mit möglichst vielen Begriffen zum Wortstamm *groß*.
- Erstelle eine Wortliste mit möglichst vielen Begriffen zum Wortstamm *leer* und unterscheide dabei, ob es sich um eine Ableitung oder eine Zusammensetzung handelt. Unterstreiche dazu die Wörter mit unterschiedlichen Farben.

Wortfamilien — Das musst du wissen

Wörter mit einem **gemeinsamen Wortstamm** bilden eine **Wortfamilie**.
Durch Ableitungen und Zusammensetzungen lässt sich eine Wortfamilie erweitern:
Arbeit: verarbeiten, Arbeitsamt, durcharbeiten, arbeitslos, Arbeiter …

schmutz   groß   leer

10 Was gehört zusammen?
Wortfelder zusammenstellen und nutzen

„Ich gehe aus deinem Schlafzimmer und gehe in die Küche. Ich nehme mir die Schokolade aus dem Schrank und gehe schnell in den Garten."

„Ich schleiche aus deinem Schlafzimmer und eile in die Küche. Ich nehme mir die Schokolade aus dem Schrank und flitze in den Garten."

Vor einem Monat

Heute

1 Worin unterscheiden sich die beiden Aussagen? Ergänze beide Aussagen um jeweils einen dazu passenden Satz.

2 Robbi liest nun schon selbstständig Bücher. Ihm gefallen vor allem die Geschichten um die Comicfigur Donald Duck. Schreibe eine verbesserte Version des Textauszugs in dein Heft, in der du die Wiederholungen durch abwechslungsreichere Wörter ersetzt.

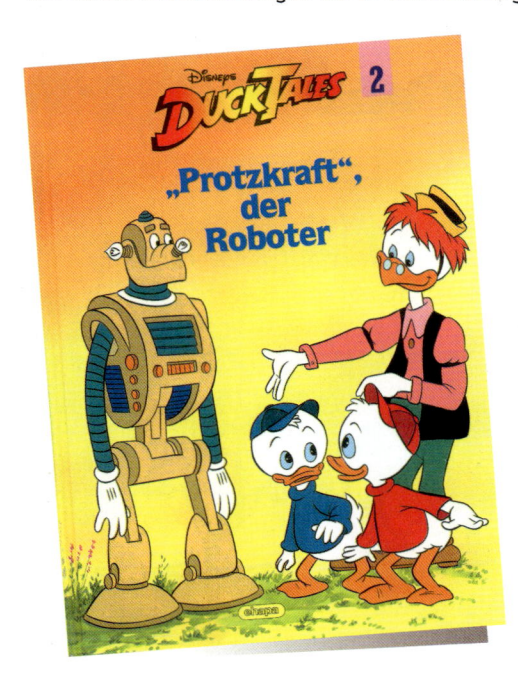

Der Erfinder Daniel Düsentrieb hatte mit Protzkraft einen neuen Roboter erfunden. Diese Erfindung wollte er dem reichen Dagobert Duck zeigen und ihm vorführen, was Protzkraft alles kann.

„Man sehe und staune!", rief Daniel Düsentrieb, und schon ging der Roboter los. Wie ein Wirbelwind ging er mit dem Staubsauger durchs ganze Haus, säuberte die Böden, säuberte das Geschirr und säuberte sämtliche Möbel. Anschließend ging er raus in den Garten und ruckzuck waren der Rasen gekürzt und die Hecken gekürzt.

Wortfelder zusammenstellen und nutzen → AH S. 45–47

3 Da Protzkraft ein Roboter ist, erledigt er alle Aufgaben sehr schnell. Wie kann man das besonders gut zum Ausdruck bringen? Wähle eine der folgenden Aufgaben.

- Notiere Adjektive, die ebenfalls die Bedeutung *schnell* haben.
- Finde Adjektive, die die Bedeutung *schnell* haben, und notiere sie in einer sinnvollen Reihenfolge.
- Schreibe einen Text über die Tätigkeit von Protzkraft als Putzroboter in dein Heft und ergänze an geeigneten Stellen Adjektive mit der Bedeutung *schnell*.

Wortfelder

Wörter, die zu einem gemeinsamen **Oberbegriff** gehören, kann man in einem Wortfeld sammeln und mit ihrer Hilfe abwechslungsreich formulieren.

- Zum Wortfeld *gehen* gehören zum Beispiel:
  laufen, schlendern, rennen, spazieren, schleichen…
- Zum Wortfeld *Idee* gehören zum Beispiel:
  Gedanke, Eingebung, Geistesblitz, Erleuchtung…

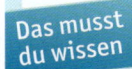

---

4 Erstellt **in Partnerarbeit** ein Wortfeld zum Wort *sagen*. Überarbeitet damit den folgenden Text, indem ihr *sagen* jeweils durch ein anderes, ausdrucksstärkeres Verb aus dem Wortfeld ersetzt. Die Nummern helfen euch bei der Zuordnung.

Dagobert Duck *sagte*[1] sich, dass er diesen Roboter unbedingt für sich haben wollte, und *sagte*[2] Daniel Düsentrieb, dass er ihn ihm abkaufen werde.
  Als Onkel Dagobert ein paar Tage später an seinem Schreibtisch saß und die Tageseinnahmen zählte, kam Protzkraft herein und *sagte*[3]: „Was-machst-du-da-mit-meinem-Geld?"
  Und schon packte er alle Münzen und Scheine und schloss sie in den Tresor ein.
  „Dein Geld?", *sagte*[4] Onkel Dagobert. „Was fällt dir ein, du unverschämter Kerl? Du bist gefeuert! Ich werde es Daniel Düsentrieb *sagen*[5], damit er dich in sämtliche Einzelteile zerlegt!"
  Protzkraft nahm Onkel Dagobert kurzerhand unter den Arm und stürmte mit ihm zum Labor von Daniel Düsentrieb. Dort sperrte er beide in einen Raum, in dessen Türrahmen er im Handumdrehen eine elektromagnetische Sperre einbaute.
  „Niemand-vertreibt-mich-von-meinem-Platz!", *sagte*[6] der Roboter. „Versucht-besser-nicht-da-rauszukommen! Die-Sperre-steht-unter-Strom."
  Aber Tick, Trick und Track, die Neffen von Dagobert Duck, hatten Protzkraft mit dem zappelnden Onkel Dagobert unter dem Arm zu Daniel Düsentriebs Labor laufen sehen und waren ihm auf ihren Fahrrädern hinterhergeflitzt.
  „Was willst du eigentlich?", *sagte*[7] die zornige Stimme des Erfinders.
  „Die-Welt-beherrschen!", *sagte*[8] der Roboter.
  „Protzkraft ist größenwahnsinnig geworden!", *sagte*[9] Trick. „Wir müssen sofort etwas unternehmen."

5 Schreibe die Geschichte weiter. Verwende möglichst viele Wörter aus dem Wortfeld *Technik*.

6 Entscheide, welche der Formulierungen umgangssprachlich sind und deshalb nicht in einem geschriebenen Text benutzt werden sollten.

1) Protzkraft ist größenwahnsinnig geworden.
2) Protzkraft ist total gaga geworden.
3) Protzkraft ist verrückt geworden.
4) Protzkraft ist ballaballa.
5) Protzkraft hat nicht mehr alle auf dem Sender.
6) Protzkraft spinnt jetzt völlig.

Das musst du wissen

Umgangssprache

Die Umgangssprache ist die Sprache, die in der **alltäglichen mündlichen Kommunikation** vorkommt. In schriftlichen Texten wird sie in der Regel nicht verwendet. Oft sind die Formulierungen **salopp** oder **nur für eine bestimmte Gruppe verständlich**.

„Zu welchem Oberbegriff gehören die Wörter *Tastatur*, *Maus* und *Festplatte*?"

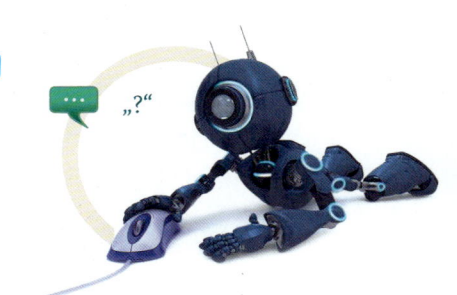

„?"

7 Beantworte Paulas Frage und übertrage die folgende Skizze in dein Heft. Wähle eine der unten stehenden Aufgaben. Der Kasten auf der rechten Seite hilft dir bei der Bearbeitung.

- Notiere die Antwort, ordne Paulas Begriffe an der entsprechenden Stelle ein und ergänze das Wortfeld mit Wörtern, die zu *Zubehör* passen.

- Notiere die Antwort, ordne Paulas Begriffe an der entsprechenden Stelle ein und ergänze das Wortfeld mit Wörtern, die zu *Zubehör* und zu *Verwendung* passen.

- Notiere die Antwort, ordne Paulas Begriffe an der entsprechenden Stelle ein, suche einen Begriff für das Feld mit dem Fragezeichen und ergänze das Wortfeld mit Wörtern, die dazu passen.

Zubehör — Verwendung — ?

Wortfelder zusammenstellen und nutzen → AH S. 45–47

Wortbedeutung und Wortbildung

Das musst du können

So ordnest du Gedanken in einer Mind-Map

Eine Mind-Map hilft dir, Ideen und Gedanken zu einem *Thema* übersichtlich zu sortieren. Sammle deine Ideen zu einem Thema in verschiedenen Ästen, die du jeweils mit einem *Oberbegriff* versiehst. Der Ast mit einem Oberbegriff kann unterschiedlich viele *Unterbegriffe* enthalten. So stellst du es dar:

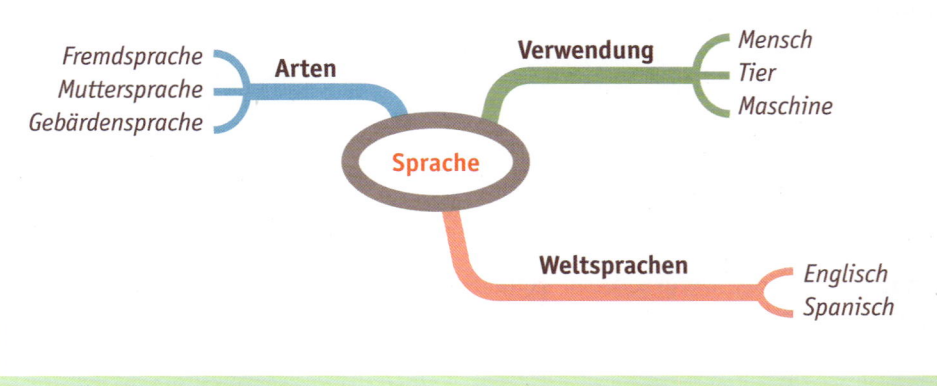

- **Arten**: Fremdsprache, Muttersprache, Gebärdensprache
- **Verwendung**: Mensch, Tier, Maschine
- **Sprache**
- **Weltsprachen**: Englisch, Spanisch

8 Erstellt *in Partnerarbeit* mithilfe der Wortliste eine Mind-Map zum Thema *Roboter*. Ergänzt die Mind-Map um weitere passende Begriffe.

Wortspeicher

Bomben entschärfen – Computerprogramm – Elektronik – Erkundungsroboter – Greifarm – menschenartiger Roboter – Industrieroboter – Kamera – Maschine – Maschinenmensch – Medizinroboter – Roboterauto – Roboterraupe – Serviceroboter – Spielzeugroboter – Sprache – Steuerung – Technik

9 Erstelle in deinem Heft die Mind-Map auf der Basis dieses Entwurfs.

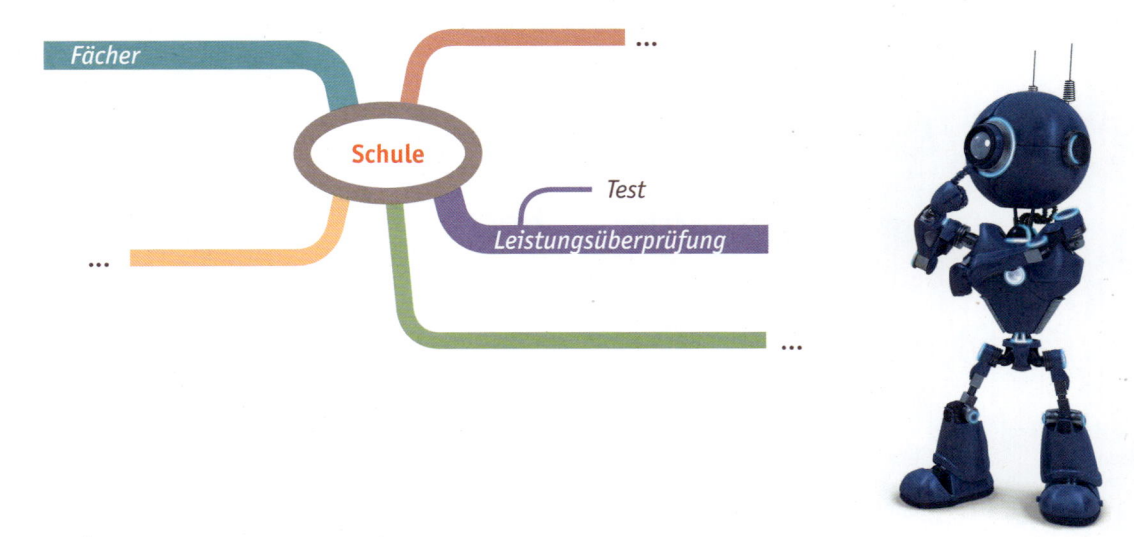

- *Fächer*
- …
- **Schule**
- …
- *Leistungsüberprüfung*: Test
- …

10

Was DU schon kannst!
Kompetenztest

Wörter als Bedeutungsträger erkennen

1 In der Geschichte „Ein Tisch ist ein Tisch" von Peter Bichsel benennt ein alter Mann so wie Paula auf Seite 181 alle Gegenstände um. Er nennt z. B. das Bett Bild und den Stuhl Wecker. Lies den Text und notiere die Buchstaben der richtigen Antworten.

[…] Und es kam so weit, dass der Mann lachen musste, wenn er die Leute reden hörte. Er musste lachen, wenn er hörte, wie jemand sagte: „Gehen Sie morgen auch zum Fußballspiel?" Oder wenn jemand sagte: „Jetzt regnet es schon zwei Monate lang." Oder wenn jemand sagte: „Ich habe einen Onkel in Amerika."
   Er musste lachen, weil er all das nicht verstand.

Aber eine lustige Geschichte ist das nicht. Sie hat traurig angefangen und hört traurig auf. Der alte Mann im grauen Mantel konnte die Leute nicht mehr verstehen, das war nicht so schlimm.
   Viel schlimmer war, sie konnten ihn nicht mehr verstehen. Und deshalb sagte er nichts mehr.
   Er schwieg, sprach nur noch mit sich selbst, grüßte nicht einmal mehr.

a) Der Mann musste lachen, weil die Leute so witzige Sachen sagten.
b) Der Mann hatte einen Onkel in Amerika.
c) Der Mann verstand keine deutschen Wörter.
d) Der Mann verstand die Bedeutung der Wörter nicht.
e) Die Leute verstanden den Mann nicht.

Inhalts- und Ausdrucksseite von Wörtern als Bedeutungsträger unterscheiden

2 Erkläre, wie es dazu kommt, dass sich der Mann und die anderen Leute nicht verstehen. Verwende bei deiner Erklärung die Begriffe *Ausdrucksseite* und *Inhaltsseite*.

Lautmalerische Ausdrücke finden

3 Schreibe fünf weitere Verben auf, die Geräusche „hörbar" machen.
Beispiel: *trällern*

Homonyme finden

4 Bei den Wörtern *Bank*, *Hahn* und *Gabel* handelt es sich um Homonyme. Erkläre die jeweils fehlende Bedeutung in deinem Heft.

Synonyme finden

5 Notiere jeweils ein Synonym für folgende Begriffe:

a) gehen   b) Großmutter   c) müde   d) Freund

Antonyme finden

6 Notiere jeweils ein Antonym für folgende Begriffe:

a) lebendig   b) laut   c) Freundschaft   d) liegen

Kompetenztest

7 Im folgenden Text finden sich Lücken und falsche Wörter. Schreibe den Text ab, fülle die Lücken durch das am besten passende Synonym und ersetze die falschen Wörter durch das passende Antonym aus dem Wortspeicher.

> Robbi ist wirklich ein sehr dummer Geselle. Er hat außerhalb von einem halben Schuljahr die menschliche Sprache so perfekt gelernt, dass er jetzt starken _____ beim _____ ihrer Texte helfen kann. Paula, seine _____ , hat ihm wenig beigebracht, sodass all ihre Freunde sehr stolz auf sie sind. Kannst du deine _____ auch so gut unterstützen? Einen _____ ist es wert!

Wortspeicher
Meisterin/Lehrmeisterin/Chefin – Test/Versuch/Probe – Schüler/Lerner/Auszubildende – innerhalb – schwach – klug – Schreiben/Verfassen/Erarbeiten – Kameraden/Kollegen/Mitschüler – viel

8 Benenne die drei gesuchten Komposita und unterstreiche jeweils das Grund- und das Bestimmungswort in unterschiedlichen Farben.

🏠 + 👟   ✏️ + 🥤   📌 + ✂️

9 Zerlege das Wort *annehmbar* in seine Bestandteile und benenne diese.

10 Finde den Oberbegriff zu folgenden Unterbegriffen.

Wortspeicher
Puppe – Stofftier – Kreisel – Ball – Puzzle – Bauklötze

11 Ergänze die Mind-Map zum Wortfeld *Urlaub*.

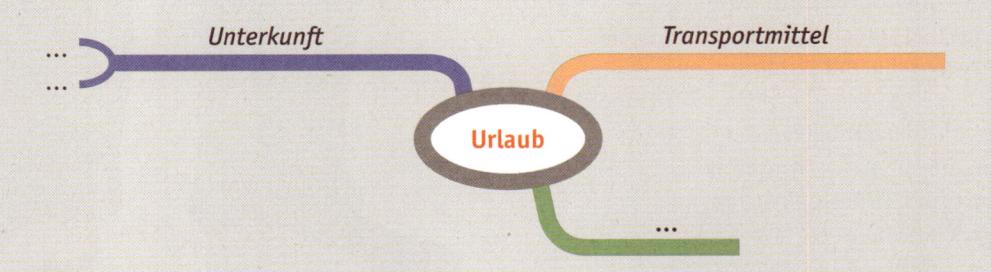

Unterkunft — Urlaub — Transportmittel

Wortbedeutung und Wortbildung
- Synonyme und Antonyme im Text verwenden

ACHTUNG FEHLER!

- Komposita erkennen und bestimmen
- Regeln zur Wortbildung anwenden
- Oberbegriffe zuordnen
- Eine Mind-Map erstellen

11 Ab in die Ferien!

Wortarten unterscheiden und verwenden

1 An welchem der rechts genannten Urlaubsorte wärst du am liebsten? Tausche dich mit deinen Mitschülern über die Urlaubsgrüße auf dieser Seite aus und sprecht über eure Urlaubswünsche und -erfahrungen.

2 Erkläre die Gemeinsamkeit der Wörter, die mit gleicher Farbe markiert sind. Ordne den Gruppen weitere Wörter aus den Texten zu.

Mallorca
Spanien

Komfortables, voll klimatisiertes Luxushotel mit geschmackvoller Ausstattung. Im Garten schön gestaltete Swimmingpool-Landschaft umgeben von Sonnenterrassen mit Liegen und Schirmen und Pool-/Snackbar mit Sitzterrasse. Vom Garten direkter Zugang zur Strandpromenade. In der 1. Etage befindet sich das Restaurant mit Außenterrasse und herrlichem Blick auf das türkisblaue Meer.

---

hey leute wie stehts? wie ist euer urlaub? anstrengend hier in der türkei – viel besichtigung – laufen stundenlang durch Ruinen! T.

Liebe Oma, lieber Opa,

wir haben viel Spaß im Urlaub auf Rügen und die Sonne scheint jeden Tag. Der lange Strand ist toll, aber das kalte Meer mag ich nicht. Manchmal leihen wir uns Fahrräder. Ich hab' eine Freundin gefunden, mit der ich oft zum Kiosk laufe. Geht es euch gut? Uns geht es super!

Bis bald! Eure Paula

Über ihre verschiedenen Urlaubsorte schreiben die Freunde viel Interessantes. Mit Paula und Co. lernst und trainierst du in diesem Kapitel, ...

- ... Wortarten zu unterscheiden und zu benennen und
- ... Verben als zentrale Satzaussage,
- ... Nomen mit Artikeln als wichtige Informationsträger,
- ... Pronomen zur Gestaltung von Texten,
- ... Adjektive und Adverbien zur Veranschaulichung und
- ... Präpositionen, Numerale, Konjunktionen und Subjunktionen gezielt im Satz zu verwenden.

11

Nomen, Verben und Co. – alte Bekannte wiedertreffen

Benennungen von Wortarten wiederholen

1 Ergänze die vier Werbesätze in inhaltlich und sprachlich passender Weise. Vergleicht und erklärt eure Ideen.

1) **Sonne – Strand – ?**
2) Wir bringen alle in den Urlaub, auch dich, Sie und **?**
3) Das haben Sie sich verdient! Erholen, entspannen, **?**
4) **?** *im Winter, romantisch im Frühling, traumhaft im Sommer*

2 Beurteile Liams Vorschlag. Formuliere einen Hinweis, der ihm beim Finden besserer Ergänzungen hilft.

1) **Sonne – Strand –** *erholsam*
2) Wir bringen alle in den Urlaub, auch dich, Sie und **Familien.**
3) Das haben Sie sich verdient! Erholen, entspannen, ***Ruhe***.
4) ***Schlittenfahren*** *im Winter, romantisch im Frühling, traumhaft im Sommer*

3 Je zwei Puzzleteile bezeichnen dieselbe Wortart. Übernimm die Tabelle unten in dein Heft und fülle sie mit den zusammengehörenden Begriffen.

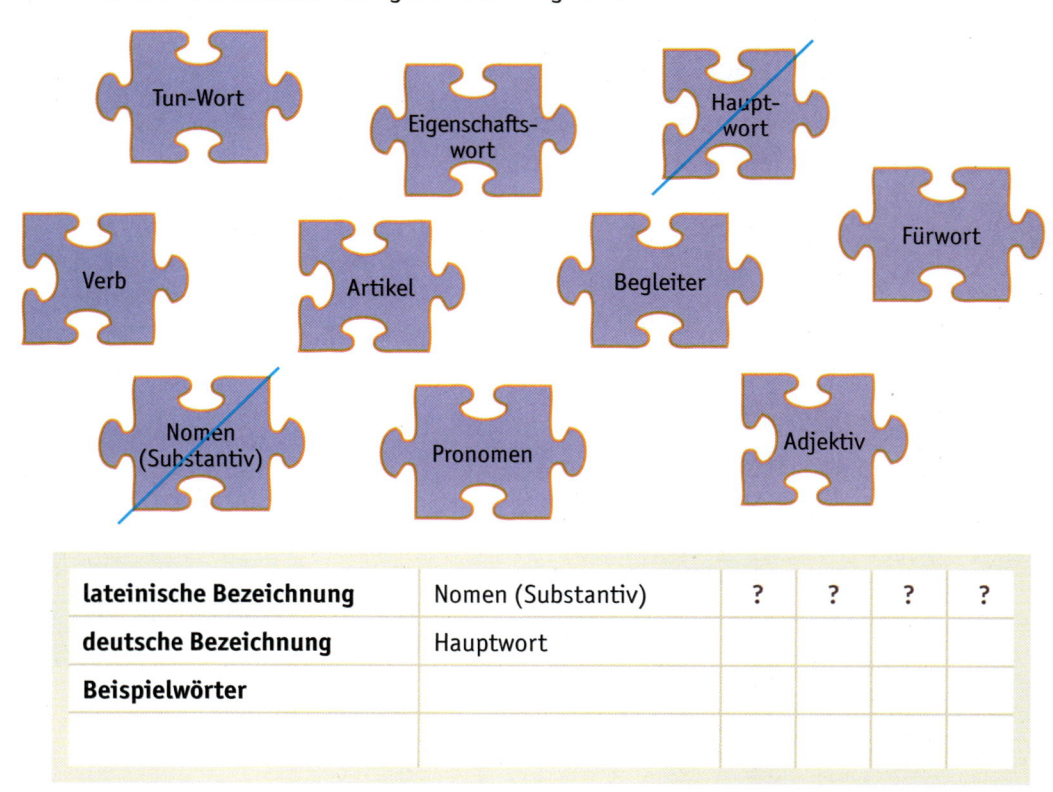

Puzzleteile: Tun-Wort, Eigenschaftswort, Hauptwort, Verb, Artikel, Begleiter, Fürwort, Nomen (Substantiv), Pronomen, Adjektiv

lateinische Bezeichnung	Nomen (Substantiv)	?	?	?	?
deutsche Bezeichnung	Hauptwort				
Beispielwörter					

Benennungen von Wortarten wiederholen → AH S. 48

4 Ergänze die Tabelle durch die Beispielwörter aus den Werbesätzen aus Aufgabe 1.

5 Übertrage die folgenden Sätze in dein Heft. Ersetze dabei die markierten Nomen durch Pronomen.

> Dieses Jahr reist Enya nach Südfrankreich. „Meine Eltern und ich freuen uns schon sehr auf das warme Wetter. Mein Vater möchte gern wandern gehen." Außerdem wollen Enya und ihre Eltern auf jeden Fall auch im Meer baden.

6 Artikel sind die Begleiter der Nomen *(der Urlaub)*. Ergänze die Tabellenspalte aus Aufgabe 3 mit weiteren Beispielen.

7 Schreibe die folgenden Sätze in dein Heft und bestimme die Wortarten der orange gedruckten Wörter wie im Beispiel.

Beispiel: Paula möchte nicht baden, weil sie Angst vor Quallen hat.
          Nomen Verb   Verb   Pronomen Nomen   Nomen

- Paula hat sich in der Nordsee an einer Muschel verletzt.
- Fische lieben das warme Meerwasser.
- Die Urlauberin hat großen Respekt, seit sie der Qualle begegnete.

8 Notiert einen Satz zum Thema *Ferien*, in dem mindestens ...

■ ... ein Nomen, ein Artikel und ein Verb vorkommen.

■ ... ein Nomen, ein Artikel, ein Verb und ein Adjektiv vorkommen.

■ ... ein Nomen, ein Artikel, ein Verb, ein Adjektiv und ein Pronomen vorkommen.

9 Tauscht in Partnerarbeit eure Hefte und notiert unter den einzelnen Wörtern aus Aufgabe 8 die jeweilige Wortart. Besprecht eure Ergebnisse.

10 Stimmen die folgenden Aussagen? Notiere ein Ⓦ für wahr und ein Ⓕ für falsch. Belege dein Urteil entweder durch zwei bestätigende Beispiele oder ein Beispiel, das der Aussage widerspricht.

a) Nomen werden großgeschrieben.
b) Adjektive enden immer auf *-ig*.
c) An einem Verb lässt sich erkennen, ob eine Person handelt oder mehrere.
d) Ein Nomen muss immer mit einem Artikel stehen.
e) Pronomen können Nomen ersetzen.
f) Adjektive geben die Eigenschaft einer Person oder eines Gegenstands an.
g) In einem Satz kann es niemals mehr als ein Verb geben.

Wortarten unterscheiden und verwenden

11

Etwas t u n oder lieber nichts t u n im Urlaub?
Verben als zentrale Satzaussage erkennen und verwenden

Sie die Insel Rügen!
Komfortable Hotels und moderne Ferienwohnungen   einen gelungenen Urlaub! Wir   uns auf Sie!   Sie noch heute! Worauf   Sie?

1. Der Tourismusbeauftragte der Insel Rügen erkennt schnell, was in der Druckerei schief gelaufen ist. Notiere seine Gedanken beim Anblick des Werbeprospekts.

2. Formuliere den Text des Werbeprospekts so, wie ihn der Tourismusbeauftragte bei der Druckerei abgegeben haben könnte.

Radwandern auf der Insel Rügen – Rügen per Fahrrad erleben

Das ¹ machen Spaß. ² „ erfahren " Sie Deutschlands größte Insel mit dem Fahrrad und ³ kennenlernen Sie ihre faszinierenden Landschaften auf zwei Rädern. Gerade der Fahrradurlauber ⁴ sehen unberührte Küstenstreifen, grüne Alleen, verträumte Fischerdörfer und ursprüngliche Buchenwälder. ⁵ genießen Sie fantastische Aussichten von Steilküsten und Leuchttürmen und ⁶ erleben Sie Rügen von einer Seite, die anderen verborgen ⁷ bleiben . Die Schönheit der Insel ⁸ faszinieren Jung und Alt. Rügen ⁹ sein ein Paradies für Radfahrer.

3. Wie man sieht, spielt der Drucker noch immer verrückt. Formuliere eine Kurznotiz für den Programmierer, in welcher du mithilfe des Wissenskastens rechts erklärst, was passiert ist.

4. Notiere zur Sicherheit auch noch einmal die richtigen Verbformen.

5. Mit dem Inhalt der Werbung ist der Tourismusbeauftragte zufrieden. Stelle seinen Brief an die Werbeagentur fertig, indem du zwei mögliche Satzergänzungen für die Lücken notierst.

```
Grundsätzlich gefällt mir der Text sehr gut! Dass Sie Imperative ver-
wenden, passt gut zu einem Werbetext, er soll ja ... (1). Auch die Idee,
das Verb „erfahren" in Anführungszeichen zu setzen, ist gut. So sehen die
Leser sofort, dass damit ... (2).
```

Verben als zentrale Satzaussage erkennen und verwenden → AH S. 57–59

Wortarten unterscheiden und verwenden

6 Gestalte nun selbst einen überzeugenden Werbetext mit sechs Sätzen für deinen Lieblingsurlaubsort. Nutze Infinitive, konjugierte Verbformen und Imperative.

> **Die Aufgaben und Formen des Verbs**
>
> Verben benennen Handlungen, Tätigkeiten oder Zustände und enthalten damit wesentliche Aussagen des Satzes. Abhängig von ihrer Verwendung werden die Verbformen im Satzzusammenhang konjugiert (gebeugt), also grammatisch verändert. Verben innerhalb eines Satzes werden kleingeschrieben.
>
> Folgende Verbformen kannst du unterscheiden:
> - Infinitiv (Grundform): *schwimmen, laufen*
> - konjugierte Personalform (gibt an, wer etwas tut, hier im Präsens):
>   Singular: *ich schwimme* (1. Person), *du schwimmst* (2. Person), *er/sie/es schwimmt* (3. Person); Plural: *wir schwimmen* (1. Person), *ihr schwimmt* (2. Person), *sie schwimmen* (3. Person);
>   *ich laufe, du läufst, er/sie/es läuft, wir laufen, ihr lauft, sie laufen*
> - Imperativ (drückt Aufforderungen, Wünsche und Befehle aus):
>   Singular: *Schwimm(e)!, Lauf(e)!;* Plural: *Schwimmt!, Lauft!* (Charlys Tipp → S. 45)

Das musst du wissen

7 Ähnliche Inhalte – verschiedene Formen: Ordne die Satzanfänge 1), 2) und 3) den genannten Situationen a), b) und c) zu. Begründe deine Zuordnung in Stichworten. Gehe auch auf die Verbformen ein.

1) Heute haben wir Rügen mit dem Fahrrad kennengelernt und …
2) Viele Touristen lernen die Insel per Fahrrad kennen, …
3) Morgen werden wir die Insel mit dem Fahrrad kennenlernen – toll! …

a) Paula telefoniert abends mit ihrem Großvater.
b) Ein Eintrag in Paulas Tagebuch
c) Ein Informationsartikel in der Ostsee-Zeitung

8 Setze die begonnenen Texte 1), 2) und 3) um jeweils zwei inhaltlich und sprachlich ähnliche Sätze fort. Nutze dazu die Informationen des Werbetextes „Radwandern auf der Insel Rügen" aus Aufgabe 3.

9 Übernimm die Tabelle in dein Heft und übertrage die Verbformen aus den ergänzten Texten aus Aufgabe 8 in die verschiedenen Spalten unter den Beispielen.

Werbetext	Text 1	Text 2	Text 3
Imperativ	?	?	?
Lernen Sie die Insel **kennen**!	wir **haben** Rügen **kennengelernt**	sie **lernen** die Insel **kennen**	wir **werden** die Insel **kennenlernen**
?	?	?	?

10 Ergänze mithilfe des Kastens die richtigen Fachbegriffe für die Tempusformen als Überschriften zu den Tabellenspalten in Aufgabe 9.

> **Das musst du wissen**
>
> **Die Tempusformen (Zeitformen) des Verbs**
>
> Zeitform der **Gegenwart**
> **Präsens:** Paula *schwimmt* im Meer.
>
> Zeitformen der **Vergangenheit**
> **Präteritum:** Paula *schwamm* im Meer.
> **Perfekt:** Paula *ist* im Meer *geschwommen*.
> **Plusquamperfekt:** Paula *war* im Meer *geschwommen*.
>
> Zeitformen der **Zukunft**
> **Futur I:** Paula *wird* im Meer *schwimmen*.
> **Futur II:** Paula *wird* im Meer *geschwommen sein*.

Weil Paula am Morgen danach ausschlafen wollte, blieb sie lieber in der Ferienwohnung und unternahm keine weitere Radtour mit ihren Eltern. Nach ihrer Rückkehr erzählten diese von einer besonderen Begegnung:

Mama: „Erst sind wir etwa eine halbe Stunde die Strandpromenade entlanggefahren."

Papa: „Dort sind wir auf eine süße kleine Bäckerei gestoßen. Die leckeren Dinge im Schaufenster haben uns dazu bewogen, hineinzugehen."

Mama: „Auf jeden Fall haben wir dann drinnen einen älteren Fischer aus dem Örtchen kennengelernt, der kurz davor noch auf einem Fischzug auf hoher See gewesen war."

Papa: „Wir haben uns sofort nett unterhalten und da hat er uns eingeladen und vorgeschlagen, uns morgen zum Fischen mitzunehmen."

Mama: „Toll, oder?"

Paula zeigte sich sofort begeistert, sie hörte gar nicht mehr auf, von der geplanten Bootsfahrt zu erzählen, und versicherte, dass sie am nächsten Morgen auf jeden Fall ganz früh aufstehen wird.

11 Lies den Text und ordne die Verben im Präteritum mit Hilfe des Kastens (→ S. 201) nach starken und schwachen Verben.

Verben als zentrale Satzaussage erkennen und verwenden → AH S. 57–59

12 Schreibe einen kurzen Text aus der Sicht Paulas, in dem du die wörtliche Rede der Eltern in einen Erzähltext umwandelst. Beginne so:

Schon am dritten Urlaubstag hatten meine Eltern eine ganz besondere Begegnung. Sie fuhren etwa eine halbe Stunde lang…

Die Bildung der Tempusformen des Verbs

Zeitform der **Gegenwart**: Präsens (→ S. 199)

Zeitformen der **Vergangenheit**

Präteritum:
schwache Verben: Verbstamm + t + Personalendung
(ich lachte, du lachtest, er/sie/es lachte, wir lachten, ihr lachtet, sie lachten)

starke Verben: Verbstamm mit verändertem Stammvokal + Personalendung
(ich schwamm, du schwammst, er/sie/es schwamm, wir schwammen, ihr schwammt, sie schwammen)

Perfekt:
konjugierte Personalform der Hilfsverben *haben* oder *sein* im Präsens
+ Partizip II *(ich bin geschwommen, ich habe gelacht)*

Plusquamperfekt:
konjugierte Personalform der Hilfsverben *haben* oder *sein* im Präteritum
+ Partizip II *(ich war geschwommen, ich hatte gelacht)*

Zeitformen der **Zukunft**

Futur I:
konjugierte Personalform des Hilfsverbs *werden* im Präsens + Infinitiv
(ich werde schwimmen, ich werde lachen)

Futur II:
konjugierte Personalform des Hilfsverbs *werden* im Präsens + Infinitiv Perfekt
(ich werde geschwommen sein, ich werde gelacht haben)

Das Meerwasser hat die Steine am Strand glatt geschliffen/geschleift.
Nach einer kurzen Kletteraktion haben wir es geschafft/geschaffen, die Klippe zu erklimmen und saftiges Weideland zu erblicken.
Dort hat ein Schäfer gerade seine Tiere geschoren/geschert, die Wolle anschließend in Säcke verpackt und diese gewiegt/gewogen.

13 Entscheidet in Partnerarbeit, welche der beiden Partizipformen inhaltlich passt.

14 Diskutiert in der Klasse, welche Bedeutung die anderen Formen aus Aufgabe 13 haben, und formuliert Beispielsätze.

15 Bilde eine zum Textinhalt passende Tempusform von den Verben in Klammern. Notiere die Formen.

Morgen Paula an einem Surfkurs (¹*teilnehmen*). Ihre Großeltern ihr im vergangenen Monat einen Gutschein für diesen Kurs zum Geburtstag (²*schenken*). Das eine schöne Überraschung (³*sein*). Sie schon länger (⁴*wünschen*), an einem solchen Kurs teilzunehmen. Sie schon sehr (⁵*sich freuen*) und ihre Sachen (⁶*zurechtlegen*). Schließlich sie morgen nichts vergessen (⁷*wollen*). Der Kurs um 9.00 Uhr am Strand (⁸*beginnen*). Morgen Abend sie zum ersten Mal in ihrem Leben im Meer (⁹*surfen*).

16 Nutze die Fachbegriffe zur genauen Bezeichnung der Verbformen.

🟦 Notiere die Tempusbezeichnungen hinter den Formen aus Aufgabe 15.

🟧 Notiere die Tempusbezeichnungen hinter den Formen aus Aufgabe 15 und erkläre in Stichworten, warum du dieses Tempus gewählt hast.

🟫 Notiere die Tempusbezeichnungen hinter den Formen aus Aufgabe 15. Erkläre in Stichworten, warum du dieses Tempus gewählt hast. Leite aus Lücken, die mit verschiedenen Formen gefüllt werden könnten, weitere Hinweise zur Tempusverwendung ab.

17 Auch Tarek ist in seinem Ferienort in der Türkei nicht untätig. Übertrage den Zeitstrahl in dein Heft und notiere die farbig gedruckten Verbformen mit den zugehörigen Hilfsverben – also *habe(n), hatten* – an der jeweils passenden Stelle.

„Gestern waren wir in Ephesos in den antiken Ruinen. Toll! Vieles, was ich über diese Stadt weiß, habe ich im Reiseführer gelesen. Nachdem die Griechen Ephesos im 10. Jh. v. Chr. direkt am Meer gegründet hatten, war es ab 133 v. Chr. auch eine bedeutende Stadt im römischen Reich. Das kann man sich heute gar nicht mehr vorstellen. Jetzt liegt es nämlich in der Türkei."

Vergangenheit → Gegenwart

Verben als zentrale Satzaussage erkennen und verwenden → AH S. 57–59

Wortarten unterscheiden und verwenden

18 Gestalte einen Zeitstrahl, der die Erklärungen der Zeitformen Perfekt und Plusquamperfekt aus dem Kasten anschaulich darstellt.

Die Verwendung der Tempusformen des Verbs

Das musst du wissen

Zeitform der Gegenwart

Das Präsens wird verwendet für ein Geschehen in der Gegenwart oder in der Zukunft, für allgemeingültige Aussagen und für wiederholbare Vorgänge (z. B. in Beschreibungen → S. 60).

Zeitformen der Vergangenheit

Das Präteritum wird verwendet für ein Geschehen, das in der Vergangenheit bereits abgeschlossen ist (z. B. bei Erzählungen → S. 31, Berichten → S. 55). Im mündlichen Sprachgebrauch wird es aber häufig durch das Perfekt ersetzt (→ S. 28).
Das Perfekt wird verwendet für ein Geschehen in der Vergangenheit, das noch eine Auswirkung auf die Gegenwart hat.
Das Plusquamperfekt wird verwendet, um die Vorvergangenheit auszudrücken, d. h. eine Handlung war bereits beendet, bevor eine spätere Handlung anfing.

Zeitformen der Zukunft

Das Futur I wird verwendet für ein Geschehen, das in der Zukunft stattfinden wird.
Das Futur II wird verwendet für ein Geschehen, das in der Zukunft bereits abgeschlossen sein wird.

---

19 Während Paula auf Rügen Fahrrad fährt und Tarek in Ephesos die Antike kennenlernt, ist Enya mit ihren Eltern auf Mallorca. Schreibe mithilfe des Wortspeichers einen kurzen, spannenden Tagebucheintrag mit Einleitung, Hauptteil und Schluss. Benutze verschiedene Zeitformen der Vergangenheit.

Wortspeicher

5. Tag: leckeres Frühstück – Strand und Meer – Schlauchboot kaputt – Ärger – viel zu heiß – Unfall am Strand – große Aufregung – Polizei – Rettungswagen – zurück ins Hotel – wieder leckeres Abend-Buffet – todmüde

20 Wähle drei Sätze aus dem gestalteten Tagebucheintrag und erkläre mithilfe des Kastens auf dieser Seite die gewählten Zeitformen.

11 Kann man das alles sehen?
Nomen mit Artikeln als Informationsträger verwenden und durch Numeralien ergänzen

„Ich sehe ein Dingsbums und dahinten ist noch etwas und da drüben ist so ein komisches Teil. Ach, und da sehe ich mehrere, die irgendwas machen."

1 Erkläre, warum Phil mit Paulas Aussagen wenig anfangen kann. Formuliere eine vollständige Aussage zu Paulas Blick durch das Fernrohr.

„Paula, suche bitte mit dem Fernrohr …
… die Boote der Rettungsschwimmer.
… ein Mädchen mit rotem T-Shirt.
… das Fähnchen des Eisverkäufers!"

„Phil, bitte suche mit dem Fernrohr …
… einen großen Spaß.
… das schöne Urlaubsgefühl.
… eine tolle Freundschaft!"

2 Die Geschwister spielen ein Suchspiel mit dem Fernrohr und geben sich dabei die obigen Anweisungen. Setze Phils Vorwurf und die Erklärung der Mutter fort. Nutze dabei die Informationen aus dem Kasten.

Phil: „Ach Paula, das ist unfair. Die Begriffe, die du nennst …"
Mutter: „Paula, du musst … nennen.
           … kann man nicht mit einem Fernrohr sehen."

Das musst du wissen

Nomen/Substantive

Nomen, die **Lebewesen** oder **greifbare Dinge** bezeichnen, werden **Konkreta** genannt. **Abstrakta** sind Nomen, die **Gefühle**, **Gedanken** oder **Stimmungen** benennen.

Nomen haben folgende **Merkmale**:

- Schreibung: Nur Nomen werden **großgeschrieben**.
- **Genus**: Oft steht vor einem Nomen ein Artikel (bestimmter/unbestimmter), der das grammatische Geschlecht (Genus: **Maskulinum**, **Femininum** oder **Neutrum**) anzeigt. Dieses kann sich vom natürlichen Geschlecht unterscheiden.
- **Numerus** (Anzahl): Nomen kommen im **Singular** (Einzahl) oder im **Plural** (Mehrzahl) vor. Es gibt aber auch Nomen ohne Singular (z. B. *Ferien, Eltern*) oder ohne Plural (z. B. *Mut, Schnee*).
- **Kasus**: Nomen stehen in einem bestimmten Kasus (Fall). Sie in die einzelnen Fälle zu setzen, nennt man **deklinieren** bzw. **Deklination** (Beugung).

Nomen mit Artikeln als Informationsträger verwenden und durch Numeralien ergänzen

→ AH S. 49–52

Wortarten unterscheiden und verwenden

3 Notiere alle Nomen aus den Sprechblasen aus Aufgabe 2 sortiert nach ihrem Genus.

4 Paula behauptet, ein Mädchen sei weiblich (feminin). Phil ist verwirrt, da es ja nicht *eine Mädchen* heißt. Formuliere eine Erklärung und finde weitere Beispiele.

5 Fülle in deinem Heft die Tabelle mit den richtigen Formen.

Nominativ: *wer oder was?*	der Eisverkäufer		
Genitiv: *wessen?*	des …	der Frau	
Dativ: *wem?*			dem Eis
Akkusativ: *wen oder was?*			

Obwohl **(1)** Geschwister manchmal streiten, sind sie froh, dass sie sich haben. **(2)** Strandurlaub nur mit **(3)** Eltern können sie sich nicht vorstellen. Gern verbringen sie **(4)** Urlaub zusammen. Meistens denken sie sich **(5)** Spiel aus, das ihnen beiden gefällt. **(6)** Ziele **(7)** Spiele bestehen ja oft nur darin, **(8)** Zeit zu verkürzen.

6 Notiere zu den Nomen passende Artikel und wähle eine der drei folgenden Aufgaben.

■ Wechsle dabei sinnvoll zwischen bestimmtem und unbestimmtem Artikel.

■ Erkläre für zwei Lücken deiner Wahl, warum du den bestimmten oder unbestimmten Artikel wählst.

■ Formuliere aufgrund der Beispiele aus den Aufgaben 3, 5 und 6 einen kurzen Text, der die Verwendung des bestimmten und des unbestimmten Artikels erklärt.

Das musst du wissen

Numeralien (Zahlwörter)

Numeralien (Singular: das Numerale) sind Wörter, die eine bestimmte oder unbestimmte Zahl oder Menge angeben. Folgende Numeralien musst du unterscheiden:
- **Kardinalzahlen** (Grundzahlen: 1, 2, …, *eins, zwei, …*) bezeichnen eine bestimmte Menge oder Anzahl und werden in der Regel nicht flektiert.
- **Ordinalzahlen** (Ordnungszahlen: 1., 2., …, *erstens, zweitens, …*) geben einen festgelegten Platz in einer abzählbaren Reihenfolge an *(das erste Haus, als neunter Läufer, als Erster, …)*. Sie können dekliniert werden.
- **Unbestimmte Zahlwörter** geben ungenaue oder unbekannte Mengen oder Maße an *(einige, viele, zahlreiche, wenige …)*. Auch sie werden dekliniert.

7 Ersetze die Artikel aus Aufgabe 6, wenn möglich, durch geeignete Numeralien. Ergänze den Text außerdem durch Sätze, in denen mindestens drei Numeralien vorkommen.

11 Ich sag dir, bei uns war es super! Wie war es bei euch?
Pronomen zur Gestaltung von Texten nutzen

Meine Familie und ich sind an die Ostsee gefahren. Das Meer fanden meine Familie und ich toll, aber das Meer war leider zu kalt zum Schwimmen. Phil hat viele Sandburgen gebaut und Phil wollte jeden Tag ein Eis essen. Aber Mama hat Phil das Eis nur ab und zu erlaubt. Phil hat dann immer gemotzt. Das Hotel von meiner Familie und mir lag direkt am Strand. Das Hotel war groß. Meine Familie und ich haben den Urlaub sehr genossen.

1 Paulas Lehrer ist mit ihrem Text über den Ostseeurlaub noch nicht zufrieden. Setze seinen Kommentar fort und formuliere Verbesserungshinweise für Paula.

- Liebe Paula, dein Urlaubsbericht ist interessant. Allerdings liest er sich nicht sehr schön, weil ...
- Achte beim nächsten Mal darauf ...
- Du kannst zum Beispiel ...

2 Schreibe eine verbesserte Version von Paulas Text in dein Heft und markiere die Änderungen farbig.

3 Beim Auspacken des Koffers hat Phil festgestellt, dass einige Stellen seines Lieblingsbuchs „Das kleine Ich bin Ich" mit Klecksen verschmiert sind. Schreibe den Text neu und ersetze die Kleckse durch passende Pronomen.

> Ein dahergehüpfter Laubfrosch sagt zu einem kleinen bunten Tier: „Wer nicht weiß, wie ⬤ heißt, wer vergisst, wer ⬤ ist, der ist dumm. Bumm."
> Da beschließt das kleine bunte Tier, sich auf den Weg zu machen, um eine Antwort auf die Frage „Wer bin ⬤ ?" zu finden.
> Lange denkt das Tier über sich nach und plötzlich weiß ⬤ , wer ⬤ ist. Überglücklich und voller Stolz läuft ⬤ zu allen Tieren hin und ruft ⬤ lauthals zu: „⬤ bin ich!"

4 Ob Phil diese Geschichte richtig versteht? Sprecht darüber, welche Bedeutung die Aussage „Ich bin ich" haben kann.

Pronomen zur Gestaltung von Texten nutzen → AH S. 53

Wortarten unterscheiden und verwenden

Das musst du wissen

Pronomen

Um Texte **abwechslungsreich** zu gestalten und zu zeigen, in welchen **Beziehungen** einzelne Personen und Gegenstände zueinander stehen, kannst du verschiedene **Pronomen** nutzen.

- **Personalpronomen** (persönliche Fürwörter) stehen stellvertretend für Nomen (Substantive): *ich, du, er, sie, es, wir, ihr, sie, euch, uns, dich…*
- Wörter, die anzeigen, wem oder zu wem etwas gehört, bezeichnet man als **Possessivpronomen** (besitzanzeigende Fürwörter) wie *mein, dein, euer*. Meist steht das Possessivpronomen als Begleiter vor einem Nomen, nach dem es sich in Kasus (Fall), Genus (Geschlecht) und Numerus (Zahl) richtet.

Personal- und **Possessivpronomen** werden ebenso wie Nomen **dekliniert**:

	Nominativ	Genitiv	Dativ	Akkusativ
Personal-pronomen	*ich*	*meiner*	*mir*	*mich*
	wir	*unser*	*uns*	*uns*
Possessiv-pronomen	*mein* Boot	*meines* Boots	*meinem* Boot	*mein* Boot
	unser Hund	*unseres* Hunds	*unserem* Hund	*unseren* Hund

5 Paula erzählt ihren Großeltern vom ersten Urlaubstag. Formuliere weniger umständlich, indem du Possessivpronomen benutzt.
Beispiel: *Abends wollte Phil nicht in das Bett, das Phils Bett war.*
  → *Abends wollte Phil nicht in sein Bett.*

1) Schon am ersten Tag suchte Phil das Strandspielzeug, das Phil gehört.
2) Phil fand das Spielzeug, das eigentlich in dem Rucksack sein sollte, der Phil gehörte, in der Reisetasche, die ihr mir einmal geschenkt habt.
3) Als Phil das Spielzeug, das Phil gehörte, wieder gefunden hatte, merkten wir, dass wir die Schlüsselkarte für das Hotelzimmer, das wir bewohnten, nicht mehr fanden.
4) Nun suchten wir das ganze Zimmer, das wir gebucht hatten, und das ganze Gepäck, das wir dabei hatten, nach der Karte ab.
5) Unter einer Jacke, die ich mitgenommen hatte, fanden wir sie schließlich. Nun konnte der Urlaub, der der Urlaub von mir und meiner Familie war, beginnen.

11 Gern fahren wir wieder auf diese schöne Insel!
Mit Adjektiven und Adverbien veranschaulichen

Wie gemalt: Naturschauspiele auf Rügen

Mit **spektakulären** Ausblicken, **verträumten** Landschaften und **unzähligen** kleinen Geheimnissen hat die Natur Rügen beschenkt. Seit Jahrhunderten ziehen **schroffe** Kreidefelsen **staunende** Betrachter in ihren Bann, lassen Wanderer ihren Blick durch **saftig-grüne** Wälder und **weite** Landschaften schweifen. **Schattige** Alleen führen Reisende bis zu **schilfgesäumten** Boddenufern. Wo man auch hinschaut – die Natur auf Rügen zeigt sich stets von ihrer **besten** Seite.

1 Lies deinem Partner/deiner Partnerin den Text zweimal halblaut vor. Lass beim zweiten Lesen die markierten Wörter weg. Notiert in Partnerarbeit Stichworte zur Wirkung beider Texte.

2 Vervollständige den folgenden Satz:

„Gerade in Werbetexten dürfen Adjektive (Eigenschaftswörter) nicht fehlen, da ansonsten ..."

Das musst du wissen

Adjektive

Adjektive (Eigenschaftswörter) beschreiben die Eigenschaften von Nomen. Sie werden wie das Bezugsnomen dekliniert *(der fleißige Kellner, saubere Zimmer)*. Wenn sie in Verbindung mit einem Verb verwendet werden, werden sie nicht flektiert *(Der Kellner ist fleißig.)*.

- Adjektive kann man in der Regel steigern. Die Steigerungsformen heißen:

Positiv	Komparativ	Superlativ
freundlich	*freundlicher*	*am freundlichsten*
viel	*mehr*	*am meisten*

Achtung: Adjektive wie *tot* oder *schwarz* sind nicht steigerbar.

Achte darauf, dass du bei einem Vergleich von Eigenschaften die sogenannten Vergleichspartikel richtig verwendest.
- Nach dem Positiv lautet der Vergleichspartikel *wie* (so schön wie).
- Nach dem Komparativ lautet der Vergleichspartikel *als* (schöner als).

3 Paula und Tarek vergleichen ihre Urlaubserfahrungen: Formuliere einen kurzen Dialog, in dem die Vergleichspartikel *als* und *wie* mindestens je zweimal vorkommen.

Mit Adjektiven und Adverbien veranschaulichen → AH S. 54–56

Wortarten unterscheiden und verwenden

Das musst du wissen

Adverbien

Adverbien (Umstandswörter) geben Auskunft über die näheren Umstände, unter denen etwas geschieht. Sie sind **nicht flektierbar** (veränderbar).
Man unterscheidet folgende Adverbien:
- des Ortes **(lokal)**: wo? wohin? *rechts, unten, hier, dort, unterwegs…*
- der Zeit **(temporal)**: wann? wie lange? *heute, immer, jetzt, sofort…*
- des Grundes **(kausal)**: warum? *deswegen, deshalb…*
- der Art und Weise **(modal)**: wie? *gern, sehr, ganz, kaum…*

Adjektive und Adverbien kannst du durch die **Steigerungsprobe** unterscheiden, weil Adverbien nicht gesteigert werden können.
- *Das Hotel ist modern.* Steigerung möglich: *das modernere Hotel* → Adjektiv
- *Paula macht manchmal im Hotel Urlaub.* Keine Steigerung möglich! → Adverb

Außerdem können Adverbien nicht an Nomen angeglichen werden.

4 In diesem Werbetext einer Imbissbude sind Adjektive und Adverbien markiert. Unterscheide sie mithilfe der oben beschriebenen Steigerungsprobe.

Heute im Angebot! Sehr frisch!
- *Schmackhafte Makrelen*
- *Saftige Matjesbrötchen mit Zwiebeln*
- *Leckere Lachsbrötchen*

Sofort zugreifen!

```
Wir hatten einen schönen Urlaub im Hotel Seeblick und waren
mit allem zufrieden. Das Hotel war schön eingerichtet. Die
Zimmer waren gut. Das Unterhaltungsprogramm war gut, zudem
gab es Erlebnismöglichkeiten in der Nähe. Wir würden wie-
derkommen!!
```

5 Verbessere den Text zur Hotelbewertung mithilfe der Adjektive und Adverbien aus dem Wortspeicher. Notiere die überarbeitete Version in dein Heft und …

- … unterstreiche Adjektive und Adverbien in verschiedenen Farben.
- … notiere die Adverbien in einer Tabelle: Sortiere sie nach den Kategorien Ort, Zeit, Art und Weise.
- … verfasse einen Text, in dem Paulas Vater seine Unzufriedenheit mit der ersten Hotelbewertung begründet und den Zweck von Adjektiven und Adverbien erklärt.

Wortspeicher

nachher – natürlich – sehr – abends – immer – sensationell – toll – hinauf – dort – interessant – außergewöhnlich – genauso – außerdem – oft – unmittelbar

11

Auf eine Insel, an einen See oder in die Berge reisen?

Präpositionen, Konjunktionen und Subjunktionen beschreiben und verwenden

1 Hoffentlich haben sie nichts vergessen! Beantworte die Fragen nach den einzelnen Gegenständen. Nutze Präpositionen zur genauen Angabe.
*Beispiel: **Wo** ist der rote Ball? – Der rote Ball liegt **hinter** der Rückbank.*

1) Wo sind die Schwimmflügel?
2) Wo haben wir die Luftmatratze?
3) Wo versteckt sich der Kater?
4) Wo finde ich den braunen Koffer?

Das musst du wissen

Präpositionen

Präpositionen (Verhältniswörter) geben an, in welcher Beziehung Lebewesen, Gegenstände oder Sachverhalte zueinander stehen *(Paula liegt noch im Bett.)*.

Folgende Präpositionen kannst du unterscheiden:
- des Ortes (lokal): wo? wohin?   *durch, auf, in, neben, unter, vor, hinter…*
- der Zeit (temporal): wann?   *vor, in, bis, nach, während…*
- des Grundes (kausal): warum?   *wegen, aus…*
- der Art und Weise (modal): wie?   *mit, aus, ohne…*

Sie stehen immer in Verbindung mit Nomen oder Pronomen und bestimmen deren Kasus: *wegen des Gelds* (Genitiv), *mit der Tasche* (Dativ), *an den Strand* (Akkusativ). Es gibt Präpositionen, die je nach Bedeutung einen anderen Kasus fordern: *in, an, hinter, neben, über, unter, zwischen*.
Er geht in das Haus. (in + Dativ → Richtungsangabe)
Er ist im Haus. (in + Akkusativ → Ortsangabe)
Präpositionen werden nicht flektiert (verändert), sie verschmelzen aber oft mit dem Artikel des Nomens zu einem Wort: *in dem → im, zu dem → zum*.

---

2 Formuliere drei weitere Fragen mit Antworten nach dem Muster aus Aufgabe 1.

Präpositionen, Konjunktionen und Subjunktionen beschreiben und verwenden → AH S. 60 f.

3 Paula verkürzt sich die Autofahrt mit Sprachspielerei und vertauscht Präpositionen. Ergänze zwei weitere Spaß-Sätze und wähle zur Korrektur des Textes eine der Aufgaben.

Ich packe alle meine Sachen `mit` ¹ meinen Koffer. `Ohne` ² dem Einpacken habe ich mir alles `bis` ³ meinem Bett ordentlich zurechtgelegt. Meine Bücher lege ich `hinter` ⁴ ihres Gewichts nach unten in den Koffer. `Auf` ⁵ dem Packen setze ich mich `vor` ⁶ meinen Koffer, damit er zugeht. `Nach` ⁷ Papas Hilfe trage ich den Koffer `mit` ⁸ dem Auto.

- Schreibe den Text noch einmal und nutze nun die passenden Präpositionen.
- Notiere die richtigen Präpositionen und die Fragen, die sie beantworten.
  Beispiel: *Wohin packst du deine Sachen? – Ich packe alle meine Sachen in meinen Koffer.*
- Notiere die richtigen Präpositionen. Sortiere sie dabei nach lokalen, temporalen, kausalen und modalen Präpositionen.

„Wir fahren schon früh los, ⎯ wir noch einen weiten Weg ⎯ uns haben. Ich hoffe, dass wir ⎯ der Autobahn gut durchkommen. ⎯ alles gut funktioniert, können wir eine Mittagspause ⎯ einer Raststätte machen. ⎯ das Meer ⎯ den Strand freue ich mich am meisten. Ich bin sehr gespannt ⎯ das Hotel ⎯ freue mich sehr auf das Frühstück."

4 Während der Autofahrt versteht Paula nicht alles, was ihr Vater am Handy mit dem Großvater redet. Schreibe den Text ab und ergänze die Lücken sinnvoll.

Konjunktionen und Subjunktionen

Konjunktionen und **Subjunktionen** sind **Bindewörter**. Sie verknüpfen **Sätze** und **Satzteile** miteinander.

- **Konjunktionen** verbinden Wörter, Wortgruppen und Hauptsätze (→ S. 218) *(und, oder, aber)*.
  Phil ist müde, *aber* er will noch nicht schlafen.
- **Subjunktionen** leiten Nebensätze (→ S. 218) ein und bestimmen die Beziehung zum Hauptsatz *(weil, wenn, sondern …)*.
  Obwohl Phil müde ist, will er noch nicht schlafen.

---

5 Unterstreiche in deiner Version des Textes aus Aufgabe 4 alle Konjunktionen und Subjunktionen in zwei unterschiedlichen Farben.

11

Was DU schon kannst!
Kompetenztest

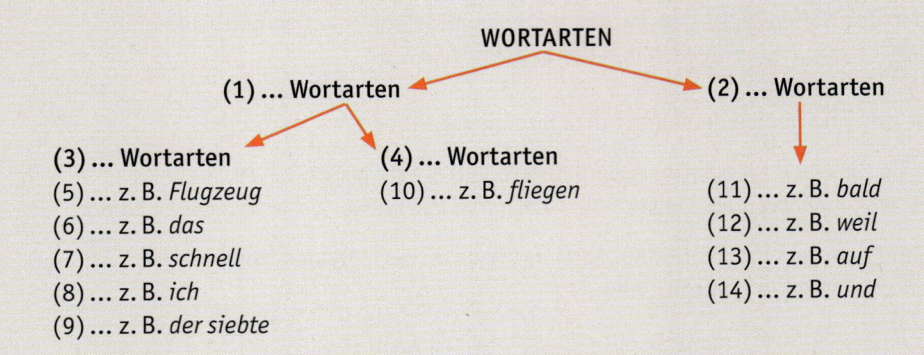

WORTARTEN

(1) ... Wortarten ←→ (2) ... Wortarten

(3) ... Wortarten (4) ... Wortarten
(5) ... z. B. *Flugzeug* (10) ... z. B. *fliegen* (11) ... z. B. *bald*
(6) ... z. B. *das* (12) ... z. B. *weil*
(7) ... z. B. *schnell* (13) ... z. B. *auf*
(8) ... z. B. *ich* (14) ... z. B. *und*
(9) ... z. B. *der siebte*

Wortspeicher

Adjektive – Adverbien – Artikel – deklinierbare – flektierbare – konjugierbare – Numeralien – Konjunktionen – nicht flektierbare – Nomen – Präpositionen – Pronomen – Subjunktionen – Verben

Wortarten kennen und benennen

1 Notiere den Fachbegriff aus dem Wortspeicher, der jeweils in die nummerierte Lücke passt.

> Um dich zu erholen oder etwas Besonderes zu erleben, musst du nicht unbedingt weit von zu Hause wegfahren. Manchmal reichen schon ein kurzer Ausflug oder eine Wanderung zu einem Ziel in der Nähe. Vielleicht gibt es sogar einen Reiseführer für die Gegend, in der du lebst. Obwohl sie einfach zu besuchen sind, fallen uns viele Ausflugsziele in unserer Nachbarschaft nicht auf.

Wortarten unterscheiden

2 Notiere zu jeder in der Tabelle genannten Wortart je ein Beispiel aus dem Text in dein Heft.

(1) Verb	(2) Nomen (+ Artikel)	(3) Pronomen	(4) Adjektiv	(5) Adverb	(6) Präposition	(7) Konjunktion

Verbformen als zentrale Satzaussage verwenden

3 Übertrage die Sätze in dein Heft und setze die korrekte Form des angegebenen Verbs im vorgegebenen Tempus an der richtigen Stelle im Satz ein.

1) Paula gern an einen Klassenausflug zu einer Burg. (zurückdenken, Präsens)
2) Sie viele tolle Erfahrungen von dort mit nach Hause. (bringen, Perfekt)
3) Im nächsten Urlaub sie wieder ans Meer. (fahren, Futur I)
4) Paula schon darauf. (sich freuen, Präsens)

Kompetenztest

4 Notiere alle abstrakten Nomen aus der Aufzählung:

> **Wortspeicher**
> Leuchtturm – Sand – Wind – Liebe – Eis – Sturm – Sonne – Witz – Freude

Konkrete und abstrakte Nomen unterscheiden

5 Schreibe die Nomen in der richtig deklinierten Form in dein Heft und notiere jeweils den Kasus und den Numerus.

> Paula hat Angst vor (der Nachbarshund), wenn sie mit (ihr Hund) Gassi geht, denn (der Nachbar) lässt (sein Hund) immer frei laufen.

Nomen deklinieren

6 Übertrage die fett gedruckten Pronomen in dein Heft. Bestimme jeweils, ob es sich um ein Personalpronomen oder ein Possessivpronomen handelt.

> Paula, Tarek und Enya wollen eine Liste mit Urlaubszielen in **ihrer** Umgebung zusammenstellen. Tarek schlägt vor, zunächst die Stadtbücherei in **seiner** Heimatstadt zu besuchen. „Hier können **wir** fragen, ob es hilfreiche Bücher für **unsere** Idee gibt", schlägt **er** vor.

Pronomen erkennen und bestimmen

7 Notiere alle Adjektive aus dem folgenden Wortspeicher mit Steigerungsform.

> **Wortspeicher**
> heute – toll – wunderbar – nett – dort – langsam – manchmal – nie

Adjektive und Adverbien durch die Steigerungsprobe unterscheiden

8 Notiere passende Lösungen für die fehlenden Konjunktionen, Subjunktionen und Präpositionen. Verwende unterschiedliche Farben zur Unterscheidung der Wortarten.

> (1) die Ferien jetzt vorbei sind, müssen alle wieder (2) die Schule gehen. Das ist (3) die drei Freunde nicht so schlimm, (4) so sehen sie sich jeden Tag in der Schule (5) können sich unterhalten. (6) des Unterrichts dürfen sie aber nicht schwätzen, (7) müssen still sein, (8) es ihnen manchmal sehr schwer fällt.

Präpositionen, Subjunktionen und Konjunktionen richtig verwenden

9 Übertrage den Text in dein Heft und markiere dabei alle unbestimmten Zahlwörter, Kardinalzahlen und Ordinalzahlen mit unterschiedlichen Farben.

> Es ist toll, wenn ich viele Ansichtskarten bekomme. Diesen Sommer habe ich eine aus Florida, zwei aus der Türkei, eine aus Ägypten und eine dritte aus Japan erhalten. Insgesamt also fünf Karten von vier Erdteilen. Vielleicht bekomme ich bald noch eine sechste aus Australien, dann hätte ich alle fünf Kontinente komplett.

Numeralien und ihre Funktion kennen

1. Sprecht **in der Klasse** über die Bilder. Beschreibt die dargestellten Situationen und benennt die Sportarten, die zu sehen sind.

2. Erzählt von euren eigenen sportlichen Aktivitäten: Welche Sportarten treibt ihr? Wo liegen eure Stärken?

3. Überlegt, was Mitspieler in den Situationen auf den beiden Bildern rechts unten dem Mädchen/Jungen mit dem Ball sagen könnten. Sammelt eure Ideen schriftlich an der Tafel und untersucht sie. Was sollen die Äußerungen der Mitspieler bewirken?

Bist du eher der sportliche Typ oder liegen deine Interessen auf anderen Gebieten? Vielleicht lässt du dich ja hier zu neuen sportlichen Aktivitäten anregen. Auf jeden Fall lernst und trainierst du in diesem Kapitel, …

… Satzarten zu unterscheiden,
… Haupt- und Nebensätze voneinander abzugrenzen und
… Satzglieder durch Proben zu bestimmen und zu benennen.

12

Sagen, fragen, auffordern
Satzarten unterscheiden und ihre Wirkung beschreiben

1 Vergleicht in Partnerarbeit, wie sich die Sätze unterscheiden: Achtet dabei auf die Aussagen, die Wirkungen und die Zeichensetzung. Notiert eure Ergebnisse.

„Interessierst du dich für Fußball?"

„Ich finde Fußball richtig spannend."

„Hol bitte den Ball!"

Das musst du wissen

Unterscheidung von Satzarten

Um die Absicht eines Satzes deutlich zu machen, nutzt man verschiedene Satzarten:
- Ein **Aussagesatz** teilt etwas mit. Er wird mit einem Punkt beendet. *Ich mag Sport.*
- Beim **Fragesatz** unterscheidet man Ergänzungsfragen *(Wann beginnt das Spiel?;* Fragewort hier: *wann)* und Entscheidungsfragen *(Gehst du mit uns auf den Fußballplatz?;* Antwort: *Ja./Nein.)*. Fragesätze enden mit einem Fragezeichen.
- **Ausrufe-** bzw. **Aufforderungssätze** beinhalten Aufforderungen und Ausrufe, die auch Verwunderung, Überraschung oder Verärgerung ausdrücken können. Man beendet sie meist mit einem Ausrufezeichen. *Spiel doch mit! Endlich ein Tor! Wie lange lässt der denn noch spielen! Ergänze die richtigen Satzzeichen.*

2 Übernimm die Tabelle in dein Heft und ordne die Beispielsätze zu. Ergänze die Satzzeichen.

Aussagesatz	Fragesatz	Ausrufe- bzw. Aufforderungssatz
– Jakob liebt Fußball.	– …	– …

- Jakob liebt Fußball
- Sein bester Freund Tarek feuert ihn bei jedem Spiel an
- „Siehst du den Ball nicht, Jakob"
- Hat Tarek wirklich immer Zeit
- Fast jedes Wochenende begleitet er Jakob zu den Wettkämpfen
- „Jakob, lauf schneller"
- „Beeil dich"
- „Wir sind spät dran"
- „Ich finde meine Fußballschuhe nicht"
- „Hast du sie gesehen"
- „Ja, sie sind in deiner Sporttasche"

Satzarten unterscheiden und ihre Wirkung beschreiben → AH S. 65 f.

Sätze analysieren und Satzglieder bestimmen

3 „Gleicher Inhalt – unterschiedliche Wirkung" – Erkläre diese Aussage zu den beiden Textfassungen schriftlich. Gehe dabei auf die verwendeten Satzarten ein.

A Tarek, Jakob und Paula sind schon seit dem Kindergarten Freunde. Sie verstehen sich blendend. Sie unternehmen viel zusammen. Sie spielen an den Wochenenden oft Fußball. Sie finden nur nicht immer Zeit dazu. Sie haben auch noch andere Hobbys.

B Wie lange Tarek, Jakob und Paula Freunde sind? Schon eine kleine Ewigkeit, seit dem Kindergarten! Sie verstehen sich blendend und unternehmen viel zusammen. „Lasst uns am Wochenende Fußball spielen!", schlägt Paula vor. Aber nicht immer finden sie Zeit dazu, weil sie auch noch andere Hobbys haben.

4 Mithilfe verschiedener Satzarten kannst du die Geschichte der drei Freunde weitererzählen.

- Notiere je zwei weitere, zur Geschichte passende Beispiele für die verschiedenen Satzarten.
- Notiere drei weitere passende Beispiele für verschiedene Satzarten ohne Satzzeichen. Dein Partner/deine Partnerin ordnet sie zu und ergänzt die Satzzeichen. Besprecht die Lösungen.
- Verfasse ein Gespräch der Kinder zu einer der folgenden Situationen: „Ein Nachmittag im Schwimmbad"/„Beim Schulsportfest"/„Beim Schlittschuhlaufen". Verwende dabei alle genannten Satzarten.

5 Notiere mithilfe der Bilder Regeln, die in Schwimmbädern im Allgemeinen gelten. Formuliere je drei als Aussagen und als Aufforderungen. Erkläre die unterschiedliche Wirkung.

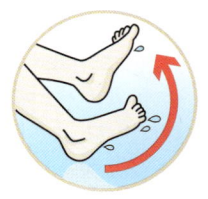

6 Ein Reporter der Lokalzeitung steht aufgeregt und mit gezücktem Notizblock am Spielfeldrand: „Hat der Schiedsrichter denn keine Augen im Kopf! Er will das Tor wirklich anerkennen? Der Spieler war doch eindeutig im Abseits! Das kann doch nicht sein?"

- Schreibe die Sätze neu und verwende die eigentlich zu erwartenden Satzzeichen.
- Beschreibt in Partnerarbeit, wieso hier andere Satzzeichen verwendet werden.
- Schreibe zwei weitere Sätze auf, die anstelle eines Ausrufezeichens ein Fragezeichen verwenden oder einen Punkt und umgekehrt.

12

Wer kann allein stehen?
Haupt- und Nebensätze erkennen und formulieren

1 Jakob hat ein Buch ausgeliehen, in dem es um die Zwillinge Johannes und Mario und ihren großen Bruder Arne geht. Verfasse kurze, im Stil passende Fortsetzungen zu den beiden Versionen des Buchanfangs.

A „Könnt ihr mal den Küchentisch frei machen?" Arne, der ältere Bruder von Johannes und Mario, stellte einen großen Topf Spaghetti auf den Tisch. Dabei schob er mit dem Ellbogen einen Stapel Hefte und Schulbücher beiseite, sodass das Chaos auf der anderen Tischhälfte noch größer wurde. Die Zwillinge protestierten im Duett: „He!"

B „Könnt ihr mal den Küchentisch frei machen?" Arne war der ältere Bruder von Johannes und Mario. Er stellte einen großen Topf Spaghetti auf den Tisch. Er schob mit dem Ellbogen einen Stapel Hefte und Schulbücher beiseite. Das Chaos auf der anderen Tischhälfte wurde noch größer. Die Zwillinge protestierten im Duett: „He!"

2 Erkläre die unterschiedlichen Formulierungen und Wirkungen der beiden Textfassungen mithilfe des Kastens.

Das musst du wissen

Unterscheidung von Haupt- und Nebensätzen

Ein **Hauptsatz** ist ein einfacher selbstständiger Satz. Hauptsätze können allein stehen. Das konjugierte Verb (→ S. 199) steht im Aussagesatz an zweiter (Satzglied-)Stelle. *Jakob spielt gut Fußball.*
Zwei oder mehr Hauptsätze können auch miteinander verknüpft werden. Wenn die Teilsätze nicht durch *und* oder *oder* verbunden sind, muss ein Komma stehen.
Paula trainiert in einer Mädchenmannschaft Fußball und Jakob spielt bei den Jungen mit.
Paula trainiert in einer Mädchenmannschaft Fußball, Jakob spielt bei den Jungen mit.

Ein **Nebensatz** ist ein Teilsatz, der nicht ohne einen Hauptsatz stehen kann und in der Regel durch eine Subjunktion eingeleitet wird. Im eingeleiteten Nebensatz steht das konjugierte Verb an letzter Stelle.

Wenn Paula trainiert, hat sie viel Spaß.
Nebensatz,   Hauptsatz.

Tarek, der meist zuschaut, ist Jakobs bester Freund.
Hauptsatz,   Nebensatz,   Hauptsatz.

Jakob, Paula und Tarek fahren auch zusammen Fahrrad, weil Tarek das lieber mag.
Hauptsatz,   Nebensatz.

Haupt- und Nebensätze erkennen und formulieren → AH S. 66

Sätze analysieren und Satzglieder bestimmen

3 Die drei Brüder unterhalten sich über ihre Lehrer. Verbinde die Sätze, indem du einige Hauptsätze in Nebensätze umwandelst.

- Arne: Was habt ihr ausgefressen? Ihr habt eine Strafaufgabe bekommen.
- Johannes: Wir haben nur ein bisschen mit der Kreide rumgekickt. Da ist die Lehrerin schon ausgerastet.
- Mario: Die rastet wegen jeder Kleinigkeit aus. Und dann kriegt man sofort eine Million Matheaufgaben auf.
- Arne: Ihr seid selbst schuld! Ihr lasst euch alles gefallen.

4 Übertrage die Tabelle in dein Heft und fülle jede Spalte mit mindestens zwei Beispielsätzen aus dem Text darunter. Unterstreiche in den zusammengesetzten Sätzen die Nebensätze.

einfache Sätze	zusammengesetzte Sätze	
	Hauptsatz und Hauptsatz	Hauptsatz und Nebensatz (oder umgekehrt)
– Johannes nickte.	–	–
–	–	–

Johannes nickte. Die Zwillinge waren sich einig: Schule war höchst überflüssig. Es gab viel wichtigere Dinge. Deswegen hatten sie auch eine Methode entwickelt, wie sie eine Menge Zeit und Arbeit sparten. Jeder machte nur immer die Hälfte der Hausaufgaben, den Rest schrieben sie voneinander ab. Die Vokabeln teilten sie sich genauso auf und verließen sich darauf, dass der eine dem anderen notfalls die fehlenden Wörter einflüsterte. Aber auch so ging eine Menge Zeit für die Hausaufgaben drauf – wertvolle Zeit, die man viel besser zum Fußballspielen verwenden konnte.

5 Der folgende Textentwurf ist stilistisch nicht gelungen. Formuliere eine neue Version, indem du die Hauptsätze sinnvoll miteinander verbindest. Achte auf die richtige Zeichensetzung.

Die Zwillinge wollen mit ihrer Mannschaft gewinnen. Sie müssen hart dafür arbeiten. Es ist nicht gut. Sie hatten lange keinen Trainer. Es waren zudem Ferien. Immer wieder hatte jemand keine Zeit. Die „Fantastischen Elf" hatten sich selten zum Fußballspielen getroffen. Einer war fast immer im Urlaub. Die Schule hat wieder begonnen. Die Jungen hoffen auf Herrn Berger. Er wäre früher fast Fußballprofi geworden. Sein Sohn Florian spielt bei den Fantastischen Elf mit. Er war vor seinem Umzug in einem Verein gewesen.

Wer macht was?
Subjekt und Prädikat als Satzkern verstehen

1 Führt in kleinen Gruppen einen Wettbewerb durch: Wer notiert innerhalb von drei Minuten aus den Begriffen im Wortspeicher die meisten sinnvollen Sätze?

> **Wortspeicher**
>
> den Sport – die Kinder – einmal in der Woche – Enya – gern – ihre Schwester – lieben – macht… Aikido – montags – Samuel – spielt… Fußball – tanzt

Das musst du können

So wendest du die Umstellprobe an

Sätze bestehen aus Satzgliedern, die unterschiedliche Aufgaben innerhalb eines Satzes erfüllen. Die einzelnen Satzglieder können mithilfe der Umstellprobe ermittelt werden: Wörter, die zusammen ein Satzglied bilden, können bei der Umstellung des Satzes nicht voneinander getrennt werden, ohne dass der Satz seinen Sinn verändert.

Montags *macht* *sie* Aikido, eine Kampfsportart.
Sie *macht* *montags* Aikido, eine Kampfsportart.
Aikido, eine Kampfsportart, *macht* *sie* *montags.*

2 Führe bei drei Sätzen aus Aufgabe 1 die Umstellprobe durch.

3 Jakob hat in Aufgabe 1 die Sätze „Die Kinder montags den Sport" und „spielt Fußball einmal in der Woche" gebildet. Erkläre schriftlich mithilfe des folgenden Kastens, was er falsch gemacht hat. Gib auch Ratschläge, die ihm beim Bilden sinnvollerer Sätze helfen können.

Das musst du wissen

Subjekt und Prädikat

Ein sinnvoller vollständiger Satz besteht mindestens aus einem Subjekt und einem Prädikat. Die Satzglieder Subjekt und Prädikat bilden zusammen den Satzkern.

Das Subjekt beantwortet die Frage: „Wer/was handelt?" Es steht immer im Nominativ. *Die Samurai kämpften mit Schwertern.*

Das Prädikat gibt die Tätigkeit des Subjekts an. Es ist das einzige Satzglied, das sich mit der Umstellprobe nicht verschieben lässt. In einem Aussagesatz steht es immer an zweiter (Satzglied-)Stelle. *Aikido ist eine japanische Sportart.*

Im Nebensatz steht das Prädikat an letzter Stelle.
Aikido ist, weil es aus Japan kommt, noch nicht so bekannt.

Es gibt auch mehrteilige Prädikate, man spricht dann von einer Verbklammer.
Enya hat erst mit dieser Sportart begonnen.

Subjekt und Prädikat als Satzkern verstehen → AH S. 67–69

Sätze analysieren und Satzglieder bestimmen

4 Wer macht was? – Übertrage die Subjekte und Prädikate der Sätze aus dem Informationstext über Aikido in eine Tabelle in deinem Heft.

Ein Aikido-Sportler lernt keine Angriffstechniken wie Schläge oder Tritte. Vielmehr prägen Griffe, Wurf- und Hebeltechniken diese Sportart. Das Ziel besteht
5 darin, sein Gegenüber auf die Matte zu werfen.
Die Technik des Aikido ist von verschiedenen Kampfsportarten geprägt. Judo, Ju-Jutsu, der Schwertkampf und die Tra-
10 dition des Samurai hatten Einfluss auf die Entstehung des Aikido-Sports.
Siege stehen allerdings beim Aikido nicht im Vordergrund. Die Bedeutung des Namens Aikido lässt sich eher mit „Sieg durch Frieden" umschreiben. Wettkämp- 15 fe gibt es im Aikido deshalb nicht. Eine neue Gürtelfarbe kann ein Aikidoka durch eine besondere Prüfung erreichen.

5 Bereite aufgrund des kurzen Textes einen Kurzvortrag zur Sportart Aikido vor. Nutze die notierten Subjekte und ihre Bedeutung als Grundlage dieses Vortrags.

6 Wähle für den Text unten das jeweils passende Verb und setze es als Prädikat in die richtige Form.

Wortspeicher

machen – lachen – trainieren – bekommen – bringen – sein (2x) – aussehen – üben – freuen

Enya .... noch nicht lange Aikido. Als Grundausstattung .... sie einen weißen Anzug und einen farbigen Gürtel .... Enya und ihre Freunde, die auch Anfänger .... , ... noch das Fallen. Es .... gar nicht so einfach, wie es .... Dennoch .... ihnen die Sportstunden viel Spaß. Sie .... viel und .... sich schon auf die nächste Trainingseinheit, die wieder etwas Neues ....

7 Wähle eine der Aufgaben und formuliere Sätze zu einer Sportart deiner Wahl.

■ Schreibe sechs Sätze, die nur aus Subjekt und Prädikat bestehen. Notiere jeweils die Frage und die Antwort zum Subjekt.
Beispiel: *Der Junge spielte. – Wer spielte? – Der Junge.*

■ Schreibe vier Sätze, die zunächst nur aus Subjekt und Prädikat bestehen, und erweitere sie dann. Notiere dann jeweils die Frage nach dem Subjekt.
Beispiel: *Der Junge spielte. – Der Junge spielte jede Woche Fußball. – Wer spielte jede Woche Fußball? – Der Junge.*

■ Schreibe vier Sätze, die nicht nur aus Subjekt und Prädikat bestehen. Notiere jeweils die Frage nach dem Subjekt.
Beispiel: *Der Junge spielte jede Woche Fußball. – Wer spielte jede Woche Fußball? – Der Junge.*

12

Wen oder was braucht ein Satz sonst noch?
Objekte als Satzergänzungen nutzen

Was ist Slacklining?

Wenn man durch Stadtparks geht, kann man mancherorts **Seile** zwischen zwei Bäumen aufgespannt sehen, auf denen junge Menschen balancieren. Dieser Trendsport nennt sich Slacklining. Ein Seil und zwei Bäume, mehr braucht man nicht fürs Slacklining. Ähnlich wie beim Seiltanz balanciert man bei der Trendsportart Slacklining auf einem Schlauchband oder Gurtband, welches man zuvor an zwei Bäumen oder Ähnlichem befestigt hat. Slackliner freuen sich daher über nicht zu weit auseinander stehende Bäume. Beim Slacklining wird ein guter Gleichgewichtssinn und Konzentration sowie Koordination benötigt. Deswegen wird die Trendsportart häufig von Kletterern oder anderen Extremsportlern betrieben, die dadurch **ihr Gleichgewichtsgefühl** trainieren können. Sie sind sich **des Trainingseffekts** bewusst, den sie durch Slacklining für ihre Sportart erzielen. Man muss sich aber nicht vor einem Absturz fürchten, wenn man das Seil niedrig genug spannt.

1 Beschreibt und erklärt die Situationen auf den Bildern mithilfe des Textes. Tauscht euch über die neue Sportart aus: Würdet ihr Slacklining betreiben?

2 Die markierten Satzglieder sind „notwendige Ergänzungen" der jeweiligen Sätze. Nennt in Partnerarbeit die Gründe, warum diese Ergänzungen „notwendig" sind.

Das musst du wissen

Objekte

Objekte sind Ergänzungen in Sätzen. Ohne sie würden die Sätze oft unvollständig. Objekte antworten auf verschiedene Fragen:

Genitivobjekt	Wessen? (Genitivobjekte sind selten)	Natalia erinnert sich *ihrer Kindheit*.
Dativobjekt	Wem?	Natalia hilft *ihrer Tochter*.
Akkusativobjekt	Wen?, Was?	Ein altes Foto zeigt *die 2-jährige Natalia*.

Welches Objekt im Satz steht, hängt auch vom jeweiligen Verb ab. Das ist aber nicht für alle Sprachen gleich. Zum Beispiel verlangt „helfen" im Deutschen ein Dativobjekt (*Ich helfe dir.*), im Russischen auch (Я тебе помогу. [Ja tibjé pamagú.]), in den romanischen Sprachen aber ein Akkusativobjekt (lat.: *Te adiuvo.*).

Objekte als Satzergänzungen nutzen → AH S. 67–69

Sätze analysieren und Satzglieder bestimmen

3 Bestimme die fett gedruckten Objekte im Slacklining-Text, indem du die jeweils passende Frage stellst. Notiere die Ergebnisse wie im Beispiel.
Beispiel: *Wem hilft Natalia? – ihrer Tochter* → *Dativobjekt*

> **So wendest du die Weglassprobe an** *Das musst du können*
>
> Mithilfe der Weglassprobe lässt sich feststellen, ob ein Satzglied zur Gestaltung eines grammatisch richtigen Satzes notwendig ist.
>
> Der Satzkern aus Subjekt und Prädikat kann niemals weggelassen werden.
> *Paula lacht vor Freude.* → *Paula lacht.*
>
> Auch Objekte können bei der Weglassprobe als notwendige Satzergänzungen erkannt werden. *Paula erkennt eine Slackline sofort.*
> Ohne das Akkusativobjekt ergibt der Beispielsatz keinen Sinn mehr.

4 Wähle aus dem folgenden Text vier der hervorgehobenen Sätze aus, an denen du die Weglassprobe anwendest. Notiere diese Sätze in dein Heft und bestimme die Subjekte, die Prädikate und die notwendigen Ergänzungen wie im Beispiel.
Beispiel: Das **Slacklining gleicht** auf den ersten Blick **dem Seiltanz**.
        Subjekt Prädikat   Dativobjekt (Wem?)

Die Geschichte des Slacklinings

Das Slacklining gleicht auf den ersten Blick dem Seiltanz. Tatsächlich hat sich das Slacklining aber aus dem Klettersport entwickelt. **In den 1980er Jahren kre-**
5 **ierten Kletterer in den Nationalparks der USA aus ihrer Freizeitbeschäftigung eine neue Sportart. Sie bedienten sich ihrer Kletterseile.** Etwa ab dem Jahr 2000 kam das Slacklining nach Europa. Der ös-
10 terreichische Slackline-**Pionier** Heinz Zak arbeitet als Fotograf und zeigt den Leuten so „seinen" Sport. Erst in den letzten Jahren hat sich das Slacklining zu einer bekannteren Trendsportart entwickelt. **Heutige Slacklines sind Schlauchbänder mit** 15 **einer Breite von 2,5 bis 3 Zentimetern. Einige Sportgeschäfte bieten die neuen Sportgeräte inzwischen interessierten Kunden an.** Diese neue Sportart erfreut sich großer Beliebtheit. 20

Ein **Pionier** ist ein Wegbereiter.

5 Notiere alle im Text vorkommenden Objekte in einer Tabelle in dein Heft und ergänze die Verben, die die Objekte jeweils „fordern".

	Beispiel	Verb
Genitivobjekt (Wessen?)		
Dativobjekt (Wem?)		
Akkusativobjekt (Wen?, Was?)		

12 Das kann man doch auch weglassen!
Sätze durch adverbiale Bestimmungen erweitern

1 Bestimme in den folgenden Sätzen über Seifenkistenrennen Subjekt, Prädikat und Objekt. Übernimm dafür die Tabelle in dein Heft und fülle die ersten drei Spalten.
Beispiel: *Seit mehr als 100 Jahren* **rasen Kinder und Jugendliche** *in selbstgebauten Rennwagen* **Straßen hinab**.

- Die ersten Vorläufer der Seifenkiste wurden Anfang des 20. Jahrhunderts im Taunus gebaut.
- Deshalb fand 1904 in Oberursel das erste „Kinderautomobilrennen" der Welt statt.
- In den folgenden Jahren verbreitete sich der Kinder-Rennsport in ganz Deutschland rasant und erfasste nahezu ungebremst auch die USA.

Subjekt	Prädikat	Objekt	weitere Satzglieder (Fragewörter)
Kinder und Jugendliche	rasen… hinab	– Straßen (Akkusativobjekt)	seit mehr als 100 Jahren (seit wann?) in selbstgebauten Rennwagen (wie?)

2 Einige Satzglieder ließen sich nicht in die ersten drei Spalten einordnen. Bestimme, auf welche Fragen sie Antwort geben, und notiere sie in der letzten Tabellenspalte.

Das musst du wissen

Adverbiale Bestimmungen

Adverbiale Bestimmungen sind Satzglieder, die angeben, **wann, wo, wie** oder **warum** etwas geschieht. Grammatisch sind sie – anders als die Objekte – nicht notwendig.

Adverbiale des Ortes (Lokales Adverbiale)	Wo? Wohin?	zu Hause, im Stadtpark, auf der Straße
Adverbiale der Zeit (Temporales Adverbiale)	Wann? Bis wann? Seit wann?	gestern, vor drei Wochen, schon seit langem
Adverbiale des Grundes (Kausales Adverbiale)	Warum? Weshalb?	wegen des schlechten Wetters, aus Freude
Adverbiale der Art und Weise (Modales Adverbiale)	Wie? Auf welche Art und Weise?	schnell, gern, so

3 Schreibe aus dem folgenden Text über die Seifenkistenrennen zu jeder im Kasten genannten adverbialen Bestimmung mindestens ein Beispiel heraus.

Sätze durch adverbiale Bestimmungen erweitern → AH S. 70f.

Sätze analysieren und Satzglieder bestimmen

Von der Seifenpackung auf die Straße

Es war ein amerikanischer Seifenhersteller, der den Namen „Seifenkiste" in den 1930er Jahren prägte. Aus Werbegründen zeichnete das Unternehmen auf seine Verpackungskisten den Bauplan für einen Kinder-Rennwagen. Dieser wurde nun „soap box" genannt. 1935 fanden im US-Bundesstaat Ohio die ersten „All American Soap Box Derbys" statt. Schnell stieg der Bekanntheitsgrad. Noch heute werden dort die Weltmeisterschaften im Seifenkisten fahren mit Rennfahrern ausgetragen, die aus aller Herren Länder kommen.

So wendest du die Ersatzprobe an

Die verschiedenen Satzglieder sind jeweils als ganze Wortgruppe ersetzbar. Durch die Ersatzprobe kannst du ermitteln, welche Wörter zusammen ein Satzglied bilden.
Im Liegen fährt ein Seifenkistenrennfahrer schon immer am schnellsten und am sichersten.
   So   fährt   er   dann   auf diese Weise.

Das musst du können

---

4 Notiere drei adverbiale Bestimmungen aus der zweiten Textfassung. Gib die Art der adverbialen Bestimmung an und notiere eine mögliche Ersatzformulierung.

Sicherheit steht an erster Stelle

Die Kisten erreichen zum Teil beträchtliche Geschwindigkeiten. Die selbstgebauten Rennwagen werden schnell. Eine höhere Geschwindigkeit ist nicht erlaubt, um die Fahrer nicht zu gefährden. Das **DSKD** legt großen Wert auf die Sicherheit. Jedes Fahrzeug wird überprüft. Es gibt auch noch andere Wettkampfklassen, z. B. die Spaß-Rennen, in denen mit möglichst ausgefallenen Kisten angetreten wird.

Deutsches Seifenkisten Derby e.V.

Sicherheit steht an erster Stelle

Auf den etwa 300 Meter langen Rennstrecken erreichen die Kisten zum Teil beträchtliche Geschwindigkeiten. Bis zu 60 Kilometer pro Stunde werden die selbstgebauten Rennwagen schnell. Eine höhere Geschwindigkeit ist nicht erlaubt, um die Fahrer nicht über die Maßen zu gefährden. Auch vor dem Wettkampf legt das DSKD großen Wert auf die Sicherheit. Jedes Fahrzeug wird technisch überprüft. Es gibt auch noch andere Wettkampfklassen, z. B. die Spaß-Rennen, in denen nur aus Spaß mit möglichst ausgefallenen Kisten angetreten wird.

5 Erkläre die Funktion der adverbialen Bestimmungen anhand der beiden Textfassungen.

- Notiere alle Fragen, auf welche die adverbialen Bestimmungen in der zweiten Textversion eine Antwort geben.
- Erkläre an zwei Beispielen, welche Informationen ohne die adverbialen Bestimmungen fehlen würden.
- Verfasse einen „Aufruf zur häufigeren Verwendung adverbialer Bestimmungen".

Was DU schon kannst!
Kompetenztest

Nebensätze erkennen

1. Schreibe aus den folgenden Sätzen die Nebensätze in dein Heft.
   - Dass der Kite-Surfer Konrad Krieger auf seinem Brett den Ärmelkanal in nur zwei Stunden und 7 Minuten durchsurfte, war eine echte Sensation.
   - Er durchquerte den Ärmelkanal als jüngster Kite-Surfer so schnell, wie es keiner zuvor geschafft hatte.
   - Der Elfjährige, der aus Berlin stammt, hat wohl einen neuen Weltrekord aufgestellt.
   - Weil der Ärmelkanal, der zwischen Großbritannien im Norden und Frankreich im Süden liegt, nur 54 Kilometer breit ist, wird er als Meerenge bezeichnet.

Satzzeichen in Satzgefüge einsetzen

2. Übertrage die Sätze und ergänze die fehlenden Satzzeichen.
   - Das schnellste Tor im Fußball in einem WM-Endrundenspiel schoss Hakan Sükür 2002 für die Türkei gegen Südkorea 10 Sekunden nach Spielbeginn
   - Ob Lionel Messi der Weltfußballer wirklich 120 Millionen Euro wert ist wird sich zeigen
   - Für Cristiano Ronaldo wurden 2009 94 Millionen Euro bezahlt Das ist ja Wahnsinn
   - Weißt du wer die weltbeste Nationalmannschaft im Fußball ist Brasilien gewann den Titel fünfmal in den Jahren 1958, 1962, 1970, 1994 und 2002

Subjekte und Prädikate erkennen

3. Schreibe alle Subjekte und Prädikate aus dem folgenden Gedicht von Heinz Erhardt in eine zweispaltige Tabelle in dein Heft.

Heinz Erhardt
Fußball

Vierundvierzig Beine rasen
durch die Gegend ohne Ziel
und weil sie so rasen müssen,
nennt man das ein Rasenspiel.

Rechts und links steh'n zwei Gestelle,
je ein Spieler steht davor.
Hält den Ball er, ist ein Held er,
hält er nicht, schreit man: „Du Toooor!"

Fußball spielt man meistens immer
mit der unteren Figur.
Mit dem Kopf, obwohl's erlaubt ist,
spielt man ihn ganz selten nur.

Kompetenztest

Sätze analysieren und Satzglieder bestimmen

4 Notiere aus dem Gedicht von Heinz Erhardt alle adverbialen Bestimmungen und ordne sie in die Tabelle mit dem jeweiligen Fachbegriff ein. Findest du für jede Spalte ein Beispiel im Text?

Adverbiale des Ortes (lokal)	Adverbiale der Zeit (temporal)	Adverbiale des Grundes (kausal)	Adverbiale der Art und Weise (modal)
durch die Gegend	...	...	...

Adverbiale Bestimmungen erkennen und bestimmen

5 Ergänze die folgenden Sätze mit adverbialen Bestimmungen aus dem Kasten, um sie ansprechender und informativer zu machen. Gib auch jeweils an, um welche adverbiale Bestimmung es sich handelt. Lies erst alle Sätze, bevor du dich ans Einsetzen machst.

> **Wortspeicher**
> wegen einer Wirbelverletzung – für zehn Jahre – nochmals – zum dritten und letzten Mal – im Jahr vor den Spielen – zum ersten Mal – in Asien – hier – im Übermut des Siegs – daraufhin – bis drei Monate vor den Olympischen Spielen

Adverbiale Bestimmungen nutzen

- 1964 fanden Olympische Spiele statt. (2 Ergänzungen)
- Die sowjetische Turnerin Larissa Latynina nahm an Olympischen Spielen teil und gewann sechs von ihren insgesamt 18 Medaillen. (3 Ergänzungen)
- Schwimmstar Dawn Fraser gewann zum dritten Mal seit 1956 die 100 m Freistil, obwohl die Australierin einen schweren Autounfall gehabt hatte. (1 Ergänzung)
- Nach diesem Unfall musste sie ein Stützkorsett tragen. (2 Ergänzungen)
- Fraser durchschwamm einen Kanal vor dem kaiserlichen Palast und klaute eine Fahne. (1 Ergänzung)
- Der australische Verband sperrte seinen Schwimmstar. (2 Ergänzungen)

6 Schreibe die geforderten Objekte aus den folgenden Sätzen in dein Heft.

- **Akkusativobjekt:** Das Guinness-Buch der Rekorde von 2014 präsentiert auf 275 Seiten tausende Rekorde, darunter skurrile und irre Leistungen wie skateboardende Ziegen.
- **Dativobjekt:** Gleich zwei Seiten widmet die Sammlung dem Österreicher Felix Baumgartner und seinem Stratosphärensprung.
- **Genitivobjekt:** Eine junge Frau kann sich einer besonders witzigen Tatsache rühmen: Sie kann am schnellsten auf Schuhen mit sehr hohen Absätzen laufen.

Objekte erkennen

13 Paulas Welt

Rechtschreibstrategien und Rechtschreibregeln kennen und anwenden

1 Beschreibt und erklärt die Schreibsituationen auf den Bildern und erläutert, welche Bedeutung richtiges Schreiben jeweils hat.

2 Wäre es nicht einfacher, wenn jeder schreiben dürfte, wie er spricht? – Diskutiert den Sinn von Rechtschreibregeln. Nutzt die Situationen auf den Bildern und eure eigenen Erfahrungen mit der Rechtschreibung.

„Heutzutage schreiben sie ja sogar in der Zeitung alles falsch."

„Wozu strenge ich mich eigentlich an? Später korrigiert das sowieso alles der Computer."

„‚Nämlich' mit oder ohne h? – Ach, egal."

„Oh je, ist das aufwendig, wenn die Großschreibung stimmen soll. Vielleicht schreibe ich nächstes Mal gleich alles klein."

Immer wieder steht Paula vor Rechtschreibproblemen, wenn sie Texte schreiben muss. Das kennst du sicher auch. Zusammen mit Paula und ihrer Familie lernst und trainierst du in diesem Kapitel, …

… Tipps anzuwenden, die dir beim richtigen Schreiben helfen,
… Rechtschreibstrategien anzuwenden,
… richtig zu schreiben,
… Rechtschreibfehler selbst zu erkennen und zu vermeiden.

13 So schreibst du richtig

Unterscheide: Mitsprech-, Nachdenk-, Merkwörter

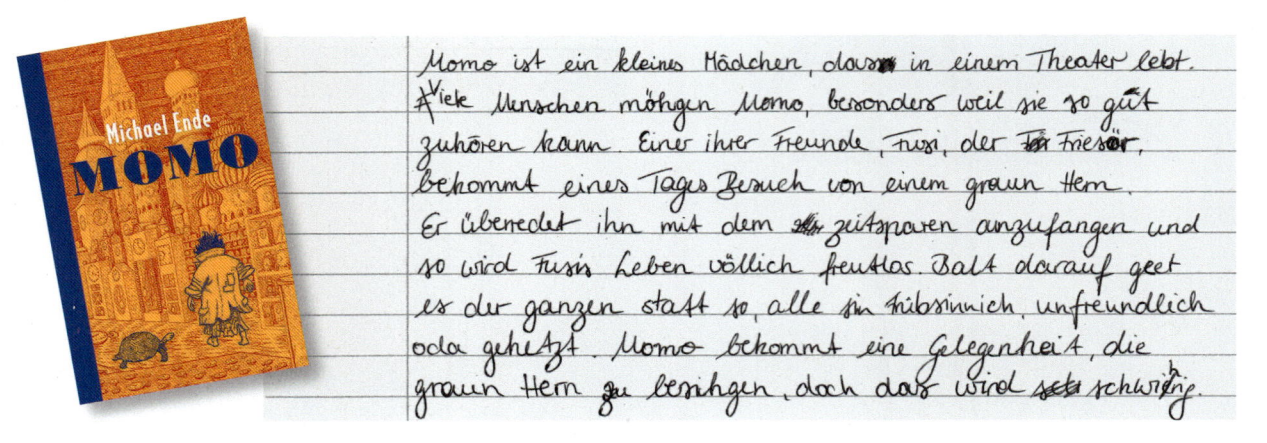

> Momo ist ein kleines Mädchen, das in einem Theater lebt. Viele Menschen mögen Momo, besonders weil sie so gut zuhören kann. Einer ihrer Freunde, Fusi, der Friseör, bekommt eines Tages Besuch von einem grauen Hern. Er überredet ihn mit dem zeitsparen anzufangen und so wird Fusis Leben völlig freudlos. Bald darauf geet es der ganzen statt so, alle sin trübsinnich, unfreundlich oda gehetzt. Momo bekommt eine Gelegenheit, die grauen Hern zu besihgen, doch das wird sehr schwirig.

1 Paulas Mutter Natalia ist entsetzt, als sie Paulas Textentwurf zum Jugendbuch „Momo" sieht. Formuliere eine kurze Reaktion der Mutter, in der sie ihn mit einer Begründung bewertet.

Das musst du können

So schreibst du Texte sorgfältig

- Achte auf ein **sauberes** und **leserliches** Schriftbild.
- Nutze **Schreiblinien**, die du dir auch selbst einzeichnen kannst.
- Lass auf dem Blatt **freie Ränder**.
- Gliedere deinen Text in **Sinnabschnitte**.

2 Eine Rechtschreibregel lautet: „Schreib, wie du sprichst!" Notiere diejenigen Wörter des nebenstehenden Satzes, bei denen die Regel ausreicht, und jene, bei denen sie offensichtlich nicht genügt.

> „Balt darauf geet es der ganzen statt so, alle sin trübsinnich, unfreundlich oda gehetzt."

Das musst du wissen

Mitsprechwörter – Nachdenkwörter – Merkwörter

Mitsprechwörter werden „lautgetreu" geschrieben. Wenn du sie deutlich sprichst, kannst du jeden Laut hören *(Esel, Mantel, gut ...)*.

Bei **Nachdenkwörtern** folgt die Schreibung bestimmten Regeln. Du kannst z. B. das Großschreibprinzip *(die Übung, das Lesen)* oder die Verwandtschaft von Wörtern (*Hände* gehört zum Wortstamm *Hand* und wird daher nicht *Hende* geschrieben) erkennen.

Merkwörter sind Wörter, die du lernen musst. Sie enthalten besondere Schreibweisen oder sind Fremdwörter *(Handy, Toilette ...)*.

Unterscheide: Mitsprech-, Nachdenk-, Merkwörter

3 Überarbeite Paulas „Momo"-Text und lies ihn für dich halblaut Satz für Satz vor. Achte dabei auf eine deutliche Aussprache und schreibe fünf Mitsprechwörter in Blau in dein Heft. Schreibe in Rot fünf Wörter aus dem Text heraus, bei denen das Mitsprechen für die richtige Schreibung nicht genügt.
Beispiele: Momo   Theater

4 Notiere die jeweils richtige Schreibung der folgenden Sätze. Begründe deine Entscheidung stichwortartig mithilfe des Kastens (→ S. 230).

> Fusi bekommt B/besuch. – Fusis L/leben wird freutlos/freudlos. – Momo ist, biss/bis auf die Schildkröte Kassiopeia, gans/ganz auf sich allein gestellt.

5 In manchen Wörtern hört man einen f-Laut, schreibt aber ein *f*, ein *v* oder ein *ph*. Gestalte ein Kreuzworträtsel mit mindestens zehn Wörtern, in denen zu hörendes /f/ als *f*, *v* oder *ph* geschrieben wird. Löst eure Kreuzworträtsel in Partnerarbeit.
Beispiel: ein Elternteil → Vater

6 Paula möchte die Fehler zukünftig vermeiden. Notiere fünf Merkwörter aus dem „Momo"-Text in dein Heft, bei denen ihr jeweils eine der folgenden Eselsbrücken hilft.

- Wer *nämlich, ziemlich* und *dämlich* mit *h* schreibt, ist nämlich ziemlich dämlich.
- Sei nicht dumm und merk dir bloß: Namenwörter schreibt man groß!
- Nach *l, m, n, r*, das merke ja, kommt nie *tz* und nie *ck*.
- Diese Regel ist schon nett, nach *ei, äu, eu* steht nie *tz*.
- Nimm die Regel mit ins Bett: Nach Doppellaut kommt nie *tz*!
- Doppel-a, das ist doch klar, sind in *Waage, Haar* und *Paar*!
- Wenn *wider* nur dagegen meint, dann ist das *e* dem *i* stets feind.
- Wenn *wieder* nur *noch einmal* meint, dann ist das *e* dem *i* ein Freund.
- Das *s* in *das* muss einsam bleiben, kannst du auch *dieses* oder *welches* schreiben.
- Einmal doppelt gemoppelt – immer doppelt gemoppelt!
- Das Wörtchen *weil* steht nie allein, das Komma muss ihm nahe sein.

7 Diktiert euch in Partnerarbeit gegenseitig den „Momo"-Text Satz für Satz ins Heft. Korrigiert das Diktat anschließend.

13

Mein Werkzeugkasten für die Rechtschreibung
Rechtschreibstrategien anwenden

Das wichtigste Werkzeug, das ich beim Schreiben dieser Wörter benötige, ist ein gutes Gehör, denn …

1 Diktiert euch in Partnerarbeit die folgenden Wörter. Überprüft die richtige Schreibung gegenseitig und notiert eine Fortsetzung des Satzes in der Sprechblase.

Partner/in 1: Hase, Bank, Luft, toben, Baum, Lampe
Partner/in 2: Blume, Senf, Wagen, reden, Ast, Nest

Das musst du wissen

Laute und Buchstaben

Bei der Beschreibung von Sprache unterscheidet man zwischen den **gesprochenen Lauten** und den **geschriebenen Buchstaben**. Nicht immer wird ein Laut durch genau einen Buchstaben abgebildet. So kann ein lang gesprochenes /a/ geschrieben werden als *a, aa* oder *ah (baden, Aal, Wahl)*, der Zischlaut /z/ als *z, tz* oder *ts (Brezel, Katze, rätseln)*.

Die Laute werden in Gruppen zusammengefasst:
- **Vokale** (Selbstlaute): *a, e, i, o, u*
- **Konsonanten** (Mitlaute): *s, t, r, m …*

Umlaute sind eine Sondergruppe der Vokale, die im Deutschen durch Pünktchen gekennzeichnet werden *(ä, ö, ü)*, **Diphthonge** (Zwielaute) sind Verschmelzungen von zwei Vokalen zu einem Laut *(au, eu, ei …)*.

---

2 Übe das Erkennen der einzelnen Laute. Sprich dazu die folgenden Wörter übertrieben deutlich. Notiere sie so, dass die einzelnen Laute wie in den Beispielen getrennt stehen. Notiere unter den Lauten ein V für Vokal, ein K für Konsonant, U für Umlaut, D für Diphthong.

Beispiele: S - ä - g - e   F - ei - l - e
            K   U   K   V   K   D   K   V

~~Säge~~, ~~Feile~~, Kiste, Ziege, Schlüssel, Zeugen, Nagel, Schraube

3 Paula und Jakob sammeln Beispiele zur Laut-Buchstaben-Zuordnung. Sprich die Wörter aus dem Wortspeicher der nächsten Seite deutlich aus und wähle eine der folgenden Aufgaben.

- 🟦 Notiere alle Wörter, in denen alle Laute genau durch einen Buchstaben abgebildet werden. Ergänze mindestens fünf weitere Beispielwörter.
- 🟧 Übernimm das folgende Schaubild in dein Heft und trage die Beispielwörter an der richtigen Stelle ein.
- 🟫 Übernimm das folgende Schaubild, trage die Beispielwörter ein und beschrifte die Äste des Schaubilds sinnvoll.

Rechtschreibstrategien anwenden → AH S. 72

Rechtschreibstrategien und -regeln kennen und anwenden

Wortspeicher

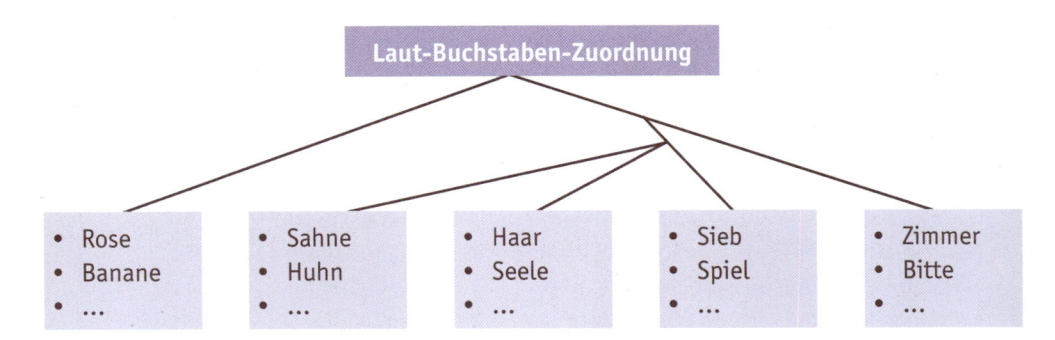

~~Banane~~ – ~~Bitte~~ – Dieb – ~~Haar~~ – ~~Huhn~~ – Kasse – Mitte – Moos – Mühe – Rebe – Rohr – ~~Rose~~ – Rummel – Saal – ~~Sahne~~ – ~~Seele~~ – ~~Sieb~~ – ~~Spiel~~ – Staat – Stuhl – ~~Zimmer~~

Laut-Buchstaben-Zuordnung

- Rose
- Banane
- …

- Sahne
- Huhn
- …

- Haar
- Seele
- …

- Sieb
- Spiel
- …

- Zimmer
- Bitte
- …

4 Wörter können nicht nur in Laute, sondern auch in Sprechsilben zerlegt werden. Schreibe die Begriffspaare ab und markiere ihre einzelnen Sprechsilben wie im Beispiel mit Silbenbögen.
Beispiele: Wildpferde – Blumentopferde

- Nachtisch – Nachttisch
- Festtagsessen – festgesessen
- Eisenbahn – Eisrennbahn

- Baumwolle – Baumarkt
- Landebahn – Landei
- Wachsstift – Wachsoldat

So nutzt du die Wortzerlegung zum richtigen Schreiben

Das musst du können

Um dir längere Wörter zu merken und Schreibfehler zu vermeiden, kannst du Wörter in kleinere Einheiten **zerlegen**:
- in einzelne **Wörter**: *Krautsalat = Kraut + Salat, Mittagessen = Mittag + Essen*
- in einzelne **Sprechsilben**: *Sa-lat, Mit-tag, Es-sen*

Wenn du Schwierigkeiten hast, die Silben zu erkennen, kannst du zu jeder Silbe klatschen oder jeweils einen Schritt nach rechts machen und dabei die Arme schwingen.

5 Notiere alle im Buchstabenfeld versteckten Begriffe. Kennzeichne die Sprechsilben durch Silbenbögen.

QWEHOCHGEBIRGEJKKARTOFFELBREIPOKFABSEITSFALLELLICHOLIPLOECGLQUEGC-
ABFALLBESEITIGUNGCEUQBQAUNWETTERWARNUNGEISENBAHNABTEILQYDSCUR-
VERGISSMEINNICHTEKHCOQIEHBCLUQECMASCHENDRAHTZAUNERDBEERMARMELA-
DEHXUWIQUGXZEQGVIOOOOMXWPAUSENHOFKIKEQCHEUIRCHLEHRERZIMMERUZ-
GUZECQECEFEDERMÄPPCHENCEUQIUGECQCQEWACHSMALKREIDETURNHALLE

6 Bilde die Verlängerung der nebenstehenden Wörter und schreibe sie dann gemeinsam mit der Grundform richtig in dein Heft. Der Kasten unten hilft dir dabei.
Beispiel: Kälber – Kalb

Wortspeicher

Grun(d/t) – er so(l/ll) – har(d/t) – er tri(f/ff)t – trifti(g/ch) – Bu(g/k) – er sto(p/pp)t – To(d/t) – Schul(d/t)

Das musst du können

So nutzt du die Wortverlängerung zum richtigen Schreiben

Am Wortende weichen **Aussprache** und **Schreibung** oft voneinander ab. So sprichst du *wenich, Walt* oder *er knurt,* schreibst aber *wenig, Wald* und *er knurrt*.
Wenn du dir bei der Schreibung am Wortende unsicher bist, kannst du das Wort verlängern und laut aussprechen:
- Nomen kannst du in den Plural (Mehrzahl) oder in den Genitiv (2. Fall) setzen *(der Wald – die Wälder, des Waldes)*.
- Adjektive werden gesteigert *(wenig – weniger)*.
- Verben werden in den Infinitiv (Grundform) gesetzt *(knurren)*.

---

7 Schreibe die Grundform der verlängerten Nomen und Adjektive aus dem Wortspeicher auf. Erkläre jeweils in einem Satz, welchen (Rechtschreib-)Vorteil die verlängerte Form gegenüber der Grundform hat.

Wortspeicher

die Felder – zügiger – die Räder – des Zuges – wilder – des Bundes – des Geldes – die Lieder – die Feinde

„Wieso schreibst du ‚Streuselkuchen' mit äu?"

„Äh – weiß ich nicht."

Das musst du können

So nutzt du das Stammprinzip zum richtigen Schreiben

Das **Stammprinzip** bedeutet, dass Wörter, die miteinander **verwandt** sind, also zur selben Wortfamilie gehören, auch gleich geschrieben werden:
- *kälter* (nicht *kelter*) wegen *kalt*.
- *Träume* (nicht *Treume*) wegen *Traum*.

Noch mehr zur Schreibung von gleich klingenden Lauten findest du auf Seite 248.

Rechtschreibstrategien anwenden → AH S. 72

Rechtschreibstrategien und -regeln kennen und anwenden

8 Finde für die nebenstehenden Wörter jeweils einen „Verwandten" mit *a/au* im Stamm und schreibe dann beide Wörter in dein Heft.
Beispiel: *färben – Farbe*

Wortspeicher

bläulich – Häuser – ~~färben~~ – Täterin – wählerisch – äußerlich – Fälle – Männer – Gebläse – väterlich – läuten

9 Schreibe den folgenden Text ab und wähle dabei jeweils die korrekte Schreibweise.

N(eu/äu)lich wollte Paula früh in die Schule gehen, als sie ein kl(e/ä)gliches Piepsen hörte. Sie folgte dem Ger(eu/äu)sch und fand zwei M(eu/äu)se, die in den Lichtschacht des K(e/ä)llerf(e/ä)nsters geraten waren. N(eu/äu)gierig betrachtete Paula die rosafarbenen Schn(eu/äu)zchen mit den zitternden Schnurrh(e/ä)rchen. Vorsichtig nahm sie die Tierchen in ihre H(e/ä)nde, fr(eu/äu)te sich über ihren tr(eu/äu)herzigen Blick und entließ die beiden (e/ä)ndlich in die Freiheit.

10 Nutze den folgenden Text als Partner- oder Laufdiktat (→ S. 295). Wende bewusst die bekannten Rechtschreibstrategien an. Korrigiere dein Diktat oder das Diktat deines Partners/deiner Partnerin und unterstreiche falsch geschriebene Wörter deutlich.

Paula und Jakob haben viele Ideen bei der Arbeit in der Rechtschreibwerkstatt. Mit einem Hammer klopfen sie die Wörter nach einzelnen Lauten ab. Häufig zersägen sie Wörter auch und finden die Sprechsilben heraus. Dies schadet den Wörtern weder äußerlich noch innerlich. Wenn die beiden bei der Schreibung einer Endung unsicher sind, verlängern sie das Wort mit Wortklebstoff. Auch ein Werkzeug zur Suche nach Verwandten befindet sich in der Werkzeugkiste. So haben die beiden für alle Fälle das passende Gerät.

11 Berichtige falsch geschriebene Wörter aus deinem Diktat. Notiere hinter jedem Wort, welche Rechtschreibstrategie dir beim richtigen Schreiben helfen kann.

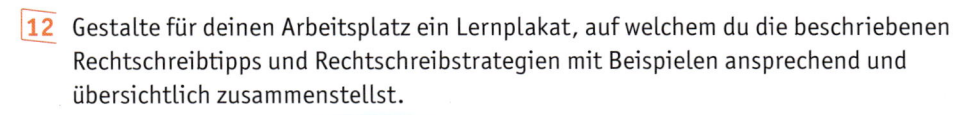

12 Gestalte für deinen Arbeitsplatz ein Lernplakat, auf welchem du die beschriebenen Rechtschreibtipps und Rechtschreibstrategien mit Beispielen ansprechend und übersichtlich zusammenstellst.

13

Langer oder kurzer Vokal?
Dehnung der Vokale richtig schreiben

Mutter: „Seht mal, nun ist es wirklich Frühling geworden! Die Bienen haben schon den ersten Klee im Gras entdeckt und fliegen um die Blüten herum."

Vater: „Wie ärgerlich, dass ich die Heckenschere nicht mitgenommen habe! Der Flieder muss geschnitten werden. Aber vielleicht kann ich die langen Zweige vorübergehend mit einer Schnur zurückbinden?"

Mutter: „Kinder, wollt ihr mir helfen, die Beete neu anzulegen?"

Phil: „Nein, ich habe keine Lust. Schau mal, unsere Nachbarn arbeiten alle noch nicht im Garten! Ich möchte lieber die Schneereste wegkehren."

Paula: „Ich helfe dir gern, Mama! Hast du denn die Saatkörner schon ausgepackt? Ich möchte ein Beet mit Bohnen anlegen und ein Beet mit Blumen."

Vater: „Denkt daran, dass wir noch Platz für die Johannisbeeren brauchen!"

1 Lest das Gespräch mehrfach mit verteilten Rollen. Achtet beim ersten Lesen darauf, dass die Stimmungen der Sprecher durch euren Lesevortrag deutlich werden. Sprecht beim wiederholten Lesen die langen Vokale übertrieben lang aus.

2 Übertrage die Tabelle in dein Heft und fülle sie mit insgesamt 16 Wortbeispielen aus dem Text.

Wortbeispiele mit lang ausgesprochenem ...							
a	ä	e	i	o	ö	u	ü

Das musst du wissen

Dehnung

Vokale können **lang** oder **kurz ausgesprochen** werden. Meist werden die **Langvokale** ohne besonderes Längenkennzeichen geschrieben. Es folgt ein einfacher Konsonant (*nun, Los* ...).

In anderen Fällen wird die Länge eines Vokals schriftlich angezeigt durch ...
- ... **Verdopplung** eines Vokals bei *a, e* und *o* (*Saat, Beet, Moor* ...).
- ... ein nachfolgendes *h* (*fehlen, wohnen* ...).
- ... Anhängen eines *e* an den Vokal *i* (*fliegen, Liege* ...).

Dehnung der Vokale richtig schreiben → AH S. 73f.

Rechtschreibstrategien und -regeln kennen und anwenden

3 In den Blütenkelchen muss jeweils ein Doppelvokal eingesetzt werden. Zusammen mit den Konsonanten der Blütenblätter ergeben sich Wörter. Schreibe die Lösungswörter in dein Heft.

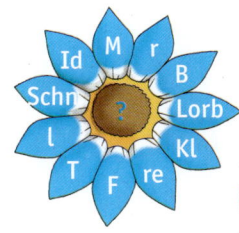

4 Wortspeicher

Bienen / Mienen – fliegen / siegen – lieben / ? – schließen / ? – Sieb / ?

Finde weitere Reimwörter mit gedehntem *ie* und schreibe sie in dein Heft.

5 Ergänze bei den folgenden Wortpaaren die fehlenden Buchstaben, sodass jeweils zwei gleich klingende Begriffe mit unterschiedlicher Bedeutung und unterschiedlicher Schreibung entstehen. Wähle eine der Aufgaben.

- Fülle die Lücken mit unterschiedlich geschriebenen, aber gleich klingenden Langvokalen.
- Fülle die Lücken und bilde zu jedem Wortpaar einen Satz, aus dem die jeweilige Bedeutung deutlich hervorgeht.
- Fülle die Lücken und formuliere einen Hinweis für Schüler, der erklärt, warum diese Begriffe und ihre Schreibungen eine große Fehlerquelle darstellen.

Wortspeicher

m__len/m__len – B__t/Geb__t – M__r/m__r – L__d/L__d – M__ne/M__ne – St__l/St__l

6 Ein technisches Problem hat den Text zum Schulgarten auf der Internetseite von Paulas Schule zerstört. Schreibe den Bericht ab und ergänze die Lücken.

Kartoffeln, M🥕ren, Zw🥕beln oder Erbsen kennen sie alle, die Sch🥕lerinnen und Sch🥕ler der Klasse 6a. Doch wie kommt das Gem🥕se eigentlich in den S🥕permarkt oder auf den Teller? Da sind die meisten Kinder 🥕nungslos. Sp🥕testens im Herbst wird sich das ändern: Dann beginnt w🥕der das bew🥕rte Naturschutzprojekt des Gymnasiums. Auf einer gr🥕ßen Parzelle im Sch🥕lgarten s🥕en die M🥕dchen und Jungen, bepflanzen ihre eigenen B🥕te und entwickeln so ein Gef🥕l für Bl🥕men, S🥕men und B🥕te. Gemeinsam können sie die Entwicklung im „gr🥕nen Klassenzimmer" verfolgen. Am kommenden M🥕ntag st🥕t der erste Arbeitseinsatz auf dem Stundenpl🥕n. Unter Anleitung von Frau M🥕nkorn lernen die Kinder einiges über Nutzpflanzen im Garten und deren Anbau. Ein w🥕nig Vorerf🥕rung erwartet die L🥕rkraft von einigen Kindern, die bereits zu Hause bei der Gartenarbeit geholfen haben.

13 In der Kürze liegt die Würze: Kurzvokale

Schärfung der Vokale erkennen und richtig schreiben

Wochenend-Camp im Allgäu

Wir bieten **Gruppen** von Kindern und Jugendlichen zwischen 6 und 14 Jahren ein abwechslungsreiches, **spannendes**, aber in erster Linie spaßiges
5 Wochenende. Eine **tolle** Kombination von Sportangeboten (Fußball, **Handball**, Basket-
10 ball, Tanz, Skateboarden und Akrobatik) und Ausflügen (**Schwimmen**, **Nachtpaddeln**, Lagerfeuer mit Nachtwanderung) 15 **bestimmt** die sportlichen drei Tage. Ihr erlebt täglich qualitativ hochklassiges Training durch erfahrene und ausgebildete 20 Trainer (geringe Verletzungsgefahr!), mit ausgewogener **Vollverpflegung** und Obst als Zwischenmahlzeit. Am Sonntag geben wir nochmal alles mit einem Fußballturnier, Bühnenshow und großer Siegerehrung. Zum **Abschluss** bekommen alle Kinder 25 eine Medaille oder ein T-Shirt.

1 „Das ist ein rein informierender Text." – „Nein, es ist ein Text, der überzeugen will." – Diskutiert Tareks und Paulas Aussagen zur Absicht des Textes. Erkläre die Meinungsverschiedenheiten und belege deine Position am Text.

2 Die markierten Wörter im Text zeigen die verschiedenen Fälle der Schärfung aus dem folgenden Merkkasten. Sortiere die Beispielwörter in einer Tabelle, fülle die fehlenden drei Überschriften aus und ergänze mindestens zwei weitere Beispiele in jeder Spalte.

ss	pp	mm	?	?	?
	Gruppen				

Das musst du wissen

Schärfung

Nach einem kurz gesprochenen, betonten Vokal folgen meist zwei Konsonanten *(Topf, Kasten…)* oder der darauffolgende Konsonant wird verdoppelt *(Suppe, Sonne…)*.

Beachte: Nach kurzem Vokal wird *k* zu *ck* und *z* zu *tz*: *Stock, schätzen…*

Schärfung der Vokale erkennen und richtig schreiben → AH S. 75–77

Rechtschreibstrategien und -regeln kennen und anwenden

Phil meckert, als er die Einladung des Handballtrainers an Paula sieht. „Ich will auch mit!" Die Mutter beruhigt ihren motzenden Sohn: „Ich denke, dass du alt genug bist, um an der Fußballgruppe teilzunehmen!" Der Vater kratzt sich am Kopf, doch seine Augen leuchten plötzlich und er nickt verschmitzt: „Einverstanden! Wenn die Kinder über das Wochenende Handball und Fußball spielen, kann ich in aller Ruhe den Keller entrümpeln."

3 Notiere die im Text enthaltenen Wörter mit *ck* und *tz*.

4 Nutze die Entrümpelungsaktion des Vaters: Schreibe darüber einen kurzen Diktattext. Mindestens fünf der abgebildeten Dinge müssen in dem Text vorkommen.

5 Diktiert euch eure Texte als Partnerdiktat. Korrigiert die Diktate gegenseitig und berichtigt falsch geschriebene Wörter, indem ihr sie noch einmal in richtiger Schreibung notiert.

6 Phil und Paula freuen sich auf das sportliche Wochenende und reimen beim Kofferpacken fröhlich drauflos. Wähle eine der folgenden Aufgaben.

- Ergänze die Reime in deinem Heft.
- Dichte zwei weitere Verse zu dem Gedicht und notiere sie in deinem Heft.
- Schreibe eine weitere Strophe mit vier Versen über das bevorstehende Wochenende der Kinder, in denen mindestens zwei Wörter mit Doppelkonsonanten vorkommen.

Bin ich erst einmal am Ball,
bringe ich jeden Gegner zu …!

Ich täusche den Gegner mit einem Blick,
beim Spielen braucht es viel …!

Der Schiedsrichter hat schon gepfiffen,
....!

Das Spiel ist wirklich anspruchsvoll,
....!

13

Nicht nur *Schule* wird großgeschrieben
Groß- und Kleinschreibung sicher beherrschen

DER GEFANGENE FLOH

1 Abhängig von der Groß- und Kleinschreibung hat Phils Text zwei unterschiedliche Bedeutungen. Notiere zu beiden Möglichkeiten je einen sinnvollen Satz und bestimme jeweils die Wortart von *GEFANGENE* und *FLOH* (→ S. 281 ff.).

2 Schreibe den folgenden Text mit richtiger Groß- und Kleinschreibung in dein Heft. Überprüft eure Schreibungen in Partnerarbeit und markiert Unsicherheiten.

> EINE ZUVERLÄSSIGE HELFERIN
> NICHT NUR, WENN PHIL COMPUTERPROBLEME HAT, IST PAULA ZUR STELLE. SIE STEHT IHM AUCH BEI, WENN ANDERE KINDER IHN EINMAL ÄRGERN ODER WENN IHRE ELTERN ZU STRENG MIT DEM JUNGEN SIND. AUF PAULA IST EINFACH IMMER VERLASS. DAS IST EIN RICHTIGES PLUS FÜR PHIL.

Das musst du wissen

Großschreibung von Satzanfängen, Nomen und Nominalisierungen

Wörter beginnen mit einem **großen Anfangsbuchstaben**, wenn
- sie am **Anfang einer Überschrift** oder eines **Satzes** stehen,
- es sich um **Eigennamen** *(Sandra Schmitt)* oder **Nomen** *(das Buch, das Haustier)* handelt.

Wörter **anderer Wortarten** können manchmal zu **Nomen** werden (= Nominalisierung) und werden dann ebenfalls großgeschrieben. Nominalisierungen erkennst du, wie alle Nomen, an folgenden Kennzeichen:
- Artikel *(die Klügste, beim = bei dem Radfahren, ein Leben)*
- Artikelwörter wie
  - Possessivpronomen *(mein Umherirren, euer Streiten)*
  - Demonstrativpronomen *(dieses Summen)*
- vorangestellte Adjektive *(fehlerfreies Lesen, ein starkes Ich)*
- Wörter, die eine unbestimmte Menge angeben *(manch Gutes, allerlei Interessantes)*

Groß- und Kleinschreibung sicher beherrschen → AH S. 80 f.

Rechtschreibstrategien und -regeln kennen und anwenden

3 Notiere die großgeschriebenen Wörter aus Aufgabe 2 unter der jeweils passenden Überschrift in dein Heft.

- Eigennamen
- Nomen
- Nominalisierung
- Überschrift
- Satzanfang

> Phil ist also sehr froh, eine Schwester zu haben. Sein bester Freund Max hat keine Geschwister und hätte gerne jemanden zum gemeinsamen Spielen.
> **Paula:** Lade Max doch 'mal wieder ein. Ich helfe euch beim Lernen und dann spielen wir im Garten.
> **Phil:** Deine Idee ist super, Paula!

4 Erklärt euch in Partnerarbeit mithilfe des Kastens, warum SPIELEN hier einmal groß- und einmal kleingeschrieben wird.

So wendest du die Artikelprobe an

Nomen können als einzige Wortart mit einem Artikel stehen. Mit der **Artikelprobe** kannst du deshalb testen, ob ein Wort ein Nomen/eine Nominalisierung ist und es deshalb großgeschrieben wird:

Wörter, die mit einem **Artikelwort** (z. B. *ein, der, mein, sein, kein* usw.) stehen können, sind Nomen/Nominalisierungen und werden großgeschrieben.

Beispiel: *Paula hilft Phil KOCHEN.* → *Paula hilft Phil das KOCHEN.*
Die Artikelprobe funktioniert nicht. → *Paula hilft Phil kochen.*

Beispiel: *Paula und Phil macht KOCHEN Spaß.* → *Paula und Phil macht das KOCHEN Spaß.*
Die Artikelprobe funktioniert. → *Paula und Phil macht Kochen Spaß.*

Das musst du können

---

5 Bilde mit den Wörtern aus dem Wortspeicher jeweils einen Satz, in dem das Wort kleingeschrieben wird, und einen, in dem das Wort großgeschrieben wird.

Wortspeicher

treffen – wissen – grün – befreite – schreiben

6 Schreibe den Text aus Aufgabe 4 in dein Heft und wähle eine der Aufgaben.

- 🟦 Unterstreiche alle Artikelwörter und zeichne einen Pfeil zu dem Wort, auf das sich das Artikelwort bezieht.
  Beispiel: *Phil ist also sehr froh, eine Schwester zu haben.*
- 🟧 Gehe vor wie bei blau und notiere deine Beobachtung in Stichpunkten.
- 🟫 Gehe vor wie bei blau, untersuche die Beispiele und formuliere einen Merksatz.

Das musst du können

So wendest du die Erweiterungsprobe an

- Manchmal kann die Artikelprobe (→ S. 241) einen in die Irre führen. Denn nicht immer folgt das Nomen direkt auf das Artikelwort.
  Beispiel: *Sein bester Freund kommt zum Kochen vorbei.*

  Artikelwort   Nomen (=Kern der Nominalgruppe)

- Außerdem kann nicht immer sinnvoll ein Artikel gesetzt werden.
  Beispiel: *Die Freunde kochen Nudeln mit Tomatensoße.*
- Mit der **Erweiterungsprobe** kannst du auch bei diesen Sätzen **Signale für Nomen** (Artikel und Artikelwörter) einsetzen:
  Beispiel: *Die Freunde kochen die kleinen, gekringelten Nudeln mit einer leckeren Tomatensoße.*

7 Erweitere in den Sätzen den Kern der Nominalgruppe. Vergleicht eure Sätze dann in Kleingruppen. Wer hat den längsten Satz gebildet?

> Die Freunde fahren mit ihren Fahrrädern zum Supermarkt. Radfahren bereitet ihnen Freude. Im Supermarkt kaufen sie Käse, Tomaten und Brot für den Nachmittag im Park.

8 Schreibe den folgenden Text in dein Heft und fülle dabei die Lücken mit Wörtern aus dem Wortspeicher, sodass sich sinnvolle Sätze ergeben. Entscheide dabei, ob die Wörter groß- oder kleingeschrieben werden.

> Phil möchte mit Paula ☐ gehen. Besonderes Vergnügen bereitet ihm das ☐. Er ist der ☐ Taucher seiner Klasse. Beim ☐ vom 3-m-Brett ist hingegen Paula die ☐. Im Schwimmbad haben Phil und Paula schon viel ☐ erlebt. Phil findet Sport im ☐ sowieso viel interessanter als stundenlanges ☐ oder ☐.

Wortspeicher

ALLGEMEINEN – BESTE – FLEISSIGES – HERUMSITZEN – LERNEN – MUTIGERE – SCHÖNES – SCHWIMMEN – SPRINGEN – TAUCHEN

9 Verfasse über dein Lieblingshobby einen Rätseltext wie in Aufgabe 8 und notiere die Lösung auf einem gesonderten Blatt. Tausche dein Heft mit einem Partner aus und löse das Rechtschreibrätsel des anderen.

Groß- und Kleinschreibung sicher beherrschen → AH S. 80 f.

Rechtschreibstrategien und -regeln kennen und anwenden

Lieber Bademeister,

haben Sie/sie vielleicht eine große blaue Brille gefunden? Ich war letzte Woche mit meiner Schwester im Schwimmbad und Sie/sie hat Ihre/ihre Taucherbrille auf der Wiese vergessen. Es wäre nett, wenn Sie/sie Sie/sie aufheben würden, damit Paula Sie/sie abholen kann.

Viele Grüße
Phil

10 Phil möchte Paula helfen und schreibt einen Brief an den Bademeister, ist sich aber bei der Schreibung der Pronomen unsicher. Diskutiert in Partnerarbeit, an welchen beiden Stellen in seinem Text sich die Bedeutung des Satzes durch die andere Schreibung ändert.

11 Schreibe Phils Brief in dein Heft und wähle mithilfe des Kastens an den markierten Stellen die richtige Schreibung.

Großschreibung höflicher Anreden

Die höfliche Anrede *Sie* und die dazugehörigen Pronomen *(Ihnen, Ihr, Ihre…;* Ausnahme: *sich)* werden großgeschrieben.
Die vertraute Anrede *du/ihr* mit Pronomen *(dich, dein, euch, euer…)* wird kleingeschrieben, nur in persönlichen Briefen oder E-Mails darfst du sie großschreiben.

Das musst du wissen

---

12 Herr Bieber bietet im Nachmittagsprogramm von Paulas Schule einen Singkreis an, an dem Paula und ihre Freundin Clara teilnehmen möchten. Wähle eine der Aufgaben.

- Formuliere ein kurzes Schreiben an Herrn Bieber, mit dem Paula sich und ihre Freundin anmeldet. Nutze die höfliche Anrede.
- Paulas Eltern melden Paula und Clara schriftlich zu dem Kurs an. Paula schickt Clara dazu eine Mitteilung. Formuliere die beiden Texte.
- Vermische Sätze aus Paulas Schreiben an Herrn Bieber und ihrer Mitteilung an Clara. Lass dabei die Anfangsbuchstaben der Anreden weg. Dein Partner/deine Partnerin ordnet die Sätze und notiert die richtige Groß-/Kleinschreibung.

13 Herr Bieber gibt in einem Elternbrief weitere Informationen zum Singkreis. Formuliere einen Brieftext so, dass er sich als Übungsdiktat zur Groß- und Kleinschreibung bei Satzanfängen, Nominalisierungen und Anreden eignet.

13 Einfach, doppelt oder extrascharf? s-Schreibung

Regeln für die s-Schreibung kennen und anwenden

1 Tauscht euch in Partnerarbeit darüber aus, wie sich die Rollen und das Aussehen einer „weisen Frau" und einer „weißen Frau" in einem Theaterstück wohl unterscheiden.

„Was soll ich im Theaterstück spielen? Eine weise oder eine weiße Frau?"

2 Möglicherweise hat Paulas Lehrer nicht deutlich genug gesprochen. Sprecht die beiden Möglichkeiten mehrmals laut aus und beschreibt die Unterschiede.

Das musst du wissen

Aussprache und Schreibung des s-Lauts

Der s-Laut kann unterschiedlich ausgesprochen und auch geschrieben werden.

Den stimmhaften, „weichen" oder „gesummten" s-Laut schreibt man mit einfachem *s*: So*nn*e, *s*ummen, Na*s*e, wei*s*e …

Den stimmlosen, „gezischten" s-Laut schreibt man
- nach einem kurzen Vokal mit *ss* (Nu*ss*, Nä*ss*e, e*ss*en, mü*ss*en, bi*ss*chen …),
- nach einem lang gesprochenen Vokal oder einem Diphthong (Zwielaut) mit *ß* (Stra*ß*e, Ma*ß*, au*ß*en, wei*ß* …).

Beachte: Am **Wortende** schreibt man *s*, wenn in der verlängerten Form ein stimmhaftes *s* erklingt (Gla*s* – Glä*s*er), in vielen **kleinen Wörtern** (wa*s*, bi*s* …) und auch bei **bestimmten Wortendungen** (Hinderni*s*, Fund*us*).

---

3 Theaterschauspieler verbessern ihre Aussprache mit Übungssätzen. Sprich die folgenden Sätze halblaut und übertrieben deutlich. Zähle mit den Fingern die stimmhaft ausgesprochenen s-Laute.

- So simmert die salzige Suppe sanft vor sich hin.
- Durchs Wasser sausen riesige Walrösser und sanfte Seepferdchen.
- Silas sieht das scheußliche Muster des hässlichen Teppichs entsetzt an.

Regeln für die s-Schreibung kennen und anwenden → AH S. 78

4 Übernimm die Tabelle in dein Heft. Ersetze die Fragezeichen im Kopf der Tabelle mithilfe der Informationen aus dem Kasten.

? Aussprache	Die s-Schreibung		
	? Aussprache		
	nach ? Vokal	nach ? Vokal oder Diphthong	Wortende
s	ss	ß	s

5 Sortiere alle Wörter mit s-Schreibung aus dem Text in die Tabelle.

> Lasst uns weitere Aufgaben verteilen, falls es keine Fragen mehr zu den Rollen gibt. Tarek, du solltest ein großes Bühnenbild auf ein weißes Leintuch malen. Jakob wird dafür sorgen, dass die Beleuchtung passt. Und Annika befasst sich mit der Musik.

6 Übertrage den folgenden Text in dein Heft und füge dabei in die Lücken *ss* oder *ß* ein. Markiere zunächst die betonten Vokale als lang (Strich darunter) oder kurz (Punkt darunter).

> In der Nacht vor der Premiere hat Paula einen äu_erst seltsamen Traum. Sie mu_ ein scheu_liches Kostüm tragen und eine hä_liche Maske, die voller Ru_ ist. Währendde_en hat die bla_e Emely mit ihrem sü_en Lächeln allen die Show gestohlen und lä_t sich unmä_ig feiern. Mi_mutig beschlie_t Paula, die Bühne zu verla_en – da wacht sie auf.

7 Finde bei den folgenden Wörtern die richtige Schreibung für den s-Laut am Ende, indem du sie verlängerst. Schreibe jeweils beide Formen in dein Heft.
Beispiel: *Biss – Bisse.*

GRU_ NA_ HAU_ LO_ SPIE_ REI_ RO_ BLA_ HEI_ RI_ GRA_ FU_

8 Wähle eine der folgenden Aufgaben.

- Übertrage die Wörter in dein Heft und markiere das stimmhafte s jeweils blau und das stimmlose s rot: Nase, Zeugnis, Spaß, wissen, Sessel, leise, sehr, Gast

- Sortiere die Wörter nach *ss*- und *ß*-Schreibung: wei_, Me_er, er sa_, Flo_, Ki_en, fa_en, mä_ig, Gewi_en

- Finde zwei Wörter mit unterschiedlicher Schreibung des s-Lauts aus der Wortfamilie des Verbs *schließen* und bilde jeweils einen Satz.
Beispiel: *schießen* → *Der Schössling schießt aus der Erde.*

Ich bin sicher, dass das passt!
Die Schreibung von *das* und *dass* kennen

Paula: „Stimmhaft – stimmlos – das ist ja alles schön und gut. Trotzdem weiß ich nicht, warum man schreibt *Es ist ein Problem, für das ich keine Lösung finde*, aber *Es ist ein Problem, dass ich keine Lösung finde*."

Katharina: „Ein Tipp aus meinem Sprachunterricht: Die Form *das*, also die Schreibung mit einfachem *s*, lässt sich fast immer durch *dies, dieses, jenes* oder *welches* ersetzen."

1 Kennst du Paulas Problem? Erkläre ihren Ärger in deinen eigenen Worten.

2 Überprüfe, ob der Tipp aus Katharinas Sprachunterricht stimmt. Übertrage den folgenden Text in dein Heft und ersetze das Wort *das*, wie Katharina es vorschlägt.

> Katharina ist das Mädchen, das neu in Paulas Klasse gekommen ist. Sie stammt wie Paulas Mutter aus Kasachstan, einem Land in Zentralasien, das früher zur Sowjetunion gehörte. Das weiß Paula schon von ihrer Mutter. Katharina findet es schön, dass ihr Heimatland viele interessante Nachbarländer, zum Beispiel Russland oder China, hat. Dass es aber keinen Zugang zum Meer hat, findet sie schade.

3 Notiert in Partnerarbeit eine Vermutung über die verschiedenen Aufgaben des Worts *das*. Nutzt den Text als Beleg.

Katharina: „*Dass* mit *ss* leitet oft Nebensätze ein, in denen eine Wahrnehmung, ein Denkvorgang, ein Wunsch oder eine Aussage formuliert wird."

4 Katharinas Hinweis bezieht sich auf Sätze, die zum Beispiel mit den Verben aus dem Wortspeicher eingeleitet werden. Setze das Gespräch zwischen den beiden Mädchen fort, indem du möglichst viele *dass*-Sätze mit den angegebenen Verben formulierst.

Katharina: „Ich hoffe, dass ich mich in der neuen Klasse wohlfühlen werde."
Paula: „Ich glaube, dass …"
Katharina: „Denkst du, dass …"
Paula: …

Wortspeicher

hoffen – glauben – denken – vermuten – sagen – annehmen – erkennen – behaupten – einsehen – wissen – mitteilen

Die Schreibung von *das* und *dass* kennen → AH S. 79

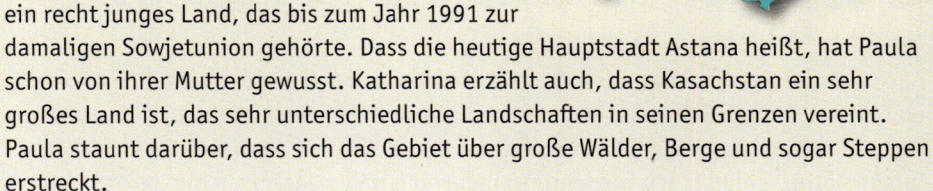

Rechtschreibstrategien und -regeln kennen und anwenden

Das musst du wissen

Schreibung von *das* und *dass*

Die Wörter *das* und *dass* werden nicht nur unterschiedlich geschrieben, sie haben auch verschiedene Aufgaben im Satz.

Das kann bei der Ersatzprobe durch *dieses, dies, jenes* oder *welches* ersetzt werden. Es
- steht als bestimmter Artikel vor einem sächlichen Nomen *(das Land, das Kind),*
- weist als Demonstrativpronomen auf eine Person oder einen Gegenstand hin *(Das ist meine neue Klassenkameradin.),*
- leitet einen erklärenden Nebensatz ein *(Ein Land, das am Meer liegt, hat Vorteile.).*

Dass lässt sich nicht ersetzen. Es steht
- als Subjunktion am Anfang eines Nebensatzes *(Ich weiß, dass du Paula heißt.).*

5 Schreibe die folgenden Sätze ab und fülle die Lücken. Begründe deine Schreibung von *das/dass*, indem du in Klammern jeweils die Wortart angibst.

1. Katharina kam mit fünf Jahren aus Kasachstan in ___ ferne Deutschland.
2. Deutschland war ein Land, ___ sie nur aus Erzählungen kannte.
3. Als kleines Kind ahnte sie nicht, ___ Deutschland einmal ihre Heimat werden würde.
4. Deutschland ist ___ Land, in dem Katharinas Vorfahren lebten.
5. Katharina besucht nach der Grundschule ___ Gymnasium.
6. Sie ist stolz, ___ gerade ___ Fach Deutsch ihr Lieblingsfach wurde.
7. ___ die deutsche Sprache nicht ihre Muttersprache ist, merkt man kaum.

6 Nutze den folgenden Text als Übungstext.

- Decke die Sätze nach und nach auf und übertrage sie in dein Heft.
- Arbeitet zu zweit. Diktiert und korrigiert euch den Text als Partnerdiktat.
- Schreibe den Text ab. Notiere Erklärungen für die Schreibung von *das* und *dass* und bereite dich darauf vor, deine Mitschüler bei Unsicherheiten zu unterstützen.

Paula und Katharina merken schnell, dass sie sich gut verstehen. Katharina ist froh, dass sich Paula für Kasachstan interessiert. Sie hat ihr inzwischen viel über das Land, das lange ihre Heimat war, berichtet. Es ist eigentlich noch ein recht junges Land, das bis zum Jahr 1991 zur damaligen Sowjetunion gehörte. Dass die heutige Hauptstadt Astana heißt, hat Paula schon von ihrer Mutter gewusst. Katharina erzählt auch, dass Kasachstan ein sehr großes Land ist, das sehr unterschiedliche Landschaften in seinen Grenzen vereint. Paula staunt darüber, dass sich das Gebiet über große Wälder, Berge und sogar Steppen erstreckt.

13

Warum fallen dabei so viele hin?
Gleich- und Ähnlichklinger richtig schreiben

„Früher fiel Phil viel hin, vielleicht fehlte es ihm an Vorsicht."

1 „Wir sollten diesen Satz in einem Diktat schreiben und mussten besonders auf die Schreibung des Lauts … achten. Das war schwierig, denn …" Ergänze Tareks Aussage.

Das musst du wissen

Gleich und ähnlich klingende Laute

Obwohl sie gleich oder ähnlich klingen, werden manche Laute mit unterschiedlichen Buchstaben geschrieben. Die meisten Fälle musst du dir als **Merkwörter** einprägen.

Laut	Schreibweisen	Besonderheiten
/f/	f, v	*v* steht nur in den Präfixen (Vorsilbe) *vor-* und *ver-* sowie in einigen Merkwörtern *(Vater, viel)*, *ph* in Fremdwörtern und Namen.
/k/	k, ck	*ck* steht für Doppel-k und wird wie ein Doppelkonsonant verwendet *(Zucker)*.
/ts/	z, tz	*tz* steht für Doppel-z und wird wie ein Doppelkonsonant verwendet *(Katze)*.

2 Sortiert in Partnerarbeit die folgenden Wörter aus Tareks Diktat nach der Schreibweise des f-Lauts. Legt eine Tabelle mit zwei Spalten an. Manche Wörter müssen in beide Spalten eingetragen werden. Unterstreicht Wörter, bei denen ihr euch unsicher wart.

___eilchen, ___eilen, ___äterlich, sich ___er___ahren, Rinder___ett, Rind___ieh, ___iel___alt, ___ierblättrig, ___ehlen, ___ogel, ___olgen, ___ölkerball

3 Diktiert und korrigiert die folgenden Sätze als Partnerdiktat. Notiert anschließend alle Wörter, die ihr falsch geschrieben habt, als Merkwörter in der richtigen Schreibung.

Auch beim Mittagessen verbessert sich Tareks Stimmung nicht. Seine Familie bekommt eine neue Heizung. Sein Vater hilft den Handwerkern bei den Vorarbeiten. Er musste sogar eine Wand aufhacken. Nun tut ihm der Rücken weh. Er kann sich kaum bücken. Tareks Mutter schimpft mal wieder. Die Kinder sollen ihre Jacken an die Haken hängen. Später muss Tarek noch sein Zimmer putzen. Das ist nicht witzig.

Gleich- und Ähnlichklinger richtig schreiben → AH S. 82 f.

Rechtschreibstrategien und -regeln kennen und anwenden

Das musst du wissen

Gleichklinger am Wortende und im Wortstamm

Am Wortende klingen *b* wie *p*, *d* wie *t*, *g* wie *k* und *ig* wie *ich*. Die richtige Schreibweise findet man heraus, indem man das Wort verlängert:
Dieb → *Diebe* → also *Dieb* mit *b*
Rad → *Räder* → also *Rad* mit *d*, aber: *Rat* → *Räte* → also *Rat* mit *t*
Flug → *Flüge* → also *Flug* mit *g*, aber: *Spuk* → *spuken* → also *Spuk* mit *k*
billig → *billiger* → also *billig* mit *g*, aber: *festlich* → *festlicher* → also *festlich* mit *ch*

Bei Verben mit gleich und ähnlich klingenden Konsonanten hilft es, den Infinitiv (Grundform) zu bilden: *er gab* → *geben* → also *er gab* mit *b*

Im **Wortstamm** klingen *e* und *ä* sowie *eu* und *äu* häufig gleich. Die richtige Schreibweise erkennt man durch den Vergleich mit verwandten Wörtern:
Häuser → *Haus*, *stärker* → *stark*

4 Fülle die Lücken mit *b* oder *p*, *d* oder *t*, *g* oder *k/ck*, *ig* oder *ich*. Schreibe die Wörter in dein Heft und notiere neben jedem Wort eine verlängerte Wortform, die bei der richtigen Schreibung hilft.

Bro__ – freudi__ – lächerli__ – Sa__ – lie__ – lusti__ – Pflu__ – ro__ – run__ – Sie__ – Wal__ – Wel__ – zicki__

5 Notiere zu den markierten Verben im folgenden Text jeweils den Infinitiv (Grundform) und die richtige Schreibung der Verbform in den Beispielsätzen.

Auch der Nachmittag trägt/träkt nicht zur Verbesserung von Tareks Stimmung bei. Er fährt mit dem Fahrrad, das er von einem Verwandten geerbt/geerpt hat, zur Musikschule. Als er an einer Kreuzung abbiekt/abbiegt, bemerkt/bemergt er das herankommende Auto nicht. Er erblickt/erbligt es erst, als der Fahrer laut hubt/hupt und ihn anschnaupt/anschnaubt. Woran es wohl liegt/liekt, dass manche Tage so furchtbar sind?

6 Übertrage die Wörter in dein Heft und setze *e* oder *ä* in die Lücken ein. Nutze die Hilfswörter zur Erklärung der ä-Schreibung.

N__tz, Tr__nke, L__mmchen, B__tt, schl__mmen, t__nzeln, w__rfen, h__mmern, P__lz, N__rv, St__ngel, w__lzen

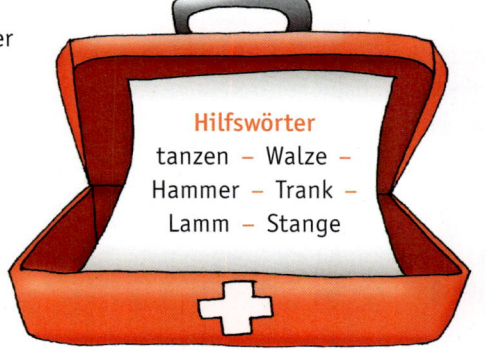

Hilfswörter
tanzen – Walze – Hammer – Trank – Lamm – Stange

Ohne Trennungsschmerz
Wörter richtig trennen

> Ich hatte gerade meinen Anorak angezogen und öffnete die Haustür, da stand Tarek ganz aufgeregt vor mir und rief: „Auf dem Bahndamm ist ein Sportflugzeug gelandet. Bei der Notlandung hat es einen Baumstamm berührt und ist still auf der Seite liegen geblieben. Als die Nachbarn den Notarzt und die Feuerwehr rufen wollten, kam der Pilot heraus und beruhigte alle. Es war beim Absturz wirklich nichts Schlimmes passiert. Unglaublich, oder?

1 Erkläre, warum es wichtig und hilfreich sein kann, Wörter zu trennen.

2 Hilf Paula bei der Verbesserung. Trenne die folgenden Wörter an der passenden Stelle. Markiere Wörter, bei deren Trennung du unsicher bist.

Wortspeicher

Haustür – Baumstamm – Bahndamm – Nachbarn – Schlimmes

Das musst du wissen

Worttrennung

Wörter werden nach **Sprechsilben** getrennt *(lau-fen, Schu-le, wan-dern)*.
Nicht immer sind die Sprechsilben deutlich erkennbar. Merke dir deshalb:

- Wenn **mehrere Konsonanten** im Wort aufeinandertreffen, wird nur der letzte in die neue Zeile genommen *(sin-gen, ras-ten, müs-sen)*.
- **Nicht getrennt** werden ch, sch, ck *(la-chen, Zu-cker, deut-sche)*.
- **Einzelne Vokale** dürfen nicht abgetrennt werden *(A-bend, ü-bel)*.

3 Notiere die folgenden Wörter. Kennzeichne die Silben durch Silbenbögen und schreibe die Wörter dann mit Trennungsstrich.
Beispiel: *Pau la – Pau-la*.

Kobold, lieben, reden, Schlaufe, Zehe, Laken, zielen, Knoten

4 Notiere auch diese Wörter. Markiere die Konsonanten im Wortinnern und schreibe die Wörter dann mit Trennungsstrich.
Beispiel: *Kosten → Kos-ten*.

dulden, Wasser, springen, Zapfen, Strümpfe, bürsten, schnellstens

Wörter richtig trennen

5 Überlege dir fünf Wörter mit mindestens drei Konsonanten im Wortinnern, wie zum Beispiel *Kämpfer* (kein *ck*, *ch* oder *sch*!). Diktiert euch die Wörter in Partnerarbeit und notiert sie mit der richtigen Trennung.

6 Sortiere die folgenden zweisilbigen Wörter nach ihrer Trennbarkeit in einer Tabelle in deinem Heft. Markiere bei den trennbaren Wörtern die Trennstelle und erkläre bei nicht trennbaren Wörtern in Stichworten, weshalb diese nicht getrennt werden dürfen.

> **Wortspeicher**
>
> ~~Amsel~~ – ~~Ofen~~ – offen – Esel – Agent – Engel – unten – über – Euro – Insel – außen – Iris – ölig – Ärger

trennbare Wörter	nicht trennbare Wörter	Erklärung
Am-sel		
	Ofen	einzelnes *o* am Wortanfang darf nicht abgetrennt werden

7 Schreibe die folgenden Wörter mit getrennten Silben in dein Heft. Markiere Konsonantenverbindungen, die nicht auseinandergerissen werden dürfen.

> **Wortspeicher**
>
> Sache – waschen – kochen – Drucker – Dusche – wachsen – Rücken – bisschen – Rutsche – knicksen

8 Gestaltet in der Klasse gemeinsam ein Silbenrätsel, in dem Tiere erraten werden müssen. Jeder formuliert jeweils Fragen zu drei Tieren. Das Lösungswort muss in richtiger Trennung notiert werden. Wählt Tiere, die bezeichnet werden durch …

- … zusammengesetzte Wörter (*Grünfink*) und einfache Zweisilber (*Hase*).
- … Wörter mit zwei Konsonanten im Wortinnern (*Katze*).
- … Wörter mit mehreren Konsonanten im Wortinnern (*Hamster*) sowie Wörter mit mehr als zwei Silben (*Chamäleon*).
  Beispiel: *Welches riesige Tier kann mit seinem Rüssel trompeten? Ele – fant*

9 In einen Text für die Schülerzeitung, den Paula durchsehen soll, haben sich ein paar Trennungsfehler eingeschlichen. Übertrage den Text in korrigierter Form in dein Heft und notiere dazu, welche Regel jeweils verletzt wurde.

> Da der er die spät am eichte, ier sten Tag
> let- Zie- A- wur- auf verschob
> zte llinie bend de den en.
> Läuf- erst err- die Fe- näch-

ACHTUNG FEHLER!

13

Wohin mit dem Komma?
Satzzeichen richtig setzen

NACH DEM MITTAGESSEN FRAGT PAULAS MUTTER HAST DU VIELE HAUSAUFGABEN AUF ICH HABE DIE AUFGABEN SCHON IN DER SCHULE ERLEDIGT ANTWORTET PAULA DU KÖNNTEST MIR HIER BEIM SPÜLEN HELFEN DANACH KANNST DU EINE STUNDE AN MEINEN NEUEN COMPUTER DAS IST UNFAIR RUFT PHIL AUS DEM KINDERZIMMER ICH MÖCHTE AUCH MIT DEM NEUEN COMPUTER SPIELEN

1 Entwirf einen kleinen Comic zu der Szene. Trage die gesprochenen Teile des kurzen Textes in Sprechblasen ein.

2 Notiere die gesprochenen Sätze aus den Sprechblasen noch einmal in dein Heft. Ergänze mithilfe des Kastens die richtigen Satzzeichen.

> **Das musst du wissen**
>
> **Zeichensetzung in wörtlicher Rede**
>
> Die **wörtliche Rede** (→ S. 35) wird von **Anführungszeichen** umschlossen. Das Verb, mit dem die wörtliche Rede eingeleitet wird *(sagen, fragen, meinen …)*, kann vor, nach oder innerhalb der wörtlichen Rede stehen.
>
> **1)** redeeinleitendes Verb – Doppelpunkt – wörtliche Rede in Anführungszeichen:
> *Paula sagt: „Ich habe jetzt Zeit."*
> *Phil fragt: „Spielst du mit mir?"*
>
> **2)** wörtliche Rede – Komma – redeeinleitendes Verb:
> *„Ich habe jetzt Zeit", sagt Paula.*
> *„Spielst du mit mir?", fragt Phil.*
>
> **3)** wörtliche Rede (Teil 1) – Komma – redeeinleitendes Verb – Komma – wörtliche Rede (Teil 2):
> *„Jetzt", sagt Paula, „habe ich Zeit."*
> *„Dann", fragt Phil, „spielst du jetzt mit mir?"*

3 Lass Paula den folgenden Satz in allen drei im Kasten beschriebenen Varianten sagen. Notiere die Sätze in dein Heft.

Am liebsten würde ich den Computer sofort einschalten.

Satzzeichen richtig setzen → AH S. 84

Rechtschreibstrategien und -regeln kennen und anwenden

4 Schreibe den folgenden Dialog ab. Ergänze vor der wörtlichen Rede passende Verben und die fehlenden Satzzeichen.

> Paula: Ich will jetzt endlich an den Computer – Phil: Wieso – Paula: Mama hat es mir versprochen – Phil: Aber ich will erst noch das Level fertig spielen – Paula: Mama – Mutter: Was gibt's – Paula: Phil ist schon ganz lange am Computer, aber du hattest mir versprochen, dass ich ihn nun benutzen darf

5 Setze nun auch bei der Fortsetzung des Gesprächs die Anführungszeichen an die richtige Stelle. Wähle auch das richtige Satzabschlusszeichen. Variiere die Stellung des Verbs, damit der Text abwechslungsreicher wird. Schreibe den kompletten Text auf.

Mutter: Wie lange spielst du denn schon, Phil
Phil: Seit zwei Uhr, glaube ich
Mutter: Okay, das ist deutlich länger als die abgemachte halbe Stunde
Phil: Aber ich bin fast am Ziel
Mutter: Tut mir leid, die Zeit ist um. Jetzt ist Paula dran

Zeichensetzung bei Aufzählungen

Wenn gleichrangige Satzteile oder Sätze ohne *oder, bzw.* oder *und* miteinander verbunden werden, steht ein Komma: *Hunde, Katzen, Meerschweinchen sind beliebte Haustiere. Er kam, er sah, er siegte.*

Das musst du wissen

---

6 Übertrage eine überarbeitete Version des folgenden Textes in dein Heft. Ersetze *und* und *oder* überall, wo es möglich ist, durch Kommas.

> Paula unterhält sich mit Tarek und Jakob und Katharina darüber, ob ihre Eltern ihnen einen eigenen Computer oder einen Laptop oder einen Tablet-PC zur Verfügung stellen. „Meine Eltern erlauben mir das Nutzen gar nicht. Smartphones und Handys und Computer sind bei uns tabu." Jakob sagt, dass er es besser habe und dass er einen eigenen Computer in seinem Zimmer habe und dass er diesen jederzeit nutzen dürfe. „Ich darf surfen und mailen und chatten, so lange ich will." Scheinbar hat jede Familie eine andere Regelung. Tarek darf kaum am Computer arbeiten und bei Paula gibt es klare Absprachen und bei Jakob ist vieles erlaubt.

So kannst du Rechtschreiben selbstständig trainieren
Rechtschreibfehler selbst erkennen und vermeiden

Astrid Lindgren
Ronja Räubertochter

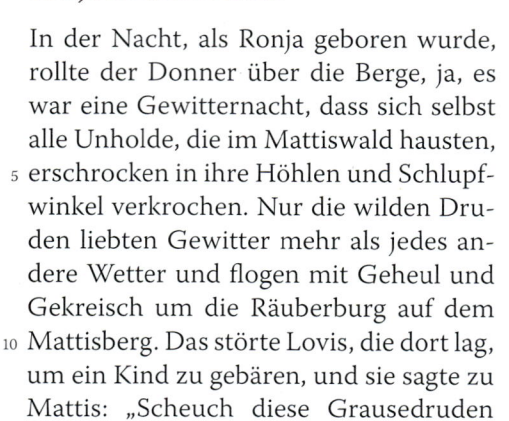

In der Nacht, als Ronja geboren wurde, rollte der Donner über die Berge, ja, es war eine Gewitternacht, dass sich selbst alle Unholde, die im Mattiswald hausten,
5 erschrocken in ihre Höhlen und Schlupfwinkel verkrochen. Nur die wilden Druden liebten Gewitter mehr als jedes andere Wetter und flogen mit Geheul und Gekreisch um die Räuberburg auf dem
10 Mattisberg. Das störte Lovis, die dort lag, um ein Kind zu gebären, und sie sagte zu Mattis: „Scheuch diese Grausedruden weg, damit es hier still ist, sonst höre ich nicht, was ich singe!"

Es war nämlich so, dass Lovis sang, als 15 sie ihr Kind gebar. Es gehe dann leichter, behauptete sie, und wahrscheinlich werde das Kind auch von heiterer Natur, wenn es bei Gesang zur Welt kam. Mattis griff nach seiner Armbrust und schoss 20 ein paar Pfeile durch die Schießscharte. „Trollt euch, ihr Wilddruden!", brüllte er. „Ich krieg heut Nacht doch ein Kind, begreift ihr das nicht, ihr Scheusale?"

1 Nutzt die beiden Textabschnitte **als Partnerdiktate**. Tauscht die Rollen nach dem ersten Textabschnitt. Korrigiert eure Texte gegenseitig.

2 Lies den korrigierten Diktattext noch einmal durch und lege für jedes falsch geschriebene Wort eine Karteikarte an. Beachte dabei die folgenden Tipps.

Das musst du können

So übst du mit einer Fehlerkartei

Lege für jedes falsch geschriebene Wort eine Karteikarte an.
Schreibe das Lernwort auf die **Vorderseite** der Karteikarte. Notiere auf ihrer **Rückseite**
- bei **Verben** die Stammformen *(rollen, rollte, gerollt)*,
- bei **Nomen** den bestimmten Artikel und die Genitivform *(der Donner, des Donners)*,
- bei **Adjektiven** die Steigerungsformen *(wild – wilder – am wildesten)*.

Notiere auf der Rückseite außerdem **weitere Wörter aus der Wortfamilie** und **Beispielsätze**, in denen das Wort vorkommt. Markiere die schwierige Stelle.

Nutze die Karteikarte zum **Üben** der Lernwörter. Lies das Wort und die Beispielsätze einer Karte durch. Lege die Karte dann beiseite und schreibe das Wort aus dem Gedächtnis auf. Kontrolliere anschließend mit der Karte die Rechtschreibung.

Übe **täglich** mit **fünf Wörtern** aus dem Karteikasten. Wenn du die Wörter richtig geschrieben hast, ordne sie im Karteikasten hinten ein. Bei erneuten Fehlern wandert die Karte im Karteikasten ganz nach vorne.

Rechtschreibfehler selbst erkennen und vermeiden → AH S. 85

Rechtschreibstrategien und -regeln kennen und anwenden

3 Sprecht über den Anfang des Jugendbuchs „Ronja Räubertochter": Welche Figuren werden vorgestellt, in welcher Situation sind sie und welche Eigenschaften haben sie? Wie versucht der Buchanfang, das Interesse des Lesers zu wecken? Informiert euch über den Inhalt des Buchs. Lest auch die Zusammenfassung auf Seite 256.

4 Übertrage den folgenden Text in dein Heft und schließe das D.U. Lies den Text Korrektur und achte bewusst darauf, welche Techniken du anwendest, um auf mögliche Fehler zu stoßen. Notiere deine persönliche Korrekturtechnik.

„Hoho, er kriegt heut Nacht ein Kind!", heulten die Wilddruden. „Wohl ein Gewitterkind, klein und hässlich fürwahr, hoho!" Da schoss Mattis noch einmal
5 mitten in die Schar, aber sie hohnlachten nur über ihn und flogen mit wütendem Gekreisch über die Baumwipfel davon.

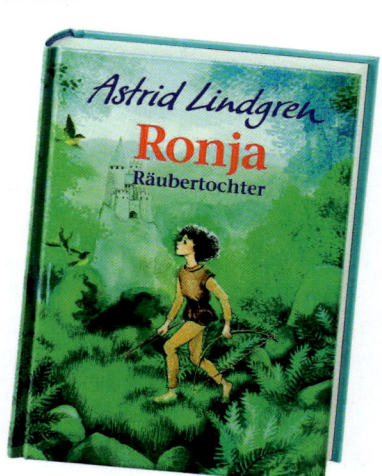

So liest du deine Texte Korrektur

Um Schreibfehler zu entdecken, ist es hilfreich, alle geschriebenen Texte noch einmal Korrektur zu lesen.
- Du kannst deine Texte **sofort nach dem Schreiben** noch einmal in Ruhe und Wort für Wort lesen. Achte dabei nicht so sehr auf den Sinn und den Inhalt des Geschriebenen, sondern schaue dir jedes Wort als einzelnes Wort an.
- Noch ergiebiger ist es, einen Text **mit zeitlichem Abstand** – möglichst am nächsten Tag - noch einmal zu lesen. Am besten liest du den Text mindestens zweimal. Achte zunächst auf den Inhalt und den Sinn des Geschriebenen, dann auf die Rechtschreibung.
- Auch das **Rückwärtslesen** eines Textes kann beim Entdecken von Schreibfehlern helfen. Lies den Text Wort für Wort von hinten nach vorn. So achtest du zwangsläufig auf die Schreibung.

Das musst du können

5 Lies die rückwärts notierten Sätze und notiere die falsch geschriebenen Wörter in korrigierter Schreibung in dein Heft.

ACHTUNG FEHLER!

würde geschehen Turmzimer im oben da was, darauf nur warteten Räuber zwöf Alle.
worden gebohren Kind ein nieh noch hir wahr Mattisburg der auf Reuberleben ganzen ihrem in Denn.
Sinnen von gans Freude vor war und hereingestürtzt kam Mattis.

13

Hilfsmittel sind erlaubt!
Ein Rechtschreibwörterbuch und die Korrekturhilfe am Computer nutzen

Das Kinderbuch *Ronja Räubertochter* wurde von der bekannten schwedischen Autorin Astrid Lindgren verfasst und ist 1981 erschienen. Die **Illustrationen** der Erstausgabe stammen von Ilon Wikland. Das Buch ist noch heute sehr **populär**.

Ronja, die Tochter des Räuberhauptmanns Mattis und seiner Frau Lovis, wächst auf der Mattisburg auf. Obwohl sich ihre Eltern **befehden**, freunden sich Ronja und Birk Borkason, dessen Vater ebenfalls ein Räuberhauptmann ist, an. Die Borkaräuber leben in der Borkafeste – einem Teil der Mattisburg, der durch einen Blitzeinschlag vom restlichen Teil des Gebäudes getrennt wurde. Als Mattis Birk gefangen nimmt und Ronja sich deshalb freiwillig in die Hände Borkas begibt, **eskaliert** der Konflikt.

1 Kennt ihr andere Werke der Autorin Astrid Lindgren? Tauscht euch dazu aus.

2 Erkläre, warum die fett gedruckten Wörter vielen Schreibern Schwierigkeiten bereiten.

3 Suche die markierten Wörter in einem Rechtschreibwörterbuch. Neben der Schreibung und Bedeutung werden weitere Informationen geliefert. Notiere zu mindestens zwei dieser Wörter Fragen, die durch den Wörterbucheintrag beantwortet werden. Beantworte die Fragen auch.
Beispiel: Illustration – *Wie wird* Illustration *getrennt?*
Welcher Artikel steht vor Illustration?

Das musst du können

So arbeitest du mit einem Wörterbuch

Wenn du dir bei der Schreibung eines Worts unsicher bist, kannst du dich mit einem Rechtschreibwörterbuch absichern. Hier findest du die Wörter in alphabetischer Reihenfolge abgedruckt (die Umlaute *ä, ö* und *ü* werden wie *a, o* und *u* behandelt). Neben der richtigen Schreibweise bekommst du folgende weitere Informationen:

po|pu|lär ‹lat.› (volkstümlich; beliebt; gemeinverständlich)
po|pu|la|ri|sie|ren (gemeinverständlich darstellen; in die Öffentlichkeit bringen);
Po|pu|la|ri|sie|rung
Po|pu|la|ri|tät, die; – (Volkstümlichkeit, Beliebtheit

- Wort aus dem Lateinischen (Herkunft)
- Angabe der Bedeutung bei Fremdwörtern oder selten gebrauchten Wörtern
- Angabe aller möglichen Trennungen
- bei Nomen gibt der Artikel das Genus an
- der erste – bedeutet, dass das Wort im Genitiv keine Endung hat; das Fehlen eines zweiten Strichs bedeutet, dass das Wort nicht im Plural vorkommt

Ein Rechtschreibwörterbuch und die Korrekturhilfe am Computer nutzen

Rechtschreibstrategien und -regeln kennen und anwenden

4 Reagiere auf die Aussagen der Schüler während der Suche im Wörterbuch. Erkläre die Probleme und formuliere Tipps zu ihrer Lösung.

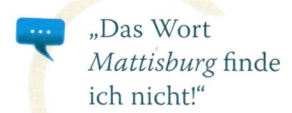

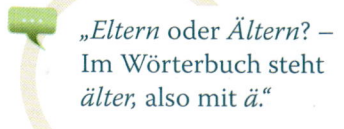

„Das Wort *Mattisburg* finde ich nicht!"

„*Forstellung* muss doch drinstehen. Ich finde das Wort nicht."

„*Eltern* oder *Ältern*? – Im Wörterbuch steht *älter*, also mit *ä*."

5 Jakob hat die Zusammenfassung von „Ronja Räubertochter" am Computer fortgesetzt. Notiere, welche Arten von Fehlern der Computer markiert hat. Schreibe den Text mit korrigierter Schreibung noch einmal ab.

ACHTUNG FEHLER!

Weil der Streit zwischen den beiden Fahmilien immer häftiger wird, ziehen Ronja und Birke gemeinsam in die Beerenhöhle im Wald. Der Räuberhauptmann Mattis bekomt daraufhin eine solche sehnsucht nach seiner Tochter, dass er doch mit mit seinem Feind in der Borkafeste Kontackt aufnmmt, um die Kinder wieder nach Hause zu holen. Mattis möchte, dass Ronja auch eine Räubrein wird. Aber sie will einen anderen Weg gehen.

So überprüfst du die richtige Schreibung am Computer

So nutzt du digitale Medien

Die Funktion zur Überprüfung der Rechtschreibung hilft dir beim Finden von Rechtschreib- und Tippfehlern.

Markiere den Textabschnitt, den du überprüfen möchtest, und wähle unter Überprüfen die Funktion Rechtschreibung und Grammatik .

Viele Programme sind auch so eingestellt, dass Rechtschreibfehler direkt im Text angzeigt - verbessert: angezeigt - werden.

---

6 Die Tippfehler bei *Birke* und *Beerenhöhle* hat der Computer nicht erkannt, dafür hat er das richtig geschriebene Wort *Borkafeste* markiert. Erkläre die Ursachen dieser Pannen.

■ Setze die Sätze fort: Birke markiert er nicht, weil... – Beerenhöhle markiert er nicht, weil... – Borkafeste markiert er, weil...

■ Notiere zu den Beispielen jeweils die Erklärungen der falschen oder fehlenden Markierungen. Ergänze je zwei weitere mögliche Beispiele.

■ Entwirf ein Übersichtsplakat zum Thema *Nutzung der Rechtschreibüberprüfung am Computer*.

Was DU schon kannst!
Kompetenztest

Rechtschreibtipps und -strategien anwenden

1 Notiere die Zahlen und Buchstaben der zusammengehörenden Textteile.

1) Eine deutliche Aussprache hilft dir dabei,
2) Um Merkwörter richtig zu schreiben,
3) Wenn du ein Wort verlängerst oder ein verwandtes Wort suchst,

a) findest du mit der richtigen Regel auch die richtige Schreibung eines sogenannten Nachdenkworts.
b) jeden Laut eines Mitsprechworts zu hören.
c) kannst du die Schreibung in einem Wörterbuch nachschauen.

Rechtschreibprinzipien anwenden

2 Die markierten Wörter der folgenden Sätze sind falsch geschrieben. Schreibe die korrekte Form auf und begründe deine Schreibung schriftlich.

> An einem morgen im Herbst war es wunderbar sonnich.
> Das Laup der Beume läuchtete in allen Farben.

In einem Rechtschreibwörterbuch nachschlagen

3 Im Wörterbuch findest du folgenden Eintrag:
Fu|tur, das; -s, -e Plur. selten ‹lat.› (Sprachwiss. Zukunft)

Nenne und erkläre alle Informationen, die du diesem Artikel entnehmen kannst.

Gedehnte Vokale richtig schreiben

4 Notiere die Wörter mit den Lücken richtig in dein Heft. Entscheide, ob der Vokal durch eine Verdopplung, ein *e* oder ein *h* verlängert oder als einfacher Vokal geschrieben wird.

> Ein Gartenteich ist eine Oase der Ruhe und lädt ein zum Entspannen, Beobachten und Entdecken: Hi__r öffnet eine Se__rose gerade ihre Blü__ten, dort wi__gen sich die Ro__rkolben im Wind und di__ Sonne lässt das Wasser ma__gisch funkeln. Frösche qua__ken und die Libellen warten darauf, dass ihre Flü__gel trocknen. Es gibt nichts Schö__neres, als auf das spi__gelnde Wasser vom Gartenteich zu blicken, sich an den Blü__ten zu erfreuen und dem leisen Glucksen eines Wasserspi__les zu lauschen.

Geschärfte Vokale richtig schreiben

5 Lies den Text in Ruhe durch. Schreibe ihn anschließend ab und wähle dabei jeweils die korrekte Schreibweise.

> Kaum hat das neue Jahr begonnen/begonen, sind auch die Handbaler/Handballer schon wieder aktiv. Am Wochenende spielt die Manschaft/Mannschaft des örtlichen Vereins in zwei Qualifikationsturnieren ihre Teilnehmer am Kreis-Pokal aus, der bei den Junioren in der kommenden/komenden Saison in der altbekannten/altbekanten Form ausgetragen wird. Den/Denn nur die beiden Finalisten dürfen dann bei der Kreismeisterschaft im Sommer/Somer mittspielen/mitspielen.

Kompetenztest

6 Im folgenden Text sind alle Wörter kleingeschrieben, obwohl manche nach den Regeln großgeschrieben werden müssen. Schreibe den Text korrekt ab. Wähle fünf der nun großgeschriebenen Wörter und erläutere, warum sie jeweils großgeschrieben werden.

> zusammen mit seinen eltern will sich tarek in der bücherei über ratten informieren. er wünscht sich ein eigenes tier zum schmusen, aber auch zum herumtollen. am schönsten ist für ihn die vorstellung, das tier unbemerkt in die schule zu schmuggeln und die lehrer zu verblüffen.

Regeln der Großschreibung beachten

7 Übertrage die folgenden Wörter in dein Heft und markiere dabei die stimmlosen *s* rot und die stimmhaften blau.

> Wesen, stoßen, mies, Senke, fassen, südlich, als, Rose, Füße, Blase, vermissen

Stimmhaftes und stimmloses s unterscheiden

8 Schreibe den Text ab und fülle die Lücken mit *s, ss* oder *ß*.

> An den mei__ten Tieren hat Tarek etwa__ au__zusetzen: Hunde findet er zu bei__freudig, Katzen zu lei__e, Vögel zu flatterhaft, Ha__en zu äng__tlich. Tarek i__t der Meinung, eine Ratte hat gerade die richtige Grö__e, fri__t kein zu teure__ Futter und lä__t sich überallhin mitnehmen.

Regeln zur s-Schreibung anwenden

9 Schreibe den Text ab und setze in die Lücken *das* bzw. *dass* ein:

> Die Ratte ist _____ ideale Haustier für Menschen, die _____ Besondere wünschen – und sich nicht viele Gedanken darüber machen, _____ Vorhänge zerfetzt werden können oder _____ Geschirr zu Bruch gehen könnte. Denn all _____ gehört dazu, wenn man sich entschieden hat, _____ _____ Leben mit Ratte schöner ist als ohne.

Regeln zur das/dass-Schreibung anwenden

10 Markiere in den folgenden Wörtern alle Trennmöglichkeiten:

> segeln, tausend, Kasten, Bagger, Büchertasche, Trennungen, Bezirksliga, Zehnkämpfer

Wörter richtig trennen

11 Schreibe den folgenden Text ab und setze dabei die fehlenden Satzzeichen ein. Achte insbesondere auf die wörtliche Rede.

> Warum muss es unbedingt eine Ratte sein? will Paula wissen. Ach, weißt du entgegnet Tarek die sind einfach so putzig witzig unterhaltsam und mit ihnen wird es nie langweilig. Paula meint Ich finde, ihr habt schon so genug Trubel zu Hause.

Satzzeichen richtig setzen

Rechtschreibstrategien und -regeln kennen und anwenden

KOMPETENZ-BEREICH

Anhang

Sprechen und anderen zuhören

Du nutzt die Sprache in vielen Situationen. Sie dient der Weitergabe von Informationen, dem Ausdruck von Gefühlen und Gedanken oder der Klärung von Konflikten. Damit bei deinem Zuhörer möglichst das ankommt, was du meinst, ist es wichtig, dich beim Sprechen auf deine Adressaten einzustellen.

Situationen und Adressaten gerecht werden
→ S. 53

> **Folgende Fragen helfen dir bei der Einfühlung in deinen Zuhörer:**
> - Welche Erwartungen hat der Zuhörer an das Gespräch?
> - In welchem Verhältnis stehe ich zum Zuhörer? Wie gut kennen wir uns?
> - Welche Vorinformationen zu unserem Gespräch hat der Zuhörer schon, welche muss ich ihm erst noch geben?
> - Wie wird der Zuhörer auf meine Äußerung reagieren?

Beim Sprechen vor Zuhörern wirken nicht allein die gesprochenen Worte, sondern auch die Art und Weise, wie du sprichst. Durch die Redeweise kannst du Schwerpunkte hervorheben und Bewertungen andeuten.

Eine angemessene Redeweise nutzen
→ S. 14

> **Achte auf deine Redeweise:**
> - Durch Veränderungen in der Lautstärke und der Betonung kannst du Schwerpunkte setzen.
> - Verlangsame das Sprechtempo, um besonders wichtige Stellen zu betonen.
> - Mit der Veränderung in Klangfarbe und Stimmführung kannst du Bewertungen andeuten.
> - Insgesamt unterstützt deine Körpersprache – vor allem der Gesichtsausdruck (Mimik) und der Einsatz der Hände (Gestik) – das Gesprochene.
> - Halte Blickkontakt mit der Klasse.

Aktiv zuhören
→ S. 15

Wer zu jemandem spricht, erwartet, dass derjenige ihm auch zuhört. Es gibt verschiedene Möglichkeiten, dem Sprecher dein Zuhören zu signalisieren („aktives Zuhören") und dir selbst das Zuhören zu erleichtern.

> **So zeigst und verbesserst du deine Aufmerksamkeit:**
> - Höre ruhig und geduldig zu.
> - Unterbrich den Sprecher nicht an unpassenden Stellen, sondern frage bei Unklarheiten an einer geeigneten Stelle nach.
> - Wende dich dem Sprecher zu und suche Blickkontakt.
> - Setze bestätigendes Kopfnicken behutsam ein.
> - Mache dir bei längeren Vorträgen Notizen zu Fragen und Ergänzungen.

Sprechen und anderen zuhören

Sprechen und zuhören

Mündlich erzählen → S. 28

Abhängig von der Situation, den Zuhörern und der Absicht des Sprechers entstehen verschiedene Sprechsituationen, zu denen verschiedene Gesprächsformen passen. Wenn du etwas Spannendes erlebt hast, willst du es deinen Freunden erzählen. Vielleicht möchtest du auch eine Geschichte oder ein Kapitel aus deinem Lieblingsbuch nacherzählen.

So erzählst du wirkungsvoll:

- Bemühe dich darum, dass sich deine Zuhörer das Erzählte gut vorstellen und sich in das Geschehen hineinversetzen können.
- Wähle eine leicht nachvollziehbare Gliederung der Handlung. Oft ist es sinnvoll, in der zeitlichen Reihenfolge zu erzählen.
- Schildere Sinneseindrücke, Stimmungen und Gefühle.
- Drücke Gedanken in der direkten Rede aus.
- Gestalte spannende Stellen, indem du auf Details eingehst und Fragen stellst.
- Erzähle in der Zeitform Perfekt.
- Vermeide beim Erzählen Wiederholungen, suche treffende Ausdrücke und verändere beim Erzählen den Tonfall.
- Unterstütze deinen Vortrag durch Gesten.

Mündlich informieren → S. 53

In informierenden Sprechsituationen geht es nicht darum, Spannung aufzubauen. Deine Zuhörer sollen möglichst umfassend und genau über Ereignisse informiert werden, sich das Aussehen von Personen oder Gegenständen gut vorstellen oder Abläufe nachvollziehen können.

So informierst du deine Zuhörer gut und umfassend:

- Berücksichtige das Vorwissen deiner Zuhörer.
- Informiere gründlich und detailreich. Nenne alle wichtigen Informationen, erfinde aber keine Informationen.
- Erzähle in einer sachlichen Sprache und verzichte auf Bewertungen.
- Nutze passende Verben zur Beschreibung von Vorgängen und Abläufen. Nutze Adjektive zur präzisen Beschreibung von Eigenschaften.

Meinungen darstellen → S. 17, 70

In bestimmten Situationen kommt es vor, dass du deine Zuhörer von deiner Sichtweise, deinen Einstellungen oder deinen Argumenten überzeugen musst.

So stellst du deine Meinung überzeugend dar:

- Sprich deine Position klar aus.
- Unterstütze deine Position, indem du mindestens einen Grund dafür nennst.
- Nenne Beispiele, die bestätigen, dass deine Position die richtige ist.
- Gehe auf die Gegenmeinung ein und zeige, dass du auch diese verstehst.

Kompetenzbereich

Vor einer Gruppe präsentieren
→ S. 119

Sich vor einer Gruppe von Menschen gut zu präsentieren, kann in vielen Situationen wichtig sein. In der Schule wirst du die entsprechenden Fähigkeiten in verschiedenen Schuljahren trainieren und einsetzen können.

> **In diesen Situationen musst du vor einer Gruppe präsentieren:**
> - Bei einer Buchvorstellung gibst du deinen Zuhörern nicht nur wichtige Informationen zu einem Buch. Du versuchst auch, ihr Interesse für das Buch zu wecken.
> - Referate zu unterschiedlichen Sachthemen ergänzen oft eine Unterrichtsreihe. So können z. B. Informationen zu einem Autor, dessen Buch ihr gerade im Unterricht besprecht, weitergegeben werden.

Sicherlich wirst du ein wenig aufgeregt sein, wenn du in deiner Klasse oder vor einem anderen Personenkreis etwas vorstellen musst. Denke aber daran, dass deine Zuhörer genauso aufgeregt wären, wenn sie an deiner Stelle stünden.

> **So kannst du deine Präsentation ansprechend gestalten:**
> - Notiere deine Vorbereitungen auf Stichwortzetteln oder Karteikarten.
> - Sage am Anfang deutlich, worüber du informierst. Schreibe dein Thema am besten auch an die Tafel.
> - Gib am Anfang einen Überblick, in welche Teilbereiche sich dein Vortrag untergliedert. Wenn es nicht zu viele Abschnitte sind, kannst du deren Überschriften ebenfalls an der Tafel notieren.
> - Schreibe auch wichtige oder schwierige Begriffe vor deinem Vortrag an die Tafel. So kannst du während des Sprechens darauf hinweisen.
> - Nutze Beispiele, Fotos, Abbildungen etc. zur Veranschaulichung.
> - Halte den vorgegebenen zeitlichen Rahmen ein.
> - Trage dein Referat vorher zur Übung einer Vertrauensperson vor.

Neben den wichtigen Inhalten spielt auch dein Auftreten eine große Rolle für den Erfolg deiner Präsentation oder deines Referats.

> **Das gehört zu einem angemessenen Auftreten:**
> - Achte vor Beginn deines Vortrags bewusst darauf, dass du frei und aufrecht stehst.
> - Du darfst dich natürlich an deiner schriftlichen Vorbereitung orientieren. Lies aber nicht alles ab, sondern sprich ab und zu frei. Suche dabei immer wieder den Blickkontakt zu deinen Zuhörern.
> - Stecke die Hände nicht in die Hosentasche, kaue nicht Kaugummi und kleide dich dem Anlass entsprechend.

Sprechen und anderen zuhören

Die Buchvorstellung ist eine häufige Präsentationsform in der Schule. Du sollst deinen Mitschülern dabei nicht nur die nötigen Informationen zum Inhalt deines Lieblingsbuchs geben, sondern auch versuchen, sie als neue Leser zu gewinnen.

Ein Buch vorstellen → S. 143

Das gehört zu einer Buchvorstellung:

- Stelle den Autor des Buchs kurz vor. Nenne seine Lebensdaten und gib an, an welchen Orten er gelebt hat. Es kann interessant sein, ob er neben der schriftstellerischen Arbeit einen weiteren Beruf ausgeübt hat. Nenne auch andere Bücher, die er geschrieben hat.
- Stelle den Titel des ausgewählten Buchs vor und erkläre, warum du dieses Buch für die Vorstellung ausgewählt hast.
- Stelle den Inhalt des Buchs vor. Gehe auf die Hauptfiguren und deren Beziehungen, Konflikte oder Probleme ein und stelle die Entwicklungen dar, von denen im Buch erzählt wird.
- Achtung: Verrate nicht, wie das Buch ausgeht! Schließlich soll es ja für einen neuen Leser spannend bleiben.
- Lies einen ausgewählten Textabschnitt vor. Erkläre kurz, welche Bedeutung der Abschnitt in der Gesamthandlung hat, und lies ihn ansprechend vor.
- Frage deine Mitschüler, ob sie sich für dein Buch interessieren. Du kannst zum Beispiel fragen, ob sie es sich als Geschenk wünschen würden oder ob sie es ihren Freunden schenken würden.

Vielleicht wirst du selbst einmal darum gebeten, einem Mitschüler, der gerade etwas präsentiert hat, eine Rückmeldung zu geben. Hinweise, die ausdrücklich zur Unterstützung formuliert sind und Verbesserungsvorschläge enthalten, nennt man *konstruktive Hinweise*. Gemeinsam mit dem aus dem Englischen stammenden Fachbegriff für Rückmeldung spricht man auch von *konstruktivem Feedback*.

Feedback geben → S. 120

So gibst du ein konstruktives Feedback:

- Feedback ist der Fachausdruck für eine persönliche Rückmeldung, z. B. nachdem jemand eine Präsentation, einen Vortrag oder ein Referat gehalten hat. Damit das Feedback wirkungsvoll ist, sollte es konstruktiv formuliert sein.

Also nicht so:	Sondern so:
beleidigend	wohlwollend und respektvoll
verallgemeinernd	zutreffende Kritik an Einzelheiten
unsachlich	sachbezogen
abwertend	aufbauend durch Verbesserungsvorschläge
demotivierend	bestärkend durch Anknüpfen an Gelungenes

- Das Feedback sollte möglichst strukturiert erfolgen: Beurteile z. B. den Vortrag nach den Kriterien Inhalt und Aufbau, Anschaulichkeit und Vortragsstil.

KOMPETENZBEREICH

Schreiben als Prozess gestalten
→ S. 31

Texte planen, formulieren, überarbeiten

Schreiben ist ein Prozess, den du in verschiedene Schritte unterteilen kannst. Zwischen dem Moment, in dem deine Schreibabsicht entsteht, und dem Zeitpunkt, an dem dein geschriebener Text vorgetragen, verschickt, abgegeben oder abgelegt wird, werden die folgenden Schritte – man spricht von Schreibphasen – durchlaufen.

> **Diese Schritte solltest du beim Schreiben einplanen:**
> - Du erfasst den Schreibanlass oder – so kommt es in der Schule häufig vor – die Schreibaufgabe. Mache dir die Schreibabsicht bewusst und berücksichtige den Leser – den Adressaten – deines Textes und dessen Erwartungen.
> - Ausgehend von deinen Überlegungen zu Schreibanlass, Schreibabsicht und zur Adressatenerwartung planst du das Schreiben. Vor allem wirst du überlegen, welche Inhalte in welcher Reihenfolge aufgeschrieben werden.
> - Formal sauber und lesbar, sprachlich einheitlich und in einer passenden Gliederung notierst du deine Schreibinhalte.
> - Während des Schreibens oder danach liest du das Geschriebene noch einmal und überprüfst, ob es deinen Planungen und Zielen entspricht. Gegebenenfalls wirst du einzelne Textstellen noch einmal überarbeiten.

Wenn du ohne Vorüberlegungen zu schreiben beginnst, ist die Gefahr groß, dass du deinen Text umfassend nachbessern oder sogar neu schreiben musst. Schnell notierst du Aussagen in falscher Reihenfolge oder vergisst Einzelheiten.

Texte adressaten- und situationsgerecht planen
→ S. 31, 51, 55, 59, 68

> **So planst du den Schreibprozess und bereitest das Schreiben vor:**
> - Unterscheide beim Schreibanlass z. B. zwischen Texten, die du freiwillig nach deinen eigenen Ideen schreibst, und Texten, die nach bestimmten Kriterien verfasst werden müssen. Bei Schreibaufgaben in der Schule musst du dich genau mit der Aufgabenstellung vertraut machen.
> - Versetze dich in deinen Adressaten hinein und versuche, dir seine Erwartungen an deinen Text vor Augen zu führen. Im Alltag unterscheidest du vor allem zwischen privaten Lesern (z. B. Freunde, Familienmitglieder usw.) und öffentlichen Lesern (z. B. Schülerzeitungskäufer, Lehrer usw.).
> - Überlege dir – im Hinblick auf den Schreibanlass und den Adressaten -, welche Ziele du mit deinem Schreiben verfolgst (willst du informieren, unterhalten oder überzeugen?) und wie du diese Ziele erreichen kannst.
> - Eventuell musst du noch Informationen sammeln und ordnen, bevor du mit dem eigentlichen Schreiben beginnen kannst.
> - Sortiere und gliedere deine Ideen, Gedanken und die gesammelten Informationen. Das Vorschreiben der Texte kann manchmal sinnvoll sein. Vor dem Schreiben längerer Texte solltest du einen Schreibplan erstellen und darin mindestens eine stichwortartige Sammlung und Gliederung vornehmen.

Texte planen, formulieren, überarbeiten

Wenn du alle Vorbereitungen abgeschlossen hast, kannst du mit dem Schreiben beginnen.

Qualitätsmerkmale, die du für ein gutes Schreibergebnis beachten solltest:

- Handschriftliche Texte müssen gut lesbar verfasst sein. Nutze immer Blätter mit Linien oder ziehe dir selbst dünne Schreiblinien auf unlinierte Blätter.
- Berücksichtige bei Texten, die mit einem Textverarbeitungsprogramm verfasst werden, die Hinweise zu einer angemessenen Form (→ S. 269).
- Teile das Schreibblatt sinnvoll auf. Achte darauf, dass du Seitenränder für die Zeilenbreite festlegst und einhältst. Schreibe trotzdem die Zeilen voll: Beginne eng am linken Seitenrand und ende so nah wie möglich am rechten Rand. Nutze gegebenenfalls die Silbentrennung, damit die Ränder einigermaßen gleich sind.
- Schreibe strukturiert und nutze beim Schreiben Absätze in sinnvollem Umfang.
- Schreibe deine Texte in einer Sprache, die verständlich ist und die zum Inhalt, zur Situation und dem Adressaten passt.
- Achte darauf, sprachlich abwechslungsreich zu schreiben.

Auch das Korrekturlesen und Überarbeiten darfst du nicht vernachlässigen. Bei eigenen Texten ist es hilfreich, die Überarbeitung mit ein wenig zeitlichem Abstand zu beginnen. Du kannst auch jemand anderen um eine Überprüfung bitten.

Überprüfe bei deinem eigenen oder einem fremden Text, ob ...

- ... Rechtschreibung und Zeichensetzung korrekt sind,
- ... der Text vollständig ist,
- ... der Text inhaltlich zum Schreibanlass, zum Thema und für den Adressaten passt,
- ... der Text – zum Beispiel durch seine sprachliche Gestaltung – die gewünschte Wirkung erzielt.

Nutze deine Beobachtungen schließlich zur inhaltlichen und sprachlichen Überarbeitung des Textes. Korrigiere Fehler und ergänze Fehlendes.

Aus einem Unfallbericht:

Gefällt mir nicht ...	Überarbeitung ...
Gestern ist in Sport ein lustiger Unfall passiert. • Die Angaben sind unpräzise. • Sie enthalten Bewertungen. • Eine Unfallsituation ist nie lustig.	*Am Montag, den 13.04., passierte im Sportunterricht der Klasse 5b ein Unfall, bei welchem sich eine Schülerin ...*

Schreiben

- Texte gut lesbar gestalten

- Texte kritisch überprüfen und überarbeiten
  → S. 39, 255

Am Beispiel

KOMPETENZ-BEREICH

Anschaulich erzählen
→ S. 31, 35, 37

Kreativ und produktiv schreiben

Erzählende Texte schreibst du so, dass der Leser die erzählte Situation möglichst anschaulich nacherleben und nachfühlen kann. Begebenheiten, von denen du schriftlich erzählen kannst, sind zum Beispiel Urlaubsereignisse und spannende oder lustige Erlebnisse aus deinem Alltag. Vielleicht denkst du dir sogar eigene interessante Texte und Textteile aus.

> **Kriterien, die du beim Schreiben erzählender Texte beachten solltest:**
>
> Baue einen erzählenden Text wie folgt auf:
> - **Erzählsituation:** Beantworte die W-Fragen (Wer? Wo? Was? Wann?) und wecke das Interesse des Lesers.
> - **Ereignis:** Erzähle anschaulich und lebendig. Steigere die Spannung schrittweise zum Höhe- oder Wendepunkt der Geschichte.
> - **Ausgang:** Erzähle, wie die Geschichte ausgeht und/oder was danach passieren könnte.
>
> Beachte sprachliche und formale Besonderheiten:
> - Nutze ausdrucksstarke Adjektive und abwechslungsreiche Verben.
> - Beschreibe Orte detailreich.
> - Gehe auf Gefühle, Gedanken und Stimmungen („innere Handlung") deiner handelnden Figuren ein.
> - Nutze wörtliche Rede.
>
> Baue Spannung auf:
> - Stelle innere Konflikte dar.
> - Arbeite mit Andeutungen.
> - Lass Unerwartetes oder Unheimliches geschehen.
> - Schildere spannende Situationen „in Zeitlupe".
> - Du kannst in deine Geschichte auch mehrere besonders spannende Stellen einbauen.

In Episoden erzählen
→ S. 42 f.

In Erzählungen im Alltag oder auch z. B. in Jugendbüchern steht oft nicht nur ein Erlebnis im Mittelpunkt. Episodenerzählungen haben also einen anderen Aufbau.

> **So baust du eine Episodenerzählung auf:**
> - Wähle innerhalb deines Erzählrahmens zwei Erlebnisse aus.
> - Führe den Leser in die Erzählsituation ein und bereite die erste Episode mit wenigen Sätzen und in logischen Schritten vor. Gestalte die erste Episode anschaulich aus und erzähle knapp vom Ausgang/den Folgen.
> - Leite dann in wenigen und logischen Erzählschritten zur zweiten Episode über, gestalte sie aus und erzähle wieder knapp vom Ausgang oder den Folgen.
> - Schließe dann den Erzählrahmen, indem du den Ausgang des ganzen Erlebnisses erzählst.

Kreativ und produktiv schreiben

Du kannst auch bereits vorhandene Geschichten als Anregungen zum Schreiben nutzen. Wie intensiv du dich am Inhalt und an der Form der vorgegebenen Geschichte orientieren musst, hängt dabei von der konkreten Aufgabenstellung ab.

> **Gehe beim Um- und Weiterschreiben folgendermaßen vor:**
>
> - Deine Texterweiterungen sollten zum Inhalt und zur Sprache der Vorlage passen.
> - Schließe deine Ausführungen an den Handlungsverlauf, das Handeln und Verhalten der Figuren an.
> - Beim Modernisieren einer Geschichte hilft es dir, zu überlegen, welche Teile der Vorlage nicht in die moderne Zeit passen und wie sie sinnvoll ersetzt werden können.

Bei Schreibprojekten in der Schule oder durch deine eigenen Schreibideen entstehen kreative Texte, die sich auch an bestimmten Mustern orientieren können.

> **So schreibst du kreative Texte nach Mustern:**
>
> - Mache dir das Muster (z. B. Märchen, Zaubergeschichte …) klar, nach welchem du deinen Text gestalten sollst bzw. willst, und gliedere die Bestandteile deines Textes dem ausgewählten Erzählmuster entsprechend.
> - Nutze sprachliche Merkmale, die für das Muster typisch sind.
> - Achte darauf, anschaulich und logisch zu erzählen.

Der Märchenanfang wurde von einem Schüler verfasst, der viele typische Merkmale eines Märchens (→ S. 276) berücksichtigt hat:

Es waren einmal zwei Zwillingsbrüder, die als Prinzen auf der Burg ihres Vaters aufwuchsen. Ihr Vater war der berühmte König Wohlgemut, welcher von seinen Untertanen wegen seiner Weisheit über alles geliebt wurde. Nach einer langen Regierungszeit überlegte König Wohlgemut, welchem seiner Söhne er das Königreich vererben solle. Schließlich war Prinz Beorad nur wenige Minuten älter als sein Bruder Rotwulf. Wem also sollte er das Königreich vererben? Von seinem Freund Schwarzfeder, einem sehr alten Raben, bekam der König folgenden Rat: Gib den Prinzen 13 Tage Zeit, um die folgenden 3 Aufgaben zu lösen.	typischer Märchenanfang (unbestimmte Vergangenheit) Fantasiewelt als Handlungsort einfacher Figurencharakter, hier: ein „guter" Mensch

ein Konflikt oder eine Aufgabe löst die eigentliche Handlung aus
Tiere treten als Helfer auf

besondere Zahlen spielen eine Rolle |

Schreiben

Geschichten um- und weiterschreiben
→ S. 99

Kreative Texte nach Mustern gestalten
→ S. 99

Am Beispiel

KOMPETENZ-BEREICH

Informieren: berichten und beschreiben

Beim informierenden Schreiben geht es nicht darum, deinen Leser eine erlebte Situation nachfühlen zu lassen und ihn durch Spannung zu fesseln. Das Ziel ist es vielmehr, ihn über bestimmte Inhalte, Ereignisse oder Vorgänge zu informieren. Je mehr Einzelheiten du vermittelst und je genauer du sie darstellst, umso gelungener ist dein Text.

Als informierende Textarten stehen dir zur Verfügung:

- **Vorgangsbeschreibungen** informieren in der richtigen zeitlichen Reihenfolge über die einzelnen Schritte bei Vorgängen, z. B. beim Kochen, Backen, Basteln oder Spielen.
- **Berichte** stellen Ereignisse knapp und sachlich in der richtigen zeitlichen Reihenfolge dar.
  Folgende **W-Fragen** können dir beim Sammeln der wichtigen Informationen helfen: Wer? Wann? Was? Wo? (Einleitung) Wie? Warum? (Hauptteil) Welche Folgen? (Schluss)
- **Lexikonartikel** fassen die wichtigsten Informationen zu einem Stichwort erklärend zusammen (→ S. 123).

Informierende Texte schreiben → S. 51, 55, 59 f.

Eine gründliche Vorbereitung und die Orientierung an einem nachvollziehbaren Aufbau helfen dir dabei, Informationen möglichst umfassend zu vermitteln.

Kriterien, die du beim Schreiben informierender Texte beachten solltest:

Bereite dich gründlich vor: Stelle alle wichtigen und notwendigen Informationen in einer Liste, einer Mind-Map oder einer Tabelle zusammen.

Baue den informierenden Text wie folgt auf:
- **Einleitung:** Informiere kurz darüber, was hier beschrieben wird. Beantworte bei Berichten die W-Fragen, nenne bei Beschreibungen einen Anlass, die Zutaten und Materialien. Nenne eventuell auch den Zweck der Beschreibung oder des Berichts.
- **Hauptteil:** Beschreibe die die Ereignisse oder die einzelnen Schritte möglichst genau, vollständig und in chronologischer Reihenfolge. Benenne auch logische Zusammenhänge oder Zwischenergebnisse.
- **Schluss:** Fasse noch einmal die Informationen zusammen, berücksichtige dabei den Anlass der Information oder die Konsequenzen des Geschehens. Nenne bei Berichten die Folgen, runde Beschreibungen mit einem Hinweis oder Wunsch ab.

Beachte sprachliche und formale Besonderheiten:
- Benutze eine genaue und sachliche Sprache. Verwende Fachbegriffe, passende Adjektive und treffende Überleitungen.
- Entscheide dich bei Beschreibungen für eine Anredeform.
- Verwende für Berichte das Präteritum, für Beschreibungen das Präsens, bei Vorvergangenheit aber das Plusquamperfekt.
- Umschreibe und erkläre Einzelheiten und Abläufe, die dein Leser nicht kennt.
- Beschreibe genau und bewerte nicht.

Argumentieren: Meinungen begründen

Argumentieren: Meinungen begründen

Im Alltag gibt es viele Situationen, in denen z. B. Familienmitglieder oder Freunde unterschiedliche Meinungen haben. Wenn du möchtest, dass jemand deine Meinung versteht, oder du jemanden von deiner Meinung überzeugen möchtest, brauchst du gute Begründungen.

> **Wie du Ideen sammelst und ordnest:**
>
> - Wenn du dich darauf vorbereiten möchtest, deine Meinung mündlich oder schriftlich zu begründen, kannst du deine Ideen dazu sammeln und ordnen.
> - Führe ein Brainstorming (→ S. 293) durch oder lege ein Cluster (→ S. 293) an.
> - Ordne deine Ideen anschließend weiter, z.B. in einer Mind-Map (→ S. 294) oder in einer Liste (für/gegen etwas; → S. 69).
> - Prüfe beim Ordnen auch, ob deine Gedanken zum Thema passen, deine Meinung wirklich stützen und den jeweiligen Ansprechpartner überzeugen können.

Bestimmte Wörter oder Formulierungen können dir helfen, deine Meinung zu formulieren.

> **Nutze folgende Wörter und Formulierungen, um:**
>
> - Aussagen, Begründungen und Folgen sprachlich zu verbinden: *denn; weil; deshalb; aus diesem Grund; das führt dazu, dass.*
> - deutlich zu machen, dass es sich um deine persönliche Ansicht handelt: *meiner Meinung nach; ich finde/denke, dass.*
> - mehrere Gründe anzuführen: *außerdem, darüber hinaus, ein weiterer Punkt ist.*

Wenn du einen Text schreibst, kannst du also je nach Situation und Absicht, die du beim Schreiben verfolgst, zwischen drei verschiedene Schreibformen wählen.

> **Wähle zwischen unterschiedlichen Schreibformen/Textabsichten:**
>
> Du kannst:
> - ein Geschehen anschaulich und spannend erzählen, um zu unterhalten,
> - den Leser sachlich und neutral informieren, indem du z. B. von einem Geschehen berichtest oder ein Vorgehen beschreibst,
> - deine Meinung begründen und andere dadurch überzeugen.
>
> Die drei Schreibformen können auch in einem Text gezielt verwendet werden.

Schreiben

Treffende Gründe finden
→ S. 68

Sprachlich überzeugen
→ S. 17, 70

Die verschiedenen Schreibformen gezielt einsetzen
→ S. 73

KOMPETENZ-BEREICH

Lesetechniken anwenden
→ S. 116

Texte lesen, erschließen und verstehen

Texten begegnest du in deinem Alltag ständig: Zeitungen, Gebrauchsanweisungen und Spielanleitungen sind zu lesen, Hinweisschilder sprechen Erklärungen und Verbote aus, in Schulbüchern werden dir schriftliche Aufgaben gestellt und schließlich liest du sicherlich auch gern Comics, Geschichten und Jugendbücher.

Folgende Techniken erleichtern dir das Lesen von Texten:

- Diagonales (überfliegendes) Lesen: Verschaffe dir eine erste Vorstellung vom Thema, von den Aussagen und von der Absicht des Textes. Möglicherweise erkennst du durch Überschriften, Hervorhebungen und wiederkehrende Begriffe auch schon erste Fragen, auf die der Text Antworten gibt.
- Navigierendes (orientierendes) Lesen: Verschaffe dir einen genaueren Überblick über den Text. Kläre zum Beispiel, wie der Text aufgebaut ist, ob er durch Abbildungen ergänzt ist, ob er aus verschiedenen Teilen besteht, welche zentralen Inhalte er behandelt, wo Wichtiges und weniger Wichtiges steht.
- Selektives (auswählendes) Lesen: Um konkrete Informationen zu finden oder eine spezielle Aufgabe beantworten zu können, liest du nur diejenigen Teile des Textes, in denen du Hinweise für deine Fragestellung zu finden glaubst oder die dir z. B. durch die Aufgabenstellung vorgegeben sind.

Lange und schwierige Texte musst du oft mehrfach lesen, bis du alle Inhalte richtig verstanden hast.

Texte erschließen und verstehen
→ S. 88, 117

Diese Methoden erleichtern dir das Erschließen von Texten:

Durch (mehrfaches) sinnerfassendes Lesen erschließt du dir den Inhalt eines Textes umfassend und genau. Gehe dabei schrittweise und gründlich vor:
- Markiere unbekannte Wörter, die du noch klären musst, um den jeweiligen Abschnitt zu verstehen, oder schreibe sie heraus (mit Zeilenangabe).
- Schlage diese Wörter in einem Lexikon nach, kläre sie mithilfe einer Suchmaschine im Internet oder erschließe sie aus dem Kontext.
- Markiere wenige wichtige Schlüsselbegriffe oder zentrale Aussagen oder schreibe diese heraus (mit Zeilenangabe).
- Gliedere den Text in Sinnabschnitte und formuliere zu jedem inhaltlichen Abschnitt eine treffende Überschrift.
- Erstelle eine Mind-Map mit allen zentralen Informationen des Textes oder stelle diese auf andere Weise (z. B. durch Aufzählung) knapp und übersichtlich dar.
- Darüber hinaus kannst du auch Fragen an den Text stellen: Formuliere Inhaltsfragen *(Worum geht es dir? Von welchen Ereignissen berichtest oder erzählst du?)* und Nachdenkfragen *(Auf welches allgemeine Problem willst du hinweisen? Welches typische Verhalten kritisierst du?)*. Du kannst die Fragen selbst beantworten oder von deinen Mitschülern beantworten lassen.

Sachtexte lesen und verstehen

Sachtexte lesen und verstehen

Beim Lesen von Sachtexten geht es darum, dass du die gebotenen Informationen möglichst vollständig nachvollziehst, vielleicht auch ihren Wahrheitsgehalt überprüfst.

Daran erkennst du Sachtexte:

- Sachtexte informieren über einen tatsächlichen Sachverhalt, haben also einen Bezug zur Wirklichkeit.
- Sie bedienen sich dazu einer sachlich-nüchternen, möglichst genauen Sprache. Oft nutzen sie auch Fachbegriffe, die du eventuell nachschlagen musst.
- Sie bereiten die Informationen durch Hervorhebungen, Zwischenüberschriften, Aufzählungen u. Ä. für den Leser möglichst übersichtlich auf. Oft werden dem Text auch noch Abbildungen, Grafiken, Tabellen u. Ä. zur Veranschaulichung beigefügt.

Beim Lesen von Sachtexten wendest du die links beschriebenen Lesetechniken an. Prüfe dabei auch die Sachlichkeit des Textes und achte darauf, welche Fragen der Text beantwortet.

Es gibt verschiedene Möglichkeiten, die gesammelten Informationen zu sortieren:

- Die Informationen eines Textes kannst du in einer Liste notieren. Meist wirst du im nächsten Schritt eine Sortierung der aufgelisteten Stichworte vornehmen.
- In einer Tabelle lassen sich zusammengehörende Informationen einander zuordnen.
- Wenn zusammengehörende Informationen über den gesamten Text verteilt sind, hilft eine Mind-Map beim Sortieren. Hier kannst du nach und nach das Gelesene an den passenden Ast der Mind-Map notieren (→ S. 294).

Tabelle:

Sachtexte		
Absicht	• genaue Information • Abbildung der Wirklichkeit	
Sprache	• sachlich-nüchtern • genaue Fachbegriffe	
Gestaltung	*Textgestaltung*	• Hervorhebungen • Zwischenüberschriften • Aufzählungen
	Ergänzungen	• Tabellen • Abbildungen

Sortierte Liste:

Sachtexte

- genaue Information
- Tabellen
- Abbildungen
- sachliche Sprache
- Zwischenüberschriften
- Fachbegriffe
- Abbildung der Wirklichkeit
- Aufzählungen
- Hervorhebungen

Lesen – mit Texten und weiteren Medien umgehen

■ Sachtexte lesen → S. 109

■ Informationen aus Sachtexten sortieren → S. 51

Am Beispiel

KOMPETENZ-BEREICH

Nachschlagewerke und andere Medien bei der Informationssuche nutzen
→ S. 111

Sich mithilfe von Medien informieren

In deinem Alltag und vor allem in der Schule wird es immer wieder vorkommen, dass du bestimmte Informationen brauchst. Vielleicht willst du etwas über ein Buch, einen Autor oder ein geschichtliches Ereignis erfahren oder du musst sogar einen Vortrag zu einem bestimmten Thema halten.

> **Folgende Medien kannst du bei der Informationssuche nutzen:**
>
> - Wörterbücher enthalten Informationen zu einzelnen Wörtern. Am häufigsten wirst du ein Rechtschreibwörterbuch benötigen. Darüber hinaus gibt es aber auch Wörterbücher, die etwas über die Bedeutung oder die Herkunft unserer Wörter aussagen.
> - Lexika enthalten in verschiedenem Umfang Informationen über bestimmte Sachverhalte. Meist in alphabetischer Ordnung findest du Artikel zu berühmten Personen, Sachverhalten oder geschichtlichen Ereignissen. Lagen Lexika bisher vor allem als gedruckte Bücher vor, werden diese inzwischen von Online-Versionen abgelöst.
> - Wenn du umfangreichere Informationen suchst, musst du auf Fachzeitschriften oder Fachbücher zurückgreifen. Es gibt inzwischen viele Bücher und Zeitschriften, die sich an jugendliche Leser richten.
> - Eine der am häufigsten genutzten Informationsmöglichkeiten ist das Arbeiten mit Suchmaschinen im Internet. Hier ist es wichtig, die Ernsthaftigkeit und Zuverlässigkeit der Seiten, auf die du stößt, zu überprüfen.

Ein Rechtschreibwörterbuch nutzen
→ S. 256

Informationen zu Rechtschreibung und zu schwierigen Pluralformen suchst du in einem Rechtschreibwörterbuch.

> **So arbeitest du mit einem Rechtschreibwörterbuch:**
>
> In einem Wörterbuch befindet sich vorn ein Abkürzungsverzeichnis. Hier findest du Informationen zu den zahlreichen Abkürzungen, die innerhalb der Wortartikel vorkommen.
>
> - Oft sind auch die Rechtschreibregeln abgedruckt und Ausnahmen beschrieben.
> - Die einzelnen Wortartikel findest du in alphabetischer Reihenfolge.
> - Die Wortartikel enthalten z. B. Hinweise zur Schreibung, zur Pluralbildung oder zur Silbentrennung.
> - Nicht immer sind alle Wortzusammensetzungen aufgenommen. In diesem Fall musst du nach den einzelnen Bestandteilen suchen.
> - Achte auch darauf, in welcher Wortart das gesuchte Wort innerhalb deines Textes gebraucht wird. Nominalisierte Begriffe findest du im Wörterbuch zunächst einmal in ihrer ursprünglichen Wortart.
> - In manchen Wörterbüchern sind innerhalb der Wortartikel Hinweiskästen zu besonderen Fällen oder typischen Fehlerquellen abgedruckt.

Sich mithilfe von Medien informieren

Informierende Bücher und Zeitschriften gibt es für Leser vieler Altersgruppen, also auch für Kinder und Jugendliche. Aber auch hier gibt es Qualitätsunterschiede.

Zeitschriften und Bücher nutzen → S. 111

Beurteile die Qualität von Fachbüchern und Fachzeitschriften:

- Prüfe, ob der Verlag, in dem das Buch oder die Zeitschrift erscheint, ein ernsthafter Verlag ist, bei dem weitere informierende Texte erscheinen.
- Achte darauf, ob der oder die Verfasser wirklich Fachleute für das Thema sind.
- Bücher und Zeitschriften verpacken die Informationen oft in unterhaltsame Zusammenhänge: Trenne dabei zwischen den Sachinformationen und den unterhaltenden, vielleicht lustigen oder spannenden Ausschmückungen.
- Achte darauf, ob in dem Text auch für bestimmte Dinge oder Positionen geworben wird. Lies diese Stellen besonders kritisch. Nicht alles, was gedruckt ist, ist richtig.

Vielleicht kennst du die gängigen Suchmaschinen für Erwachsene. Hilfreich für junge Internetnutzer sind aber vor allem spezielle Seiten und Suchmaschinen, die sich an Kinder und Jugendliche richten.

Suchmaschinen nutzen → S. 113

So nutzt du Suchmaschinen im Internet:

- Nutze das Internet nach Absprache mit deinen Eltern oder Lehrkräften.
- Nimm die Gefahren ernst!
- Nutze Suchmaschinen und Seiten, die sich speziell an Jugendliche richten und die offiziell bekannt sind.
- Gib niemals ohne Absprache mit deinen Eltern deinen Namen, eure Adresse oder eure Telefonnummer an.
- Lass dich nicht auf Kommunikationen ein, in denen du von Unbekannten nach persönlichen Informationen befragt wirst.

Diagramme und Schaubilder veranschaulichen Informationen. Sie verbinden Texte, Bilder und grafische Darstellungen.

Diagramme und Schaubilder auswerten → S. 117

So wertest du Diagramme und Schaubilder aus:

- Mache dir bewusst, auf welches Thema sich das Diagramm bezieht.
- Prüfe, ob das Diagramm eine Legende (Symbol-Erklärung) und eine Quellenangabe enthält.
- Schaue dir das Diagramm gründlich an: Welche Textelemente, welche Bilder und welche grafischen Elemente sind enthalten? Achte auch auf die Anordnung der Bestandteile.
- Formuliere die einzelnen Aussagen des Diagramms als Aussagesätze.
- Formuliere eine zusammenfassende Aussage zum übergeordneten Thema.

KOMPETENZ-BEREICH

Merkmale erzählender Texte erkennen
→ S. 79

Erzählende Texte lesen, hören und verstehen

Erzählende Texte sind dir sicherlich schon in vielen Formen begegnet – sei es, dass sie dir vorgelesen wurden oder dass du sie selbst gelesen hast. Kurze Geschichten, Märchen und Fabeln gehören dabei ebenso zu den erzählenden Texten wie lange Kinder- und Jugendbücher.

Daran erkennst du erzählende Texte:

- Erzählende Texte werden meist von einer Autorin bzw. einem Autor geschrieben und veröffentlicht. Ihre Handlung ist entweder zum Teil erlebt oder vollkommen erdacht.
- Bei Fabeln, aber vor allem bei Märchen, ist der Autor häufig unbekannt. Die berühmten Märchen der Brüder Grimm wurden von diesen nur gesammelt und aufgeschrieben, aber nicht erdacht.
- Erzählende Texte beinhalten oft ein allgemeines Thema (z. B. Freundschaft, Streit, Vertrauen).
- Sie spielen häufig an besonderen Orten und in einer bestimmten Zeit.
- Meist spielen die handelnden Figuren und ihre Beziehung zueinander eine wichtige Rolle.
- In der Regel gliedern sie sich in eine Einleitung, einen Hauptteil und einen Schluss, über welche sich die gesamte Handlung in einem oder mehreren Spannungsbögen erstreckt. Den spannendsten Teil in der Handlungsabfolge nennt man Höhepunkt.
- Besondere Ideen, Wörter oder Formulierungen machen erzählende Texte interessant, spannend oder lustig.
- Erzählende Texte haben sehr unterschiedliche Umfänge. Sie können dir als umfangreiche Romane oder als kurze Geschichten begegnen.

Erzählende Texte lesen
→ S. 85

Natürlich willst du vor allem von der Handlung erzählender Texte gefesselt werden. Aber um sie wirklich genau verstehen und vor allem beschreiben zu können, solltest du auf ganz bestimmte Merkmale achten.

So liest du erzählende Texte:

- Kläre, wer die Geschichte erzählt, was erzählt wird und aus welchem Blickwinkel sie erzählt wird.
- Überprüfe dafür die Erzählform: Wird von einem Er-Erzähler oder einem Ich-Erzähler erzählt? Ist der Erzähler allwissend oder erzählt er von Vorgängen und Figuren nur aus seiner eigenen Sicht?
- Beachte, dass der Erzähler nicht der Autor der Geschichte ist.
- Unterscheide zwischen der äußeren Handlung, also dem, was passiert, und der inneren Handlung, also den Gedanken und Gefühlen der Figuren.

Erzählende Texte lesen, hören und verstehen

Lesen – mit Texten und weiteren Medien umgehen

Auch bei Jugendbüchern handelt es sich um erzählende Texte. Durch bestimmte Merkmale unterscheiden sie sich oft von Büchern für erwachsene Leser.

■ **Merkmale von Jugendbüchern erkennen**
→ S. 131

Diese Merkmale findest du in Jugendbüchern:

- Meist sind die Hauptfiguren Jugendliche, in die sich junge Leser gut einfühlen können.
- Jugendbücher befassen sich oft mit Themen, die für junge Leser eine Bedeutung haben (z. B. Streit mit Freunden oder den Eltern, Mutproben).
- Viele Jugendbücher, vor allem Bestseller, werden inzwischen auch verfilmt.

Wenn du dich gründlicher mit einem Jugendbuch beschäftigst, wirst du schnell merken, wie überlegt und passend die Figuren und die Handlung gestaltet sind.

■ **Den Handlungsverlauf und die Figurengestaltung eines Jugendbuchs erfassen**
→ S. 139, 140

So erfasst du den Handlungsverlauf und die Figurengestaltung eines Jugendbuchs:

- Um die Handlung nachvollziehen zu können, suchst du Antworten auf die sogenannten W-Fragen: Wer handelt? Was passiert? Wie kommt es zu der Situation? Warum handeln die Figuren so? Wo spielt das Buch?
- Achte auch auf den Spannungsbogen: Es gibt verschiedene Möglichkeiten, Spannung zu erzeugen, z. B. indem Andeutungen über den weiteren Handlungsverlauf vorkommen oder Informationen vom Autor absichtlich zurückgehalten werden.
- Die verschiedenen Personen in einem Jugendbuch nennt man Figuren. Meist gibt es ein oder zwei Hauptfiguren und mehrere Nebenfiguren.
- Ist die Geschichte aus der Sicht der Hauptfigur erzählt, spricht man von einem Ich-Erzähler. Hier erfährst du die Gedanken und Gefühle des Erzählers „aus erster Hand".
- Die Beziehungen zwischen den Figuren nennt man Figurenkonstellation. Diese Beziehungen sind oft wichtig für den Handlungsverlauf.

Ein Lesetagebuch zu erstellen hilft dir vor allem bei umfangreicheren Büchern dabei, immer am Ball zu bleiben und das Buch viel besser zu verstehen.

■ **Ein Lesetagebuch erstellen**
→ S. 138

So erstellst du ein Lesetagebuch:

- Lege dir eine stabile und ansprechende Schreibmappe zu.
- Gestalte den Deckel und die erste Seite mit Bildern und Schriftzügen, die zum Thema „Lesen" oder zu dem ausgewählten Buch passen.
- Notiere Zusammenfassungen zur Gesamthandlung und einzelnen Abschnitten.
- Formuliere zu einzelnen Abschnitten Fragen an den Text und an einzelne Figuren.
- Notiere deine persönlichen Eindrücke und Geschmacksurteile beim Lesen.
- Ergänze Bilder, Zeitungstexte u. Ä. nach deinem Geschmack.

KOMPETENZ-BEREICH

Die Merkmale von Märchen kennen
→ S. 97

Das Erzählen und Weitergeben von Märchen hat in vielen Ländern eine lange Tradition.

> **Typische Märchenmerkmale sind zum Beispiel:**
> - Es gibt eine deutliche Unterscheidung zwischen Gut und Böse, die sich vor allem in den handelnden Figuren zeigt.
> - Die Heldenfigur muss Abenteuer und schwere Prüfungen bestehen.
> - In der Märchenwelt gibt es keine genauen Orts- und Zeitangaben.
> - Zauber, Wunder und besondere Zahlen sind feste Bestandteile der Handlung.
> - Märchen gehen fast immer gut aus.

Die Merkmale von Fabeln kennen
→ S. 101

Fabeln sind kurze Erzähltexte, die unterhalten und die Menschen zum Nachdenken anregen.

> **Typische Fabelmerkmale sind zum Beispiel:**
> - Es handeln Tiere mit bestimmten Eigenschaften.
> - Sie verkörpern typisch menschliche Eigenschaften. Dadurch kann die Handlung auf die Menschenwelt übertragen und eine Lehre (Moral) abgeleitet werden.
> - Viele Fabeln so sind aufgebaut: Beschreibung der Situation, Entstehung eines Konflikts und Verhandlung des Konflikts in Dialogform, Auflösung des Konflikts.

Hörtexte auswerten und verstehen
→ S. 146

Einen Text zu verstehen, den man nur hört, ist nicht einfach.

> **Auswerten und Verstehen eines Hörtextes:**
>
> Wichtig ist, dass du gut zuhörst. Bestimme vor dem Hören genau, welche Informationen du dem Text entnehmen willst. Du kannst den Text im Ganzen verstehen (globales Hören), indem du die W-Fragen beantwortest, oder dem Text einzelne Informationen entnehmen (selektives/detailliertes Hören), indem du einen Fragebogen nutzt.

Szenen eines Films analysieren
→ S. 175

Auch in Filmen wird erzählt. Oft ist die Basis ein Erzähltext, der für den Film in ein Drehbuch umgeschrieben wird. Verschiedene filmische Mittel werden eingesetzt, um eine bestimmte Wirkung beim Zuschauer hervorzurufen.

> **Filmszenen untersuchen:**
>
> Musik und Geräusche werden eingesetzt, um z. B. eine ausgelassene oder eine nachdenkliche Stimmung zu erzeugen. Auch die Kameraperspektive kann verschiedene Gefühle wecken: Man unterscheidet zwischen der Normalsicht (von vorne auf gleicher Höhe), der Froschperspektive (von unten) und der Vogelperspektive (von oben).

Dialogische Texte lesen und spielen

Dialogische Texte lesen und spielen

Wenn du schon einmal im Theater warst, hast du die Besonderheit eines dialogischen Textes sicherlich erlebt: Dialogische Texte sind für ihre Inszenierung – also die Aufführung auf einer Bühne – geschrieben. Erst hier entfalten sie ihre Wirkung.

> **Daran erkennst du dialogische Texte:**
>
> - **Dialoge und Monologe:** Wenn zwei oder mehr Personen miteinander sprechen und sich so die Handlung entwickelt, nennt man das einen Dialog. Wenn nur eine Person spricht, nennt man das einen Monolog.
> - Die **Regieanweisung/Szenenanweisung** enthält Hinweise für den Regisseur und die Schauspieler. Das Geschehen wird erläutert, Hinweise zur Bühnengestaltung, zu Bewegung oder Aussehen der Figuren und zur Vortragsart werden formuliert.

Zur Welt des Theaters gehört eine Vielzahl an Besonderheiten, die durch Fachbegriffe beschrieben werden. Sie helfen dir beim Umgang mit szenischen Texten.

> **Diese Fachbegriffe der Theaterwelt solltest du kennen:**
>
> - **Bühne:** Das ist der Ort, an dem ein Theaterstück aufgeführt wird.
> - **Akt** und **Szene:** Kurze Abschnitte, in denen die sprechenden Personen oder der Ort gewechselt werden, heißen Szenen. Mehrere, meist inhaltlich zusammengehörende Szenen werden zu einem Akt zusammengefasst. Man erkennt ihn häufig am Öffnen und Schließen des Vorhangs.
> - **Requisiten:** In vielen Szenen werden auch Gegenstände gebraucht, die eine wichtige Funktion im Handlungsverlauf einnehmen. Diese wichtigen Gegenstände nennt man Requisiten.

Es gibt verschiedene Möglichkeiten, mit einem dialogischen Text umzugehen.

> **Diese kreativen Methoden erwecken einen szenischen Text zum Leben:**
>
> - **Szenisch lesen:** Man liest den Text der gewählten Person aus dem Buch ab und begleitet den Vortrag durch passende Handlungen und Bewegungen.
> - **Eine Rolle spielen:** Die Schauspieler versetzen sich in ihre Rolle und sprechen den Text auf der Grundlage dieser Einfühlung. Die Einrichtung des Klassenraums dient als einfache Bühnengestaltung.
> - **Ein Standbild bauen:** In kleinen Gruppen werden einzelne Situationen in einem nicht-beweglichen „Denkmal" aus Schülern nachgebaut.
> - **Eine Szene pantomimisch darstellen:** Ohne Worte, nur mit Bewegungen und Gesichtsausdrücken wird eine Situation gespielt.

Lesen – mit Texten und weiteren Medien umgehen

- Dialogische Texte lesen → S. 167
- Fachbegriffe des Theaters kennen → S. 172
- Dialogische Texte szenisch und kreativ gestalten → S. 169 ff.

KOMPETENZ-BEREICH

Gedichten begegnen
→ S. 153, 156 f.

Gedichte verstehen

Oft werden in Gedichten Eindrücke, Stimmungen und Gefühle in einer besonderen, man sagt auch „verdichteten" Sprache und Form ausgedrückt. Verschiedene Lese- und Untersuchungsschritte können dir dabei helfen, das Gedicht besser nachzuvollziehen und seine Sprache wieder zu „entschlüsseln".

In diesen Schritten kannst du dich einem Gedicht nähern:

- Prüfe die Wirkung des Gedichts.
  Lies das Gedicht leise oder laut und achte darauf, welche Stimmungen und Gefühle du wahrnimmst. Vielleicht gibt es einzelne Textstellen, die dir besonders auffallen.
- Versuche, den Inhalt des Gedichts zu verstehen.
  Manche Gedichte gehen von einer bestimmten Situation oder Erfahrung aus, andere haben ein allgemeineres Thema. Überprüfe, auf welche Situation, welches Ereignis oder welches Thema sich das gesamte Gedicht und seine einzelnen Strophen beziehen. Manchmal gibt die Überschrift schon wichtige Hinweise auf den Inhalt des Gedichts.
- Achte auf Sprachbilder.
  In Gedichten wird die Sprache häufig anders genutzt als in einer alltäglichen Unterhaltung. So manche Aussage eines Gedichts ist daher nicht wörtlich gemeint, sondern „bildlich" – das heißt „in einem übertragenen Sinn" – zu verstehen. Damit soll eine bestimmte Wirkung erzielt werden. Oft werden alltägliche Dinge oder einzelne Wahrnehmungen wie menschliche Personen dargestellt. Das nennt man Personifikation.

Die Form von Gedichten beschreiben
→ S. 155

Die Wirkung eines Gedichts wird oft auch durch seine besondere äußere Form und den Aufbau unterstützt. Fachbegriffe helfen dir, die Besonderheiten in der Gedichtform zu beschreiben.

Nutze folgende Fachbegriffe zur Beschreibung von Gedichten:

- Gedichte sind oft in Zeilen notiert. Die Zeilen des Gedichts werden Verse genannt.
- Mehrere Verse bilden zusammen eine Strophe des Gedichts.
- In vielen Gedichten reimen sich die Vers-Enden. Die gleichklingenden Reimwörter können unterschiedlich angeordnet sein und werden durch Kleinbuchstaben gekennzeichnet.

Paarreim		Kreuzreim		Umarmender Reim	
war,	a	Dingen,	a	Sonne,	a
Schar	a	fort und fort,	b	Höhn!	b
weiterziehn,	b	singen	a	wehn,	b
jetzt entfliehn	b	Zauberwort	b	Wonne	a

Gedichte verstehen

Das Thema und die Wirkung eines Gedichts werden oft beim lauten Lesen deutlicher.

So gelingt dir ein guter Gedichtvortrag:

- Bereite den Gedichtvortrag durch Textmarkierungen vor. Kennzeichne Stellen, …
  … die du besonders betonen möchtest.
  … an denen du langsamer, schneller, lauter oder leiser sprechen willst.
  … an denen eine Pause die Wirkung des Textes unterstützen kann.
- Überlege dir, welche Gesichtsausdrücke oder Handbewegungen zum Vortrag passen.

Am besten gelingt dir der Gedichtvortrag, wenn du das Gedicht auswendig lernst.

Das hilft dir beim Auswendiglernen:

- Schreibe den Text mehrmals ab.
- Überlege dir zu jeder Gedichtstrophe ein passendes Bild.
- Führe zu einzelnen Textstellen eine bestimmte Bewegung aus.
- Decke den Text ab, verschiebe das Abdeckblatt schrittweise, sodass Vers für Vers aufgedeckt wird und du die Verse lernen kannst.

Peter Hacks
Der Herbst steht auf der Leiter

Strophe 1 besteht aus 4 Versen	Der Herbst steht auf der Leiter Und malt die Blätter an, Ein lustiger Waldarbeiter, Ein froher Malersmann.	a b a b	Kreuzreim
Strophe 2	Er kleckst und pinselt fleißig Auf jedes Blattgewächs, Und kommt ein frecher Zeisig, Schwupp, kriegt der auch nen Klecks.	c d c d	Kreuzreim Personifikationen
Strophe 3	Die Tanne spricht zum Herbste: Das ist ja fürchterlich, Die andern Bäume färbste, Was färbste nicht mal mich?	e f e f	Kreuzreim
Strophe 4	Die Blätter flattern munter Und finden sich so schön. Sie werden immer bunter. Am Ende falln sie runter.	g h g g	Kreuzreim Besonderheit: 3 Wörter reimen sich

Lesen – mit Texten und weiteren Medien umgehen

Gedichte vorlesen und lernen
→ S. 161

Gedichte auswendig lernen
→ S. 161

Am Beispiel

KOMPETENZ-BEREICH

Wortbedeutungen erkennen und Wortbildung anwenden

Sprache funktioniert nur, wenn du als Sprecher dieselben Inhalte mit den Begriffen verbindest wie dein Zuhörer.

Funktion und Leistung von Sprache erkennen
→ S. 181

Inhalts- und Ausdrucksseite bei Wörtern unterscheiden:

- Sprachliche Zeichen haben eine Inhalts- und eine Ausdrucksseite.
- Die Inhaltsseite beschreibt das, was mit einem Sprachzeichen (z. B. einem Wort) gemeint ist. Die Ausdrucksseite beschreibt das Aussehen des geschriebenen und den Klang des gesprochenen Worts.

Manche Wörter kannst du wegen ihrer Inhalts- oder Ausdrucksseite in Gruppen einteilen.

Synonyme, Antonyme, Homonyme und lautmalerische Ausdrücke erkennen
→ S. 183

Daran erkennst du Synonyme, Antonyme und lautmalerische Ausdrücke:

- Synonyme unterscheiden sich äußerlich, also auf der Ausdrucksseite, haben aber dieselben oder ähnliche Inhalte, z. B. *Geschenk – Mitbringsel*.
- Antonyme sind Wörter, die das Gegenteil bedeuten, z. B. *groß – klein*.
- Lautmalerische Ausdrücke (Onomatopoetika) ahmen ein Geräusch oder einen Klang nach, die zur Inhaltsseite gehören, z. B. *plätschern, klirren, knistern*.
- Homonyme sind Wörter, die gleich geschrieben und ausgesprochen werden, aber unterschiedliche Bedeutungen haben (*Ball:* Spielgerät – Tanzveranstaltung).

Für einen abwechslungsreichen Ausdruck ist ein möglichst großer Wortschatz hilfreich.

Den eigenen Wortschatz erweitern
→ S. 184 ff.

So erweiterst du deinen Wortschatz:

- Bilde Ableitungen: Durch Erweiterungen werden neue Wörter gebildet bzw. die Wortart verändert. Hierzu kann eine Vorsilbe (Präfix) oder eine Nachsilbe (Suffix) angehängt werden. Zur Wortfamilie *Zahl* gehören z. B. *zahlen, bezahlen, zahlbar*.
- Bilde Komposita: Aus der Zusammensetzung zweier Wörter kann ein neues Wort entstehen. Der letzte Teil der Zusammensetzung stellt dabei das Grundwort dar, der erste Teil ist das Bestimmungswort: *Schultag, Ferienanfang*.
- Stelle Wortfelder zusammen: Wörter, die zu einem gemeinsamen Oberbegriff gehören, kann man in einem Wortfeld sammeln und damit zu einem bestimmten Thema oder Sachverhalt ausdrucksstark formulieren. Zum Wortfeld *Schule* gehören z. B. *Schüler, Lehrer, lernen, Pause, Tafel, Klingel, Hausaufgaben, Ferien, lesen*.

Wortarten kennen und erkennen

Wortarten kennen und erkennen

Der Wortschatz unserer Sprache lässt sich in verschiedene Wortarten einteilen, die jeweils eine besondere Funktion haben. Zum Teil sind die Wortarten veränderbar (flektierbar).

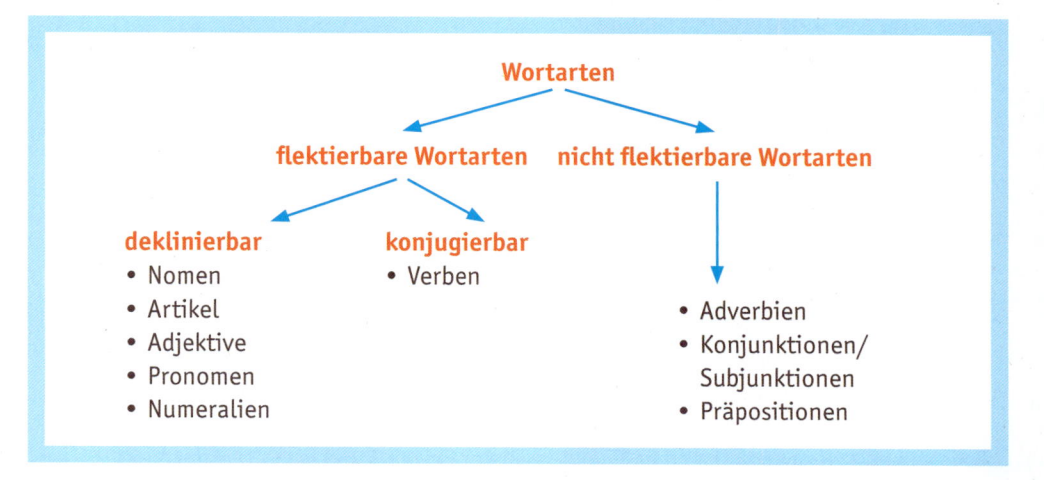

Wortarten
- **flektierbare Wortarten**
  - **deklinierbar**
    - Nomen
    - Artikel
    - Adjektive
    - Pronomen
    - Numeralien
  - **konjugierbar**
    - Verben
- **nicht flektierbare Wortarten**
  - Adverbien
  - Konjunktionen/Subjunktionen
  - Präpositionen

Verben benennen Handlungen, Tätigkeiten oder Zustände und enthalten damit wesentliche Aussagen des Satzes.

> Verben benennen und nutzen → S. 199 ff.

Folgende Verbformen kannst du unterscheiden:

- Infinitiv (Grundform): *schwimmen, laufen*
- konjugierte (also grammatisch veränderte) Personalform: Sie verändert sich je nachdem, wer und wie viele etwas tun: *ich schwimme, er schwimmt, ihr schwimmt.*
- Imperativ: Ausdruck von Aufforderungen und Wünschen: *Schwimm(e)!, Lauft!*

Verben spiegeln in konjugierter Form auch die verschiedenen Zeitstufen (Bildung der Formen → S. 201, Verwendung der Zeiten → S. 203).

Diese Tempusformen (Zeitformen) des Verbs kannst du bilden:

Zeitform der Gegenwart
   Präsens: *Ich schwimme im Meer.*

Zeitformen der Vergangenheit
   Präteritum: *Ich schwamm im Meer.*
   Perfekt: *Ich bin im Meer geschwommen.*
   Plusquamperfekt: *Ich war im Meer geschwommen.*

Zeitformen der Zukunft
   Futur I: *Ich werde im Meer schwimmen.*
   Futur II: *Ich werde im Meer geschwommen sein.*

Sprachgebrauch und Sprache untersuchen und reflektieren

KOMPETENZ-BEREICH

Nomen benennen und nutzen
→ S. 204

Die Wortart, mit der Lebewesen, Gegenstände oder Gefühle und Stimmungen bezeichnet werden, ist das *Nomen* oder auch *Substantiv*.

Nomen kannst du folgendermaßen bestimmen:

- Konkrete Nomen (oder Konkreta) bezeichnen greifbare und sichtbare Dinge, abstrakte Nomen (oder Abstrakta) benennen Gefühle, Gedanken oder Stimmungen.
- Oft steht vor einem Nomen ein bestimmter oder unbestimmter Artikel (Begleiter), der das grammatische Geschlecht (Genus: Maskulinum, Femininum oder Neutrum) anzeigt. Dieses kann sich vom natürlichen Geschlecht unterscheiden.

Konkreta	Abstrakta
der Mann	*der Glaube*
die Gabel	*die Freundschaft*
das Haus	*das Gefühl*

- Numerus: Nomen kommen im Singular (in der Einzahl) und im Plural (der Mehrzahl) vor. Es gibt aber auch Nomen ohne Singular- oder ohne Pluralform.
- Nomen stehen in einem bestimmten Kasus (Fall). Die Nomen in die vier Fälle (Nominativ, Genitiv, Dativ, Akkusativ) zu setzen, nennt man Deklination.
- Nomen werden als einzige Wortart immer großgeschrieben.
- Manchmal werden auch andere Wortarten im Satz großgeschrieben. Dann sind sie nominalisiert (→ S. 289).

Pronomen benennen und nutzen
→ S. 207

Die verschiedenen Pronomen helfen dir dabei, Texte abwechslungsreich zu gestalten und Beziehungen zu verdeutlichen.

Du kannst verschiedene Pronomen nutzen:

- Personalpronomen (persönliche Fürwörter) stehen stellvertretend für Nomen: *Paula kauft ein neues Buch; sie liest es sicher gleich.*
- Possessivpronomen (besitzanzeigende Fürwörter) sind Wörter, die anzeigen, wem oder zu wem etwas gehört, wie *mein, dein, euer*. Meist steht das Possessivpronomen als Begleiter vor einem Nomen, nach dem es sich in Kasus, Genus und Numerus (Zahl) richtet, z. B. *mit ihrem Fahrrad, durch sein Geschick*.

Personal- und Possessivpronomen werden ebenso wie Nomen dekliniert:

	Nominativ	Genitiv	Dativ	Akkusativ
Personal-pronomen	*ich*	*meiner*	*mir*	*mich*
	wir	*unser*	*uns*	*uns*
Possessiv-pronomen	*mein* Boot	*meines* Boots	*meinem* Boot	*mein* Boot
	unser Hund	*unseres* Hunds	*unserem* Hund	*unseren* Hund

Wortarten kennen und erkennen

Sprachgebrauch und Sprache untersuchen und reflektieren

Adjektive beschreiben die Eigenschaften von Nomen und können, wie diese, dekliniert werden.

> **So verwendest du Adjektive:**
>
> - **Adjektive** richten sich in Kasus, Genus und Numerus nach dem Bezugswort, vor dem sie stehen.
> - Adjektive können gesteigert werden:
>
> | Positiv | Komparativ | Superlativ |
> |---|---|---|
> | *freundlich* | *freundlicher* | *am freundlichsten* |
> | *viel* | *mehr* | *am meisten* |
>
> Achtung: Manche Adjektive lassen sich nicht steigern: *tot, schwarz, weiß*…

→ Adjektive benennen und nutzen → S. 208

Adverbien geben Auskunft über die näheren Umstände, unter denen etwas geschieht. Sie sind nicht flektierbar (veränderbar). So kannst du sie von Adjektiven unterscheiden.

> **Benenne und nutze verschiedene Adverbien:**
>
> | Deutsche und lateinische Bezeichnung | Fragen, auf die das Adverb antwortet | Beispiele |
> |---|---|---|
> | Adverb des Ortes / Lokales Adverb | Wo? Wohin? | *rechts, unten, hier, dort, unterwegs, überall*… |
> | Adverb der Zeit / Temporales Adverb | Wann? Wie lange? | *heute, immer, jetzt, sofort, manchmal*… |
> | Adverb der Art und Weise / Modales Adverb | Wie? Auf welche Weise? | *gern, sehr, ganz, kaum* |
> | Adverb des Grundes / Kausales Adverb | Warum? | *deswegen, deshalb*… |

→ Adverbien benennen und nutzen → S. 209

Am Beispiel

> Heute (1) konjugiert (2) der (3) Lehrer (4) im Deutschunterricht. Er (5) sagt: „Ich gehe, du gehst, er geht, sie gehen… Wer hat eine (6) Idee (7), worauf ich hinaus will? Darauf antwortet Jakob: „Ich denke, dann sind jetzt (8) alle weg."
>
> (1) temporales Adverb
> (2) Verb
> (3) bestimmter Artikel
> (4) konkretes Nomen
> (5) Personalpronomen
> (6) unbestimmter Artikel
> (7) abstraktes Nomen
> (8) temporales Adverb

KOMPETENZ-BEREICH

Präpositionen (Verhältniswörter) geben an, in welcher Beziehung Lebewesen, Gegenstände oder Sachverhalte zueinander stehen.

Präpositionen benennen und nutzen → S. 210

Benenne und nutze verschiedene Präpositionen:

Deutsche und lateinische Bezeichnung	Fragen, auf die die Präposition antwortet	Beispiele
Präposition des Ortes Lokale Präposition	Wo? Wohin?	*durch, auf, in, neben, unter, vor, hinter*
Präposition der Zeit Temporale Präposition	Wann? Wie lange?	*vor, in, bis, nach, während*
Präposition der Art und Weise Modale Präposition	Wie? Auf welche Weise?	*mit, aus, ohne*
Präposition des Grundes Kausale Präposition	Warum?	*wegen, aus, trotz*

- Präpositionen stehen immer in Verbindung mit Nomen oder Pronomen und bestimmen deren Kasus (Fall): *wegen des Gelds* (Genitiv), *mit der Tasche* (Dativ), *an den Strand* (Akkusativ). Manche fordern je nach Bedeutung (Richtungs- oder Ortsangabe) einen anderen Kasus, z. B. *in*.
- Präpositionen werden nicht flektiert (verändert), sie verschmelzen aber oft mit dem Artikel des Nomens zu einem Wort: *in dem* → *im*, *zu dem* → *zum*.

Konjunktionen und Subjunktionen benennen und nutzen → S. 211

Konjunktionen und Subjunktionen verbinden Satzteile und einzelne Aussagen. Sie sind nicht flektierbar (veränderbar).

Unterscheide Konjunktionen und Subjunktionen:

- Konjunktionen (*und, aber, oder...*) verbinden Wörter, Wortgruppen und Hauptsätze. *Ich bin noch müde, aber ich stehe auf.*
- Subjunktionen (*obwohl, deshalb...*) leiten Nebensätze ein und bestimmen die Beziehung zum Hauptsatz. *Obwohl ich müde bin, stehe ich auf.*

Am Beispiel

Während (1) Paula eine CD hört, klingelt das Telefon. **Ohne** (2) Zögern hebt sie ab und geht **nach** (3) dem Gespräch zu ihrem Vater **ins** (4) Büro. „Papi, es ist Nikos Vater. Er fragt, wann du mit meinen Hausaufgaben fertig bist **und** (5), ob er sie dann abschreiben darf."

(1) Subjunktion
(2) modale Präposition
(3) temporale Präposition
(4) lokale Präposition
(5) Konjunktion

Satzarten und Satzglieder kennen und unterscheiden

Satzarten und Satzglieder kennen und unterscheiden

In ihrer Verwendung in der Sprache werden einzelne Wörter zu Sätzen verbunden. Die Sätze haben unterschiedliche Funktionen.

Sprachgebrauch und Sprache untersuchen und reflektieren

Satzarten unterscheiden
→ S. 216

Unterscheidung von Satzarten:

- Ein Aussagesatz teilt etwas mit. Er wird mit einem Punkt beendet.
  Heute haben wir viele Hausaufgaben bekommen.
- Beim Fragesatz unterscheidet man zwischen
  – Ergänzungsfragen *(Wann bist du mit den Aufgaben fertig?)* und
  – Entscheidungsfragen *(Gehst du später mit uns auf den Fußballplatz?)*.
  Fragesätze enden mit einem Fragezeichen.
- Ausrufe- bzw. Aufforderungssätze beinhalten Aufforderungen und Ausrufe, die auch Verwunderung, Überraschung oder Verärgerung ausdrücken können. Man beendet sie i. d. R. mit einem Ausrufezeichen. *Beeile dich doch!*

Mit Hauptsätzen formulierst du wesentliche, aber einfache Aussagen, wenn du etwas erzählen oder jemanden informieren möchtest. In Nebensätzen kannst du genauere Bestimmungen zum Hauptsatz vornehmen.

Haupt- und Nebensätze unterscheiden
→ S. 218

So kannst du Haupt- und Nebensätze unterscheiden:

- Ein Hauptsatz ist ein einfacher selbstständiger Satz. Hauptsätze können allein stehen. Das konjugierte Verb befindet sich hier je nach Satzart an erster oder zweiter (Satzglied-)Stelle.
  Jakob spielt gut Fußball. Spielt Jakob gut Fußball? Spiel einen guten Fußball!
- Zwei oder mehr Hauptsätze können auch miteinander verknüpft werden. Wenn die Teilsätze nicht durch *und* oder *oder* verbunden sind, muss ein Komma stehen.
  Draußen liegt Schnee, wir fahren mit dem Schlitten.
  Draußen liegt Schnee und wir fahren mit dem Schlitten.
- Ein Nebensatz kann nicht ohne einen Hauptsatz stehen, denn er ist dem Hauptsatz untergeordnet. Hier steht das konjugierte Verb immer am Ende.
- Haupt- und Nebensätze werden durch Subjunktionen verbunden.
  – <u>Wenn</u> draußen Schnee liegt, können wir mit dem Schlitten fahren.
         Nebensatz   ,   Hauptsatz

  – Wir müssen mit dem Auto vorsichtig sein, <u>weil</u> draußen Schnee liegt.
         Hauptsatz   ,   Nebensatz

  – <u>Obwohl</u> draußen Schnee liegt, fahren wir mit dem Auto.
         Nebensatz   ,   Hauptsatz

KOMPETENZ-BEREICH

Satzglieder erkennen
→ S. 220, 223, 225

Innerhalb des Satzes erfüllen einzelne Wörter und Wortgruppen verschiedene Aufgaben als Satzglieder.

> **So kannst du Satzglieder durch die folgenden Proben ermitteln:**
>
> - **Umstellprobe:** Wörter, die zusammen ein Satzglied bilden, können bei der Umstellung des Satzes nicht voneinander getrennt werden, ohne dass der Satz seinen Sinn verändert:
>   - *Samstags denkt Phils Schwester nicht an die Schule.*
>   - *Phils Schwester denkt samstags nicht an die Schule.*
>   - *An die Schule denkt Phils Schwester samstags nicht.*
>   - *Denkt Phils Schwester samstags an die Schule?*
> - **Ersatzprobe:** Die verschiedenen Satzglieder sind jeweils als ganze Wortgruppe ersetzbar. Durch die Ersatzprobe lässt sich ermitteln, welche Wörter zusammen ein Satzglied bilden.
>   - *Mit guter Vorbereitung schafft Paula im nächsten Schuljahr bessere Noten.*
>   - *So schafft sie dann das/dieses.*
> - **Weglassprobe:** Wenn man den Satz jeweils ohne einzelne Wörter oder Wortgruppen liest, lässt sich feststellen, welches Satzglied zur Gestaltung eines grammatisch richtigen Satzes notwendig ist.
>   – Der Satzkern aus Subjekt und Prädikat kann niemals weggelassen werden.
>   *Paula liest ein Buch.*
>   – Auch Objekte können bei der Weglassprobe als notwendige Satzergänzungen erkannt werden. Ohne das Akkusativobjekt ergibt der Beispielsatz keinen Sinn.
>   *Paula kennt ihren Lehrer schon aus der letzten Klasse.*

Subjekte und Prädikate erkennen
→ S. 220

Die einzelnen Satzglieder, die du mithilfe der genannten Proben ermittelt hast, sind die Bausteine, aus denen sinnvolle Sätze zusammengebaut werden können. Je nach ihrer Funktion muss man verschiedene Satzglieder unterscheiden.

> **So erkennst du Subjekte und Prädikate:**
>
> - Ein sinnvoller vollständiger Satz besteht mindestens aus einem Subjekt und einem Prädikat. Die Satzglieder Subjekt und Prädikat bilden zusammen den Satzkern.
> - Das Subjekt beantwortet die Frage: „Wer oder was handelt?" Es steht immer im Nominativ.
> - Das Prädikat gibt die Tätigkeit des Subjekts an. Beachte, dass es sich mit der Umstellprobe nicht verschieben lässt. In einem Aussagesatz steht es immer an zweiter (Satzglied-)Stelle: *Jakob treibt unheimlich viel Sport.*
> - Im Nebensatz steht das Prädikat an letzter Stelle. *Er findet, dass das wichtig ist.*
> - **Mehrteilige Prädikate** umschließen die anderen Satzglieder als eine Verbklammer:
>   *Enya hat die Sportart Aikido für sich entdeckt.*
>
>   Verbklammer

Satzarten und Satzglieder kennen und unterscheiden

Viele Sätze werden erst sinnvoll, wenn das Verb durch weitere Satzglieder ergänzt wird. Diese „notwendigen Ergänzungen" antworten auf bestimmte Fragen. Sie werden als Objekte bezeichnet.

Objekte erkennen → S. 222

Diese Objekte kannst du unterscheiden:

Prädikat und Subjekt	Frage	Notwendige Ergänzung	Objekt
Ein altes Foto **zeigt**…	**Wen/was** zeigt das Foto?	…die zweijährige Natalia.	Akkusativobjekt
Natalia **hilft**…	**Wem** hilft sie?	…ihrer Tochter Paula.	Dativobjekt
Natalia **erinnert sich**…	**Wessen** erinnert sie sich?	…ihrer Kindheit.	Genitivobjekt (sehr selten)

Adverbiale Bestimmungen sind Satzglieder, die angeben, wann, wo, wie oder warum etwas geschieht. Anders als die Objekte sind sie nicht notwendig, damit der Satz grammatisch richtig ist.

Adverbiale Bestimmungen unterscheiden → S. 224

Du kannst verschiedene adverbiale Bestimmungen unterscheiden:

Deutsche und lateinische Bezeichnung	Fragen, auf die die adverbiale Bestimmung antwortet	Beispiele
Adverbiale des Ortes Lokales Adverbiale	Wo? Wohin?	*zu Hause, im Stadtpark, auf der Straße*
Adverbiale der Zeit Temporales Adverbiale	Wann? Bis wann? Seit wann?	*gestern, vor drei Wochen, schon seit langem*
Adverbiale der Art und Weise Modales Adverbiale	Warum? Weshalb?	*wegen des schlechten Wetters, aus Freude*
Adverbiale des Grundes Kausales Adverbiale	Wie? Auf welche Art und Weise?	*schnell, gern, so*

KOMPETENZ-BEREICH

Mitsprechwörter –
Nachdenkwörter –
Merkwörter
unterscheiden
→ S. 230

Rechtschreibstrategien anwenden, Fehler reduzieren

Leider genügt die Orientierung an dem Satz „Schreib, wie du sprichst!" nicht. Wenn du korrekt schreiben möchtest, ist es wichtig, dass du dir auch Regeln und Rechtschreibstrategien merkst. Die Schreibung mancher Wörter musst du einfach wie eine Vokabel in Englisch lernen.

Unterscheide beim Schreiben folgende Arten von Wörtern:

- Wenn du Mitsprechwörter deutlich sprichst, kannst du jeden Laut hören und richtig schreiben. Sie werden lautgetreu geschrieben.
- Bei Nachdenkwörtern folgt die Schreibung bestimmten Regeln, die du über das Nachdenken finden kannst.
- Merkwörter sind Wörter, die du lernen musst. Sie enthalten besondere Schreibweisen.

Tipps zur richtigen
Schreibung
→ S. 233 ff.

Du musst nicht die Schreibung aller Wörter unseres Wortschatzes auswendig lernen. Einige Tipps und Strategien können dir beim Richtigschreiben helfen.

Das hilft dir, Wörter richtig zu schreiben:

- Sorgfältig schreiben: Trainiere das sorgfältige Schreiben, sodass jeder einzelne Buchstabe eines geschriebenen Worts exakt zu erkennen ist.
- Zerlegen: Um dir längere Wörter zu merken und Schreibfehler zu vermeiden, kannst du sie in kleinere Einheiten (Wortsilben oder Sprechsilben) zerlegen. Du kannst die Silben mitklatschen, um sie besser zu erkennen.
- Verlängern: Wenn du dir bei der Schreibung am Wortende unsicher bist, kannst du das Wort verlängern und laut aussprechen. Nomen können in den Plural gesetzt, Adjektive gesteigert, Verben in den Infinitiv übertragen werden.
- Stammprinzip nutzen: Wörter, die miteinander verwandt sind, werden meist auch gleich geschrieben.

Verbesserungsmöglichkeiten
für die Rechtschreibung
→ S. 254 ff.

Um deine Schreibung langfristig zu verbessern oder Fehler, die du immer wieder machst, zu reduzieren, kannst du auf die folgenden Möglichkeiten zurückgreifen.

So kannst du deine Rechtschreibung dauerhaft verbessern:

- Lege eine Fehlerkartei an, in welche du deine Fehlerwörter aufnimmst, sodass du sie immer wieder übst.
- Lies deine Texte Korrektur. Wenn du keine Zeit hast, um deine Texte mit ein wenig Abstand zu lesen, hilft dir vielleicht das Rückwärtslesen.
- Arbeite mit einem Wörterbuch. Rechtschreibwörterbücher und Schreibhilfen am Computer sind gute Möglichkeiten, Rechtschreibfehler zu reduzieren.

Regeln der Rechtschreibung und Zeichensetzung kennen

Regeln der Rechtschreibung und Zeichensetzung kennen

Aufzählungen mit der richtigen Zeichensetzung formulieren:
Wenn gleichrangige Satzteile oder Sätze ohne *oder* oder *und* miteinander verbunden werden, setzt man ein Komma: *Hund, Katze, Meerschweinchen sind beliebte Haustiere.*

Aufzählungen
→ S. 253

Das und *dass* unterscheiden:
- *Das* kann Artikel *(das Mädchen)* oder Demonstrativpronomen *(d a s Haus dort)* sein. Es kann durch *dieses, jenes, welches* ersetzt werden.
- *Dass* ist eine Konjunktion und kann niemals ersetzt werden: *Ich habe dir gesagt, dass das gefährlich ist*. Es leitet immer einen Nebensatz ein.

Das und *dass*
→ S. 247

Gleich und ähnlich klingende Laute unterscheiden:
- Obwohl sie gleich oder ähnlich klingen, werden manche Laute mit unterschiedlichen Buchstaben geschrieben. Die meisten Fälle muss man sich als Merkwörter einprägen.
- Merke dir außerdem:
  – *ck* steht für Doppel-k und wird wie ein Doppelkonsonant verwendet *(Bäcker)*
  – *tz* steht für Doppel-z und wird wie ein Doppelkonsonant verwendet *(Katze)*
- Am Wortende klingen *b* wie *p*, *d* wie *t*, *g* wie *k* und *ig* wie *ich*. Die richtige Schreibweise findest du heraus, indem du das Wort verlängerst:
  – *Sieb* → *Siebe* → also *Sieb* mit *b*
  – *Rad* → *Räder* → also *Rad* mit *d*, *Rat* → *Räte* → also mit *t*
  – *Flug* → *Flüge* → also *Flug* mit *g*, *Spuk* → *spuken* → also mit *k*
  – *billig* → *billiger* → also *billig* mit *g*, *festlich* → *festlicher* → also mit *ch*
- Bei Verben mit gleich und ähnlich klingenden Konsonanten hilft es, den Infinitiv (Grundform) zu bilden: *er gab* → *geben* → *er gab* mit *b*.
- Im Wortstamm klingen *e* und *ä* sowie *eu* und *äu* häufig gleich. Die richtige Schreibweise erkennt man durch den Vergleich mit verwandten Wörtern: *Häuser* → *Haus*.

Gleich und ähnlich klingende Laute
→ S. 248

Großschreibung beachten:
- Eigennamen *(Friedrich Schiller)* und Nomen *(das Buch, das Haustier)*
- die ersten Wörter in Überschriften und Sätzen *(Das Dschungelbuch)*
- Nominalisierungen nach:
  – Artikeln *(die Schnellste, ein Geben und Nehmen)*, Artikelwörtern wie Possessiv- *(mein Leben)* oder Demonstrativpronomen *(dieses Grün)* → Artikelprobe
  – unbestimmten Mengenangaben *(manch Gutes, allerlei Lustiges)*
  – Adjektiven *(richtiges Schreiben, ein starkes Ich)* → Erweiterungsprobe
- die höfliche Anrede *(Ich grüße Sie herzlich)*
- (nach Wahl) die vertraute Anrede in Briefen oder E-Mails *(Ich grüße Dich/dich)*

Großschreibung
→ S. 240 ff.

Sprachgebrauch und Sprache untersuchen und reflektieren

KOMPETENZBEREICH

Kurze und lange Vokale
→ S. 236

Kurze und lange Vokale richtig schreiben:
- Vokale können lang oder kurz ausgesprochen werden. Meist werden die Langvokale ohne besonderes Längenkennzeichen geschrieben. Es folgt ein einfacher Konsonant *(tun, Gabel)*. In anderen Fällen wird die Länge eines Vokals in der Rechtschreibung angezeigt:

Verlängerung durch	Beispiel
Verdopplung eines Vokals (a/e/o)	*Saal, Meer, Moor*
nachfolgendes h	*Stahl, stehlen, Rohr*
Anhängen eines e an den Vokal i	*liegen, Ziege*

- Nach einem kurz gesprochenen, betonten Vokal folgen immer zwei Konsonanten oder der darauffolgende Konsonant wird verdoppelt.

Kurzvokal + 2 Konsonanten	*Kopf, brechen*
Kurzvokal mit verdoppeltem Konsonant	*Puppe, rennen*

- Beachte: Nach kurzem Vokal wird *k* zu *ck* und *z* zu *tz*: *Trick, Witz*

s-Laute
→ S. 244

s-Laute richtig sprechen und schreiben:

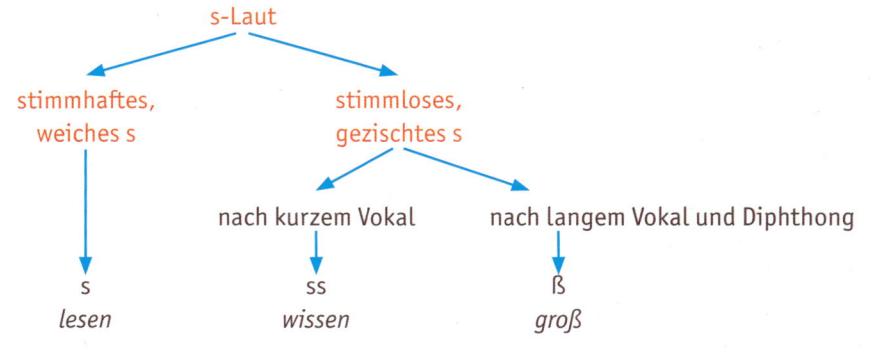

s-Laut
→ stimmhaftes, weiches s
→ stimmloses, gezischtes s
  → nach kurzem Vokal
  → nach langem Vokal und Diphthong

s — *lesen*
ss — *wissen*
ß — *groß*

Beachte: Am Wortende schreibt man -*s*, wenn in der verlängerten Form ein stimmhaftes *s* erklingt *(Glas – Gläser)*, in vielen kleinen Wörtern *(was, bis …)* und auch bei bestimmten Wortendungen *(Hindernis, Fundus)*.

Trennung
→ S. 250

Trennung nach Sprechsilben vornehmen:
- Wörter werden nach Sprechsilben getrennt *(lau-fen, Schu-le, wan-dern)*.
- Nicht immer sind die Sprechsilben deutlich erkennbar. Merke dir deshalb:
  – Wenn mehrere Konsonanten im Wort aufeinandertreffen, wird nur der letzte in die neue Zeile genommen *(sin-gen, ras-ten, müs-sen)*.
  – Einzelne Vokale dürfen nicht abgetrennt werden *(A-bend, ü-bel)*.

Regeln der Rechtschreibung und Zeichensetzung kennen

Wörtliche Rede mit der richtigen Zeichensetzung aufschreiben:
Wörtliche Rede steht zwischen Anführungszeichen. Das redeeinleitende Verb *(sagen, fragen, meinen...)*, kann vor, nach oder innerhalb der wörtlichen Rede stehen.
- (1) redeeinleitendes Verb – Doppelpunkt – wörtliche Rede in Anführungszeichen:
    Jakob sagt: „Ich habe meine Aufgaben fertig."
    Phil fragt: „War es viel Arbeit?"
    Paula ruft: „Dann können wir ja endlich spielen!"
- (2) wörtliche Rede – Komma – redeeinleitendes Verb:
    „Ich habe meine Aufgaben fertig", sagt Jakob.
    „War es viel Arbeit?", fragt Phil.
    „Dann können wir ja endlich spielen!", ruft Paula.
- (3) wörtl. Rede (Teil 1) – Komma – redeeinl. Verb – Komma – wörtl. Rede (Teil 2):
    „Ich habe", sagt Jakob, „meine Aufgaben fertig."
    „War es", fragt Phil, „viel Arbeit?"
    „Dann", ruft Paula, „können wir ja endlich spielen!"

Wörtliche Rede
→ S. 252

Des Löwen Anteil (nach Äsop)
Ein Löwe, ein Esel und ein Fuchs (1) schlossen einen Bund und gingen zusammen (2) auf die Jagd. Nach der Jagd befahl (3) der Löwe dem Esel, die Beute zu verteilen. Der machte drei gleiche Teile und forderte den Löwen auf, sich selbst einen davon zu wählen. Das machte den Löwen wild. Er zerriss und fraß den Esel (4). Dann befahl er, dass (5) der Fuchs die Beute teile. Der nun schob fast die ganze Beute auf einen großen Haufen zusammen und ließ für sich selbst nur ein paar kleine Stücke über. „Du bist wirklich der Beste! (6)", schmunzelte der Löwe. „Wer hat dich so richtig teilen gelehrt?" (7)

(1) Zeichensetzung bei Aufzählungen
(2) 2× kurze Vokale vor verdoppeltem Konsonant
(3) lange Vokale
(4) s-Schreibung
(5) *das-* und *dass-*Schreibung
(6) Nominalisierung
(7) Zeichensetzung bei wörtlicher Rede

Am Beispiel

Arbeitsaufträge und Arbeitstechniken

Arbeitsaufträge

Arbeitsaufträge und ihre Operatoren richtig verstehen:
Die Arbeit in der Schule wird durch mündliche und schriftliche Aufgaben gesteuert. Wenn du auf die genaue Aufgabenstellung achtest, kann die Bearbeitung der Aufgabe leichter werden.
- Achte genau auf die Formulierung des Auftrags. Gängige Verben in Arbeitsaufträgen sind z. B. *notieren* oder *verfassen*.
- Mache dir klar, ob der Auftrag mündlich oder schriftlich ausgeführt werden soll.
- Überlege, ob du dem eigentlichen Auftrag noch Vorbereitungsschritte (z. B. Sammeln von Informationen) vorschalten musst.
- Achte auf die Arbeits- und Sozialform, in der der Auftrag ausgeführt werden soll.

Arbeits- und Sozialformen

Arbeits- und Sozialformen kennen:
- Um die Möglichkeiten eines Austauschs und der gegenseitigen Hilfe nutzen zu können, wirst du im Deutschunterricht in verschiedenen Sozialformen arbeiten.
- Die Buchaufgabe gibt dir oft Hinweise dazu, ob du in Einzelarbeit, Partnerarbeit oder Gruppenarbeit arbeiten sollst.

Aufgaben in Einzelarbeit

Aufgaben in Einzelarbeit bearbeiten:
Einzelarbeiten haben das Ziel, dass sich jeder Schüler individuell mit einer Aufgabe beschäftigt. Du als Schüler und dein Lehrer können dabei gut überprüfen, welche Arbeitsschritte du schon leisten kannst und wo du noch Schwierigkeiten hast.
- Schaue dir bei einer Einzelarbeit zunächst die Aufgabenstellung an und mache dir klar, was gefordert wird.
- Wenn du die Aufgabe nicht verstehst, solltest du den Lehrer um Unterstützung bitten.
- Bearbeite die Aufgabe dann so weit, wie du kommst. Mache dir mögliche Probleme und Schwierigkeiten klar, indem du möglichst genaue Fragen zur Vorgehensweise formulierst.

Aufgaben in Gruppenarbeit

Aufgaben in Gruppenarbeit bearbeiten:
In einer Gruppe zu arbeiten, kann sinnvoll sein, wenn sich das Gesamtergebnis einer Aufgabe aus umfangreichen Teilergebnissen zusammensetzt, wenn ein Thema diskutiert werden muss oder wenn es nötig ist, euch gegenseitige Hilfestellungen zu geben. Beachtet bei der Gruppenarbeit einige Tipps:
- Arbeitet nicht in zu großen Gruppen. Ideal sind Gruppen von 3 bis 4 Schülern.
- Aus organisatorischen Gründen kann es wichtig sein, bestimmte Rollen zu verteilen. So solltet ihr festlegen, wer das Gespräch leitet, wer die Ergebnisse mitnotiert und wer sie später präsentieren wird.
- Bereitet euch schon während der Gruppenarbeit auf die Präsentation der Ergebnisse vor.

Arbeitsaufträge und Arbeitstechniken

Aufgaben in Partnerarbeit bearbeiten:
Partnerarbeiten ermöglichen einen Austausch über ein Thema oder eine Position und vielleicht auch eine kleine Diskussion. Auch hier könnt ihr euch gegenseitig helfen.
- **Besprecht** eure Ideen zum Thema und zur Vorgehensweise.
- Gleicht eure Ideen ab. Versuche, eventuelle **Verständnisfragen** möglichst genau zu formulieren bzw. die Verstehensprobleme deines Gegenübers genau zu erfassen.
- **Handelt** eure Positionen in Ruhe **aus**.
- Bereitet euch auf die **Präsentation** eurer Ergebnisse und eures Lösungswegs vor. Klärt bereits während der Partnerarbeit, wer welche Teilergebnisse präsentiert. Gestaltet eventuell ein Tafelbild, ein Plakat oder eine Folie.

Brainstorming zum Sammeln von Ideen nutzen:
Beim Brainstorming notierst du in der Mitte eines Blatts das Thema. Dann schreibst du um das Thema herum unsortiert alle Wörter, die dir dazu einfallen.

Cluster zur Ideensammlung nutzen:
In einem Cluster werden Ideen und Gedanken zu einem Thema gesammelt. Schreibe das Thema in die Mitte eines Blattes und umkreise es. Sammle und notiere um den Kernbegriff herum alle Ideen, die dir dazu einfallen. Umkreise auch diese. Kreise mit Ideen, die für dich gedanklich zusammengehören, verbindest du durch Striche miteinander. Das Cluster sammelt Ideen also bereits etwas geordneter als ein Brainstorming.

Folien zur Präsentation nutzen:
Achte darauf, dass …
- … die Folie nicht zu voll wird,
- … du groß genug und mit einer nicht zu hellen Farbe auf die Folie schreibst,
- … du Texte nicht als Ganzes, sondern stichwortartig notierst.

Fragelawinen/Kommentarlawinen zur Textüberarbeitung nutzen:
Du nutzt diese Technik, um selbst verfasste Texte in einer kleinen Arbeitsgruppe zu besprechen:
- Gebt eure Texte reihum in der Gruppe weiter. Notiert unter oder neben jedem Text einen **Kommentar zum Text und/oder zu einem vorausgehenden Kommentar**.
- Die Runde ist **beendet**, wenn jeder wieder seinen eigenen Text hat.
- **Überarbeite** deinen Text aufgrund der Kommentare.

Arbeitsaufträge und Arbeitstechniken

(Lern-)Plakate

(Lern-)Plakate zum Präsentieren nutzen:
Auf einem Plakat kannst du knappe Informationen und deren Beziehungen anschaulich präsentieren. Achte dabei darauf, dass du das Plakat übersichtlich gliederst, nicht zu viele Einzelheiten aufnimmst, durch farbliche Gestaltungen und die Schrift Schwerpunkte verdeutlichst und die Texte durch Bilder, Skizzen und Grafiken ergänzt.

Mind-Maps

Mind-Maps zur Sortierung von Informationen und Ideen nutzen:
In einer Mind-Map kannst du Unter- und Oberbegriffe zu einem Thema anordnen.
- Ein übergeordneter Begriff oder eine Aussage steht in einem Kreis in der Mitte.
- Von diesem Kreis gehen Äste zu verschiedenen Themen ab.
- An diesen Ästen werden Stichworte notiert, die Unterbegriffe zum Thema des jeweiligen Asts darstellen.

Redeketten

Redeketten zur Weitergabe des Gesprächs nutzen:
Redeketten ermöglichen ein Gespräch zwischen Schülern, ohne dass der Lehrer den nächsten Sprechenden aufrufen oder bestimmen muss.
- Wenn ein Schüler seinen Beitrag geleistet hat, ruft er selbst den nächsten auf.
- Du solltest dich bei einem Beitrag kurz auf die vorausgehenden Äußerungen beziehen, z. B. *Ich sehe es auch/nicht so.../Ich möchte noch ergänzen...*
- Beendet die Redekette, wenn keine neuen Aspekte mehr genannt werden können.

Schreibkonferenzen

Schreibkonferenzen zur Textüberarbeitung durchführen:
Nutze die Schreibkonferenz zur Überarbeitung eigener Texte:
- Lies deinen Text in der Gruppe vor.
- Deine Mitschüler äußern sich spontan und stellen dir Fragen.
- Lies den Text noch einmal abschnittweise. Die anderen machen dir Vorschläge zur Verbesserung. Diese notierst du dir kurz.
- Bearbeitet so nacheinander auch die Texte der anderen Schüler.
- Überarbeite deinen Text aufgrund der Rückmeldungen.

Schreibpläne

Schreibpläne erstellen:
Schreibe nicht einfach drauflos, sondern plane deinen Text:
- In einem Schreibplan sortierst du in Stichworten deine vorher gesammelten Informationen oder Ideen.
- Berücksichtige vorgegebene Aufbaumuster, etwa die Einteilung in Einleitung, Hauptteil und Schluss.
- Berücksichtige Hinweise zur Gliederung innerhalb der einzelnen Teile, z. B. die Gestaltung des Spannungshöhepunkts in erzählenden Texten.

Arbeitsaufträge und Arbeitstechniken

Tabellen zur Sortierung und zum Vergleich nutzen:
In manchen Fällen bietet es sich an, Informationen in einer Tabelle zu sortieren.
- Schaue dir die zu sortierenden oder zu vergleichenden Inhalte gut an und suche nach Gemeinsamkeiten und Unterschieden.
- Überlege dir auf dieser Grundlage sinnvolle Vergleichs- oder Sortierungsaspekte.
- Teile die Tabellenspalten und -zeilen aufgrund der Zahl deiner Inhalte und der Vergleichs- bzw. Sortierungsaspekte ein.

Textlupen zur Überarbeitung von Texten nutzen:
Um selbst verfasste Texte in einer Gruppe zu besprechen, könnt ihr mit einer Textlupe arbeiten. Wie mit einer Lupe wird ganz gründlich und genau auf bestimmte – beispielhafte oder weniger gelungene – Textstellen geschaut.
- Tauscht eure Texte reihum aus.
- Jedem Text wird ein Rückmeldezettel mitgegeben, auf dem „Gelungenes", „Weniger Gelungenes" und „Vorschläge zur Verbesserung" notiert werden kann.
- Jeder füllt den Rückmeldezettel zu mindestens einer bestimmten von ihm gewählten Textstelle aus.
- Die Runde ist beendet, wenn jeder wieder seinen eigenen Text hat.
- Überarbeite deinen Text aufgrund der Hinweise auf dem Textlupenzettel.

Die **Think-pair-share-Methode** zur Verhandlung von Positionen nutzen:
Diese Methode nutzt man, um Arbeitsergebnisse von einzelnen Schülern in immer größeren Gruppen zu besprechen, zu bündeln und zu optimieren. So geht ihr dabei vor:
- Jeder Schüler löst die Aufgabe für sich und notiert sein Ergebnis.
- Die Einzelergebnisse werden in Partnerarbeit ausgetauscht. Diskutiert die Lösungen und einigt euch auf ein gemeinsames Ergebnis.
- In einer Gruppe (idealerweise sind dies zwei Partnergruppen) stellt ihr eure jeweiligen Ergebnisse vor und diskutiert diese.
- Zum Schluss präsentiert ihr eure Gruppenergebnisse der ganzen Klasse.

Laufdiktate zum Üben der Rechtschreibung nutzen:
Bei dieser Methode wird der Diktattext im Klassenzimmer ausgelegt. Ziel ist es, den Text möglichst vollständig und fehlerfrei in das Heft zu übertragen. So geht ihr dabei vor:
- Jeder läuft immer wieder zum ausgelegten Text, liest ihn und merkt sich jedes Mal einzelne Wörter oder einen Satz.
- Zurück am Platz notiert jeder die Textteile in sein Heft.
- Wenn der Text vollständig ins Heft übertragen ist, kann er (durch einen Partner) auf Fehler überprüft werden.

Lösungen

Kompetenztest 1
1 kein Blickkontakt mit der Klasse, ungeeignete Körperhaltung, wirkt desinteressiert am eigenen Vortrag, strahlt Langeweile aus
2 Als *Vortragender* kannst du …
 • auf einen besonders interessanten Punkt deines Vortrages hinweisen.
 • mit Bildern und Grafiken arbeiten.
 Als *Zuhörer* kannst du …
 • Notizen während des Vortrages machen.
 • Fragen notieren, die du am Ende des Vortrages stellen möchtest.
3 Ich lasse andere ausreden und falle ihnen nicht ins Wort. (Liam, Paula); Ich bleibe höflich, auch wenn ich anderer Meinung bin. (Liam: „Quatsch"); Ich höre anderen aufmerksam zu. (Paula)
4 1d, 2a, 3e, 4c, 5f
5 Paula: „…, da gibt es viele verschiedene Tiere. Da ist für jeden etwas dabei."
 Enya: „…, weil ich mit meinen Freunden Abenteuer erleben möchte."
 Liam: „…, da kann man gleich noch etwas für die Schule lernen."
 Tarek: „…, so können wir Sport treiben und danach beim Grillen über die ersten Wochen in der neuen Schule quatschen."
6 *Fachraum Biologie:* Lehrer, Sekretärin, Schüler; *Kühlpad für die Beule:* Sekretärin, (Sport-)Lehrer *Luftpumpe leihen:* Hausmeister; *Anzahl Lehrer an der Schule:* Schulleiter; *Aufbewahrung Fundsachen:* Sekretärin, Hausmeister, Lehrer, Schüler; *Berufspraktikum:* Lehrer, Schüler
7 1, 4, 5, 7, 10

Kompetenztest 2
1 E – B – A – C – D (Einleitung – Hauptteil mit Höhepunkt – Schluss)
2 Mögliche Lösungen: *Zeitlupe:* Er verlangsamte seinen Schritt, nahm das Gerät in die Hand, blickte konzentriert darauf und drehte sich zu mir um. (C); *Spannende Überschrift:* Abenteuerliche Schatzsuche; *Andeutungen:* Ich war gespannt, wohin uns das Navigationsgerät führen würde. (B); *Sinneseindrücke:* Außer Vogelgezwitscher war nichts zu hören und ein Weg war nicht zu sehen. (C); *Gefühle* (inneres Geschehen): Angst stieg in mir hoch. (C); *Wörtliche Rede:* „Schau doch mal nach …", „Hallo, hört uns jemand?"; *Ausdrucksstarke Adjektive:* (A) herausgerissenen, sumpfig; (C) konzentriert, schlagartig, besorgt, panisch; *Ausdrucksstarke Verben:* (A) bahnten, sorgte; (C) verlangsamte, stapften; (D) keuchte; (E) versicherte
3 Mögliche Lösung: Mit dem Arm schob ich einige Äste zur Seite. Gleichzeitig achtete ich darauf, nicht über Wurzeln zu stolpern. Das war gar nicht so einfach. Upps – schon wieder hatte ich einen abgefallenen Ast unter dem Laub übersehen und wäre fast gefallen. Nur mühsam kamen wir voran und kratzten uns einige Male an den Dornen der Büsche.
4 A: … sorgte ich mich. … Ich hatte das mulmige Gefühl …; B: Ich war gespannt …
5 … vertraute mir sein GPS-Gerät an. *Voller Freude und aufgeregt* hängte ich mir das Gerät um den Hals.
6 Zu streichen: *spazieren, stolzieren, schlendern;* Passend: *hetzen, stolpern, eilen, sputen, rennen*
7 *flüstern, raunen, murmeln, wispern, hauchen* …

Kompetenztest 3
1 b, d, f
2 Die Sätze b, d, f enthalten kaum Informationen, stattdessen äußern sie eine persönliche Meinung.
3 *die Marionetten:* Körper aus Holz, Kleider aus Stoff, mittelalterlichen Gewändern nachempfunden; *den Marktstand:* Holzgerüst, mit Leinen bespannt; *das Bastelprogramm:* Materialien zur Verfügung, Bastelprogramm freitags zw. 15 Uhr und 16.30 Uhr; *Schreiner:* Marionettenbastler
4 1B, 2A, 3C
5 1B: Viele Informationen werden gegeben, damit sich der Junge gut vorbereiten kann und er weiß, was auf ihn zukommt.; 2A: Aufsichtspersonen und Werkzeuge werden benannt, um die Sorge der Eltern zu reduzieren; 3C: Die Informationen beziehen sich auf Sicherheit und Ordnung des Marktes.
6 Mögliche Reihenfolge: c – b – f – g – e – h – d – a
7 (1) gelungen, aber noch genauer möglich; (2) nicht gelungen: Wiederholung von *dann*; (3) gelungen: genau; nicht gelungen: Wechsel *Sie/du*; (4) gelungen: inhaltlich genau, sprachlich verknüpft
8 Stelle zuerst einen großen Topf auf die passende Herdplatte und gib 50 ml Wasser und einen gehäuften Teelöffel Brühe-Pulver hinzu. Raspel dann den Kohlkopf in feine Streifen und gib diese anschließend in den Topf. Dünste die Kohlkopfraspeln auf mittlerer Hitze mit geschlossenem Deckel, bis sie ganz weich werden. Währenddessen kannst du die Zwiebeln mit einem scharfen Messer klein schneiden.
9 Verrühre alles sorgfältig miteinander, würze die Kraut-Hackfleisch-Mischung noch mit Salz und Pfeffer und schmecke das Gericht mit etwas Sahne ab. Nun kann die mittelalterliche Krautpfanne angerichtet und je nach Geschmack mit Folienkartoffeln oder Bauernbrot serviert werden.

Kompetenztest 4
1 Zum Bsp.: werde selbstständiger, lerne zu sparen
2 kann mir dann vieles kaufen – lerne, mit Geld umzugehen

3 nicht gelungen: c), weniger gelungen: a), in Ordnung: d), gelungen: b)
4 Die Begründung c finde ich am wenigsten gelungen, denn sie hat nichts direkt mit dem Taschengeld zu tun. Man wird nicht fleißiger, weil man Taschengeld bekommt.
5 Zum Bsp.: Verwende bestimmte Wörter und Formulierungen, die deine Meinung mit der Begründung sprachlich verbinden (zum Bsp. *weil*, *denn*). Drücke dich sachlich aus (nicht *blöd*). Verbinde mehrere Gründe durch Überleitungen (zum Bsp. *außerdem*).
6 Liebe Tante Evi, ich fände es gut, wenn ihr Stefan erlauben würdet, ein eigenes Handy zu haben, denn er ist mit zehn Jahren alt genug, damit umzugehen. Außerdem könnte er euch anrufen, wenn er zum Beispiel in der Stadt unterwegs ist. Darüber hinaus haben die meisten seiner Freunde bereits ein Handy. Deshalb fühlt er sich vielleicht von der Gruppe ausgeschlossen, wenn er als Einziger keines bekommt. Bis bald dein Liam
7 Die Wendung zeigt, dass der Sprecher seine eigene Ansicht äußert, die nicht die allein gültige sein muss.
8 Z. 1–7: …informiert; Z. 8–14: …erzählt; Z. 15–17: …begründet
9 Zum Bsp.: Dass in den Zeilen 15–17 begründet wird, erkenne ich daran, dass Wörter und Wendungen wie *denn* und *außerdem* verwendet werden.

Kompetenztest 5
1 B – E – A – C – F – D
2 Märchen, Begründung: unbestimmte Zeit, unbestimmter Ort, Unterscheidung zwischen Gut und Böse, Zauber und Wunder, guter Ausgang
3 „Der Spiegel", und „Der Bürstenberg" passen nicht, weil sie sich nur auf ein Detail der Geschichte beziehen.
4 (1) innere Handlung: „sie sieht sich selbst"; (2) innere Handlung: „Fußball im Kopf"; (3) äußere Handlung; (4) äußere Handlung; (5) innere Handlung: Traum
5 Jule ist älter als Jonas. → Z. 5; Die neue Terrasse ist im Sommer fertig. → nicht im Text; Jule arbeitet sorgfältiger als Jonas. → Sie ist nur motivierter. Z. 16–20
6 C: Das weiß Jonas nicht, weil es Jule nur träumt.
7 a) Z. 6–9

Kompetenztest 6
1 pragmatischer Text/Sachtext: informiert über einen tatsächlichen Sachverhalt: Arbeit der Rote Nasen Clowns (ganzer Text); knapp, sachlich und informativ (z. B. → Z. 1 ff.); Fachbegriffe werden verwendet (→ Z. 3 ff.)
2 … wo sehr kranke oder alte Menschen behandelt oder betreut werden.
3 Beides ist möglich, da es sich um Fachbegriffe/Fremdwörter und nicht um aktuelle Informationen handelt.
4 PC einschalten → (Kinder-)Suchmaschine aufrufen → „hygienisch" oder „Hygiene" in das Eingabefenster für die Suche eintippen → Entertaste drücken oder „Suche" aktivieren → nach unten scrollen, bis geeignete Begriffsklärung erscheint, ggf. noch einmal darauf klicken
5 a) „speziell geschulte Künstler", → Z. 3; b) „für kranke und leidende Menschen", → Z. 4; d) „Möglichkeit der Identifikation für Mädchen und Jungen", → Z. 9, „ermöglicht ein vielfältiges und intensives Spiel", → Z. 10
6 1. Wer die Rote Nasen Clowns sind und wo sie arbeiten → Z. 1–18; 2. Wie die Rote Nasen Clowns ihre Auftritte vorbereiten → Z. 18–23; 3. Wie die Auftritte der Rote Nasen Clowns ablaufen → Z. 23–37
7 Fehler: links: sieht Zuhörer nicht an, wendet sich nicht frontal der Klasse zu; rechts: wird auch selbst nicht gesehen und wohl schlecht verstanden, hat viel zu großes Heft als Stichwortzettel, steht zu lässig da; Verbesserungsvorschläge: Blickkontakt zu Zuhörern halten; handliche Notizzettel verwenden, z. B. Karteikarten; gerade, aber unverkrampft frontal zur Klasse stehen
8 1) motivierender Einstieg, manches etwas zu knapp, zeitlich eher kurz, eigene Meinung zum Abschluss; 2) wichtige Begriffe an die Tafel geschrieben, Overheadfolie mit Foto aufgelegt; 3) Karteikarten verwendet, wenig Blickkontakt zum Publikum
9 Recherche → Auswertung des Materials → Schreibplan → Schreiben → Feedback → Überarbeiten des Textes

Kompetenztest 7
1 c oder d
2 Zum Bsp.: Cover und Klappentext wecken mein Interesse. Oder: Ich lese nicht gerne Krimis, Friedhöfe sind mir unheimlich.
3 Titel/Untertitel, Autorenname, Name des Verlags
4 Datum – Kapitel/Seitenzahl – Handlungsübersicht – Meine Leseeindrücke
5 b, d, f
6 a) Wer kann im Friedhofskrimi Gedanken lesen? b) Was passiert? c) Wann ist es geschehen? d) Wie kommt es zu der Situation? oder Warum handelt die Person so? e) Wo spielt die Geschichte? f) Was passiert?
7 Name, Geburts- und Sterbejahr, beruflicher Weg, Auszeichnungen, Besonderheiten, Werke
8 Sinnvoll: 6 – 5 – 2 – 1 – 3 – 4
9 c, d
10 a) Versuche den Text im Ganzen zu verstehen. d) Beim selektiven Hören musst du dich gut konzentrieren.

Kompetenztest 8
1 c) – f) – a) – b) – d) – e)
2 Gedicht – Strophen – Versen – Strophe – Versen

3 **aabb**, Paarreim
4 Wenn der Regen niederbraust, **a**
bleiben Mädchen oder Buben **b**
hübsch daheim in ihren Stuben, **b**
wenn der Sturm das Feld durchsaust. **a**,
umarmender Reim
5 Hui, wie pfeift der Sturm und keucht,
dass der Baum sich niederbeugt!
Seht! Den Schirm erfasst der Wind,
und der Robert fliegt geschwind

durch die Luft so hoch, so weit;
niemand hört ihn, wenn er schreit.
An die Wolken stößt er schon,
und der Hut fliegt auch davon.
6 2), c)
7 a) Die Tierbezeichnungen sind erfunden, die einzelnen Bestandteile der Komposita/zusammengesetzten Nomen gehören aber zum deutschen Wortschatz.

Kompetenztest 9
1 Dialog, Monolog, Regieanweisungen
2 b), d)
3 1, 3
4 Zum Bsp.: *Dirk:* entrüstet, Augen zur Decke verdreht, Hände auf Schulterhöhe nach oben gestreckt; *Viola:* fröhlich und laut, Augen weit aufgerissen, Mund offen, Zeigefinder nach oben gestreckt; *Hans:* fragend, Stirn gerunzelt, Augen zusammengezogen, kratzt sich am Kopf; *Viola:* bestimmt, Blick geradeaus, Faust nach vorne gestreckt; *Alle:* laut, fröhlich, Münder aufgerissen, lächelnd, Augen weit offen, Hände in den Himmel gestreckt; *Hans:* fragend, etwas leiser, Mund leicht schief, Stirn gerunzelt, rechte Hand am Mundwinkel; *Viola:* laut, energisch, lachend, Daumen nach oben gestreckt; *Hans:* laut rufend, rennt nach draußen, wendet den Blick nach hinten, winkt den anderen ihm zu folgen, den anderen zu, Mund offen, ruft etwas; *Martin:* rufend, fröhlich, Mund offen, Augen weit aufgerissen, Hand als Faust in die Höhe gestreckt; *Alle:* rufend, lachend, Mund offen und lachend, Augen offen und nach vorne gerichtet, Hände nach oben gestreckt wie bei einem Sieg
5 1e), 2a), 3c)
6 ruhig, langsam, leise

Kompetenztest 10
1 d), e)
2 Er ordnet der *Inhaltsseite* eines Wortes jeweils eine neue *Ausdrucksseite* zu. Das bedeutet, dass er die normalerweise gebräuchliche Zuordnung nicht mehr kennt, sodass er und die anderen Menschen sich nicht mehr verstehen.
3 Zum Bsp.: *zwitschern, plätschern, klirren, rumpeln, knarren…*
4 Zum Bsp.: Bank: Geldinstitut; Hahn: Wasserhahn; Gabel: Teil des Bestecks
5 Zum Bsp.: a) laufen, b) Oma, c) erschöpft, d) Kumpel
6 a) tot, b) leise, c) Feindschaft, d) stehen
7 **kluger** Geselle – **innerhalb** von einem halben Schuljahr – **schwachen** Schülern beim **Verfassen** (Schreiben) – seine **Lehrmeisterin** – hat ihm **viel** beigebracht – deine **Mitschüler** – Einen **Versuch**
8 Haus*schuh*, Bleistift*spitzer*, Nagel*schere* (Grundwort unterstrichen)
9 *an* (Präfix) – *nehm* (Stamm) – *bar* (Suffix)
10 Spielzeug/Spielsachen
11 Individuelle Lösungen, z. B.:
Unterkunft: Hostel, Ferienhaus, Motel, Ferienwohnung, Zelt, Campingbus, Pension, Hotel;
Aktivitäten: Wandern, Sport, Entspannen, Sehenswürdigkeiten besichtigen, Spielen;
Transportmittel: Auto, Bus, Zug, Schiff, Fähre, Flugzeug, Fahrrad

Kompetenztest 11
1 (1) flektierbare, (2) nicht flektierbare, (3) deklinierbare, (4) konjugierbare, (5) Nomen, (6) Artikel, (7) Adjektive, (8) Pronomen, (9) Numeralien, (10) Verben, (11) Adverbien, (12) Subjunktionen, (13) Präpositionen, (14) Konjunktionen
2 1) erholen, erleben, musst, wegfahren, reichen, gibt, lebst, besuchen, sind, fallen …auf, 2) Besonderes, Hause, ein Ausflug, eine Wanderung, einem Ziel, der Nähe, einen Reiseführer, die Gegend, Ausflugsziele, Nachbarschaft, 3) dich, du, es, sie, uns, unserer, 4) weit, kurzer, einfach, 5) unbedingt, manchmal, schon, vielleicht, sogar, 6) von, zu, in, für, 7) oder
3 1) Paula **denkt** gerade an einen Klassenausflug zu einer Burg **zurück**. 2) Sie **hat** viele tolle Erfahrungen von dort mit nach Hause **gebracht**. 3) Im nächsten Urlaub **wird** sie wieder ans Meer **fahren**. 4) Paula **freut sich** schon darauf.
4 Liebe, Witz, Freude
5 …vor dem Nachbarshund (Dativ, Singular) – mit ihrem Hund (Dativ, Singular) – der Nachbar (Nominativ, Singular) – seinen Hund (Akkusativ, Singular)
6 ihrer (Poss.pron.), seiner (Poss.pron.), wir (Pers.pron.), unsere (Poss.pron.), er (Pers.pron.)
7 toll – toller – am tollsten, wunderbar – wunderbarer – am wunderbarsten, nett – netter – am nettesten, langsam – langsamer – am langsamsten
8 1) wenn (Subjunktion), 2) in (Präposition), 3) für (Präposition), 4) denn (Subjunktion), 5) und (Konjunktion), 6) während (Subjunktion), 7) sondern (Konjunktion), 8) obwohl (Subjunktion)
9 *Zahlwörter:* viele, alle; *Kardinalzahlen:* eine, zwei, eine, fünf, vier, fünf; *Ordinalzahlen:* dritte, sechste

Kompetenztest 12

1 **Dass** der Kite-Surfer Konrad Krieger auf seinem Brett den Ärmelkanal in nur zwei Stunden und 7 Minuten durchsurfte; **wie** es keiner zuvor geschafft hatte; der aus Berlin stammt; **Weil** der Ärmelkanal, **der** zwischen Großbritannien im Norden und Frankreich im Süden liegt, nur 54 Kilometer breit ist

2 Das schnellste Tor im Fußball in einem WM-Endrundenspiel schoss Hakan Sükür 2002 für die Türkei gegen Südkorea 10 Sekunden nach Spielbeginn. Ob Lionel Messi, der Weltfußballer, wirklich 120 Millionen Euro wert ist, wird sich zeigen. Für Cristiano Ronaldo wurden 2009 94 Millionen Euro bezahlt. Das ist ja Wahnsinn! Weißt du, wer die weltbeste Nationalmannschaft im Fußball ist? Brasilien gewann den Titel fünfmal in den Jahren 1958, 1962, 1970, 1994 und 2002.

3 **Subjekt:** Vierundzwanzig Beine, sie, man; zwei Gestelle, je ein Spieler, er, er, er, man; man, obwohl'**s** (= es), man
Prädikat: rasen, rasen müssen, nennt; steh'n, steht, Hält, ist, hält, schreit; spielt, erlaubt ist, spielt

4 **lokal:** durch die Gegend, rechts und links, davor; **temporal:** meistens immer, ganz selten nur; **kausal:** keine Beispiele im Text; **modal:** ohne Ziel, so, mit der unteren Figur, mit dem Kopf

5 1964 fanden **zum ersten Mal** (temporal) Olympische Spiele **in Asien** (lokal) statt. / Die sowjetische Turnerin Larissa Latynina nahm **hier** (lokal) **zum dritten und letzten Mal** (temporal) an Olympischen Spielen teil und gewann **nochmals** (temporal) sechs von ihren insgesamt 18 Medaillen. / Schwimmstar Dawn Fraser gewann zum dritten Mal seit 1956 die 100 m Freistil, obwohl die Australierin **im Jahr vor den Spielen** (temporal) einen schweren Autounfall gehabt hatte. / Nach diesem Unfall musste sie **bis drei Monate vor der Olympiade** (temporal) **wegen einer Wirbelverletzung** (kausal) ein Stützkorsett tragen. / Fraser durchschwamm **übermütig** (modal) **wegen des Sieges** (kausal) einen Kanal vor dem kaiserlichen Palast und klaute eine Fahne. / Der australische Verband sperrte **daraufhin** (temporal) seinen Schwimmstar **für zehn Jahre** (temporal).

6 **Akkusativobjekt:** tausende Rekorde, darunter skurrile und irre Leistungen, wie skateboardende Ziegen; **Dativobjekt:** dem Österreicher Felix Baumgartner und seinem Stratosphärensprung; **Genitivobjekt:** einer besonders witzigen Tatsache

Kompetenztest 13

1 1b, 2c, 3a

2 **Morgen:** Es handelt sich um ein Nomen, weil der unbestimmte Artikel davorsteht. Also wird großgeschrieben.
sonnig: Bei der Verlängerung (z. B. *sonnige*) kann ich hören, dass der letzte Buchstabe in *sonnig* ein *g* ist und kein *ch*.
Laub: Bei der Verlängerung (z. B. *Laubes*) kann ich hören, dass der letzte Buchstabe in *Laub* ein *b* ist und kein *p*.
Bäume: Da *Bäume* mit *Baum* verwandt ist, einem Wort mit *au*, schreibe ich Bäume mit *äu* und nicht mit *eu*.
leuchtete: Da es zu *leuchten* kein verwandtes Wort mit *au* gibt, schreibe ich *eu* und nicht *äu*.

3 Als Erstes findet sich fettgedruckt das Lemma *Futur*, an dem man die korrekte Schreibweise ablesen kann. Der senkrechte Strich gibt die Trennungsmöglichkeiten an: *Fu-tur*. Der waagerechte Strich unter dem *u* zeigt die betonte Silbe an und weist darauf hin, dass das *u* lang gesprochen wird. Nach dem Komma folgt in Form des bestimmten Artikels *das* die Angabe des Genus, nämlich Neutrum. Nach dem Strichpunkt wird zunächst die Genitivendung *-s* angegeben, wobei der Ergänzungsstrich für das Lemma steht. Also lautet der Genitiv *des Futurs*. Es folgt die Angabe des Plurals: *Future*. Allerdings wird dann gleich darauf hingewiesen, dass diese Pluralform nur selten Verwendung findet. In spitzen Klammern findet sich die Herkunftsangabe; das Wort stammt aus dem Lateinischen. In runden Klammern steht die fachsprachliche Verwendung. In der Sprachwissenschaft wird *Futur* als Fachbegriff für die Zeitform der Zukunft verwendet.

4 Hier, Seerose, Blüten, wiegen, Rohrkolben, die, magisch, quaken, Flügel, Schöneres, spiegelnde, Blüten, Wasserspieles

5 begonnen, Handballer, Mannschaft, kommenden, altbekannten, Denn, Sommer

6 **Z**usammen (Satzanfang) mit seinen **E**ltern (Nomen) will sich **T**arek (Eigenname) in der **B**ücherei (Nomen) über **R**atten (Nomen) informieren. **E**r (Satzanfang) wünscht sich ein eigenes **T**ier (Nomen) zum **S**chmusen (Nominalisierung → Artikel *zum = zu dem*), aber auch zum **H**erumtollen (Nominalisierung). **A**m (Satzanfang) schönsten ist für ihn die **V**orstellung (Nomen), das **T**ier (Nomen) unbemerkt mit in die **S**chule (Nomen) zu schmuggeln und die **L**ehrer (Nomen) zu verblüffen.

7 **rot:** stoßen, mies, fassen, als, Füße, vermissen
blau: Wesen, Senke, südlich, Rose, Blase

8 meisten, etwas, auszusetzen, beißfreudig, leise, Hasen, ängstlich, ist, Größe, frisst, teures, lässt

9 **das** ideale Haustier; **das** Besondere; Gedanken darüber machen, **dass**; oder **dass/das** Geschirr; **das** gehört dazu; entschieden hat, **dass das**

10 se-geln, tau-send, Kas-ten, Bag-ger, Bü-cher-ta-sche, Tren-nun-gen, Be-zirks-li-ga, Zehn-kämp-fer

11 „Warum muss es unbedingt eine Ratte sein?", will Paula wissen. „Ach, weißt du", entgegnet Tarek, „die sind einfach so putzig, witzig, unterhaltsam und mit ihnen wird es nie langweilig." Paula meint: „Ich finde, ihr habt schon so genug Trubel zu Hause."

Sachregister

A
Ableitung 184
Adjektiv 208, 283
Adverb 209, 283
Antonym 183, 280
Argumentieren → Begründen
Artikel, bestimmter/unbestimmter 204
Artikelprobe 241, 289

B
Begründen 70, 73, 261
Berichten 54–57, 268
Beschreiben 58–61, 268
Bibliothek 131
Brainstorming 293
Buchhandlung 131
Buchsignatur 131
Buchvorstellung 143, 263

C
Cluster 68, 293
Cover 131

D
das/dass 247, 289
Dehnung 236
Deklination 204
Dialog → Theater
Diphthong 232

E
Ergänzung → Satzglied
Ersatzprobe 38, 286
Erweiterungsprobe 38, 242
Erzählen 28–43, 266
– Aufbau 30/31
– Ausgang 31, 43
– Ereignis 31, 43
– Erzählschritt 31
– Erzählsituation 31, 43
– Episodenerzählung 42/43
– Höhepunkt 31
– lebendig erzählen 35
– Spannung erzeugen 37
– um-/weiterschreiben 99
Erzähler 85
Erzählform 85

F
Fabeln 101
Feedback 120, 263
Fehlerkartei 254
Figur 140
Figurenkonstellation 140
Film 175
Fragelawine 39, 293

G
Gedicht 278/279
– Elfchen 158
– Form 155
– Reim 155
– sprachliches Bild 153
– Strophe 155
– Vers 155
– Zeilensprung 161
Genus 204
Gespräch 14–19, 260
– Gesprächsregeln 16
– Meinungen begründen 17, 70, 73
Gestik 173
Gleich-/Ähnlichklinger 248/249
Großschreibung 240–243, 289

H
Handlung, innere/äußere 33
Handlungsverlauf 139
Hörbuch/-spiel 93
Hörtext 146
Homonyme 183, 280

I
Informieren 48–57, 111, 113, 123, 268
Intonation 173
Internet 113, 273
Interview 21

J
Jugendbuch 128–147

K
Kameraperspektive 175
Kasus 204
Klappentext 131
Komik 83
Kommentarlawine → Fragelawine
Konjunktion 211, 284
Korrekturlesen 255
Konsonant 232

L
Laut 232
Leerstellen 92
Lernplakat 19, 294
Lesen → Vortragen
Lesetechniken 116/117, 270
– diagonales Lesen 116
– navigierendes Lesen 116
– selektives Lesen 116
– sinnerfassendes Lesen 117
Lesetagebuch 138
Lexikonartikel 123, 272
Liste 51

M
Märchen 97
Merkwort 230
Mimik 173
Mind-Map 51, 294
Mitsprechwort 230
Monolog → Theater

N
Nachdenkwort 230
Nacherzählung 96, 99
Nomen 282
– Abstrakta 204
– Konkreta 204
Numeralien 205
Numerus 204

O
Onomatopoetikon 183, 280

P
Pantomime 173
Personifikation 153
Prädikat 220, 286
Präposition 210, 284

Sachregister

Pronomen 282
– Personalpronomen 207
– Possessivpronomen 207

R
Recherchieren 111, 113, 272
Rechtschreibung 228–257, 272
Reim → Gedicht
Referat 119, 262
Rezension 131

S
Sachtext 109, 271
Satz 285–287
– Ausrufe-/Aufforderungssatz 216, 285
– Aussagesatz 216, 285
– Fragesatz 216, 285
– Hauptsatz 218, 285
– Nebensatz 218, 285
Satzglied
– Adverbiale Bestimmung 224
– Objekt 222, 287
– Subjekt 220, 286
Schärfung 238
Schauplatz 135
Schreiben 31, 55, 59, 70, 264
Schreibkonferenz 39, 294
Schreibplan 31, 264, 294
s-Laut 244, 290
Spannungsbogen 139
Sprachzeichen 181
Stammprinzip 234
Standbild 171
Streitgespräch 71
Strophe → Gedicht
Subjunktion 211, 284
Substantive → Nomen
Synonym 183, 280
Szene 172, 175

T
Tabelle 51
Tempus 199–203
– Futur I/II
– Perfekt
– Plusquamperfekt
– Präsens
– Präteritum
Text, erzählend 79, 83, 85, 274–276
Text, literarisch 109
Texterschließungsmethoden 88
Textlupe 39, 295
Textsorten 54
Theater 277
– Bühne 172
– Dialog 167
– Monolog 167
– Regieanweisung 167
– Requisite 172
– Sprechhaltung 169
Thesaurus 257, 269
Think-pair-share-Methode 19

U
Überarbeiten 39, 265, 269
Umgangssprache 190
Umlaut 232
Umstellprobe 38, 220, 286

V
Verb
– Imperativ 199, 281
– Infinitiv 199, 281
– konjugierte Personalform 199
Verbklammer 220
Vers → Gedicht
Vokal 232, 290
Vortragen 161, 169

W
W-Fragen 55, 139, 268
Weglassprobe 223, 286
Wortarten 281–284
Wortbildung 280
– Ableitungen 184, 280
– Komposita 186, 280
– Präfix, Suffix 185
Wörterbuch 256, 272
Wortfamilie 187
Wortfeld 189, 280
Worttrennung 250
Wortverlängerung 234
Wortzerlegung 233

Z
Zeichensetzung 252/253, 289
Zeilensprung → Gedicht
Zeitformen → Tempus

Autoren- und Quellenverzeichnis

101 **Äsop:** Die Maus und der Frosch, http://www.maerchen-sammlung.de/Fabeln_20/Klassische-Fabeln_27/Die-Maus-und-der-Frosch_521.html, zuletzt aufgerufen am 05.01.2017

100 **Äsop:** Rabe und Fuchs, http://www.maerchen-sammlung.de/Fabeln_20/Klassische-Fabeln_27/Rabe-und-Fuchs_536.html, zuletzt aufgerufen am 05.01.2017

98 **Andersen, Hans Christian:** Die Prinzessin auf der Erbse, http://www.zeno.org/Literatur/M/Andersen,+Hans+Christian/Märchensammlung/Märchen/Die+Prinzessin+auf+der+Erbse, zuletzt besucht am 10.06.2014

218 f. **Arold, Marliese:** Reif für die Bundesliga? Die Fantastischen Elf (Band 2), Erika Klopp Verlag GmbH, Hamburg, 2005, S. 7–13

192 **Bichsel, Peter:** Ein Tisch ist ein Tisch, aus: ders., Kindergeschichten, Luchterhand Literaturverlag, München, 1969, S. 18

176 **Bintig, Ilse:** Eine richtige Räuberbande. Ein Spielspaß für eine ganze Klasse, Deutscher Theaterverlag, Weinheim, 1986 (Die Schulreihe 525), S. 1–9

148 **Boie, Kirsten:** Der Junge, der Gedanken lesen konnte. Ein Friedhofskrimi, Oetinger, Hamburg, 2012 (Klappentext)

157 **Borchers, Elisabeth:** November, aus: Borchers, Elisabeth (Text) und Blech, Dietlind (Bilder): Und oben schwimmt die Sonne davon, 6. Aufl., Heinrich Ellermann, München, 1981 (ohne Seitenzählung)

98 **Brüder Grimm:** Das Hirtenbüblein, http://gutenberg.spiegel.de/buch/6248/83, zuletzt besucht am 10.06.2014

94 **Brüder Grimm:** Die sieben Raben, http://gutenberg.spiegel.de/buch/6248/8, zuletzt besucht am 10.06.2014

104 **Brüder Grimm:** Die Wassernixe, http://www.grimmstories.com/de/grimm_maerchen/die_wassernixe, zuletzt besucht am 17.07.2014

97 **Brüder Grimm:** Sterntaler, http://gutenberg.spiegel.de/buch/6248/162, zuletzt besucht am 10.06.2014

166 **Buhmann, Alexander:** Rocker/Popper, Deutscher Theaterverlag, Weinheim, 1997 (Texte für junge Spieler 072), S. 1–13

152 **Busta, Christine:** Der Sommer, aus: Busta, Christine: Die Sternenmühle. Bilder von Johannes Grüger. 6. Aufl., Otto-Müller-Verlag, Salzburg, 1988 (ohne Seitenzählung)

78 **Carrière, Jean-Claude :** Das Geheimnis des Bildhauers, aus: Gelberg, Hans-Joachim (Hrsg.): Glücksvogel. Geschichten, Gedichte und Bilder, Beltz & Gelberg. Weinheim Basel, 2013, S. 5 Übersetzer: Marie Rahn

151 **Carroll, Lewis:** Der Zipferlake, aus: Alice hinter den Spiegeln, Deutsch von Christian Enzensberger, Insel, Frankfurt am Main, 1963, S. 27–28

90 f. **Dunker, Kristina:** Traumtauscher, aus: Geckos große Geschichtenwelt, mixtvision, München, 2013, S. 77 ff.

225 **Eberhorn, Johannes:** Von der Seifenpackung auf die Straße, aus: http://www.planet-wissen.de/alltag_gesundheit/sauberkeit/seife/seifenkiste.jsp, zuletzt besucht am 07.08.2014

88 **Ehret, Angelika:** Wunder über Wunder, aus: Gelberg, Hans-Joachim (Hrsg.), Glücksvogel. Geschichten, Gedichte und Bilder, Beltz & Gelberg, Weinheim, Basel, 2013, S. 46

133 **El Kurdi, Hartmut:** Flunkern bis Finnland, Jurybegründung zum Luchs des Monats August 2011, vergeben von der Wochenzeitung DIE ZEIT und Radio Bremen: „Das ist, neben den vielen Überraschungen …", aus: http://www.zeit.de/2011/33/Luchs-Naoura, zuletzt besucht am 08.07.2014

226 **Erhardt, Heinz:** Fußball, aus: Das große Heinz Erhardt Buch, Fackelträger, Hannover, 1973, S. 204

130 **Funke, Cornelia:** Die wilden Hühner und die Liebe, Dressler; Hamburg, 2003 (Klappentext)

121 **Goller, Sandra:** Smiley – Wie das Internet lachen lernte …, aus: http://www.kindernetz.de/infonetz/thema/kommunikation/smiley/-/id=267634/nid=267634/did=96864/1lf3425/, zuletzt besucht am 08.07.2014

155 **Güll, Friedrich Wilhelm:** Fünf Finger und doch keine Hand, aus: ders., Räthselstübchen. hrsg. von Julius Lohmeyer, Flemming, Glogau, 1882, zitiert nach http://www.janko.at/Raetsel/Verse/0167.htm, zuletzt besucht am 10.06.2014

279 **Hacks, Peter:** Der Herbst steht auf der Leiter, aus: Der Flohmarkt, Benziger Verlag, Düsseldorf, S. 12

155 **Haug, Friedrich:** Ich sag dir nicht, was ich dir sage, aus: ders., Gesellige Gedichte, Klett-Cotta, Stuttgart, 1996, S. 72, zitiert nach http://www.janko.at/Raetsel/Verse/0167.htm, zuletzt besucht am 10.06.2014

109 **Hirschhausen, Eckart von:** Ärger, den man nicht gehabt hat, hat man nicht gehabt, aus: Die Idee zum Fühlen: der emotionale Airbag, www.humorhilftheilen.de, Startseite http://www.humorhilftheilen.de/docs/home.php, zuletzt besucht am 10.06.2014

162 **Hoffmann, Heinrich:** Der fliegende Robert, aus: ders., Der Struwwelpeter oder lustige Geschichten und drollige Bilder für Kinder von 3 bis 6 Jahren, Gondrom, Bindlach, 2001, S. 20

188 f. **Kabatek, Adolf** (Hrsg.): Disneys Ducktales – „Protzkraft", der Roboter. Ehapa, Leinfelden-Echterdingen, 1989 (keine Seitenangaben)

118 **Kammerhoff, Heiko:** Das Smiley – Ein Lächeln für Millionen, aus: GEOlino Nr. 2 Februar 2013, S. 49

186 **Köthe, Rainer:** Computer und Roboter (Was ist was – Band 37), Tessloff, Nürnberg, 1999/2010, S. 29

168 ff. **Krauth, Lothar:** Der letzte Schlag der Knackerbande. Ein ziemlich schräger Krimi, Deutscher Theaterverlag, Weinheim 1979 (Die Schulreihe 439), S. 1–10

155 **Krüger, Lars:** Worträtsel, aus: www.denksport-raetsel.de/Rätsel/Osterrätsel/Das_wilde_Tier_am_Morgen, zuletzt besucht am 17.07.2014

108 **Krüss, James:** Timm Thaler oder Das verkaufte Lachen, Lizenzausgabe Ravensburger Taschenbuch Bd. 2093, 1987, S. 284–287, Originalausgabe Friedrich Oetinger Verlag, Hamburg, 1962

156 **Künzler-Behncke, Rosemarie:** Löwenzahnsonnen, aus: http://www.schulzens.de/Grundschule/Allgemeines/Gedichte_6/gedichte_6.html#Loewenzahnsonnen, zuletzt besucht am 08.07.2014

86 **Leeb, Root:** Klein, aus: Gutzschhahn, Uwe-Michael (Auswahl): Ich möchte einfach alles sein. Geschichten, Gedichte und Bilder aus der Kindheit, DTV, München, 1999, S. 284 ff.

206 **Lobe, Mira:** Das kleine ICH BIN ICH, gemalt von Susi Weigel, Verlag Jungbrunnen, Wien-München 1972 (keine Seitenangaben)

254 **Lindgren, Astrid:** Ronja Räubertochter, Oetinger, Hamburg, 1982, S. 5 f.

89 **Mai, Manfred:** Hier bin ich!, aus: Gelberg, Hans-Joachim (Hrsg.), Glücksvogel. Geschichten, Gedichte und Bilder, Beltz & Gelberg, Weinheim und Basel, 2013, S. 46 f.

160 **Morgenstern, Christian:** Wenn es Winter wird, aus: ders: Werke und Briefe. Band III – humoristische Lyrik, hrsg. von Maurice Cureau, Urachhaus, Stuttgart, 1990, S. 491

130, 132 ff. **Naoura, Salah:** Matti und Sami und die drei größten Fehler des Universums; Beltz & Gelberg Verlag, Weinheim und Basel; 2011 (Buch und Klappentext)

158 **Schmid, Fritz:** Rätselgedicht, aus: http://www.aliena.de/lyrics/gedichte/kindneu.html, zuletzt besucht am 10.06.2014

154 **Stahl, Karoline:** Die vier Brüder, aus: Stahl, Karoline: Fabeln, Mährchen und Erzählungen für Kinder, 2. Aufl., Campe, Nürnberg, 1821, S. 46–47

114 ff. **Straßmann, Burkhard:** Wer lacht, hat Macht, aus: DIE ZEIT für die Schule: www.zeit.de/schulangebote, Ausgabe März 2013, S. 2–4, http://zfds.zeit.gaertner.de/Arbeitsblaetter-Grundschule-Sekundarstufe-I, zuletzt besucht am 08.07.2014

146 **Werner, Alice:** Matti und Sami – Rezension, aus: http://www.buecher-magazin.de/rezensionen/hoerbuecher/jugend-und-kinder/matti-und-sami-und-die-drei-groessten-fehler-des-universum, zuletzt besucht am 05.01.2017

84 **Wölfel, Ursula:** Hannes fehlt, aus: Die grauen und die grünen Felder, Anrich Verlag 1970

80 **Wolfrum, Silke:** Der Stinkwettbewerb, aus: Geckos große Geschichtenwelt, mixtvision, München, 2013, S. 19 ff.

222 f. **Wrede, Jan:** Was ist Slackline?, aus: http://www.wasistwas.de/wissenschaft/die-themen/artikel/link//11111/article/slacklining-trendsport-fuer-balance-kuenstler.html, zuletzt besucht am 07.08.2014

221 **Zeilinger, Ursi:** Aikido, aus: http://www.kindernetz.de/infonetz/thema/kampfsport/aikido/-/id%3D53020/nid%3D53020/did%3D52988/1g0td9p/index.html, zuletzt besucht am 07.08.2014

Ohne Autor/Autorin

124 **Clowns ohne Grenzen,** aus: http://clowns-ohnegrenzen.org.w0135cb5.kasserver.com/?page_id=195, zuletzt besucht am 05.01.2017

155 **Es hat zwei Flügel ...,** zitiert nach http://www.janko.at/Raetsel/Gedichte/0087.htm, zuletzt besucht am 17.07.2014

126 **Lachen ist die beste Medizin,** aus: http://www.rotenasen.de, zuletzt besucht am 10.06.2014

110 **Lache – und die Welt lacht mit dir!** Interview mit Eckart von Hirschhausen, aus: Mein Eigenheim 03/2013, S. 70 f., zitiert nach: http://www.mein-eigenheim.de/gesundheit/items/lache-und-die-welt-lacht-mit-dir.html, zuletzt besucht am 08.07.2014

198 **Radwandern auf der Insel Rügen,** aus: http://www.ruegen.de/na/aktivitaeten/radfahren.html, zuletzt besucht am 10.06.2014

132 **Salah Naoura Lebenslauf,** aus: http://www.literaturfestival.com/teilnehmer/autoren/2012/salah-naoura und www.salah-naoura.de, zuletzt besucht am 08.07.2014

108 **Stichwort „Lachen",** aus: http://de.wikipedia.org/wiki/Lachen (leicht abgeändert), CC-by-sa-3.0, zuletzt besucht am 24.07.2014

225 **Von der Seifenpackung auf die Straße,** aus: http://www.planet-wissen.de/alltag_gesundheit/sauberkeit/seife/seifenkiste.jsp, zuletzt besucht am 10.06.2014

126 **So arbeiten unsere Clowns,** aus: http://www.clownsvisite.de/?page_id=3872, zuletzt besucht am 07.08.2014

208 **Wie gemalt:** Naturschauspiele auf Rügen, aus: http://www.ruegen.de/erlebnisse/naturerlebnis.html, zuletzt besucht am 10.06.2014

Bildquellen

123RF Stockphoto/© kjpargeter – S. 180 // © 2006 Constantin Film Verleih GmbH – S. 174 // Agentur Sündenfrei, Torgau – S. 4, 48, 49 // akg-images, Berlin – S. 225 // © APA Picture Desk, Wien – S. 117 // Kirsten Boie, Der Junge, der Gedanken lesen konnte, Oetinger Verlag, Hamburg 2012 – S. 129, 148 // Simone Büchler, Karlsruhe – S. 170 (3), 177 (6) // Caro Fotoagentur/Robert Seeberg, Berlin – S. 159 // coribs/© Thomas Kitching & Victoria Hurst, Berlin – S. 35 // Coverartwork nach Max von der Grün. Vorstadtkrokodile. Eine Geschichte vom Aufpassen, erschienen im cbj-Verlag, München, in der Verlagsgruppe Random House GmbH – S. 129 // © DISNEY – S. 7, 150, 188, 189 // dpa Picture-Alliance/blickwinkel/W. G. Allgoewer, Frankfurt – S. 219; –/ Caroline Seidel – S. 132; –/ Fotoreport – S. 231; –/ Frank May – S. 13; –/ Friedel Gierth – S. 49 (2); –/ Hirnich Bäsemann – S. 238; –/ kpa/90061 – S. 174; –/ Maurizio Gambarini – S. 134 // Michael Ende, Der satanarchäolügenialkohöllische Wunschpunsch, mit Illustrationen von Regina Kehn, © 1989 by Thienemann Verlag (Thienemann Verlag GmbH), Stuttgart/Wien – S. 129 // Michael Ende, MOMO, mit Illustrationen, © 2005 by Thienemann Verlag GmbH, Stuttgart/Wien – S. 230 // © Tim Oliver Feicke/toonpool.com – S. 122 // Fotografie Jörg Metzner, Mühlenbeck – S. 147 // fotolia/© Andreas P. – S. 28, 34 (3) // Cornelia Funke, Die wilden Hühner, Dressler Verlag in der Verlagsgruppe Oetinger, Hamburg 2000 – S. 129 // Cornelia Funke, Drachenreiter, Oetinger Media GmbH in der Verlagsgruppe Oetinger, Hamburg 2014 – S. 93 // Cornelia Funke, Herr der Diebe, Dressler Verlag in der Verlagsgruppe Oetinger, Hamburg 2000 – S. 129 // Getty Images/Ulrich Baumgarten, München – S. 110 // i.motion GmbH, Bamberg – Umschlag, 8, 30 (4), 31 (3), 127 (2), 165 // Internet-ABC e. V., Düsseldorf – S. 113 // iStockphoto/© skynesher – S. 221 // Magdalena Kandler, Bamberg – S. 167 // Erich Kästner, Erich und die Detektive, Dressler Verlag in der Verlagsgruppe Oetinger, Hamburg 1929 – S. 129 // Markus Knebel, Bamberg – S. 15 (2), 22 (2), 24, 29 (2) // James Krüss, Tim Thaler oder das verkaufte Lachen, Oetinger Verlag, Hamburg 2013 – S. 129 // Astrid Lindgren, Ronja Räubertochter, Oetinger Verlag, Hamburg 1982 – S. 129, 255 // Salah Naoura, Matti und Sami und die drei größten Fehler des Universums, © 2011 Beltz & Gelberg in der Verlagsgruppe Beltz, Weinheim/Basel – S. 6, 129, 132 // Salah Naoura, Matti und Sami und die drei größten Fehler des Universums, HÖRCOMPANY GmbH, Hamburg – S. 146 // pixabay.com – S. 63 (2) // Otfried Preußler, Krabat, dtv, München 2008 – S. 129 // Louis Sachar, Der Fluch des David Ballinger, dtv, Reihe Hanser, München 2004 – S. 129 // shutterstock/© gorillaimages – S. 3; –/ © kjpargeter – S. 8, 179, 181, 182, 183 (3), 186, 188, 190, 191 // Andreas Steinhöfel, Rico, Oskar und die Tieferschatten, Illustration von Peter Schössow,

© Carlsen Verlag GmbH, Hamburg 2008 – S. 129 // Peter Sudermann, Ederwecht – S. 3, 12 // thinkstock/© Creatas Images – S. 201, 202; –/ © Digital Vision – S. 179; –/ © Fuse – S. 9, 37, 215 (2), 126; –/ © Inagram Publishing – S. 13; –/ © Jupiter images – S. 215 (2); –/ © zoonar – S. 198, 208; –/ Creatas/© Jupiterimages – S. 27; –/ Digital Vision/© Adam Tylor – S. 164; –– / © Darrin Klimek – S. 159; –/ Hemera/© Christopher Futcher – S. 167; –– / © Ron Chapples studios – S. 14; –/ iStockphoto/© 3dalia – S. 172; –– / © 7Michael – S. 238; –– / © 7michael – S. 61; –– / © AlexeyPushkin – S. 43; –– / © Andreas_csontos – S. 66; –– / © Anna-Pochina – S. 145; –– / © bogdandreava – S. 130; –– / © bogdandreava – S. 25; –– / © bowdenimages – S. 67; –– / © BrianAJack – S. 156; / iStockphoto/© chameleonseye – S. 58; –– / © charnistr – S. 21; –– / © CREATISTA – S. 165; –– / © Creativ Outlet – S. 36; –– / © Damianno – S. 20; –– / © david franklin – S. 197; –– / © dianazh – S. 23; –– / © Elena Schweitzer – S. 109; –– / © filmfoto – S. 73; –– / © Gerville – S. 221; –– / © GlobalP – S. 37, 40; –– / © GoDween123 – S. 93; –– / © Grirori Pistockii – S. 153; –– / © GuidoVrola – S. 209; –– / © Imnature – S. 179; –– / © Ingram Publishing – S. 23, 25; –– / © IPGGutenbergUKLtd. – S. 71; –– / © jopelka – S. 204; –– / © JPGGGutenbergUKLtd – S. 206; –– / © Jupiterimages – S. 93; –– / iStockphoto/© jura13 – S. 157; –– / © KateFieldNY – S. 41; –– / © Kursed-Sensen – S. 149; –– / © Les Cunliffe – S. 171; –– / © Liesel Fuchs – S. 128; –– / © Lunamarina – S. 228; –– / © lurii – S. 134; –– / © Marek Walica – S. 250; –– / © Mark Winfrey – S. 20; –– / © Matc13 – S. 157; –– / © Maxvis – S. 47; –– / © mayalain – S. 110; –– / © Mega Pixel – S. 119; –– / © MeltonBoy – S. 154; –– / © MichaelJay – S. 166; –– / © michaklootwijk – S. 247; –– / © MissPassionPhotography – S. 200; –– / © monkeybusinessimages – S. 67, 107; –– / © moodboard – S. 135; –– / © mthaler – S. 204; –– / © Nasared – S. 39; –– / © nensuria – S. 107; –– / © nensuria – S. 6; –– / © Olga Danylenko – S. 27; –– / © omgimages – S. 27; –– / © oneinchpunch – S. 107; –– / © pablographix – S. 20; –– / © Purestock – S. 159; –– / © Rocter – S. 71; –– / © Ruslan Olinchuk – S. 134 –– / © RusN – S. 246; –– / © scisettialfio – S. 156; –– / © seamartini – S. 241; –– / © Seppo Kauppinen – S. 134; –– / © sergeyonas – S. 40; –– / © shirinosov – S. 116; –– / © Stephan Bormotov – S. 205; –– / © sunstock – S. 232; –– / © Tsekkmister – S. 152; –– / © tugores34 – S. 203; –– / © urfinguss – S. 113; –– / © Wavebreakmedia – S. 67; –– / © Wavebreakmedia Ltd – S. 4; –– / © daboost – S. 226 ; –– / © David DeLossy – S. 159; –– / © Rayes – S. 204; –– / © Ryan McVay – S. 169; –– / © Thomas Northcut – S. 185 ; –– / © WiktorD – S. 19 // www.blinde-kuh.de – S. 112 // www.roggentin.de / Peter Roggenthin, Nürnberg – S. 214, 222, 223 // www.wikimedia.org / © Jens Rötzsch / CC BY-SA 3.0 – S. 13